高 等 学 校 教 材

微观经济运行分析

郑寿春　高　军　编著

石 油 工 业 出 版 社

内 容 提 要

　　本书从社会主义市场经济的实际情况出发，以抽象的微观经济主体的生产经营活动为对象，探索作为市场主体的微观经济单位经济活动的共同规律性。全书应用经济理论、企业管理学、社会经济统计学、数理统计学和会计学等学科的理论和方法，重点围绕企业经济运行过程的人财物、产供销等活动进行分析，同时对中国居民的经济收入、消费、投资理财等行为进行分析。

　　本书主要适用于大学本科生和各类研究生教材，也可适当简化为专科生的教材，同时也可作为实际经济分析工作者进行经济分析的参考书。

图书在版编目（CIP）数据

微观经济运行分析/郑寿春，高军编著．

北京：石油工业出版社，2013.8（2019.12 重印）

（高等学校教材）

ISBN 978 - 7 - 5021 - 9665 - 3

Ⅰ．微…

Ⅱ．①郑… ②高…

Ⅲ．企业经济—经济活动分析—高等学校—教材

Ⅳ．F275.5

中国版本图书馆 CIP 数据核字（2013）第 150543 号

出版发行：石油工业出版社
　　　　　（北京市朝阳区安定门外安华里 2 区 1 号楼　100011）
　　　　　网　址：www.petropub.com
　　　　　编辑部：（010）64250991　图书营销中心：（010）64523633
经　　销：全国新华书店
排　　版：北京苏冀博达科技有限公司
印　　刷：北京中石油彩色印刷有限责任公司

2013 年 8 月第 1 版　2019 年 12 月第 3 次印刷
787 毫米×1092 毫米　开本：1/16　印张：20.75
字数：530 千字

定价：42.00 元

第三节　家庭储蓄与投资 ……………………………………………… 300

第四节　家庭就业与就学行为 ………………………………………… 305

复习思考题 ……………………………………………………………… 310

参考文献 ……………………………………………………………… 311

附录一　中央企业综合绩效评价管理暂行办法 ……………………… 312

附录二　中央企业综合绩效评价实施细则 …………………………… 317

导　论

一、经济与经济学

我国古汉语中早有"经济"这个词汇，原指经世济民，治理国家，包括一切内政和外交。西方的"经济"一词源自古希腊文。古希腊的色诺芬在《经济论》中首次用"经济(Okovoula)"一词来概括奴隶主阶级对奴隶生产活动的组织和管理，意指家庭管理。后来学者把它英译为 economy，原指家产管理，后扩展到国家财富管理，泛指人类社会的生产、交换、分配、消费等一切谋生活动。19 世纪日本学者借用汉字中的"经济"将 economy 译为经济。20 世纪初，我国留日学者看到日本将 economy 译为汉字的"经济"，便将其引入国内，逐渐流行，其含义有别于古汉语。"经济"词源如图 0-1 所示。马克思主义传到我国以后，强调经济是社会生产关系或生产方式，也指社会生产活动和人民生活状况。在我国，"经济"是一个多义词，主要包含以下含义：第一，指与一定社会生产力相适应的社会生产关系，或适应于一定生产力发展的社会经济制度；第二，指物质资料的生产过程，以及相应的交换、分配、消费等；第三，是一个国家国民经济的总称，或国民经济的各个部门如工业经济、农业经济、商业经济等；第四，日常生活中指个人或家庭的收支状况以及节约、节省等。

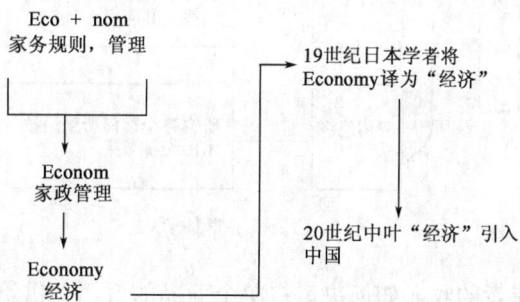

图 0-1　"经济"词源图

经济学是研究物质资料的生产、交换、分配、消费等经济关系和经济活动规律及其应用的科学总称。经济学包括的学科很多，从具体研究对象上看，社会主义经济学可以分为以下几个不同层次：以研究生产关系为主的政治经济学，以研究运行机制为主的市场经济学，以研究经济发展为主的发展经济学。

经济学研究的重点是如何有效利用可供选择的稀缺资源，以求得最大满足人们无限的需要。其研究的基本问题可以概括为：生产什么（what），怎么生产（how），为谁生产（for whom），生产多少（How many production）。这里需要特别强调以下几点：

（1）稀缺性。稀缺性是指欲望总是超过了能用于满足欲望的资源。它是指在某一特定时空中，相对于人类欲望无限性及欲望的无限增长而言特定资源总量是有限性的，它总是小于人类满足欲望的总体需求。资源稀缺性产生原因在于：资源的数量具有有限性；人类获取有用物品的能力具有有限性；人口迅速膨胀，人口规模的扩大导致人均资源越来越少；人的欲望具有无限膨胀性。

（2）选择性。资源具有稀缺性，但同时资源还具有多用途性。由于稀缺性，所以资源不可能完全满足人类的所有需要。由于资源具有多用途性，所以人们应当把有限的资源使用到最能发挥其作用的地方，即好钢要用到刀刃上。人们必须进行选择，使稀缺资源得到最优配置。因此，经济学也称为选择的科学。

（3）历史性。经济学作为研究社会经济关系的学科，它是社会科学的组成部分，属于意识形态。即使从经济运行上看，经济学也与经济制度、经济体制以及传统文化有关，因此经济学属于历史的科学。

因此，人类社会的发展过程中必须解决好资源的稀缺性和人类需要的无限性之间的矛盾。这就需要合理地配置资源。

经济学是一个极其庞杂的体系，可以从不同的角度进行不同的分类。从定量方法上可以分为：以个量分析法研究经济运行的微观经济学，以总量分析法研究经济运行的宏观经济学；从有无价值判断上可以分为：以实证方法研究经济体系怎样运行的实证经济学，以规范方法研究经济体系应该怎样运行的规范经济学；从研究范围上可以分为：综合论述经济理论体系的理论经济学，专门研究经济学用于某个领域的应用经济学等。微观经济学与宏观经济学是目前国内外经济学理论最流行的一种分类。经济学体系如图0-2所示。

"微观"是希腊文"μικρο"的意译，原意是"小"。微观经济学（Microeconomics）又称个体经济学，小经济学，是研究社会中单个经济单位的经济行为以及相应经济变量的单项数值如何决定的经济学说。它重点分析单个生产者如何将有限资源分配在各种商品的生产上以取得最大利润；单个消费者如何将有限收入分配在各种商品消费上以获得最大满足；单个生产者的产量、成本、使用的生产要素数量和利润如何确定；生产要素供应者的收入如何决定；单个商品的效用、供给量、需求量和价格如何确定等。微观经济学的中心理论是价格理论。微观经济学的一个中心思想是自由交换往往使资源得到最充分的利用，在这种情况下，资源配置被认为是帕累托（Pareto）有效的。

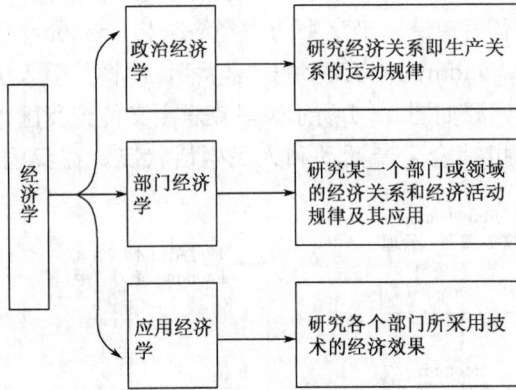

图0-2 经济学体系

"宏观"一词来源于希腊文"μακρο"，意为巨大的、大量的。宏观经济学（Macroeconomics）一词最早是挪威经济学家费瑞希（Ragnar Frisch）在1933年提出来的。宏观经济学以整个国民经济活动作为考察对象，研究社会总体经济问题以及相应的经济变量的总量是如何决定的及其相互关系。它需要解决三个问题：一是已经配置到各个生产部门和企业的经济资源总量的使用情况是如何决定着一国的总产量（国民收入）或就业量；二是商品市场和货币市场的总供求是如何决定着一国的国民收入水平和一般物价水平；三是国民收入水平和一般物价水平的变动与经济周期及经济增长的关系。宏观经济学又称为国民收入决定论或收入分析论。宏观经济学研究的是经济资源的利用问题，包括国民收入决定理论、就业理论、通货膨胀理论、经济周期理论、经济增长理论以及财政与货币政策等。宏观经济学包括宏观经济理论、宏观经济政策和宏观经济计量模型等内容。

微观经济学与宏观经济学的区别见表0-1。

微观与宏观既有区别又有联系。对同一问题，微观分析与宏观分析的结论可能不同。从微观上看，一个企业降低工资，可以减少成本、增加利润；从宏观上看，若所有企业都降低工资，总需求将不足，导致所有企业利润下降。但是，微观与宏观又是互相补充、相辅相成的。微观以资源充分利用为前提，研究如何优化配置，但必须进行宏观调控，才有可能真正做到；宏观以资源优化配置为前提，研究如何充分利用资源，但必须以市场机制为基础，才不至于"空调"。当代经济学正出现以微观为基础，微观与宏观相互渗透、彼此结合的趋势。

表 0-1　微观经济学与宏观经济学的区别

项目名称	微　观　经　济　学 小经济学，个体经济学，价格理论	宏　观　经　济　学 大经济学，总体经济学，收入理论
研究对象不同	单个经济单位，如家庭、厂商等。正如美国经济学家 J. 亨德逊（J Henderson）所说居民户和厂商这种单个单位的最优化行为奠定了微观经济学的基础	整个经济，研究整个经济的运行方式与规律，从总量上分析经济问题。正如萨缪尔逊所说，宏观经济学是根据产量、收入、价格水平和失业来分析整个经济行为。美国经济学家 E. 夏皮罗（E Shapiro）则强调了宏观经济学考察国民经济作为一个整体的功能
解决的问题不同	资源配置问题，即生产什么、如何生产和为谁生产的问题，以实现个体效益的最大化	把资源配置作为既定的前提，研究社会范围内的资源利用问题，以实现社会福利的最大化
研究方法不同	个量分析，即研究经济变量的单项数值如何决定	总量分析，即对能够反映整个经济运行情况的经济变量的决定、变动及其相互关系进行分析。这些总量包括两类，一类是个量的总和，另一类是平均量。因此，宏观经济学又称为总量经济学
基本假设不同	市场出清、完全理性、充分信息，认为"看不见的手"能自由调节实现资源配置的最优化	假定市场机制是不完善的，政府有能力调节经济，通过"看得见的手"纠正市场机制的缺陷
中心理论和基本内容不同	价格理论，还包括消费者行为理论、生产理论、分配理论、一般均衡理论、市场理论、产权理论、福利经济学、管理理论等	国民收入决定理论，还包括失业与通货膨胀理论、经济周期与经济增长理论、开放经济理论等

二、微观经济循环过程

在市场经济中，微观经济运行的主体主要包括家庭、企业与政府，微观经济交易的对象是商品，包括产品和要素；微观经济主体活动的舞台是市场。如果忽略政府部门，只把经济社会分成家庭、企业两个经济主体，产品、要素两个基本市场，就可以得到如图 0-3 所示这样一个大大简化了的微观经济循环流程。

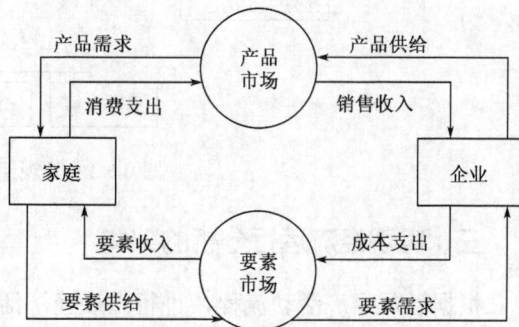

图 0-3　微观经济循环流程图

（一）双重角色的家庭与企业

家庭与企业是微观经济运行的主体，他们都是以实现利益最大化为目标的理性"经济人"。

（1）家庭部门。家庭（包括企业员工的家庭）既是消费者，又是劳动、土地、资本等生产要素的所有者。作为消费者，它追求效用最大化；作为要素所有者，它追求收入最大化。因此，家庭的经济行为目标是需要满足最大化。

（2）企业部门。企业既是生产者，又是要素雇佣者。作为生产者，它追求收入最大化；作为要素雇佣者，它追求成本最小化。因此，企业的经济行为目标是利润最大化。

（二）产品市场与要素市场

（1）产品市场。作为消费者的家庭处在产品市场的需求方面，而作为生产者的企业处在产品市场的供给方面。家庭对产品的需求和企业对产品的供给共同决定着产品市场的成交价格和数量。

（2）要素市场。作为要素所有者的家庭处在要素市场的供给方面，而作为要素雇佣者的企业处在要素市场的需求方面。家庭对要素的供给和企业对要素的需求共同决定着要素市场的成交价格和数量。

（三）实物流程与货币流程

（1）实物流程。首先，家庭以要素所有者的身份向要素市场提供各种生产要素。然后企业从要素市场雇用这些要素，生产产品向市场销售。最后，家庭又以消费者的身份向产品市场购买产品。这是一个循环不已的实物流程。

（2）货币流程。随着实物流程，有一个方向相反的货币流程。首先，家庭向要素市场供给要素以后，以要素收入作为消费支出向产品市场购买产品。然后企业向产品市场销售产品，将家庭的消费支出变成自己的销售收入。最后，企业又将销售收入作为成本支出，在要素市场雇用要素。这是一个循环不已的货币流程。

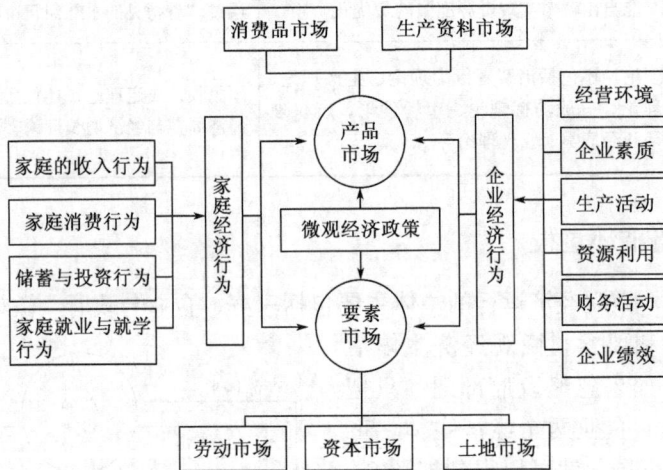

图 0-4　微观经济运行分析内容

三、微观经济运行分析的架构

根据微观经济活动流程，进行微观经济活动分析应当包括家庭和企业经济活动的分析。由于企业的经济活动与家庭经济活动相比较为复杂，涉及的关系与部门较多，在进行微观经济活动分析时要以企业经济活动分析为主要内容。企业的经济活动包括企业经营的环境、企业战略目标的确定与管理、企业基本素质、企业的产供销活动及人财物等资源的利用情况，企业财力资源的应用效益及企业总体经营绩效的分析评价。家庭经济活动包括家庭作为消费者和生产要素供给者双重身份所开展的经济活动。作为生产要素的供给者，家庭要追求收入的最大化；作为消费者，家庭要实现消费效用的最大化。家庭的经济活动必须服从这两大目标。因此，对家庭经济活动的分析主要包括家庭的收入行为、家庭消费行为、家庭的储蓄与投资分析以及家庭的就业与就学行为分析。本书对微观经济运行分析架构如图1-4所示。

四、微观经济运行分析的一般方法

（一）定量分析与定性分析

任何事物都是质和量的统一体，事物的质是事物内在规律性和发展变化的规律性，事物的量是事物的外部表现，通常表现为规模的大小、运动速度的快慢、数目的多少等。事物的质和量不是凝固不变的，而是在不断发展变化的，事物的质的变化是由量的变化引起的。事物的规模、数量、运动速度在一定范围内运动，不会引起事物的根本性变化——质变。而当它们运动超过一定界限——度之后，事物就会发生质变。因此，若想把握事物的质的运动，必须随时把握住量的运动。量变引起质变有时也不表现在数量增减引起的事物的质变，而是表现在数量没有增减或增减量难以测定的情况下，由于构成事物的内在成分在组织上发生变化而引起的质变。在这种情况下，可以通过对事物的内部结构及其功能的直接观察，达到把握事物的质的目的。而认识事物发展变化规律的基本方法可以分为定性认识法和定量认识法。

1. 定量分析法的适用范围

定性分析和定量分析是两种不同的经济分析方法，它们有着各自的使用条件。经济现象的结构、特点、表现形式是复杂多样的，影响经济现象变化的因素也是种类繁多的。为了达到对事物有比较准确的认识，应根据不同的经济条件选择不同的分析方法。一般当经济现象的数量表现比较充分，经济现象的发展比较稳定，影响因素比较少或主要经济影响因素比较突出时，可以采用定量分析法。在这种情况下，可以通过对若干个有限的可计量的测定指标，观察经济现象的目前状况和发展规律。然而在以下几种情况下使用定量分析法会受到不同程度的阻碍：

（1）经济现象的外部数量表现不充分时；

（2）经济现象的外部数量关系虽然存在，但无法定量的、非经济的影响因素过多，甚至有时起主导作用；

（3）理论上可以进行定量分析，但实际上无法收集数据。在这种情况下可以采用定性分析。

2. 定性分析的适用范围

定性分析不是通过外部数量关系分析事物的质，而是通过事物的各种内在联系，对事物的质及其影响因素进行理论上的说明。因此，这种分析方法的难度更高，分析的范围更广。既要考虑到经济的因素，又要考虑到政治的、社会的因素；既要考虑到微观的经济因素，又要兼顾到宏观的经济因素；既要考虑到问题的一般性、必然性和主要方面，又要考虑到问题的特殊性、偶然性和次要方面，并且要把理论与实践紧密联系起来。这种分析方法在微观经济运行分析中占有很重要的位置。

3. 定性分析与定量分析结合

在进行微观经济运行分析时，单纯的定量分析和单纯的定性分析都是不多见的，经济现象的分析一般都要经过定性—定量—定性的过程，完全脱离开定性分析，定量分析就会变成毫无意义的数学游戏，而完全脱离开定量分析，定性分析就会失去科学性。应用时，应注意定性与定量的结合，这是经济分析工作的基本原则。定量分析结果要用定性分析去补充、修正，去伪存真；在定性分析中，也不能完全脱离开定量分析。

（二）静态分析法

1. 静态分析法简介

静态分析法是根据既定的外生变量值求得内生变量的分析方法，是对已发生的经济活动成果进行综合性的对比分析的一种分析方法。如研究均衡价格时，舍掉时间、地点等因素，并假定影响均衡价格的其他因素如消费者偏好、收入及相关商品的价格等静止不变，单纯分析该商品的供求达于均衡状态的产量和价格的决定。简单地说，就是抽象了时间因素和具体变动的过程，静止、孤立地考察某些经济现象。它一般用于分析经济现象的均衡状态以及有关经济变量达到均衡状态所需要的条件。

常用的静态分析法有相对数分析法、平均数分析法、比较分析法、结构分析法、因素替换分析法、综合计算分析法与价值系数分析法、相互关系分析法等。

2. 比较分析法（Comparative Analysis Approach）

比较分析法也称趋势分析法，它主要是通过对财务报表中各类相关的数字进行分析比较，尤其是将一个时期的报表同另一个或几个时期的比较，以判断一个公司的财务状况和经营业绩的演变趋势以及在同行业中地位的变化情况。比较分析法的目的在于：确定引起公司财务状况和经营成果变动的主要原因；确定公司财务状况和经营成果的发展趋势对投资者是否有利；预测公司未来发展趋势。比较分析法从总体上看属于动态分析，以差额分析法和比率分析法为基础，能有效地弥补其不足，是财务分析的重要手段。

比较分析法通常是把两个相互联系的指标数据进行比较，从数量上展示和说明研究对象规模的大小，水平的高低，速度的快慢，以及各种关系是否协调。在对比分析中，选择合适的对比标准是十分关键的步骤，标准选择得合适，才能做出客观的评价，选择得不合适，评价可能会得出错误的结论。

3. 结构分析法（Structural Analysis）

结构分析法是在统计分组的基础上，计算各组成部分所占比重，进而分析某一总体现象的内部结构特征、总体的性质、总体内部结构依时间推移而表现出的变化规律性的统计方法。结构分析法的基本表现形式就是计算结构指标。其公式是：

$$结构指标 = \frac{总体中某一部分}{总体总量} \times 100\%$$

结构指标就是总体各个部分占总体的比重，因此总体中各个部分的结构相对数之和即等于100%。

4. 相互关系分析法

企业生产经营活动是一个有机的整体，由许多方面、许多环节组成。这些环节之间彼此都是相互联系、相互依赖、相互制约的，构成企业生产经营错综复杂的运动。相互关系分析就是运用统计的方法，分析研究客观经济现象的各种关系。经济现象之间的相互关系表现为不同的形式，大致可分为依存关系、比例关系、因果关系、平衡关系与相关关系等几种类型。分析相互关系的方法很多，建议读者阅读相关教材，在此不再赘述。

（三）动态分析法

任何事物都不是静止不动的，而是不断运动、变化的。如果为了研究某种事物的各种表现及其关系，则可以采用静态分析法。但是事物是运动的而不是静止的，要全面反映现象的变化情况，必须采用动态分析法，分析事物发展变化的规律、程度及运动方向，揭示其发展趋势。

在经济学中，动态分析（Dynamic Analysis）是对经济变动的实际过程所进行的分析，其中包括分析有关变量在一定时间过程中的变动，这些经济变量在变动过程中的相互影响和彼此制约的关系，以及它们在每一个时点上变动的速率等。动态分析法的一个重要特点是考虑时间因素的影响，并把经济现象的变化当做一个连续的过程来看待。

经济学动态分析是在假定生产技术、要素禀赋、消费者偏好等因素随时间发生变化的情况下，考察经济活动的发展变化过程。应用动态分析方法的经济学称为动态经济学。

静态分析与动态分析是两种有着质的区别的分析方法，二者分析的前提不同，二者适用的条件不同，因此二者得出的结论常常不一致，甚至常常相反。必须记住的是：静态分析的结论是不能用动态资料来验证的，也是不能同动态资料来证伪的。

动态分析因为考虑各种经济变量随时间延伸而变化对整个经济体系的影响，因而难度较大，在微观经济学中，迄今占有重要地位的仍是静态分析和比较静态分析方法。在宏观经济学中，特别是在经济周期和经济增长研究中，动态分析方法占有重要的地位。

（四）经济模型法

为进行预测和研究一些变量之间的关系，微观经济运行分析还经常使用经济模型。分析人员为了把握需求未来趋势确定产品生产周期，控制存货和广告宣传、预测产品等往往需要运用经济模型。美国 S. 卡利斯·莫瑞斯把经济模型归结为定性经济模型和统计经济模型两类。

1. 定性经济模型

定性模型没有明确的模型或方法可供参考。它往往是以专家的意见为基础，分析并征求各方面意见，然后综合加以筛选，得出最终结论。定性模型是把数据分析和对本公司、本专业的认识结合起来，把主观倾向融合于数据之中，依靠专家丰富的知识和经验得出分析结果。

2. 统计经济模型

统计经济模型是将相互联系的各种经济变量表现为一组联立方程式，来描述整个经济的运行机制，利用历史数据对联立方程式的参数值进行估计，根据制定的模型来预测经济变量的未来数值。统计经济模型又分为时间序列模型和回归模型。

时间序列模型是对一个变量按时间顺序进行排列，建立一个数学模型表示数据处理的程序，用以预测该变量今后某一时期发展变化的结果。时间序列模型有一个明确的评估方法可供分析人员使用，它拥有合理而清晰的评估标准，并可以在模拟模型中使用（模拟模型是可供分析人员在知道外生变量将来变化趋势的前提下，对内生变量的将来值进行预测的模型）。

回归模型是应用一个明确的模型结构来解释隐含的经济关系。回归模型有两个明显的优点：回归模型需要分析人员确定明确的因果关系；它允许分析人员考虑变量变化的灵敏性，据此，分析者可以判断出在动态变化过程中哪些变量是最重要的，对分析结果有重大影响。

复习思考题

1. 经济与经济学的含义是什么？
2. 怎样理解家庭、企业与市场的关系？
3. 怎样理解"经济人"的含义？
4. 为什么说企业是市场经济的主角？
5. 简述定量分析与定性分析的区别与联系。
6. 什么是静态分析法？
7. 什么是动态分析与趋势分析法？

第一章　企业经营环境分析

企业生产经营活动要顺利进行，首先必须了解和分析自己所处的经营环境，并根据经营环境的变化制定科学的经营战略，实施科学的决策，只有这样，才能取得较好的经济效益。本章将对企业经营环境分析的理论与方法进行阐述。

第一节　企业环境概述

一、企业的含义与性质

企业一词英语中称为"enterprise"，它由两部分构成，即"enter –"和"– prise"，前者具有"获得、开始享有"的含义，可引申为"盈利、收益"；后者则有"撬起、撑起"的意思，引申为"杠杆、工具"。两个部分结合在一起，表示"获取盈利的工具"。

企业是从事生产、流通、服务等经济活动，以生产或服务满足社会需要，实行自主经营、独立核算、依法设立、具有经济法人资格的一种营利性的经济组织。企业是与社会分工相联系的生产组织的一种形式，是社会生产力发展到一定阶段的产物。

随着社会经济的发展，企业已经不仅仅是营利性组织，而是具有更多社会经济发展的功能。据此，人们给企业作出了新的界定，这就是：

第一，企业是一个契约性组织。企业是由投资者、经营者、劳动者按一定的契约组织在一起的经济组织。没有契约，就没有企业。

第二，企业是一个市场性组织。过去，企业作为契约性组织由上级负责；而现在，随着企业越来越市场化，企业是市场性组织，要对市场负责，市场化程度的高低决定了企业盈利能力的高低。

第三，企业是学习型组织。过去认为企业是制造产品的，现在看来，企业是制造思想的。企业内部有两条价值链，一是意识形态价值链，由信息和知识到能力再到思想；二是物质形态价值链。

第四，企业是一个文化性的组织。把企业文化称为一种资本，企业也就被称为一种经营方式。企业强调文化，必须在核心理念价值观上统一。

第五，企业是一个无边界的组织，过去认为企业是有边界的，后来发展了，企业成为无边界的，再后来，企业既有边界又无边界，边界模糊，一切都模糊化。现在看来，针对一个企业的边界，按照边际成本乘以边际收益来看，许多企业边际成本小于边际收益，或者边际成本为零。若边际收益不变，那么边际成本、边际收益递增的规律发挥主导作用，即边界可以无限大，这对于企业的运作意义是很大的。

第六，企业是一个系统性的组织。现在的企业分成两条线：一条线是产品和服务，另一条线是使企业具有持续竞争力的保障系统。一般来讲，国外成功的大企业都是系统化运作，讲究系统性。

第七，企业是网络化组织。价值链组织对于一个企业来说还不够，它不一定形成一个圆环。成为网络组织，使企业成为链主，企业和网主企业就要对价值链的运作整合，这样企业就可以成为一个联合体。对于中国企业来讲，该融入这个网络，融入更大的价值网络、更多的价值网络。

企业具有二重性：既是生产要素结合的组织形式，又体现一定的社会经济关系。因此，企业是社会生产力与社会生产关系有机结合的产物。从生产力的角度反映看，它是建立在分工协作基础上的一种劳动技术组织形式；从生产关系的角度看，企业是建立在一定所有制基础上的一种劳动社会组织。

企业是重要的微观经济活动主体。从现代企业的一般特征看，企业是产品及劳务的生产经营单位，是从事生产经营活动的最基本的经济组织。一个生产和经营组织要真正成为企业，必须满足三个基本条件：其一，它必须是该组织内各当事人经济权利的集合，即所有者权利、经营者权利和劳动者权利的集合；其二，这种经济权利的集合是在一定的制度安排下实现的，并在内部分工的基础上形成职权划分和协作关系；其三，它必须是自主经营、自负盈亏，能独立承担财产责任和民事责任的经济实体。

企业从不同的角度可以划分为不同的类型。按经济类型，我国现阶段企业可划分为国有制企业、集体所有制企业、混合所有制企业、私营企业、中外合资企业、外商独资企业等；按资本组织形式，企业可分为有限责任企业、股份有限企业、合伙企业、合作企业、股份合作企业、业主制企业等；按技术装备水平，企业可分为现代化企业和非现代化企业；按规模和综合生产能力，企业可分为大型、中型和小型企业；按生产经营品种，企业可分为工业企业、农业企业、交通运输企业、商业企业、金融企业与信息企业等；按企业的生产要素构成比例，企业可分为劳动密集型企业、资本密集型企业和技术密集型企业。

根据我国实际情况，以财产组织形式为主建立的企业登记注册类型按内资，港、澳、台商以及外商3种划分，见表1-1。

表1-1　我国企业登记注册类型

企业类型	内资企业								港、澳、台商投资企业				外商投资企业			
	国有企业	集体企业	股份合作企业	联营企业	有限责任公司	股份有限公司	私营企业	其他企业	合资经营企业	合作经营企业	独资经营企业	股份有限公司	合资经营企业	合作经营企业	独资经营企业	股份有限公司
经济成分	国有经济	集体经济			私有经济				港、澳、台经济				外商经济			
	公有经济				非公有经济											

注：虚线表示根据企业实收资本中的国家资本，集体资本，个人资本，港、澳、台资本，外商资本确定其经济成分。

本书以一个工业企业为分析基础。作为一个工业企业，其生产经营的基本流程是：第一步，根据对所处经营环境和自身基本条件的分析，确定企业的经营战略与发展目标；第二步，根据发展战略与经营目标，进行生产要素的配置；第三步，组织生产活动；第四步，根据市场需要组织产品与服务的销售；第五步，分析企业经营情况与绩效，进行剩余的分配。

二、企业与环境

环境（Environmental Aspect）是相对于某一事物来说的，是指围绕着某一事物（通常称其为主体）并对该事物会产生某些影响的所有外界事物（通常称其为客体），即环境是指相对于某项中心事物的周围事物。就人类活动而言，环境是指与人们活动有关的所有外界事物。按环境的属性，将环境分为自然环境、人工环境和社会环境。

自然环境，通俗地说，是指未经过人的加工改造而天然存在的环境。自然环境按环境要素，又可分为大气环境、水环境、土壤环境、地质环境和生物环境等，主要就是指地球的五大圈——大气圈、水圈、土圈、岩石圈和生物圈。

人工环境，通俗地说，是指在自然环境的基础上经过人的加工改造所形成的环境，或人为创造的环境。人工环境与自然环境的区别主要在于人工环境对自然物质的形态做了较大的改变，使其失去了原有的面貌。

社会环境是指由人与人之间的各种社会关系所形成的环境，包括政治制度、经济体制、文化传统、社会治安与邻里关系等。

企业的生产经营活动是人类重要的经济活动。企业的生产经营活动离不开客观的经济和社会环境。例如，在市场经济中，任何企业的经营活动都是在市场中进行，而市场又受国家的政治、经济、技术、社会文化的限定与影响。因此，企业从事生产经营活动，必须从企业环境的研究与分析开始。

企业环境是指与企业生产经营有关的所有因素的集合，可以分为外部环境和内部环境两大类。企业外部环境是影响企业生存和发展各种外部因素的总和；企业内部环境又称企业内部条件，是企业内部物质和文化因素的总和。

企业与环境之间存在着密切的联系。一方面，环境是企业赖以生存的基础。企业经营的一切要素都要从外部环境中获取，如人力、材料、能源、资金、技术、信息等，没有这些要素，企业就无法进行生产经营活动。同时，企业的产品也必须通过外部市场进行营销，没有市场，企业的产品就无法得到社会承认，企业也就无法生存和发展。同时，环境能给企业带来机遇，也会造成威胁。问题在于企业如何去认识环境，把握机遇、避开威胁。另一方面，企业是一种具有活力的社会组织，它并不是只能被动地为环境所支配，而是在适应环境的同时也对环境产生影响，推动社会进步和经济繁荣。企业与环境之间的基本关系是在局部与整体的基本架构之下相互依存和互动的动态平衡关系。

因此，企业必须研究环境，主动适应环境，在环境中求得生存和发展。

三、企业环境特征

（1）企业环境的可变性。这是指企业环境因素是不断变化的，有渐变也有突变。如自然地理环境变化较慢，而经济环境特别是市场变化却是很快的。企业环境可以变化的特性既可给企业带来经营困难，也可给企业带来发展机会，关键在于企业是否善于把握。

（2）企业环境的复杂性。这是指企业环境因素是由多方面组成的。这些因素可能单独影响企业，也可能由多个因素对企业产生综合影响。

（3）企业环境的交互性。这是指构成企业环境的各种因素是相互依存、相互制约的，无论哪一个因素发生变化，都会直接或间接地引起其他因素的变化。

第二节　企业外部环境分析

一、企业外部环境的特征

企业外部环境又分为宏观环境和微观环境两个层次。宏观环境因素包括政治环境、经济环境、技术环境与社会文化环境。这些因素对企业及其微观环境的影响力较大，一般都是通过微观环境对企业间接产生影响的。微观环境因素包括市场需求、竞争环境与资源环境等，涉及行业性质、竞争者状况、消费者、供应商、中间商及其他社会利益集团等多种因素，这些因素会直接影响企业的生产经营活动。归纳起来，企业外部环境因素及其构成如图1-1所示。

企业外部环境有三个显著的特征：

（1）波动性，即外部环境经常发生变化而且难以预测；

（2）不可控性，即外部环境的变化不受单个企业的控制；

（3）差异性，即外部环境对不同类型的企业影响各不相同。

二、宏观外部环境分析

宏观环境一般包括四类因素，即政治、经济、社会文化与技术，简称PEST（Political、Economic、Social、Technological），如图1-2所示。另外还有自然环境，即一个企业所在地区或市场的地理、气候、资源分布、生态环境等因素。由于自然环境各因素的变化速度较慢，企业较易应对，因而不作为重点研究对象。

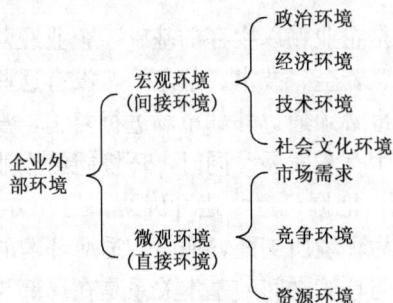

图1-1　企业外部环境因素及其构成

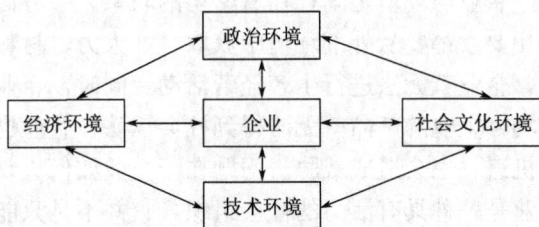

图1-2　企业宏观环境

（1）政治（Political）环境，是指那些影响和制约企业的政治要素和法律系统及其运行状态。具体包括国家政治制度、政治军事形势、方针政策、法律法令与法规及执法体系等因素。在稳定的政治环境中，企业能够通过公平竞争获取正当权益，得以生存和发展。国家的政策法规对企业生产经营活动具有控制、调节作用，相同的政策法规给不同的企业可能会带来不同的机会或制约。

（2）经济（Economic）环境，是指构成企业生存和发展的社会经济状况以及国家的经济政策。具体包括社会经济制度、经济结构、宏观经济政策、经济发展水平以及未来的经济走势等。其中重点分析的内容有宏观经济形势、行业经济环境、市场及其竞争状况。衡量经济环境的指标有国民生产总值、国民收入、就业水平、物价水平、消费支出分配规模、国际收支状况以及利率、通货供应量、政府支出、汇率等国家财政货币政策。

（3）社会文化（Social and Cultural）环境，是指企业所处地区的社会结构、风俗习惯、宗教信仰、价值观念、行为规范、生活方式、文化水平、人口规模与地理分布等因素的形成与变动。这些因素影响着人们的生活、工作和消费的方式，对所有企业都会产生直接的影响。社会文化环境对企业的生产经营有着潜移默化的影响，如文化水平会影响人们的需求层次；风俗习惯和宗教信仰可能抵制或禁止企业某些活动的进行；人口规模与地理分布会影响产品的社会需求与消费等。

一些具体的社会文化因素发生变化均会影响企业的生存和发展。这些具体因素有人均可支配收入、生活方式、工作态度、购买习惯、教育水准、对待质量的态度、污染控制、能源消费、社会责任、社会福利、出生率以及死亡率等。

（4）技术（Technological）环境，是指企业所处环境中的科学技术要素及与该要素直接相关的各种社会现象，包括国家科学技术体制、科技政策、科技水平和科技发展趋势等，如科技研究的领域、科技成果的门类分布及先进程度、科技研究与开发的实力等。在知识经济兴起和科技迅速发展的情况下，技术环境对企业的影响可能是创造性的，也可能是破坏性的。技术的创新可能会导致新兴行业的诞生，同时也会使某些行业不复存在。因此，企业必须分析、预见科学技术飞速发展的变化对企业的影响。

西方企业对上述四个因素的分析按英文单词首字母 PEST 排列，即称为 PEST 分析法。分析企业宏观环境因素对企业产生的影响：第一，在诸多宏观环境因素中，区分哪些因素会对企业产生明显的影响，影响的程度如何，哪些因素影响可能并不明显。第二，企业在没有获得足够的、有关环境因素多变性和复杂性的信息情况下，企业作出的决策很难估计环境因素的变化，很难计算与各种战略备选方案有关的收益、成本、概率数据，必然会增加企业经营战略失败的风险。第三，企业经常分析和研究减少对宏观环境因素不确定性的依赖程度和风险程度，采取不同的战略及相应的组织和控制手段，以适应宏观环境因素的多变性和复杂性。

此外，自然（Nature）因素也是企业发展的重要外部环境。它是指企业所处的自然资源与生态环境，如土地、海洋、河流、森林、矿产、能源、水源、生物、环境保护、生态平衡等方面的发展变化。环境保护、生态平衡的要求对企业生产经营有着重要的影响。

三、微观外部环境分析

微观外部环境是企业生存与发展的具体环境。与宏观环境相比，微观环境因素更能够直接地给一个企业提供更为有用的信息，同时也更容易被企业所识别。

（一）微观外部环境因素

微观外部环境因素主要包括市场需求、竞争和资源以及直接有关的政策、法律、法令等方面，如图 1-3 所示。

（1）市场需求。在商品经济条件下，环境向企业提出的需求主要表现为市场需求。市场需求包括现实需求和潜在需求。现实需求是指顾客有支付能力的需求，潜在需求是指处于潜伏状态的、由于某些原因不能马上实现的需求。现实需求决定企业目前的市场销量,而潜在需求则决定企业未来的市场。

(2) 竞争环境。包括竞争规模、竞争对手实力与数目以及竞争激烈化程度等。具体竞争包括同行竞争、替代产品行业竞争、购买者竞争与供应者竞争等。

(3) 资源环境。资源是指企业从事生产经营活动应投入的所有资源,包括人、财、物、技术、信息等。资源环境包括各种资源开发利用状况、资源的供应状况以及资源的发展变化情况等。

另外,来自政府和社团的直接有关的政策、法律、法令、要求等也对行业及企业有着直接约束和影响。

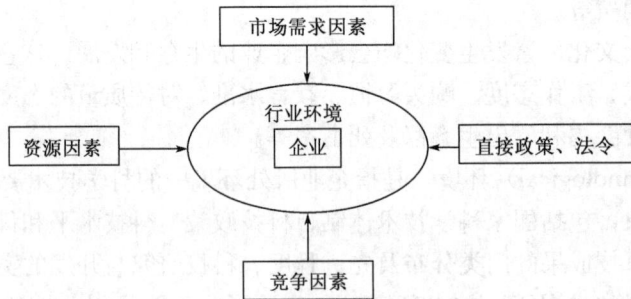

图1-3 企业微观环境因素

(二) 行业环境

行业是企业生存和发展的直接空间,也是对企业生产经营活动最直接发生影响的外部环境。分析企业所在行业环境因素,研究企业获得优势的可能性,有利于制定和实施企业的经营战略。行业环境影响因素主要有下列几项:

(1) 行业定位与行业演变。

不同行业的产品,其生产过程以及发展条件是不同的,因而各行业具有不同的性质。企业要对所在行业环境因素进行分析。首先要对自己所在的行业明确定位,以便实施战略管理。企业一般可从行业分工、行业在工业生产总过程中的地位、行业耗用的主要资源、行业内部的企业结构以及行业的市场状况诸因素对所在行业进行恰当的定位,以便把握企业所在行业的环境。

企业在行业定位的同时,还应了解行业演变的状况。所谓行业演变,实际上是指行业结构的发展变化过程。行业结构随经济变革、技术变革和竞争而变化,需要制定相应的战略,进行必要的投资,但反过来又会引起行业结构的发展变化。

(2) 行业组织与行业动态。

企业所在行业组织如何,关系到企业所面临的市场结构、企业行为,以及与企业经营相关的各种收益和成本情况。

企业要经常分析自己所在行业的动态如何,分析行业的寿命周期情况,行业的集中程度如何,行业内新参加竞争的企业状况,替代产品的威胁程度,买主讨价还价的能力,供应商讨价还价的能力,以及战略群体的形成情况等。

(3) 行业能力。

所谓行业能力,是指行业中每个竞争企业所具有的经营能力的总和。不同行业有不同测量行业能力的方法。行业能力分析一般包括：分析行业的现时能力和未来能力，存在的问题，查明原因以及采取的对策。

（4）行业竞争结构。

根据美国著名的战略管理学者迈克尔·波特（M. E. Porter）的观点，在一个行业中存在着5种基本竞争力量，即潜在进入者、替代品、购买者、供应方与现有竞争者，如图1-4所示。

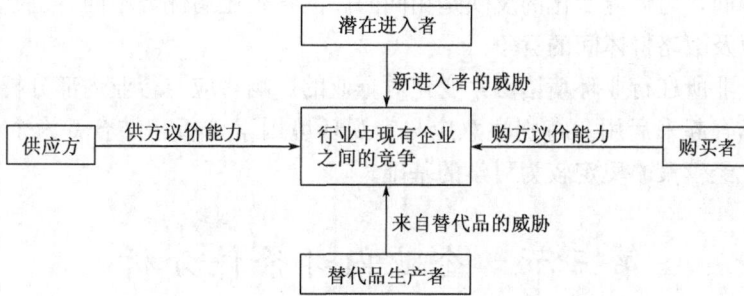

图1-4　行业竞争结构

①潜在进入者的威胁。潜在竞争者进入后，将通过与现有企业瓜分原有市场、激发新一轮竞争对现有企业形成巨大的威胁。这种进入威胁主要取决于行业的吸引力和进入障碍的大小。行业发展快、利润高，进入障碍小，潜在竞争的威胁就大。进入障碍包括：规模经济，即新进入者规模不经济则难以进入；产品差异优势，新进入者与原企业争夺用户，必须花费较大代价去树立企业形象和产品信誉，一旦失败，将丧失全部投资；现有企业对关键资源的控制，一般表现为对资金、专利技术、原材料供应、分销渠道等关键资源的积累与控制，对新进入者形成障碍；现有企业的反击程度等。

②替代品的威胁。替代品是指与本行业产品具有相同或相似功能的其他产品。如洗衣粉可以部分代替肥皂。替代品产生威胁的根本原因往往是它在某些方面具有超过原产品的优势，如价格低、质量高、性能好、功能新等。若替代品的盈利能力强，对现有产品的压力就大，会使本行业的企业在竞争中处于不利地位。

③购买者的压力。购买者对本行业的竞争压力表现为购买要求提高，如要求低价、高质、优服务等；还表现为购买者利用现有企业之间的竞争对生产厂家施加压力。影响购买者议价的基本因素有顾客的购买批量、对产品的依赖程度、改变厂家时的成本高低以及掌握信息的多少等。

④供应方的压力。企业从事生产经营所需各种资源一般都要从供应者处获得，供应者一般都要从价格、质量、服务等方面入手，以谋取更多的盈利，从而给企业带来压力。

⑤行业内现有企业之间的竞争。这是通常意义下的竞争，主要竞争方式为价格竞争、广告战、新产品引进等。这种竞争的激烈程度取决于多种因素，如竞争者的多少及其力量的对比，行业发展的快慢，利润率的高低，行业生产能力与需求的对比，行业进入或退出障碍的大小等。当行业发展缓慢、竞争者多、产品同质性高、生产能力过剩、行业进入障碍低而退出障碍高时，竞争就会比较激烈。

在一个行业内，这5种基本竞争力量的状况及其综合能力，导致行业内经济结构的变化，从而决定着行业内部竞争的激烈程度，决定着行业中获得潜在最终净收益的能力。从企业经营战略上考察，行业内存在的这5种竞争力量共同决定行业竞争的强度和获利能力。但是各种力量的作用是不同的，常常是最强的某个力量或某几个力量处于支配地位并起决定性作用。我国家用电器行业中海尔集团的竞争力量就是同行业家电企业在制定经营管理战略时必须分析的重点。

（5）行业内战略群体。

根据行业内各企业战略地位的差别，可划分为几个不同的战略群体。一个战略群体的各企业具有相同的战略和相似的竞争地位，虽然在生产规模和市场占有率方面会存在差别，由于企业的性质相同，对环境变化的反映是相同的。但各企业的优势不同，也会形成战略群体内部彼此竞争以及战略群体间的竞争。

分析上述企业所在行业环境诸因素变化对企业的影响，应与行业内部分析、行业寿命周期、企业分析结合起来运用。特别注意应与宏观环境因素分析相结合，为企业制定经营战略、经营目标、经营策略奠定较为科学的基础。

第三节　企业内部条件分析

企业的生产经营活动不仅受外部宏观环境因素变化和企业所在行业环境因素变化的影响，而且还要受到企业内部条件及其变化的影响。企业在市场竞争中要获得竞争优势，必须创造出高于竞争对手的价值。在同一外部市场环境中，企业要拥有对方不具备的内部条件。

一、企业内部条件分析的内容

不断变化的外部环境会给企业带来潜在可以发展的机遇，但只有企业具有能够利用这种机遇的内部条件，才是现实的机遇。虽然企业外部环境十分有利，如产品有需求，市场上畅销，但由于内部条件较差，如关键资源短缺，缺少周转资金，因而有利的发展机遇也会失去。因此，分析企业的内部条件，作出比较客观的评价，使企业员工对企业的优势和劣势，对企业的真正实力有一个清醒的认识，就便于企业内部协调一致，作出符合实际的经营决策。

企业内部条件分析的主要内容见表1-2。

表1-2　企业内部条件分析内容

项　　目	分　析　内　容
企业产品或服务项目的分析	（1）企业经营产品的性质；（2）产品品种结构、在产品系列中的位置；（3）产品功能、质量标准；（4）产品的技术水平；（5）产品寿命周期处在哪个阶段；（6）产品的市场占有率；（7）产品的竞争能力和获利能力等。 （1）企业服务项目的性质；（2）顾客满意程度等
企业生产条件或服务条件的分析（企业生产或服务作业链分析）	（1）厂房、建筑物、机器设备、信息设备的条件与生产能力；（2）生产组织的先进性；（3）工艺流程的先进性；（4）计划、调度能力；（5）技术质量保证体系的先进性；（6）技术操作水平等级；（7）材料、能源消耗定额的先进性；（8）职工结构、工时定额水平、劳动生产率水平、工资水平等；（9）设备、工具管理水平；（10）厂内运输情况；（11）物资流通状况；（12）均衡生产情况；（13）企业信息流状况；（14）企业上下游价值链流通状况；（15）厂内环境污染及治理情况等。 （1）服务设施的分布与服务能力；（2）服务过程各环节衔接情况；（3）服务过程组织情况等

项　　目	分　析　内　容
企业市场营销能力或服务能力的分析（企业销售链的分析）	(1) 企业营销组织状况；(2) 企业市场研究和开发能力；(3) 企业销售渠道状况；(4) 企业实施哪些促销策略；(5) 企业产品定价情况；(6) 售后服务措施情况；(7) 企业满足交货条件的能力；(8) 应收货款与拖欠情况；(9) 产品运送能力等。 (1) 服务项目研究与开发能力；(2) 服务组织状况；(3) 服务对象的满意度；(4) 客户市场份额；(5) 客户留住率；(6) 客户获得率；(7) 客户投诉次数；(8) 合同履约率等
企业材料、能源供应情况的分析（企业供应链的分析）	(1) 材料、能源的供应情况、供应的及时性和可能性；(2) 外协件的供应与协作情况；(3) 外包非核心零部件的生产与供应情况以及认证零部件质量的可靠性；(4) 外协件价格情况等
企业产品（或服务）开发与研制能力的分析	(1) 企业产品（或服务项目）的科研和开发的条件；(2) 企业技术力量现状；(3) 企业的技术水平；(4) 研发的组织状况；(5) 研发人员的状况；(6) 技术信息、计量检验、产品技术、工艺技术、技术改造发展和创新能力；(7) 新产品开发、老产品改造、消化吸收国产化的能力；(8) 开发投资的效果等
企业财务状况与经济效益的分析（企业价值链分析）	(1) 企业的资本实力；(2) 企业的获利能力；(3) 企业的偿债能力；(4) 企业资产负债率；(5) 企业的现金流量；(6) 企业产品（服务项目）的成本水平；(7) 企业的价值与每股盈利；(8) 企业的经济效益与社会效益等
企业组织结构的分析	(1) 企业（公司）的治理结构；(2) 企业的领导体制及企业组织状况；(3) 企业机构设置与责权划分情况；(4) 组织机构的现代化水平；(5) 员工的激励机制和约束机制；(6) 组织机构的弹性、流动性、稳定性；(7) 信息的传递、处理的管理水平；(8) 企业基础工作状况及各项规章制度的有效性等
企业职工队伍状况的分析	(1) 企业领导层人员结构、素质、思想状况，人际关系现状；(2) 职工队伍的结构、素质、健康状况、思想状态、工作效率等状况；(3) 技术工程人员队伍的结构、素质状况；(4) 劳动人事的政策、工资福利、教育培训等情况

　　除上述企业内部条件分析的内容外，从企业战略能力考察，企业内部条件分析的重点是企业的资源状况以及企业的产品市场分析等。此外，如有必要，还要对企业与其他单位横向联合、并购重组、企业资本运营以及企业跨国经营能力等进行分析。

二、企业资源分析与产品市场分析

（一）企业经营资源分析的内容

　　经营资源是企业内部条件的组成部分。企业经营资源的分析就是考察企业人力、物力、财力、信息、组织机构等资源要素的存量、性能与结构对企业生产能力、销售能力、科研开发能力、开拓市场能力以及管理水平的保证作用进行评估。企业的经营资源是企业战略能力的基础，企业要加强哪方面的战略能力，就要充实和投入哪方面的经营资源。因此，企业经营资源的分析实际上是经营资源的能力分析。企业经营资源能力的核心是经营资源结构，分析企业经营资源结构，也称企业经营资源战略分析。

　　企业经营资源分析的内容见表1-3。

表1-3 企业经营资源分析内容

经营资源形态		内 容
企业有形经营资源	人力资源（包括智力资源）	知识经济本质是以人的创造性知识作为重要的生产要素，以高技术产业的智力资源为主要国策的经济。分析：（1）企业拥有人力资源的数量，其中智力资源的比重；（2）人力资源的素质，与分析技术素质、管理素质结合，评估企业的素质
	物质资源（包括自然资源）	企业拥有的土地、房屋、建筑物、基础设施、公共设施、生活福利设施等各项固定资产，以及库存材料、成品存货等。分析：（1）现有存量及其价值；（2）资源结构的合理性；（3）资源开发和利用情况等
	财务资源	企业自有资本状况及其价值，分析：（1）企业借入资本的规模和筹资能力；（2）企业资本结构是否优化；（3）企业负债经营和偿债能力；（4）企业长期投资的规模和效益；（5）企业实现利润和利润分配的情况；（6）资本净利率的情况等
企业无形经营资源	无形资产	企业可辨认的无形资产包括专利权、非专有技术、商标权、著作权、土地使用权、特许权等，不可辨认的无形资产是指商誉。至于品牌、企业声誉、协调组织管理、营销网络、企业文化等也可以列入无形资产。分析：（1）无形资产的市场价值；（2）具有超额盈利的无形资产的未来获利能力等

分析企业上述经营资源的有效配置和合理利用，是分析企业内部条件和评估企业战略能力的主要内容。通过分析，企业力求做到人尽其才，物尽其用，物畅其流，力求企业的供应链、生产作业链、销售链紧密衔接，环环相扣。企业价值链与上游、下游价值链畅流无阻，就能构成具有优势的价值链。

（二）企业经营资源结构的分析

从上述企业经营资源的内容考察，有两大类：第一类为有形的资源，如各类固定资产、物资、存货、自有资本、人力和智力资源、情报信息、组织机构、技术体系、人员素质等；第二类为无形的资源，如土地使用权、专利权、企业形象与信誉、公共关系等。这些资源规模与资源结构是决定企业强弱的内在因素。分析企业经营资源的目的在于谋求企业适应外部环境的剧烈变化，达到企业长期、稳定、持续发展。因此，企业为了在竞争中求生存与发展，就必须不断地革新和改造现有的经营资源结构。

经营资源结构分析的方法一般应用比重分析法，实际上这是价值结构的分析，即分析某项经营资源的存量价值占整个企业资源存量总价值的比重，并分析其变化，从而掌握经营资源的性质及其对企业竞争能力的影响，区分各项资源在竞争中的主要地位和次要地位，进一步掌握该项经营资源的特点和变化规律，有步骤地革新和改造现有经营资源的结构，深化改革经营资源的存量与质量。

企业经营资源结构分析的主要内容见表1-4。

表1-4 企业经营资源结构分析的内容

分 析 项 目	分 析 的 意 义
经营资源规模效益的分析	企业经营资源规模大，其规模效益就大。企业在改变经营资源结构，在某项经营资源投资时，不一定年年进行，看准机会一次投资大一些，其效果会更加理想。多种经营的企业，其产品在技术、设备、销售上具有关联性，改变资源结构的投资效果就比较明显

分 析 项 目	分 析 的 意 义
企业关键能力的分析	企业发展的关键能力，各行各业会有所不同。技术密集型企业其产品研发能力是关键，而劳动密集型企业其销售能力是关键。一个企业的关键能力强也可弥补其他能力不强的弱点
企业应变能力的分析	企业要随环境变化改革经营资源结构，提高应变能力。因此，在经营资源中有些资源应变性好，有些资源应变性差，企业应发挥应变性好的资源作用，如企业管理体制和组织机构等改革，以提高企业的应变能力

（三）企业经营资源能力的分析

企业经营资源能力分析的主要内容见表 1-5。

表 1-5　企业经营资源能力分析的内容

分 析 项 目	分 析 指 标	分 析 的 意 义
企业现有经营资源状态的分析	(1) 开发能力： ①新产品品种数； ②新产品销售比率； ③新产品开发费用占销售收入比率； ④优质产品率。 (2) 生产能力： ①劳动生产率； ②固定资产净值率； ③设备利用率； ④总资产周转率。 (3) 销售能力： ①主要产品市场占有率； ②销售（营业）收入增长率； ③销售（营业）净利率； ④销售渠道与网点。 (4) 综合能力： ①权益报酬率； ②销售净利率； ③行业定位	企业按开发能力、生产能力、销售能力与综合能力 4 项内容和形成这些能力的经营资源，如固定资产、物资、存货、自有资本、人力、智力资源情报信息、组织机构、技术体系、人员素质、土地使用权、专利权、企业形象与信誉、公共关系等状态，逐一用 4 类 15 项指标进行评分。每一指标采用 5 级评分法：(1) 在同行业指标值最高的 5 分；(2) 在同行业指标值平均以上的 4 分；(3) 与同行业指标值平均水平相等的 3 分；(4) 在同行业指标值平均水平以下的 2 分；(5) 在同行业指标值最低的 1 分。 　　各种经营资源的 4 项 15 个指标值相加，作出综合评价，根据各项经营资源得分值大小确定该项经营资源能力的大小
产品市场战略所需经营资源能力的分析	主要资源供需缺口	根据企业产品市场战略制定的企业综合经营计划确定经营资源供应与缺口。 (1) 新产品开发时期对人力资源、技术设备、投入资金的需求； (2) 产品生产计划所需的生产作业、生产组织、材料、能源、设备、技术、人员以及特殊项目要求的资金投入； (3) 产品销售计划所需的销售活动、销售渠道、销售组织、库存储运的资金投入。 　　除上述经营资源外，尚应考虑企业形象与信誉等无形资源的作用。分析时：按投入产出效果，确定经营资源的投入优先顺序；按经营资源项目进行综合平衡，选择最优方案，确定新投入的经营资源大小

分 析 项 目	分 析 指 标	分 析 的 意 义
企业经营资源能力关键因素的分析	(1) 研发费用占销售收入比率； (2) 固定资产更新率； (3) 销售（营业）收入增长率； (4) 权益乘数	企业对经营资源能力进行时间序列的对比分析，揭示提高企业能力的关键因素，把有限的经营资源集中力量投入到关键产品、关键项目和重点部门，以取得更大的效益
借入外部经营资源情况的分析	(1) 引进技术国产化率； (2) 债务股权比率； (3) 长期借款与应付债券比率； (4) 融资租入固定资产比率	企业根据经营资源的需求状况，引进或借用外部经营资源十分重要，因此，要分析企业技术引进、融资租赁、发行股票、债券集资、联营投入资金以及建立专业化协作网点等情况

（四）企业产品市场的分析

企业的产品市场问题是企业战略和经营的基本问题，是实现企业经营目标的基本条件，是企业内部条件的核心问题。企业产品市场分析包括以下两个方面的分析内容。

1. 企业的经营范围与服务方向

企业在创办期间，首先要确定企业的经营范围，企业在什么行业中经营，经营范围和经营方向是什么，服务的对象是什么。经营范围是否对企业长远发展和生存最为有利，经营所在的行业是否有发展的空间。企业应根据内外环境分析，研究企业所在行业的纵向分工中其经营范围是否最为有利等。

分析企业服务方向，就是分析企业生产和经营什么产品，为什么样的市场和客户服务。因此，可以从下列几个方面进行分析：

（1）从整个社会考察，企业所确定的服务方面是否符合国民经济和社会发展规划的要求，是否属于社会上有长期需求的产品，企业所处产业部门是朝阳产业还是夕阳产业。

（2）从企业内部考察，企业的产品或服务是否与本企业内部条件相适应，企业生产能力、服务能力是否与经营资源相协调。

（3）从技术创新方面考察，企业的产品和服务是否先进、适用，是否符合国内外技术发展的方向，能否进行战略性技术开发。

（4）从企业经营资源能力考察，企业发展的产品和服务是否充分利用了可以利用的一切经营资源，在改革经营资源结构的条件下，能否扩大产品和服务的经营规模，提高服务质量。

（5）从企业经营的优势、劣势考察，企业的产品市场或服务项目是否处于优势地位，是否符合扬长避短的要求等。

2. 产品或服务市场分析

产品或服务市场分析主要是按产品或服务项目分析其市场的特点及发展变化趋势和走向，研究产品或服务发展的关键因素有哪些，明确战略重点产品或服务的市场领域和区域范围，具体分析内容见表1-6。

分析项目	分析内容
市场特点与发展趋势	(1) 产品或服务的市场范围； (2) 市场需求总量（市场容量）； (3) 产品销售收入（营业额）增长率； (4) 客户购买力、购买动机与潜在需求； (5) 产品处在寿命周期的哪个阶段； (6) 产品或服务的销售（营业）净利率等
企业产品竞争力分析	企业应与同行业平均水平或先进水平企业的下列5项指标进行对比分析： (1) 产品市场占有率； (2) 产品技术性能与质量标准； (3) 产品技术领先地位； (4) 产品的净产值率、单位产品增加值； (5) 成本费用净利率
产品结构分析	产品结构是指企业各产品之间的技术经济关系与各种产品之间的数量比例关系的总和。 分析企业产品结构主要应用波士顿（BCG）矩阵分析法，根据相对市场占有率和销售增长率两项指标值确定企业各产品在矩阵中的位置，企业使自己生产的全部产品合理地分布于4个象限中，评估其现状和发展，确定合理的产品结构。 假定以销售增长率为分界线，销售增长率大于20%以上为高增长率，低于20%以下为低增长率；假定相对市场占有率以1.0为分界线，1.0以上为高，1.0以下为低。 矩阵中，A类产品为两项指标均高的产品，称为明星（Star）产品，处于快速发展期；B类产品为两项指标前低后高的产品，称为金牛（Cash Cow）产品，在市场上占有优势，是企业利润的主要来源；C类产品为两项指标前高后低的产品，称为问题（Question Mark）产品，处于两难境地；D类产品为两项指标均低的产品，称为瘦狗（Dog）产品，处于衰退境地。其矩阵图如下图所示： (高) <table><tr><td>A类产品 明星(Star)</td><td>C类产品 问题(Question Mark)</td></tr><tr><td>B类产品 金牛(Cash Cow)</td><td>D类产品 瘦狗(Dog)</td></tr></table>10.0　　　1.0　　　　　0.1 (低) (高) ◄——————————► (低) 从产品寿命周期考察：C类产品处于投入期；A类产品处于成长期；B类产品处于成熟期；D类产品处于衰退期。因此，对A类产品要大力支持；对B类产品要保持市场占有率；对C类产品如市场前景好，应促使向A类产品发展；对D类产品可采取放弃策略

三、企业市场环境分析

企业外部环境的诸多因素都是以市场为中介影响着企业行为。企业作为市场主体，其经营活动与外部联系都直接或间接地处于市场关系中，因此，市场环境分析对企业经营管理具有重要意义。

（一）影响企业的市场环境要素

1. 企业的市场环境

企业的市场环境可分为宏观环境和微观环境。宏观环境由影响企业的社会约束力量构成，主要包括前面讲述过的自然环境、政治环境、经济环境、技术环境、人口环境与文化环境等。微观环境是指与企业购销活动直接相关的影响因素，由企业的供应者、消费者、中间商和竞争者构成。在此分析的企业市场环境是指微观环境。

2. 企业的市场环境因素

企业面临的市场有生产资料市场、消费品市场、金融市场、劳务市场、技术市场、信息市场和房地产市场等。不同的市场，其影响企业的环境因素也不同。一般来说，影响企业的市场环境因素主要有：

（1）原材料、能源、协作件的供应情况及其价格；

（2）消费者或用户对产品和服务需求的变化；

（3）社会商品购买力的变化；

（4）市场上存在的同类商品和替代品的数量、质量和价格；

（5）流通渠道的状况，如商品流向和销售地区分布、贸易途径、销售方式等；

（6）竞争对手的状况，如技术力量、设备状况、资源状况、产品销售状况与营销策略等。

（二）企业市场环境调查

1. 市场调查的含义

企业的市场环境分析主要通过市场调查来进行。市场调查是指对与企业有关部门的市场供求关系资料进行收集、记录、整理和分析的活动。对每一企业来说，由于经营性质和特点不同，市场调查的内容往往也不相同。企业统计需要根据本企业的具体情况，针对本企业需要解决的实际问题确定自己的调查内容。

市场调查是 Marketing Research 的中文对应含义。国内还有其他的译法，如市场研究、营销研究、市场调研等，就是指运用科学的方法，有目的、有系统地搜集、记录、整理有关市场营销信息和资料，分析市场情况，了解市场的现状及其发展趋势，为市场预测和营销决策提供客观、准确的资料。它包括市场环境调查、市场状况调查、销售可能性调查，还可对消费者及消费需求、企业产品、产品价格、影响销售的社会和自然因素、销售渠道等开展调查。目前，除传统方法外，像数字 100 市场研究公司等专业机构已经采用专业的在线调查系统，大大降低了市场调查成本费用，并被越来越多的客户所接受。

2. 企业市场调查的类型

常见市场调查中的消费者调查是针对特定的消费者做观察与研究，有目的地分析他们的购买行为、消费心理演变等。

1）产品测试

产品调查是针对某一性质的相同产品研究其发展历史、设计、生产等相关因素。产品测试是应用最为广泛的市场调查之一，特别是对于一种新产品，在投放市场之前，通常要进行产品测试，以了解消费者对该产品的看法或意见。产品调查包括下列内容：市场测试（Test Marketing），在产品上市前，提供一定量的试用品给指定消费者，透过他们的反应来研究此产品未来市场的走向；概念测试（Concept Testing），针对指定消费者，利用问卷或电话访谈等其他方式测试新的销售创意是否有其市场。

产品测试所涉及的问题主要为"你觉得该产品如何？"，"该产品与某种品牌的产品相比如何？"等。获得这类问题答案的一个最好办法，就是让实际购买和使用该产品的用户发表意见。因此，产品测试通常是把产品交给受访者使用，然后再去了解受访者对产品的看法。

2）广告研究

广告研究的内容主要包括广告脚本测试、广告事前事后测试与广告效果测试。广告脚本测试也称广告文案测试（Copy Test），指对已经设计创作出来但还未发布的广告作品的测试评估。通常测试会涉及若干个广告脚本，通过消费者对比各个文案的形式、风格、诉求点、理解程度等，选择出效果可能比较理想的广告脚本用于实际的广告投放中。以全方位的广告研究工具，帮助客户在广告制作和投放的各个阶段作出决定。广告事前事后测试（Pre and Post Advertising Test）是在确定了要发布的广告版本后，在广告播出前测定市场对广告诉求品牌的认知率、使用率等指标，在广告播出后一段时间再次做测试，测定品牌认知率、广告认知率、兴趣、购买意向、使用率等指标，以此判断广告效果。广告效果测试（Advertising Effectiveness Tracking Study）指在广告发布前和发布后各进行一次测试，但是测试的重点及测试的手法有所不同，广告效果测试更注重广告发布对于销售量的影响程度，因此其测试的前后口径必须完全统一，并尽量剔除其他市场动因对销售量的共同影响。

3）包装测试

包装测试主要用于产品销售策略的研究。此种测试研究有助于为某一产品选择最佳包装，确保包装所传达的信息和该产品的总体销售战略一致。

包装测试的内容包括产品名称、主要颜色、图案或照片、杂志和标语；包装类型、形状、大小尺寸、正面商标等主要组成部分；包装效果如显眼程度、形象和功能。

广告和促销活动研究：调查所做的销售手法如广告是否达到理想的效益，看广告的人真的理解其中的信息吗？他们真的因为广告而去购买吗？

4）产品商标名称研究

产品商标名称极为重要，因为它能传达给每个人如此多的信息，这种信息传达不是直接的和必然的，而是通过消费者对名称的各种联想实现的。

5）形象研究

形象对于一个企业来说也是非常重要的。形象研究可用于衡量人们对某一企业或产品的总体形象。这种测试通常采用 UAI（使用、态度、形象）研究形式，这些研究旨在获取受访者在某一产品或服务方面的消费数量以及使用、态度评分方面的资料。

6）定性研究

定性研究可通过"一对一"的个别深访或"一对多"的座谈会讨论的形式进行。座谈会每组通常包括 6～10 名符合预定要求的受访者。定性研究的结果是定性的，这种研究有助于提出设想和假设。

7）产品定位研究

产品定位研究用来确定企业的产品与同类产品中其他品牌的优缺点或异同点，由此了解该种产品在市场、用户心目中的位置和整体产品的竞争态势，知己知彼，从而采取正确的应对竞争战略与营销战略。

8）市场细分研究

市场细分研究用来测量不同顾客对产品差异以及某些营销变量（价格、地点、促销）差异的反映。这是市场调查最重要的课题之一。市场细分研究一般通过大样本的消费者访谈的形式进行。

9）满意度研究

满意度研究一般是等间隔地连续监测顾客对企业所供产品或服务的满意程度，有时还要结合各种旨在提高满意度的措施以测定满意度水平的变动。通常要达到 4 个目标：找到关键影响因素；测定当期的满意度；跟踪检测满意度水平的变化；提供巩固或提高满意度的建议。

3．企业市场调查的内容

市场调查的内容涉及市场营销活动的整个过程，主要包括：

（1）市场环境的调查。

市场环境调查主要包括经济环境、政治环境、社会文化环境、科学环境和自然地理环境等。具体的调查内容可以是市场的购买力水平、经济结构、国家方针、政策和法律法规、风俗习惯、科学发展动态、气候等各种影响市场营销的因素。

（2）市场需求的调查。

市场需求调查主要包括消费者需求量调查、消费者收入调查、消费结构调查与消费者行为调查，包括消费者为什么购买、购买什么、购买数量、购买频率、购买时间、购买方式、购买习惯、购买偏好和购买后的评价等。

（3）市场供给的调查。

市场供给调查主要包括产品生产能力调查、产品实体调查等。具体为某一产品市场可以提供的产品数量、质量、功能、型号、品牌等，生产供应企业的情况等。

（4）市场营销因素的调查。

市场营销因素调查主要包括产品、价格、渠道和促销的调查。产品的调查内容主要有了解市场上新产品开发的情况、设计情况、消费者使用情况、消费者的评价、产品生命周期阶段、产品的组合情况等。产品的价格调查内容主要有了解消费者对价格的接受情况，对价格策略的反应等。渠道调查主要包括了解渠道的结构、中间商的情况、消费者对中间商的满意情况等。促销活动调查主要包括了解各种促销活动的效果，如广告实施的效果、人员推销的效果、营业推广的效果和对外宣传的市场反应等。

（5）市场竞争情况的调查。

市场竞争情况调查主要包括对竞争企业的调查和分析，了解同类企业的产品、价格等方面的情况，他们采取了什么竞争手段和策略，做到知己知彼，通过调查帮助企业确定企业的竞争策略。

4．市场调查的方法

市场调查的方法主要有观察法、实验法、访问法和问卷法以及座谈会等。

1）观察法

观察法是社会调查和市场调查研究的最基本方法。它是由调查人员根据调查研究的对象，利用眼睛、耳朵等感官以直接观察的方式对其进行考察并搜集资料。例如，市场调查人员到被访问者的销售场所去观察商品的品牌及包装情况。

2）实验法

实验法由调查人员跟进调查的要求，用实验的方式使调查的对象控制在特定的环境条件下，对其进行观察以获得相应的信息。控制对象可以是产品的价格、品质、包装等，在可控制的条件下观察市场现象，揭示在自然条件下不易发生的市场规律。这种方法主要用于市场销售实验和消费者使用实验。

3）访问法

访问法可以分为结构式访问、无结构式访问和集体访问。

结构式访问是事先设计好的、有一定结构的访问问卷的访问。调查人员要按照事先设计好的调查表或访问提纲进行访问，以相同的提问方式和记录方式进行访问。提问的语气和态度也要尽可能地保持一致。

无结构式访问是没有统一问卷，由调查人员与被访问者自由交谈的访问。它可以根据调查的内容进行广泛的交流，如对商品的价格进行交谈，了解被调查者对价格的看法。

集体访问是通过集体座谈的方式听取被访问者的想法，收集信息资料，可以分为专家集体访问和消费者集体访问。

4）问卷法

问卷法是通过设计调查问卷，让被调查者填写调查表的方式获得所调查对象的信息。在调查中将调查的资料设计成问卷后，让接受调查的对象将自己的意见或答案填入问卷中。在一般进行的实地调查中以问卷采用最广。

5）座谈会

座谈会是由训练有素的主持人以非结构化的自然方式对一小群调查对象进行的访谈，主持人引导讨论，主要目的是从适当的目标市场中抽取一群人，通过听取他们谈论研究人员所感兴趣的话题来得到观点。这一方法的价值在于自由的小组讨论经常可以得到意想不到的发现，是最重要的定性研究方法。这种方法很常用，因而许多营销研究人员将这种方法视为定性研究的同义词。

6）定点街访

定点街访也称为 CLT（Central Location Test），是一种综合了入户访问与街头拦截访问两方面优点的数据采集方式，被广泛应用。首先在人流量大的繁华地带设定安静、优雅的会场，访问员在户外邀请合格的过路行人到会场依序接受访问。也有先通过电话预约目标被访者，再将之集合到同一个会场接受访问的方法，即固定点集合访问。

为了保证质量，豪森威公司 CLT 有非常严格的控制措施，要求每一个访问会场至少要有 3 个督导在场，即一个甄别督导，负责甄别访问员带进来的被访者是合格的；一个是一审督导，负责审核访问完的问卷，要求先检查问卷每道题或者关键题，并适当再向被访者核实几道关键题；一个是二审督导，负责终审问卷并发放礼品。

7）流动街访

流动街访是指选定繁华或者（目标）人流较大的户外场所，访问员随机有间隔地拦住过往行人，就地进行问卷调查，分为流动访问及定点访问两种。

该方法的适用范围：适合对于人群特征或目标市场相对比较清晰的项目，产品或服务的渗透率较低的研究项目，可以通过街访在特定的相关场合进行拦截。

8）深度访谈

深度访谈是一对一执行的非结构化、直接的人员访谈，非常有技巧的访员对单个的调查对象进行深入的面谈，从而挖掘关于某一主题的潜在的行为动机、信仰、态度以及感觉。深度访谈的时间长度从 45 分钟到 1 个多小时。例如，在百货商店顾客调查项目中，访员从一个一般性的问题开始，如"您到百货商店购物有何感受?"，然后鼓励调查对象自由地谈他对百货商店的态度。问了最初的问题之后，访员采用一个非结构化的形式，下面的访谈方向由调查对象的最初回答、访谈者的深层探究以及调查对象的答案来决定。假设调查对象对最初问题的回答是"对购物不再有兴趣"，然后访员就应该问"为什么对购物不再有兴趣?"。如果回答不是很有启发性（"乐趣已经从购物中消失了"），访员可以追问，如"以前购物为什么有兴趣? 发生了什么变化?"。

5. 市场调查的步骤

市场调查是由一系列收集和分析市场数据的步骤组成。某一步骤作出的决定都可能会影响其他后续步骤，某一步骤所做的任何修改往往意味着其他步骤也可能需要修改。市场调查的步骤如下:

1）确定问题与假设

由于市场调查的主要目的是收集与分析资料以帮助企业更好地作出决策，以减少决策的失误，因此调查的第一步就要求决策人员和调查人员认真地确定和商定研究的目标。在任何一个问题上都存在着许许多多可以调查的事情，如果对该问题不作出清晰的定义，那收集信息的成本可能会超过调查提出的结果价值。作出假设、给出研究目标的主要原因是为了限定调查范围，并从用调查所得资料来检验所作的假设是否成立，写出调查报告。

2）确定所需资料

确定问题和假设之后，下一步就应决定要收集哪些资料，这自然应与调查的目标有关。例如: 消费者对本公司产品及其品牌的态度如何? 消费者对本公司品牌产品的价格看法如何? 本公司品牌的电视广告与竞争品牌的广告在消费者心目中的评价如何? 不同社会阶层对本公司品牌与竞争品牌的态度有无差别?

3）确定收集资料的方式

基于前两步，第三步要求制定一个收集所需信息的最有效的方式，它需要确定的内容有数据来源、调查方法、调查工具、抽样计划及接触方法。

如果没有适用的现成资料（第二手资料），原始资料（第一手资料）的收集就成为必需步骤。采用何种方式收集资料，这与所需资料的性质有关。它包括实验法、观察法和询问法。前面例子谈到所需资料是关于消费者的态度，因此市场调查者可采用询问法收集资料。对消费者的调查，采用个人访问方式比较适宜，便于相互之间深入交流。

4）抽样设计

在调查设计阶段就应决定抽样对象是谁，这就提出抽样设计问题。其一: 究竟是概率抽样还是非概率抽样，这具体要视该调查所要求的准确程度而定。概率抽样的估计准确性较高，且可估计抽样误差，从统计效率来说，自然以概率抽样为好;不过从经济观点来看，非概率抽样设计简单，可节省时间与费用。其二: 一个必须决定的问题是样本数目，而这又需考虑到统计与经济效率问题。

5）数据收集

数据收集必须通过调查员来完成。调查员的素质会影响到调查结果的正确性。调查员以大学的市场学、心理学或社会学的学生最为理想，因为他们已受过调查技术与理论的训练，可降低调查误差。

6）数据分析

资料分析应将分析结果编成统计表或统计图，方便读者了解分析结果，并可从统计资料中看出与第一步确定问题、假设之间的关系。同时又应将结果以各类资料的百分比与平均数形式表示，使读者对分析结果形成清晰对比。不过各种资料的百分率与平均数之间的差异是否真正有统计意义，应使用适当的统计检验方法来鉴定。例如，两种收入家庭对某种家庭用品的月消费支出，从表面上看有差异，但是否真有差异可用平均数检定法来分析。对资料还可运用相关分析、回归分析等一些统计方法来分析。

7）调查报告

市场调查的最后一步是编写一份书面调查报告。一般而言，书面调查报告可分两类，即专门性报告与通俗性报告。

专门性报告的读者是对整个调查设计、分析方法、研究结果以及各类统计表感兴趣者，他们对市场调查的技术已有所了解。而通俗性报告的读者主要兴趣在于听取市场调查专家的建议，例如一些企业的最高决策者。

四、竞争对手调查与分析

通常情况下企业看好的顾客，竞争者也会看好。当某一部分顾客对某种产品和服务产生需求的时候，市场就产生了。与此相对应，欲以生产经营类似产品和服务来满足这个市场需要的竞争者所组成的行业也就应运而生。企业在确定业务领域时还必须对行业进行深入的分析，正所谓"知己知彼，百战不殆"。

（一）竞争对手的界定

竞争对手是企业经营行为最直接的影响者和被影响者，这种直接的互动关系决定了竞争对手分析在外部环境分析中的重要性。竞争对手分为直接竞争对手、间接竞争对手和潜在竞争对手。

1. 直接竞争对手

所谓直接竞争对手，是指生产经营同品类、同品种产品或服务，与本企业角逐共同目标市场，与企业构成直接竞争关系的企业。

理解行业的影响力量非常重要，但还不够。"同行是冤家"，这只是泛泛之谈，任何一个企业都难以有足够的资源和能力，也没有必要与行业内企业全面为敌、四面出击，它必须处理好主要的竞争关系，即与直接竞争对手的关系。直接竞争对手是指那些向相同的顾客销售基本相同的产品或提供基本相同服务的竞争者。竞争的激烈程度是指为了谋求竞争优势各方采取的竞争手段的激烈程度。

直接竞争对手主要来自同行企业，表现为全方位的正面竞争势态，对手的强弱不仅直接影响到市场的需求状况，并且也会直接影响到本企业的市场占有率。

直接竞争对手的确定方法主要是传统方法，即一般是根据产品形式、行业、品牌和消费愿望划分出不同类型的市场竞争，然后企业在同类型的市场竞争中确定自己的直接竞争对手。

另一种方法是利用行业细分来确定直接竞争对手。行业细分是指根据细分标准对各个不同的竞争者、竞争产品和竞争范围进行划分。它可以帮助企业直接、准确地确定自己在行业中所处的地位与从事的商业活动的界面，从而精确地定位直接竞争对手及竞争双方的相对位置。

与市场细分相类似，行业也可以细分为不同的战略群组。战略群组（亦称战略集团）就是一个行业中沿着相同的战略方向采用相同或相似战略的企业群。只有处于同一战略群组的企业才是真正的竞争对手。因为他们通常采用相同或相似的技术，生产相同或相似的产品，提供相同或相似的服务，采用相互竞争性的定价方法，因而其间的竞争要比与战略群组外的企业竞争更直接、更激烈。

2. 间接竞争对手

所谓间接竞争对手，是同企业基础条件存在一定差异的同类企业或生产替代品的企业。这些对手通常以主体企业的市场为目标有着相同或相似的价值评价，但销售不同的产品。

间接竞争对手主要表现为企业之间的产品或服务具有一定的差异或具有替代性。间接竞争对手一般来自于其他行业、新产品对老产品行业的替代等。例如，半导体工业对真空管工业的竞争威胁；一家法式西餐厅和一家供应意大利菜的西餐厅之间就是一种间接竞争关系。由于间接竞争对手最容易被忽视，所以具有很大的威胁性。

3. 潜在竞争对手

潜在竞争对手是指暂时对企业不构成威胁但具有潜在威胁的竞争对手。潜在竞争对手的可能威胁取决于进入行业的障碍程度以及行业内部现有企业的反应程度。入侵障碍主要存在于 6 个方面，即规模经济、品牌忠诚、资金要求、分销渠道、政府限制及其他方面的障碍（如专利）等。

识别潜在竞争对手比识别现实竞争对手困难得多。如果漫无目的地从浩如烟海的市场信号中搜寻潜在竞争对手，往往会无功而返。潜在的进入者只有在获得目标市场的大量信息后才能决定是否进入。因此，企业通过信息传播渠道，顺藤摸瓜，可以发现那些具有潜在进入特质的企业。参考其他信息，一般可以从下述各类企业中将潜在竞争对手辨识出来。

第一，不在本行业，但能够轻易克服行业壁垒的企业。

当提供互补或替代产品的企业对另一方的市场情况如需求状况、价格水平、销售渠道、生产成本、原料供应都比较了解时，进入对方市场的壁垒就比较低。如果企业进入互补或替代的市场能显著地提高原有产品的销量和竞争能力，那么它进入的可能性就非常大。

第二，进入本行业可产生明显协同效应的企业。

企业进行整体性协调后所产生的整体功能的增强称为协同效应。正是这种企业整体功能的增强为企业带来了竞争优势。因此，如果本行业成为某企业的一种产业后能够使该企业产生明显的协同效应，那么该企业进入本行业的可能性就很大。

第三，行业战略的延伸必将导致加入本行业竞争的企业。

例如，长虹、海尔两家都力图成为整个中国家电业的领先企业，长虹在加强彩电生产的同时，开始生产空调等白色家电，而海尔也开始从白色家电领域向黑色家电渗透。长虹和海尔在中国家电市场上的竞争将不可避免。

第四，可能前向整合或后向整合的客户或供应商。

从企业关系的层次来看，有从制造商向批发商和分销商再到最终用户的前向整合，以及从制造商向供应商的后向整合。某些政策上的优惠会导致企业间的前向整合或后向整合，如当采取按最终产品征税时，就会促使许多企业纵向兼并。这些经过整合后产生的新企业往往具有很强的竞争力。

第五，可能发生兼并或收购行为的企业。

为了追求规模经济效益，加强生产经营的稳定性，促进企业的快速发展或减少竞争对手，扩大或垄断市场，有一定实力的企业很可能会兼并与收购一些相关企业。例如，纵向收购可以使企业拥有自己的原材料供应地或产品的最终用户，确保原材料、半成品的供应或者提供产品的销售渠道和用户，从而节省了销售费用，减少了经营风险；相对于重新建厂而言，通过收购进行生产的扩张可以节约时间和投资，可以利用对方现成的人力、技术、销售渠道、业务网络，从而可以加快进入新市场的速度，减少投资风险。一些有实力的企业通过兼并或收购其他企业的方式进入新市场，会激化企业间的竞争。

（二）竞争对手调查的内容

竞争对手调查的主要内容包括企业基本信息；财务及销售状况；产品及价格策略；产品结构；生产能力；渠道研究；竞争策略；营销策略；研发能力；原材料采购；市场分析：宏观政策；市场背景；市场容量；市场规模；领先企业；市场与售后服务；客户情况；发展战略：生产战略；广告促销战略；产品结构调整等。

（三）竞争对手调查的方法

竞争对手调查可通过以下方式：

二手资料的搜集；

利用员工制度化搜集而形成的内部资料；

委托专业市场调查公司或专业人士进行。

由于此类资料调查针对性强、意义重大，调查得到的信息往往称为竞争情报，带有极强的军事与战争色彩。获得调查情报的途径主要有：

（1）从经营者的动向来把握情报。从对手企业经营者的活动情况了解企业的总体情报。

（2）从营业状态中抓住情报。所谓营业状态，并不是指和本公司的交易额的多少，而是指顾客将售货款提高而得到利益是否顺利上升的情况。

（3）从会计方向来抓住情报。通过分析对手企业公布的会计报表如资产负债表、现金流量表和损益表等掌握对手的财务情报。

（四）竞争对手分析的方法

在确立了重要的竞争对手以后，就需要对每一个竞争对手做出尽可能深入、详细的分析，揭示出每个竞争对手的长远目标、基本假设、现行战略和能力，并判断其行动的基本轮廓，特别是竞争对手对行业变化以及当受到竞争对手威胁时可能做出的反应。

1）目标分析

对竞争对手长远目标的分析可以预测竞争对手对目前的位置是否满意，由此判断竞争对手会如何改变战略，以及他对外部事件会采取什么样的反应。对竞争者目标的了解有助于了解上级公司是否会支持下属公司所采取的行动，确定它是否愿做下属公司对付竞争对手行动的后盾。日本摩托车企业在 20 世纪 70～80 年代的战略目标很明显就是要全面占领美国这块世界上最大最好的市场，因此，像本田公司在遇到关税壁垒时，就可能采取到美国直接建厂的办法绕过美国关税壁垒的限制。

2) 竞争对手的假设

每个企业所确立的战略目标，其根本是基于他们的假设之上。这些假设可以分为3类：

其一，竞争对手所信奉的理论假设。例如，许多美国公司所奉行的理论是短期利润，因为只有利润才能支持发展。而日本企业信奉的是市场占有率和规模经济理论，他们认为，只要能占领市场，扩大生产销售规模，单位成本就会下降，利润自然滚滚而来，然后才有秋天的黄金收获。

其二，竞争对手对自己企业的假设。有些企业认为自己在功能和质量上高人一筹，有些企业则认为自己在成本和价格上具有优势。名牌产品企业对低档产品的渗透可能不屑一顾，而以价格取胜的企业对其他企业的削价则会迎头痛击。

其三，竞争对手对行业及行业内其他企业的假设。哈雷公司在20世纪60年代不仅对摩托车行业充满信心，而且对日本企业过于掉以轻心，认为他们不过是在起步学习阶段，对自己构不成威胁。然而日本人一边低头哈腰地表示"我们是小学生"，一边却对美国人小觑自己刻骨铭心：看谁笑到最后。经过20年的修炼，日本摩托车终于在美国修成正果。

实际上，对战略假设，无论是对竞争对手，还是对自己，都要仔细检验，这可以帮助管理者识别对所处环境的偏见和盲点。

3) 竞争对手的现行战略

对竞争对手分析的第三个要素是列出每个竞争对手现行战略的清单。非常有用的一种方法是把竞争对手的战略看成各职能部门的关键性经营方针的总和，以及了解它是如何寻求各职能部门的相互联系的。这包括：

(1) 竞争对手的战略途径与方法。战略途径与方法是具体的、多方面的，应从企业的各个方面去分析。例如，从营销战略的角度看，本田的营销战略途径与方法至少包括这样一些内容：在产品策略上，以小型车切入美国市场，提供尽可能多的小型车产品型号，提高产品吸引力；在小型车市场站稳脚跟后再向大型车市场渗透；在价格上，通过规模优势和管理改进降低产品成本，低价销售；在促销上，建立摩托车新形象，使其与哈雷的粗犷风格相区别。事实证明，这些战略途径行之有效，大获成功。相对而言，哈雷公司却没有明确的战略途径与方法。哈雷公司的母公司 AMF 公司虽然也为哈雷公司注入资本提高产量，也曾一度进行小型车的生产，结果由于多方面因素的不协同而以失败告终。

(2) 竞争对手的战略能力。在分析研究了竞争对手的目标与途径之后，还要深入研究竞争对手是否具有能力采用其他途径实现其目标。这就涉及企业如何规划自己的战略以应对竞争。如果较之竞争对手本企业具有全面的竞争优势，那么则不必担心在何时何地发生冲突。如果竞争对手具有全面的竞争优势，那么只有两种办法：或是不要触怒竞争对手，甘心做一个跟随者，或是避而远之。如果不具有全面的竞争优势，而是在某些方面、某些领域具有差别优势，则可以在自己具有的差别优势方面或领域把文章做足，但要避免以己之短碰彼之长。

4) 竞争对手的能力

对竞争对手能力的实事求是评估是竞争对手分析的最后诊断步骤。竞争对手的目标、假设和现行战略都会影响它反击的可能性、时间、性质及强烈程度，而其强项和弱项将决定它发起或反击战略行动的能力以及处理所处环境或产业中事件的能力。还要重点考察竞争对手以下的能力，即核心能力、增长能力、快速反击能力与适应变化的能力。

5）竞争对手对竞争的反应

从上面的分析中可知战略管理是一个"博弈"的过程。一是要选择我们的对手，二是要判断对手的棋路，并根据"对手会对我们这一着怎样反应"来决定我们的策略。竞争对手对竞争的反应主要有3种情况：不采取反击行动、防御性反击和进攻性反击。这取决于竞争对手对目前位置是否满意，它是否处在战略转变之中，以及竞争对手对他的刺激程度。具体说来可以分为6种反击模式。

第一，坐观事变者，不立即采取反击行动。其原因可能是深信顾客的忠诚度，也可能是没有反击所必需的资源，还可能是并未达到应予反击的程度。对这类竞争对手要格外慎重。

第二，全面防御者，会对外在的威胁和挑战做出全面反应，以确保其地位不被侵犯。但是全面防御也会把战线拉长，对付一个竞争者还可以，若是同时要对付几个竞争者的攻击，则会力不从心。

第三，死守阵地型反击。因为其反击范围集中，而且又有背水一战拼死一搏的信念，所以反应强度相当高。这类反击行动是比较有效的，又因为是集中在较小范围内的反击，所以其持久力也较强。

第四，凶暴型反击者。这一类型的企业对其所有领域发动的进攻都会做出迅速而强烈的反击。例如，宝洁公司决不会听任竞争者的一种洗涤剂轻易投放市场。凶暴型反击者向竞争对手表明，最好不要碰他，老虎的屁股摸不得。

第五，选择型反击者。可能只对某些类型的攻击做出反应，而对其他类型的攻击则不然。因此，必须了解这种类型反击者的敏感部位，避免不必要的冲突。

第六，随机型反击者。它的反击最不确定，或者根本无法预测，它可能会采取任何一种可能的反击方式。

五、产品竞争力分析

（一）产品竞争力的含义及指标体系

企业要在激烈的市场竞争中取胜，求得生存和发展，必须不断提高产品的竞争力。全面地评价产品竞争力的状况，观察企业在市场竞争中所处的地位，分析影响产品竞争力的因素，可以为提高企业产品竞争力提供依据。

产品竞争力是一个由多因素所决定的综合概念。一般说来，企业产品竞争力的强弱主要表现在产品质量的高低，品种是否齐全、丰富，产品价格是否具有竞争优势，交货是否及时，销售服务是否周到等几个方面，它集中体现在企业所占有的市场份额的大小。因此，企业产品竞争力是指企业的产品在质量、品种、价格、交货期和服务等方面满足市场需求的程度。

根据企业产品竞争力的含义，可以从以下几个方面设计反映产品竞争力的指标体系。

1. 产品质量状况

产品质量的优劣对产品的销售、企业的信誉从而对产品竞争力有着十分重要的影响。从评价产品竞争力的角度来看，反映产品质量状况可选用以下指标，即优等品率、国际质量标准采用率与质量损失率等。

2. 产品品种状况

积极开发新产品、新品种，根据市场需求变化不断调整产品结构，是提高产品竞争力的重要途径。反映产品品种状况的指标可选择新产品投产率与新产品产值率等。

3. 产品价格状况

企业产品的价格水平受到国家价格政策、企业成本水平等诸多因素的影响，同时又影响着企业的盈利水平、消费者和用户的需求以及产品的竞争力等。反映企业产品价格状况的指标有企业产品的平均价格与价格偏离系数等。

4. 产品的交货期限

严格履行合同期限，及时交货，可以在用户中树立良好的声誉。反映交货期的指标有销售合同履约率、产品平均交货期限以及商品周转次数等。

5. 销售服务状况

提供优质的销售服务，是密切企业与消费者和用户的联系，扩大销售，占领市场，提高竞争力的一个重要方面。研究企业销售服务状况主要以定性观测为主，包括调查消费者和用户对销售服务的要求，研究本企业与竞争对手相比在服务方面的优劣，分析企业销售服务的质量，检查企业销售服务的技术力量满足需求的程度，观察消费者和用户对本企业销售服务的满意程度，等等，在此基础上，可设置主观指标对销售服务状况进行量化研究。

6. 产品市场占有状况

企业产品的市场占有状况是竞争能力的综合表现。一个企业的产品在市场畅销，市场占有份额大，覆盖范围广，表示这个企业的产品竞争力强。反映企业产品市场占有状况的指标主要有产品市场占有率、产品市场覆盖率与商品出口率等。

不同企业根据自己不同的产品，可设计和选用不同的指标对产品的竞争力进行综合评价。

（二）产品竞争力的综合分析方法

产品竞争力的强弱是一个外延不分明的概念，对其可采用模糊综合评价方法进行评估。根据确定模糊关系矩阵 R 的方法不同，又可分为隶属函数和等级比重法。下面仅介绍隶属函数法的主要步骤。

1. 用客观指标评估产品竞争力

设 x 为反映产品竞争力的某项指标的实际值，$u(x)$ 为评估产品竞争力的隶属函数，a 为同行业该指标的最低水平，b 为平均水平，c 为最高水平。

正指标的隶属函数为：

$$u(x) = \begin{cases} 0 & x \ll a \\ \dfrac{1}{2}\left(\dfrac{x-a}{b-a}\right) & a < x \ll b \\ \dfrac{1}{2}\left(\dfrac{x-b}{c-b}+1\right) & b < x \ll c \\ 1 & x > c \end{cases}$$

逆指标的隶属函数为：

$$u\ (x)=\begin{cases}1 & x<c\\[2mm]\dfrac{1}{2}\left(\dfrac{x-c}{b-c}\right) & c\ll x<b\\[2mm]\dfrac{1}{2}\left(\dfrac{x-b}{a-b}+1\right) & b\ll x<a\\[2mm]0 & x\gg a\end{cases}$$

设 k_i 为某产品竞争力的第 i 项指标的隶属度，即 $k_i=u\ (x_i)$，w_i 为第 i 项指标的权数，则称产品竞争力综合评估结果为：

$$\overline{K}=\sum k_iw_i \qquad (i=1,2,\cdots,n)$$

例 1-1 某企业及所属地区同行业 2010 年主要产品的市场占有率等指标见表 1-7。

根据表 1-7 资料，采用隶属函数，对该企业 3 种产品竞争力分别进行综合评价，结果见表 1-8。

表 1-7　3 种产品的竞争能力指标

产品名称	市场占有率，%				产品出口率，%				商品周转次数，次			
	本企业实际水平	地区内最低水平	地区内平均水平	地区内最高水平	本企业实际水平	地区内最低水平	地区内平均水平	地区内最高水平	本企业实际水平	地区内最低水平	地区内平均水平	地区内最高水平
甲	11.07	2.12	18.52	37.54	3.21	0	7.17	10.24	2.36	3.10	3.78	5.96
乙	16.26	3.03	20.09	41.50	1.38	0	6.58	11.59	2.17	2.97	4.06	5.19
丙	27.08	1.43	22.98	29.76	19.0	0	24.7	31.62	2.45	2.62	4.28	4.61

产品名称	优等品率，%				新产品产值率，%				产品价格，元/件			
	本企业实际水平	地区内最低水平	地区内平均水平	地区内最高水平	本企业实际水平	地区内最低水平	地区内平均水平	地区内最高水平	本企业实际水平	地区内最低水平	地区内平均水平	地区内最高水平
甲	0	0	17.18	26.27	11.27	8.28	19.79	24.02	23.81	24.80	24.12	21.21
乙	4.61	0	15.42	28.66	10.27	9.64	22.18	26.15	19.12	22.57	21.66	18.82
丙	10.3	0	9.84	10.96	42.17	17.93	50.01	62.07	7.23	8.70	7.75	7.17

从表 1-8 可以看出，该企业主要产品的竞争力在本地区市场范围内未处于领先地位。丙产品的综合隶属度为 0.68634，在地区同类产品中具有一定的竞争力；乙产品的综合隶属度为 0.26561，居地区同类产品的中下游水平；甲产品综合隶属度为 0.20858，在地区的市场竞争中处于不利地位。该企业应对影响该企业产品竞争力的各项指标作进一步分析。

表 1-8　3 种产品的竞争力评价

指　　标	$k_i=u\ (x_i)$			权　　数	k_iw_i		
	甲	乙	丙	w_i	甲	乙	丙
市场占有率，%	0.2729	0.3877	0.8204	0.3	0.08187	0.11631	0.24072
产品出口率，%	0.2238	0.1049	0.3845	0.1	0.02238	0.01049	0.03845
商品周转次数，次	0.1912	0.1917	0.9394	0.1	0.01912	0.01917	0.09394
优等品率，%	0	0.1495	0.7052	0.2	0	0.02990	0.14286

指　　标	$k_i = u\ (x_i)$			权　　数	$k_i w_i$		
	甲	乙	丙	w_i	甲	乙	丙
新产品产值率，%	0.1494	0.0251	0.3777	0.2	0.02988	0.00502	0.07554
产品价格，元/件	0.4467	0.0528	0.0517	0.1	0.05533	0.09472	0.09483
合　　计	—	—	—	1	0.20858	0.26561	0.68634

上述评估结果是一个点值，为客观、深入地评价产品竞争力，实际工作中可根据历史数据、经验和推理，结合隶属函数划分评价等级。

2. 用主观指标评价产品竞争力

企业产品的竞争力最终体现为产品满足市场需求的程度，消费者和用户对产品的满意程度、信任程度。因此，可以通过主观指标，用等级比重确定隶属关系矩阵 R，对产品竞争力进行多因素评价。

例如，某企业对某产品的竞争力进行综合评估，确定的因素论域 U 为：

$$U = \{产品质量，产品品种，产品价格，交货期限，销售服务\}$$

评语等级论域 V 为：

$$V = \{很满意，满意，一般，不满意，很不满意\}$$

$$
\begin{array}{c}
\qquad\qquad\qquad V \\
\qquad 很满意 \quad 满意 \quad 一般 \quad 不满意 \quad 很不满意 \\
\begin{array}{l}
产品质量 \\
产品品种 \\
R=U \quad 产品价格 \\
交货期限 \\
销售服务
\end{array}
\end{array}
$$

对若干消费者和用户进行问卷调查，对调查结果进行加工整理，可得隶属关系矩阵：

$$
R = \begin{bmatrix}
0.5 & 0.2 & 0.1 & 0.1 & 0.1 \\
0.3 & 0.2 & 0.3 & 0.1 & 0.1 \\
0.4 & 0.3 & 0.1 & 0.2 & 0 \\
0.5 & 0.3 & 0.1 & 0.1 & 0 \\
0.1 & 0.2 & 0.3 & 0.2 & 0.2
\end{bmatrix}
$$

对调查结果进行处理，得到各因素权重向量 A：

$$A = (0.3,\ 0.25,\ 0.2,\ 0.2,\ 0.05)$$

做模糊交换，得到综合评价结果 β：

$$
\beta = A \cdot R = (0.3 \quad 0.25 \quad 0.2 \quad 0.2 \quad 0.05)
\begin{bmatrix}
0.5 & 0.2 & 0.1 & 0.1 & 0.1 \\
0.3 & 0.2 & 0.3 & 0.1 & 0.1 \\
0.4 & 0.3 & 0.1 & 0.2 & 0 \\
0.5 & 0.3 & 0.1 & 0.1 & 0 \\
0.1 & 0.2 & 0.3 & 0.2 & 0.2
\end{bmatrix}
$$

$$= (0.41 \quad 0.24 \quad 0.16 \quad 0.125 \quad 0.065)$$

$\boldsymbol{\beta}$ 是归一的，不再进行归一处理。

结果表明，综合构成产品竞争力的 5 项因素，消费者和用户对这种产品表明很满意、满意、一般、不满意和很不满意的比重分别为 41%、24%、16%、12.5% 与 6.5%，说明该企业这种产品的竞争力属于很强和强的程度为 65%（41%＋24%）。

六、企业外部环境与内部条件相结合分析

企业不仅应分析外部经营环境的影响，还应分析企业内部条件，从而判断企业由此而产生的竞争优势。企业一般可应用价值链分析方法进行分析和评价。

企业每项生产经营活动都是产品价值的创造过程，企业所有的互不相同但又相互联系的生产经营活动构成了创造价值的一个动态过程。现代企业实质上是一个为了满足用户需要而建立一系列有序的作业链（Activity Chain）。企业每完成一项作业就要消耗一定量的资源，产出一定价值的产品转移到下一作业，逐步结转直至最后把完工产品提供给用户。因此，作业链形成的过程也是价值链（Value Activity Chain）形成的过程。

价值链可以综合反映企业生产经营活动的历史、现状、经营重点、企业战略、实施战略的方法与作业成本，以及生产经营活动本身所体现的经济效益。企业所创造的价值即收入如果超过其成本，便有盈利；如果超过竞争对手的成本，便拥有竞争的优势。企业要把外部经营环境与内部条件结合起来，确定自己的价值活动，构成具有优势的价值链。

现代企业生产经营活动可以分为主体活动和支持活动两大类。主体活动是指生产经营的实质活动，一般分为材料供应、生产制造、成品储运、市场营销以及售后服务等活动。支持活动是指用以支持主体活动及其内部之间相互支持的活动，一般分为采购管理、技术开发、人力资源管理与企业基础结构等。企业的基本职能活动在于支持整个价值链的运行。

每个企业都具有：

（1）直接创造竞争价值的活动，如产品设计、加工、装配等；

（2）作用在直接活动之上，使之继续进行的间接活动，如研究开发管理、维修、销售管理等；

（3）确保其他活动质量的质量保证活动，如测试、检验、监督等。

这 3 种活动既存在于主体活动之中，又存在于支持活动之中，分析这些活动是诊断企业竞争实力的重要手段之一。价值链是相互依存的活动构成的一个系统。在这个系统中，各项活动之间存在着一定的联系。这些联系体现在某一价值活动进行的方式与成本之间的关系，或者与另一活动之间的关系。例如，利用优质切割好的钢板下料，既可简化生产流程作业，又可避免产生废品。可见，竞争优势可以来自一项活动，也可以来自各项活动之间的联系。分析价值链的目的，在于揭示各项活动的经济性及其联系。

企业价值活动间的内在联系所形成的竞争优势有两种实现的途径：第一，企业为了实现总体经营目标，往往在各项价值活动的联系中进行最优化的抉择，以获取竞争的优势，如企业可能采用成本较高的设计方案，以期减少产品寿命周期内的使用成本或服务成本。第二，企业可以通过协调各项价值活动间的联系，提高产品质量，降低产品成本，增强竞争优势。采用这两种途径，都要求有大量的信息去认识形式多样化的联系。因此，企业必须利用信息技术，建立自己的信息系统，创造与发展新的联系，增强旧有的联系。企业价值活动的联系不仅存在于企业价值链内部，而且也存在企业价值链与供应商和销售渠道价值链之间。企业通过影响供应商价值链的结构，改善关系，就可使双方受益。销售渠道具有企业产品流通的

价值链，其促销活动与抬价对降低企业成本、提高其收益有着重要意义。

分析企业外部环境与内部条件相结合，也可以用列表方式确定出对企业生产经营活动及发展有重大影响的外部环境因素与内部条件因素，并且根据企业总体经营目标所确定的标准值，对表列各项因素——评分，从中判定企业的优势和劣势、机会和风险。一般应对所列各项内外影响因素选项打分，然后按因素的重要程度加权并求和，以判断其中的内部优势和劣势以及外部环境的机会和风险，从而在分析研究的基础上制定企业的经营战略。这种方法的具体应用将在以后企业经济效益综合评价方法中说明，这种分析方法国外称为 SWOT 分析法。

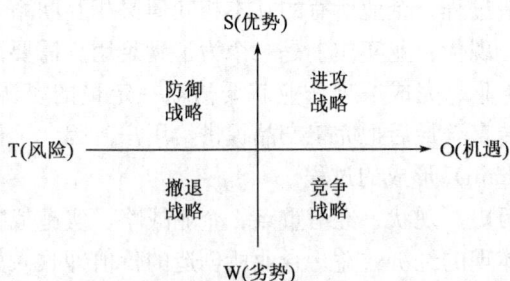

图 1-5　SWOT 分析示意图

SWOT 分析法是一种综合分析企业外部环境和内部条件因素相结合，进行系统的评价，以期选择企业最佳经营战略的方法。所谓 S（Superiority），指企业优势；所谓 W（Weaknesses），指企业劣势；所谓 O（Opportunities），指企业外部环境对企业有利的因素（即机会）；所谓 T（Threats），指企业外部环境对企业不利的因素（即风险）。SWOT 分析选择的相应战略如图 1-5 所示。

复习思考题

1. 企业所在行业的环境因素有哪些？结合某一企业的实际情况，界定所在行业的性质与特点。

2. 简述现代企业生产经营活动的主体活动和支持活动有哪些。

3. 怎样应用 SWOT 分析法确定企业最佳的经营战略？

4. 企业内部条件有哪些内容？

5. 企业经营资源结构分析有哪些内容？

6. 企业总体战略包括哪些方面？

第二章　企业经营战略分析

任何一个成功的企业都必须制定正确的经营战略。企业经营战略决定着企业发展的方向、目标、方针和重点，是企业成功与否的关键。本章将重点分析企业经营战略的理论与内容。

第一节　企业经营战略概述

一、企业经营战略的内涵、特点以及分类

（一）企业经营战略的内涵

经营战略又称经营单位战略。经营战略是企业面对激烈变化、充满严峻挑战的环境，为求得长期生存和不断发展而进行的总体性谋划。它是企业战略思想的集中体现，是企业经营范围的科学规定，同时又是制定规划（计划）的基础。更具体地说，经营战略是在符合和保证实现企业使命的条件下，在充分利用环境中存在的各种机会和创造新机会的基础上，确定企业同环境的关系，规定企业从事的事业范围、成长方向和竞争对策，合理地调整企业结构和分配企业的全部资源。从其制定要求看，经营战略就是用机会和风险评价现在与未来的环境，用优势和劣势评价企业现状，进而选择和确定企业的总体、长远目标，制定和抉择实现目标的行动方案。

（二）企业经营战略的特点

1. 全局性

企业的经营战略是以企业的全局为对象，根据企业总体发展的需要而制定的。它所规定的是企业的总体行动，它所追求的是企业的总体效果。虽然它必然包括企业的局部活动，但是这些局部活动是作为总体行动的有机组成部分在战略中出现的，这样也就使经营战略具有综合性和系统性。

2. 长远性

企业的经营战略既是企业谋取长远发展要求的反映，又是企业对未来较长时期（五年以上）内如何生存和发展的通盘筹划。虽然它的制定要以企业外部环境和企业内部条件的当前情况为出发点，并且对企业当前的生产经营活动有指导、限制作用，但是这一切也都是为了更长远的发展，是长远发展的起步。凡是为适应环境条件的变化所确定的长期基本不变的行动目标和实现目标的行动方案都是战略，而那种针对当前形势灵活地适应短期变化，解决局部问题的方法都是战术。

3. 抗争性

企业经营战略是关于企业在激烈的竞争中如何与竞争对手抗衡的行动方案，同时也是针

对来自各方面的许多冲击、压力、威胁和困难，迎接这些挑战的行动方案。它与那些不考虑竞争、挑战而单纯为了改善企业现状、增加经济效益、提高管理水平等为目的的行动方案不同。只有当这些工作与强化企业竞争力量和迎接挑战直接相关、具有战略意义时，才能构成经营战略的内容。应当明确，市场如战场，现代的市场总是与激烈的竞争密切相关的。经营战略之所以产生和发展，就是因为企业面临着激烈的竞争、严峻的挑战，企业制定经营战略就是为了取得优势地位，战胜对手，保证自己的生存和发展。

4. 纲领性

企业战略规定的是企业总体的长远目标、发展方向、发展重点和前进道路，以及所采取的基本行动方针、重大措施和基本步骤，这些都是原则性的、概括性的规定，具有行动纲领的意义。它必须通过展开、分解和落实等过程，才能变为具体的行动计划。

5. 相对稳定性

由于经营战略规定了企业的发展目标，具有长远性，只要战略实施的环境未发生重大变化，即使有些变化，也是预料之中的，那么企业经营战略中所确定的战略目标、战略方针、战略重点、战略步骤等应保持相对稳定，不应朝令夕改。但在处理具体问题、不影响全局的情况下，也应该有一定的灵活性。

经营战略的上述特性决定了经营战略与其他决策方式、计划形式的区别。根据上述经营战略的特性，又可以说经营战略是企业对具有长远性、全局性、抗争性、纲领性和相对稳定性的经营方案的谋划。

（三）企业经营战略的分类

企业经营战略可以按其层次、态势、规模和行业市场竞争特性等几方面进行分类。

按企业经营决策层次分类，企业经营战略层次如图 2-1 所示。

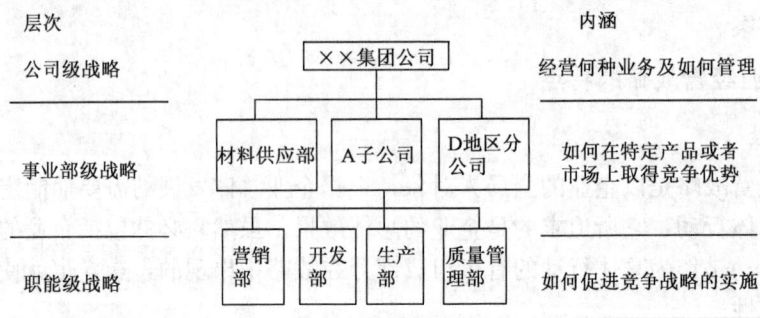

图 2-1　企业经营战略层次图

大型企业经营战略是一个庞大复杂的大系统，可以分解为不同层次的子系统。一般来讲，对于大型企业，企业经营战略包括 3 个层次：第一层次是公司级战略；第二层次是事业部级战略；第三层次是职能级战略。公司在制定总体战略时要考虑下一层次的情况，而下一层次的战略应服从和体现上一层次的战略意图。

企业经营战略有总体战略和职能战略两类。前者是整个企业的全面发展战略，是企业经营的总方向；后者是企业各业务部门为完成总体战略而制定的职能策略，如市场营销部门的销售策略等。企业制定总体战略的目的，一是为了适应市场需求变化，满足用户的需要；二是为了应对竞争的形势。为了实现第一个目的，总体战略可分为稳定战略、成长战略与紧缩战略；为实现第二个目的，总体战略可分为成本领先战略、保持自己产品特色以新取胜战略以及抓重点市场面的战略等。

1. 稳定战略

这种战略强调的是投入少量或中等程度的资源，保持现有的产销规模和市场占有率，稳定和巩固现有的竞争地位。这种战略适用于效益已相当不错而暂时又没有进一步发展的机会，其他企业进入屏障又较大的企业。按照不同情况又分为：无变化战略，即按原定方向和模式经营，不作重大调整；利润战略，即在已取得的市场优势基础上力图在短期更多地获利；暂停战略，即为了巩固已有的优势，暂时放慢发展速度。

2. 成长战略

这种战略适用于企业有发展和壮大自己的机会。其特点是：投入大量资源，扩大产销规模，提高竞争地位，提高现有产品的市场占有率或用新产品开辟新市场，这是一种进攻型的态势。具体包括：垂直一体化战略，即在原有经营领域的基础上分别从前向或后向开拓发展；水平一体化战略，即在技术经济性质类似的经营领域内横向扩大发展；多角化战略，即向完全不同于原有的经营领域扩大发展。

3. 紧缩战略

紧缩战略又称撤退战略，这种战略适用于外部环境与内部条件都十分不利，企业只有采取撤退措施才能避免更大损失的情况。具体包括：削减战略，即逐步减少生产或收回资金，但不完全放弃，以等待时机；放弃战略，即对无法挽回的产品等经营领域予以转让，收回资金另作他图；清算战略，即企业无力扭亏增盈，濒临破产时予以清算，整体转让。

二、企业经营战略分析的内容

(一) 企业内部经营战略分析

企业经营战略实施的目的就是为了企业的生存和发展，不断适应瞬息万变的外部环境。因此，企业不断调整和改造自己内部条件，以适应外部环境的变化，这种谋划称为企业内部战略；反之，企业不断调整和改变外部环境，以适应自己内部条件的谋划，则称为企业外部战略。

企业内部战略概述如下。

1. 企业高科技发展战略的分析

我国从 20 世纪 80 年代初开始研究国外高新技术产业发展战略，提出"科技是第一生产力"和"科教兴国"的跨世纪发展战略。根据我国国情，国家提出"高技术研究发展计划"，即"863 计划"，跟踪国际高技术发展前沿，力争在新技术领域内有所突破。同时又提出"火炬计划"促进高新技术成果商品化和高科技产业化的发展战略。

高新技术是世界科学技术最前沿的技术，是知识密集、技术密集产业，具有鲜明的方向性和一定的风险性。高新技术产业是高效益的产业，是最具有竞争力的产业，是跨学科的技术。当前国际竞争已越来越集中地表现在发展高科技的竞争。

企业为了实现高科技发展的战略，通过开发或引入新产品，全力以赴地追求产品技术水平的先进性，抢先占领新市场，在竞争中保持新技术与市场强有力的领先地位。因此，许多企业一方面积极开展科学研究工作，进行技术创新；另一方面通过对市场潜在需求的调查研究开发新产品，这是保证新技术企业发展后劲的关键。

分析企业在实施高科技发展战略上采用哪些策略。例如：企业不抢先研究开发新产品，而当市场出现畅销的新产品后，立即仿造并加以改进，迅速占领市场；企业可以利用高校科研院所的科研力量，替自己开发新产品，通过购买转让、联合等方式获得专利权，把别人开发的成果转化为本企业的效益；企业只满足大用户的订货要求，不进行各种冒险性的开发，而保持安全稳定的经营方针；企业从实际出发，对各种不同产品系列分别采用不同的研究与开发策略等，同时，要分析、比较各项策略实施的经济效益与社会效益。

2. 企业产品——市场经营战略的分析

企业产品——市场经营战略就是充分利用外部环境中的机遇，回避风险，发掘和充分利用企业内部的资源和条件，扩大产销经营规模，提高产品在市场上的占有率。它是一种从战略高度向更大规模发展的企业战略。企业一般采取下列战略：

（1）市场渗透战略。

市场渗透战略就是集中经营的谋划。它是企业把一切资源集中于某一产品、某一市场的经营战略。进行市场渗透的策略主要有：

①企业用老产品在原有市场上进一步渗透，尽量使老顾客成为回头客，有一支稳定的消费群体。如增设销售网点，实行便民措施，加强售后服务，提高服务质量、争取顾客用本企业产品作礼品、作奖品等，进一步扩大销售。

②企业用物美价廉的产品，用提高服务质量、采用有效的广告和媒体的宣传手段，把竞争对手的顾客争取过来。

③采取一切促销手段，进一步争取潜在的新顾客。

④企业应选准目标市场，随时作好应变的准备。

⑤必须做好产品更新换代的工作，要做到生产第一代产品的同时，试制第二代产品，设计第三代产品，构思第四代产品。

（2）市场开发战略。

企业实施市场开发战略一般有两种途径：

①企业向原有顾客提供改造后的老产品，以延长产品的经济寿命周期，满足用户需求，提高产品声誉。

②因为地区间经济发展水平存在差异，一种老产品在当地已无人问津，而在外地却备受欢迎，因此，用老产品去开辟新市场，扩大销售量。企业可采取向农村、向内地、向边远省份、向国外设立分销机构，实行联营联销、代理销售等多种形式，增加新生顾客，由集体购买发展到个人购买，以扩大销售。这是一种资源代价较少而风险较小的经营战略。

产品——市场经营战略内容见表 2-1。

表 2-1　产品——市场经营战略的内容

市场系统	原有产品	新增产品
现有市场	市场渗透	产品开发
新开拓市场	市场开发	多角化经营

（二）企业外部经营战略分析

企业外部经营战略一般通过企业股权、债权的交易，采取合并、兼并、收购、分拆、合资、托管、拍卖、破产、股份制改制、上市等方式，以实施企业外部经营战略，实现企业的资本扩张和资本结构的调整。企业外部经营战略的实质就是改变外部环境，以适应企业自己的内部条件，从而实现企业价值的最大化。

分析企业外部经营战略有下列四个方面。

1. 多角化经营战略

多角化经营或称多样化、多元化经营。它是指企业同时生产两种以上不同经济用途的产品，以适应市场多层次需求的一种战略。企业跨行业生产多种多样的产品，扩大经营范围，增强企业实力，有利于应对竞争和经济发展不景气时抵御风险的能力，也有利于开展国际间的补偿贸易。

实现多角化经营战略的途径如下：

（1）从企业内部扩展其技术基础，在原有技术基础上不断扩展，增添设备和技术力量，实行技术创新。

（2）从企业外部实行兼并、联合或购并其他行业的企业，这是实现多角化经营的快捷途径。

多角化经营战略具有以下几种类型：

（1）企业利用原有技术和现有市场领域内发展新产品。如美国通用汽车公司除生产汽车外，还生产坦克、推土机、铁路机车、洗衣机等。但新产品在销售渠道、促销方式等方面与原生产的产品不同，也会带来不利影响。

（2）企业新增加跨行业的产品生产。由于新产品市场营销系统与原有产品没有任何联系，重新开拓新产品的目标市场与营销渠道会有一定的经营风险。例如，冶金工业兼营玻璃工业生产就会存在一定风险。

（3）企业利用原有市场营销系统发展跨行业的新产品。例如，农业机械企业兼营农药、化肥的生产，可用利用农机原来面向农村的销售渠道，相同的农村用户，相同的促销方式，多种经营的产品，就会获得市场营销的协同效果。

（4）企业新增加跨行业产品在技术、营销系统方面与原产品均无直接关系。例如，汽车制造业兼营塑料工业，既能分散企业经营风险，增加收益，又能把多方面发展新产品和多个目标市场有机地结合起来，使企业提高应变能力。

但实施这种战略十分复杂，首先必须建立灵敏、准确的信息系统；其次应有具有较高的经营素质和技术素质的领导人才；再次还要加强宏观指导，使企业具有应变能力。其中前两种类型称为同心型多角化经营战略；第三种类型称为水平型多角化经营战略；第四种类型称为集团（或整体）多角化经营战略。前三种类型是相关多角化经营战略，后一种类型是非相关多角化经营战略。

2. 一体化经营战略

当企业生产经营发展到一定规模时，就要考虑向外部谋求发展，或与其他企业联成一体，实现生产经营的联合化。一体化经营就是指若干分散的但有供、产、销联系的企业组成一个经济实体，称为公司、联合公司、集团的统一组织。企业为了提高市场占有率，增强竞争实力，需要联合其他企业，扩大生产经营规模，加强对供、销环节的控制，向产品生产经营的上游和下游延伸，要求实施一体化经营战略，以实现资本经营的一体化。

实施一体化经营战略是社会主义市场经济和市场竞争的客观要求。在实施一体化经营中有的强者兼并弱者，如北京东安集团公司兼并了产品没有竞争力的北京手表二厂；有的强强联合，如北京西单商业集团公司与北京友谊集团公司联合，达到了优势互补。实施一体化经营战略，有利于集中人力、物力、财力资源，扩大生产经营规模，提高效率，降低成本，提高企业的经济效益。

一体化经营战略有两种基本形式：纵向一体化与横向一体化。纵向一体化可分为后向一体化联合和前向一体化联合。所谓后向，是指生产企业与供应企业的联合，以加强对材料、能源的质量和数量控制为目标，如炼钢厂与炼铁厂的联合；所谓前向，是指生产企业与产品用户企业的联合，以促进和控制产品需求，搞好产品营销为目标。前向一体化又有两种情况：产用联合，即生产厂与用户厂联合，如钢铁厂生产钢管与用钢管制造家具的家具厂联合；商销联合，即生产厂与商店联合。横向一体化联合又称水平一体化联合，它是指同行业企业之间的联合，使企业的技术、市场、专利、商标、资金等优势得以发挥，易于开拓新市场，减少竞争对手，迅速提高市场占有率，但有可能存在经营规模过大的风险。

3. 企业集团

企业集团是一种以资本联合为特征、产权主体多元化的高级形式的联合体。它是以一个或若干个大中型骨干企业为核心，以名、优、特、畅销产品为龙头，在生产、技术、经营上有关联的企业、科研单位及经营组织进行多层次、多形式联合而结成的联合企业。企业集团是以资本为纽带形成的由总部核心层、紧密层企业、半紧密层企业以及松散层企业所组成的企业群体。发展企业集团，可以促进调整和优化产业结构，可以推动生产要素的合理流动与资源的优化配置，可以促进产、学、研相结合，可以依靠群体优势增强企业在国际市场上的竞争力，同时也有利于宏观经济的调控。

4. 国际化经营战略

企业经营必须面向国内、国际两个市场。企业进入国际市场，必然要面临新的市场环境、强大的竞争对手，以及所在国的政治、经济、法律、文化、社会制度的不同。因此，企业必须针对国外的实际情况，制定正确的国际化经营战略，才能在激烈的国际市场竞争中立于不败之地。企业在国际化经营中，除产品出口、补偿贸易、租赁经营、合作经营、跨国经营等方式外，也包括在国外投资办企业、股票在境外上市等多种方式。

1）产品出口战略

（1）间接出口战略。间接出口是指生产企业不直接对外，而是由国家外贸系统的出口贸易机构负责出口业务。有的企业把出口产品卖给国内的外贸公司；有的把产品委托国内的外贸公司向国外推销，外贸公司只收取佣金，盈亏由生产企业自负，外贸公司不承担价格变动的风险；有的企业把产品委托在国外设有销售机构的企业代销，并支付一定佣金。

（2）直接出口战略。生产企业直接把产品卖给国外商家，企业负责一切对外出口业务。具体做法有：

①通过交易会、展销会宜接签订合同，接受国外订单；

②参与外国政府或企业对某项工程招标的投标，中标后按合同规定执行；

③直接与外商合作生产产品，由外商在国外销售，有来样加工、来料加工、来件装配等3种形式；

④利用国外经销商或代理商，企业把产品销往国外，代理商只负责介绍用户，然后收取佣金，使产品较快地进入国际市场；

⑤生产企业在国外设立销售机构，直接选派销售人员，可以深入了解国际市场的需求与变化，但产品进入市场缓慢，经费开支较大。因此，可以组织几个生产厂家在国外共同设立一个销售机构。

（3）补偿贸易战略。补偿贸易是在国际贸易中以出口产品为代价，以偿付进口技术、设备、原材料等费用的一种贸易方式。国内生产企业先向国外企业以贷款方式购进国外技术、设备、原材料等，投产后在合约商定的期限内逐年以国内生产的产品出口，以偿还借款的本息。在补偿贸易中，按支付方式有如下3种方式：

①产品返销国外，直接偿还外汇借款；

②国内进口设备的生产企业不用生产的产品返销国外归还借款，而用双方事先商定的其他产品出口抵偿；

③国内进口设备的生产企业用一部分外汇和一部分生产的产品返销，以抵偿国外借款。

2）国外投资战略

在出口产品经营的基础上，企业可以进一步向国外投资，以至建立跨国公司，进入国际化经营的最高级阶段。实施国外投资战略应考虑：一是国外投资方案的相关程度低，通过投资的多样化、分散化，可以减少预期的投资组合风险；二是国外投资可以期望在一定风险水平上支付较低的成本；三是各国税制不同，税率不同，征税和减免税条件不同，可以通过国外投资回避税负，即寻求"避税港"等。

跨国公司是指在一个以上国家有投资的公司。企业到国外投资比在国内投资能取得更高的收益，但也承担一定的风险，如受所在国家控制的风险、汇率风险、营业风险等。

分析国外投资有下列几种形式：

（1）国外装配。生产企业在国内生产产品的大部分零部件，运到人工费用低廉或接近市场的国外地区去装配成品，就地在国际市场销售。

（2）签订许可证协议。国内生产企业以专利技术、设备、工艺、商标等与国外企业签订许可证协议，允许国外企业生产产品，从销售收入中提取一定比例给国内企业作为收益。

（3）合资经营。国内生产企业与国外企业在国外共同合办一家企业。国内企业以技术、设备投资入股，国外企业多以土地使用权、建设施工费用投资入股。合资企业依照所在国家税法纳税，税后利润按双方股权进行分配。

（4）独资经营。国内生产企业在国外设立子公司独资经营。国内总公司或母公司以及分布在世界各国的合资经营或独资经营的子公司就可以组成一家跨国公司。

跨国公司是国际化经营的高级阶段，有下列几种形式：

（1）国内生产企业在国外设厂生产或设销售机构，以生产产品为主的跨国公司。

（2）国内贸易企业以进出口业务为主设立的跨国公司。

（3）国内企业除经营进出口贸易外，还在国外经营航运、保险、房地产、加工业、旅游业等跨国公司。

跨国公司在激烈竞争的国际环境中生存和发展，因此，跨国公司国际经营战略的主旨就是如何实现跨国公司的国际竞争优势。

随着国际市场的急剧变化、竞争加剧、资源短缺、外汇波动、政局变迁、金融危机等，面临复杂动荡的局势，分析和研究建立正确的国际经营战略，是跨国公司国际化经营生死存亡的关键。

制定国际化经营战略，要正确选择目标国际市场，需要分析预测产品在有关国际市场上的可能销售量和投资报酬率指标，作为投资决策的重要依据。

制定和实施企业经营战略的步骤如图2-2所示。

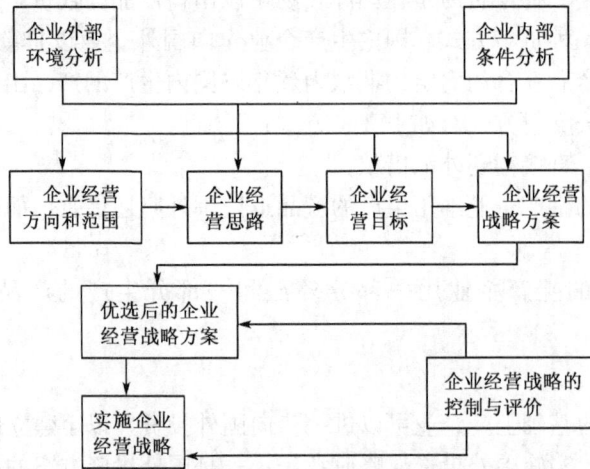

图2-2　制定和实施企业经营战略的步骤

三、企业总体战略与经营单位战略分析

分析企业总体战略与经营单位战略，应首先分析企业经营战略的构成要素。

（一）企业经营战略构成要素

企业经营战略一般由下列要素构成：

（1）经营范围。

它是指企业从事生产经营活动的领域，称为企业定域。一般根据企业所处的行业、自己的产品和市场来确定经营范围。

（2）资源配置。

它是指企业过去和目前资源、技能配置的水平与模式，又称为企业的特殊能力。

（3）竞争优势。

它是指企业通过经营范围的决策与资源配置的模式，在市场上所形成的与其竞争对手不同的竞争地位。

（4）协同作用。

它是指企业从经营范围与资源配置的决策中所能寻求到的各种共同努力的效果，也就是说"1+1>2"的效果。

（二）企业总体战略

企业总体战略又称公司战略，是企业最高层次的战略，从公司的经营发展方向到公司各经营单位的协调，从有形资产的充分利用到整个公司的价值观念、文化环境的建设，都是总体战略的重要内容。

分析企业总体战略的具体内容如图2-3所示。

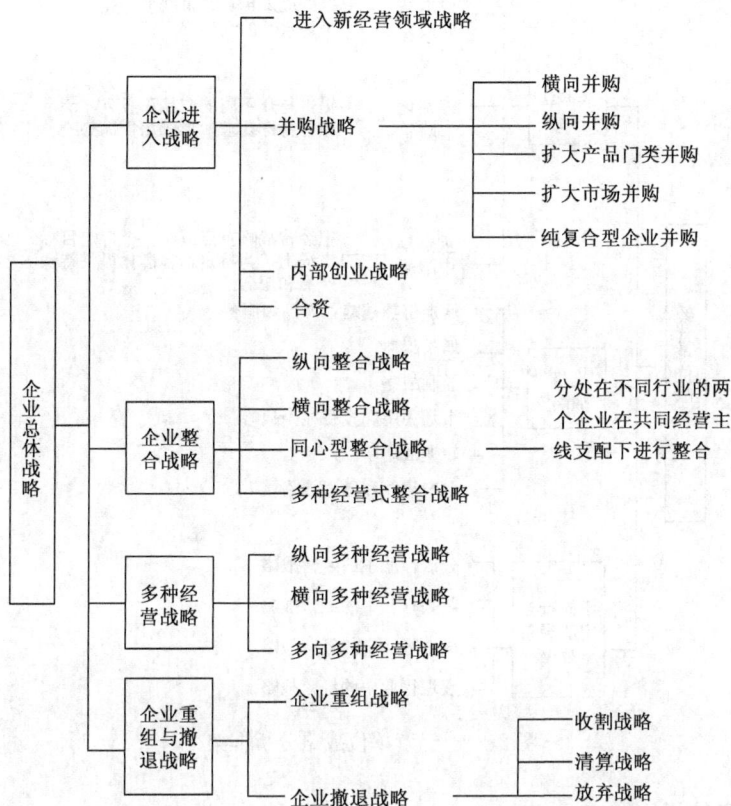

图 2-3 企业总体战略分析框架

（三）经营单位战略

经营单位战略又称经营战略，即在企业集团内部把具有共同战略因素的若干事业部组合成一个经营单位，因此，经营单位战略是企业经营单位、事业部、子公司的战略，在总体战略的制约下，指导和管理经营单位、事业部、子公司的计划和行动，为企业整体目标服务。企业实施经营单位战略，是为了在竞争的行业与市场中形成竞争优势，以获得超过竞争对手的利润额。

企业在选择经营单位战略时必须分析和研究下列 3 个因素：

（1）产品差别化因素。

企业所面对的顾客需求来自各种原因引起的消费心理，必须用不同的产品或服务的特性加以满足，用产品或服务的差别化满足顾客要求。

（2）市场细分化因素。

企业应根据顾客的需求和偏好，运用市场细分的方法将顾客分为不同的群体，形成不同的子市场。

（3）特殊竞争力因素。

企业为了满足顾客需求，采取资源配置、质量保证体系等方法以获得竞争优势。

分析经营单位战略的具体内容如图 2-4 所示。

```
                          ┌─ 成本领 ──── 以低成本优势获得高于行业
                          │   先战略      平均水平的利润
                 ┌ 基本竞 ─┤
                 │ 争战略  │
                 │        ├─ 差别化 ──── 提供与众不同的产品和服务，满足
                 │        │   战略       顾客特殊要求，形成竞争优势
                 │        │
                 │        │
                 │        └─ 重点集 ──── 把经营战略重点放在一个特定目标
                 │            中战略      市场上，为特定顾客群体提供特殊
                 │                        产品和服务
                 │           ┌─ 增加份额战略：产品和服务
         经       │           │
         营       │           ├─ 增长战略
         单 ──────┤           │
         位       │ 投资 ─────┤─ 盈利战略
         战       │ 战略      │
         略       │           ├─ 市场集中和投资减少战略
                 │           │
                 │           ├─ 转变战略
                 │           │
                 │           └─ 财产清算和撤退战略
                 │
                 │           ┌─ 分散行业中的经营战略
                 │ 不同行业  │
                 │ 中的经营 ─┤─ 新兴行业中的经营战略
                 └ 战略      │
                             ├─ 成熟行业中的经营战略
                             │
                             └─ 衰退行业中的经营战略
```

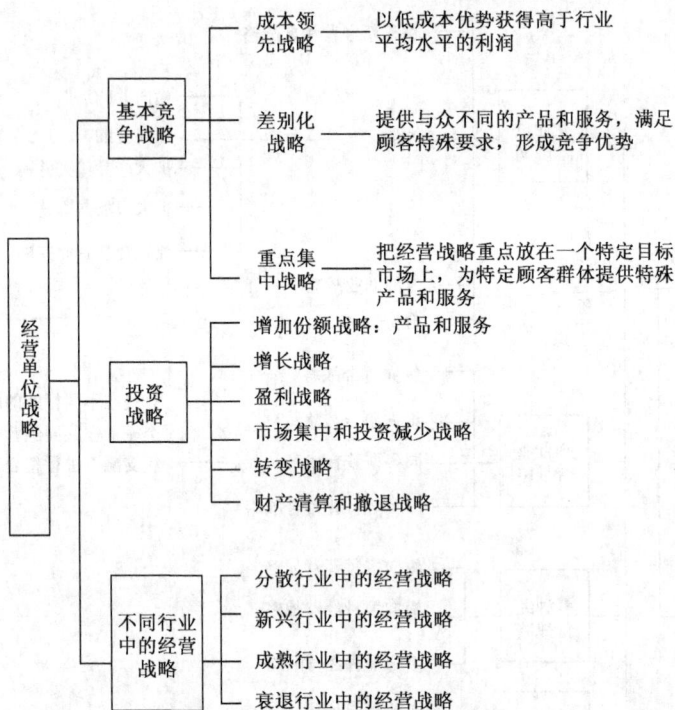

图 2-4　经营单位战略分析框架

四、战略定位分析

战略定位分析（Strategic Position Analysis）就是指企业在赖以生存的市场上如何选择竞争武器，以抗衡竞争对手的分析方法。企业在不同时期，对于不同的产品采取不同的经营战略，实施不同的成本策略。战略定位分析一般采用基本竞争战略分析法。

基本竞争战略就是指无论在任何行业、任何企业一般都能采用的竞争战略。美国哈佛商学院著名的战略管理学者迈克尔·波特提出 3 种基本竞争战略，即成本领先战略，差别化战略和重点集中（目标聚焦）战略。企业可以根据自己生产经营情况加以采用。

（一）成本领先战略

成本领先战略就是指企业通过内部加强成本控制，在建设投产、研究开发、生产、销售、广告、服务等环节把成本降到最低限度，处于行业中成本领先地位。企业采取成本领先战略，主要是面对行业中的竞争压力，增强讨价还价能力，降低替代品的威胁，保持低成本优势，获得高于其行业平均水平的利润。

企业在考虑战略的实施条件时，应考虑：实施战略所需要的资源与技能；组织落实的必要条件。但是由于竞争对手会开发出更低成本的生产方法，或采取模仿的方法，以及顾客需求不断改变，对战略实施的效果均会有影响。

（二）差别化战略

差别化战略就是指企业提供与众不同的产品和服务，满足顾客特殊需求，形成竞争优势的战略。企业采用这种竞争战略主要是依靠产品和服务的特色，防御行业中的竞争对手，获得超水平的利润。如在设计和品牌形象、技术特点、售后服务等方面独树一帜，具有特色。

日本电器生产商索尼公司在竞争战略上采取了差别化战略，不断推出新产品，由于在技术上的领先地位，形成了独特的竞争优势。

企业实施差别化战略，通常需要特殊类型的管理技能和组织机构。同时还要面临4种风险：

(1) 企业形成产品差别化的成本势必过高；

(2) 竞争对手模仿生产出类似的产品；

(3) 竞争对手生产出更有差别化的产品；

(4) 企业形成产品差别化的因素发生变化。

（三）重点集中战略

重点集中战略又称目标聚焦战略。它是指企业把经营战略的重点放在一个特定目标市场上，为特定地区或特定购买群体提供特殊的产品和服务。一般采用这种战略的企业基本上是特殊的差别化企业或特殊的成本领先企业。企业实施重点集中战略，尽管能在其目标细分市场上保持一定的竞争优势，获得较高的市场份额，但份额的总体水平较低。企业应在获利能力与销售量之间权衡利弊得失，在产品差别化与成本水平之间比较并加以取舍。

实施重点集中战略的关键是选好战略目标，即确认购买群体之间需求存在差异，其企业目标市场上没有其他竞争对手；在企业目标市场上在市场容量、成长速度、获利能力、竞争强度方面具有吸引力；在本企业资源实力有限的情况下，企业尽可能选择竞争对手最薄弱的目标与最不易受替代产品冲击的目标。

企业在实施重点集中战略时，可能会面临下列风险：竞争对手采取同样战略；企业失去竞争优势；战略基础失去效用等。

上述3种不同经营战略对企业成本管理会产生不同的影响，见表2-2。

表2-2　不同经营战略对企业成本管理的影响

企业基本竞争战略	成本领先战略	差别化战略	重点集中战略
分析竞争对手成本	很重要	有必要	不必要
成本在定价决策中的作用	很高	中等	较低
标准成本在业绩评价中的作用	很重要	较重要	重要
弹性预算的作用	很高	中等	较低

五、价值链分析

（一）价值链分析（Value Chain Analysis）的基本原理

1. 价值链的内涵

迈克尔·波特教授在《竞争优势》一书（华夏出版社，1997年版）中指出：企业每项生产经营活动都是创造价值的经济活动。企业的一切互不相同但又相互关联的生产经营活动形成了创造价值的动态过程，这项过程称为价值链（Value Chain）。这个价值链反映出企业经营活动的历史、重点、战略、实施战略的方法以及未来发展趋势。企业反映在价值链上所创造的价值如果超过成本，便有盈利；如果超过对手的成本，便有竞争优势。

企业要经常分析自己的内部条件，判断可以由此产生的竞争优势。首先要分析自己的价值活动，其次要识别价值活动的类别，最后要构建具有自身特色的价值链，从战略上分析自己在行业价值链中所处的位置。企业除了分析自身价值链外，还要分析竞争对手的价值链，从而达到知己知彼、洞察全局的目的。

现代企业生产经营活动按阶段划分，可分为投入、转换与产出 3 个阶段，每个企业都由这 3 个阶段构成一个动态系统。企业的生产经营活动包括物资运动和物资价值形态运动，即资本运动。这两种运动形态既紧密联系，又相对独立。企业的物资运动是资本运动的基础，而资本运动又是反映现代企业物质资料的再生产过程。伴随着企业物资运动和资本运动还有信息运动。

随着企业再生产运动的不断进行，经营资本也在不断运动，并时刻处于运动变化之中。企业价值形态的资本运动如果作为一个全过程来考察，主要表现为：资本的筹集、投入和退出，资本的循环和周转，资本的耗费和补偿，资本的收回和收益的分配等。企业生产经营的产品或劳务是产品使用价值的形成过程，同时也是生产要素的耗费过程、成本形成的过程以及产品价值形成的过程。从价值形态上说，它是资本增值的过程，即价值链形成的过程。

2. 价值活动的界定

现代企业的生产经营活动可以划分为主体活动和支持活动两大类。

1）主体活动

主体活动就是指生产经营的实质活动，一般分为材料供应、生产加工、成品储运、市场营销和售后服务 5 个部分。这些活动与产品的加工、销售直接有关，是企业资本增值的活动。每一种活动可以根据行业特点与企业战略的要求进一步细分成若干项活动：

（1）材料供应。它是指与产品投入有关的进货、仓储和分配等活动，如材料的装卸、入库、盘点、验收、运输、退货等活动。

（2）生产加工。它是将投入转换成最终产品的活动，如机加工、检测、设备维修、装配、试运转等作业活动。

（3）成品储运。它是指与产品的库存、分发等有关的活动，如最终产品检验入库、接受订单、送货等作业活动。

（4）市场营销。它是指促进和引导消费者购买企业产品的活动。

（5）售后服务。它是指为保持和提高产品价值的有关活动，如"产品三包"、零部件供应、产品调试、人员培训等活动。

行业不同，每项主体活动所体现的竞争优势也不会相同。对从事商业服务企业来说，成品储运是最重要的活动；而对于生产白色家电产品的企业，售后服务至关重要。企业各项主体活动都会不同程度地体现出竞争的实力。

2）支持活动

支持活动是指用以支持主体活动而且内部之间又相互支持的活动。它包括企业从事的采购管理、技术开发、人力资源管理等活动。企业的基本职能活动支持整个企业价值链的运行。企业的组织机构、控制系统、企业文化以及高层管理人员的重要作用构成企业的基础结构，用于支持企业整个价值链的运行。

3. 价值活动的类型

在各项主体活动和支持活动中有 3 种类型，各自在竞争实力中起着不同的作用。

（1）直接活动。直接活动是指直接创造价值的活动，如零件机加工、产品设计、开发、装配等活动。

（2）间接活动。间接活动是指在直接活动基础上继续进行的活动，如研究开发管理、维修管理、销售管理等活动。

（3）质量保证活动。质量保证活动是指确保其他活动质量的管理活动，如监督、指导、测试、检验、调试等活动。

上述价值活动的3种类型不仅存在于主体活动之中，而且也存在于支持活动之中，是诊断企业竞争实力的重要手段之一。在大多情况下，间接活动通过直接活动发生作用，间接活动的耗费在总成本中占有较大的比重。同时，间接活动也在产品差别化方面起着重要的作用。质量保证活动在各项活动中也发生作用，影响着其他活动的效率与成本水平。

4. 企业价值链的构建

为了诊断企业自己的竞争实力，需要根据价值链的一般模型构建具有自己特点的价值链模型。企业应根据自己生产经营的经济性对每一项活动进一步分解，分解后的每项作业要有自己的经济意义。企业应把可以充分说明企业竞争优势或劣势的作业活动单独列示，以便分析利用。对那些不很重要的作业活动可以合并在一起进行分析。作业活动的顺序应按企业工艺流程进行，但也可根据需要排序。不管怎样排序，都可以从价值链的分类中取得直观的判断。

5. 价值链的系统性

价值链各项活动之间存在一定联系，构成一个系统。这些联系体现在价值活动进行的方式与成本之间的依存关系。例如，企业采购已切割好的钢板，既可简化生产流程，又能减少废料，这说明企业竞争优势既可以源于自身，也可以源于各自活动间的联系。

企业价值活动的内在联系所形成的竞争优势表达有两种方式：

（1）最优化方式。企业为了实现总体目标，在各项价值活动联系中进行最优化抉择，以获得竞争优势。如考虑产品设计与服务成本时，可能选择低成本设计方案，实施严密的工艺检查，减少服务成本，实现差别化优势。

（2）协调。通过协调各活动间的联系，实现产品差别化或低成本战略。企业要建立自己的信息系统，创造与发展各项活动间新的联系，巩固和完善原有的联系。

价值活动的联系还存在企业与其他企业之间价值链的联系。在企业价值链与供应商和销售商价值链之间的纵向联系中，与销售商价值链的联系会对企业的成本与效益产生很大的影响；在与供应商价值链的联系中，供应商产品的特点与质量也会大大影响企业的成本和产品的差别化。在联系中各方会改善相互关系，协调和优化各种联系的收益。销售商具有产品流通的价值链，销售渠道的促销活动可以降低企业的成本或提高产品差别化竞争优势。

（二）价值链分析的主要内容

1. 行业价值链分析

每个行业从材料投入到产品送到消费者手中，都要经过无数价值链活动。行业价值链分析就是从战略上明确企业在行业价值链中的位置，分析自身与上游（供应商）、下游（分销商和顾客）价值链的关系，充分利用上游与下游价值链活动，促进成本的降低，调整企业在行业价值链中的位置与范围，把握成本优势。

（1）加强与上游价值链供应商的联系。当企业材料、能源、外购件的采购成本显著升高时，企业同供应商之间能否建立紧密的战略合作伙伴关系至关重要。例如，企业采用适时生产系统，其能否顺利运行，有赖于供应商准时、小批量地提供高质量的材料与外购件，以实现零存货。企业与供应商的良好协作关系有助于企业降低成本，实施成本领先战略，有助于企业提高产品质量，实施产品差别化战略。例如，日本丰田汽车公司积极参与它的零部件供应商制定实施提高零部件加工质量计划，无偿地为供应商培训员工，协助供应商建立全面质量管理体系，对供应商产品质量的提高给予奖励，帮助供应商寻求其他出口机会等，从而使丰田汽车公司降低了零部件存货成本，提高了产品质量，为丰田公司在世界范围内形成成本领先战略提供了强大的保证，使丰田公司与零部件供应商形成了战略联盟关系，使两者价值链紧密相连。

（2）实施面向下游价值链顾客服务的战略。企业目前十分重视改善和加强同顾客之间的关系，增加顾客的价值，满足顾客的要求。一般常用顾客满意程度、埋怨次数、服务质量、发货响应时间等非财务指标衡量业绩的好坏。与顾客有着良好关系不仅企业受益，而且顾客也能从中受益。例如，企业根据顾客需求，改进产品设计，降低产品成本。改进后的设计促使减少了售后服务成本，降低潜在质量索赔的隐患，顾客从设计改进中减少了维修使用成本，延长产品的使用寿命。当企业与批发商、代销店、零售店建立计算机网络后，企业可以迅速地分析销售趋势，合理安排生产，优化资金配置。下游批发商、零售商可以节约订货费用，及时取得所需商品。如果企业与批发商、零售商共同联合，共享广告的支出、仓储的使用、销售的渠道，从联合协作的价值链中均能获得竞争优势。

2. 企业内部价值链分析

企业内部各生产经营单位，如分厂、车间各部门均有各自的价值链，也有各单元内部的价值链。每条价值链既消耗资源又能创造价值，它们之间相互依存、相互制约。企业内部价值链分析的目的就是找出最基本的价值链，然后分解为单独的作业，考虑该作业所占成本的比重以及竞争对手在进行该作业时的成本差异，揭示哪些是增值作业，哪些是非增值作业，探索提高增值作业的效率，达到降低成本的目的。

3. 竞争对手价值链的分析

分析竞争对手价值链的目的就是通过对竞争对手情况的深入调查，分析研究，模拟测算，摸清竞争对手产品的成本水平、成本构成与成本项目支出情况，与本企业产品成本一一对比，找出差距，采取措施，根据企业自己确定的战略，确定自己的成本目标与定价策略，与竞争对手的价值链相适应。

上述价值链的分析在"邯钢"的经验中也得到体现。"邯钢"广泛开展对企业内部价值链和上游、下游价值链的开发。"邯钢"的"模拟市场核算"就是从产品市场上被承认能接受的价格开始，从最后一道工序倒推，逐一剖析各工序的潜在效益，直到原材料采购。这实际上就是对企业内部价值链上各项活动和作业的剖析。"邯钢"的成本管理深入到各个基本作业层，挖掘各作业层的增值潜力。对不必要不增值的作业和完成质量不佳的作业进行改进或删除。"邯钢"重视利用联合发展的战略优势，分析上、下游价值链，实现战略联盟。邯钢第一轧钢分厂选择合适钢锭生产厂签订长期稳定供货合同，用优惠价格购进钢锭。"邯钢"选择了下游钢材用户签订了长期的加工合同，生产出比一般厂家成材率高、成本低的紧俏钢材。"邯钢"与上、下游企业的长期合作关系，使钢锭、钢坯、钢材的生产形成一条龙，发挥了联合发展战略的整体优势。"邯钢"特别重视对竞争对手价值链及成本的分析，其成本领先战略从一开始就建立在知己知彼的基础上，把竞争对手的各项经济技术指标同"邯钢"的指标分析对比，以确定具体的成本目标。

第二节　企业经营目标的分析

一、企业经营目标

企业经营战略是指企业在社会主义市场经济条件下，根据企业内部条件、外部环境和发展趋势，制定的具有决定性的指导企业经营全局的谋划。它是决定企业发展方向、经营范围、经营目标，以及实现目标措施的大政方针方面的决策。它是在环境多变、竞争对手如林的情况下针对竞争者制定的战略。

企业经营有两个重要的战略机制：一是产品经营战略，属内部管理型战略，面对产品市场，主要目的是为了有效利用企业内部资源，包括新产品开发、生产作业管理、市场营销和财务管理等。二是资本运营战略，属外部交易型战略，面对资本市场，主要目的是为了有效整合企业外部资源，包括兼并、收购、分拆、重组、破产、股份制改造与上市等。产品经营战略是基础，资本运营战略为前者服务，交替运用，相得益彰。

企业应充分运用自主经营权，合理利用企业内部资源，整合企业外部资源，制定正确的经营战略，并制定正确的经营目标，保证企业经营战略的实现。

经营目标是企业在一定时期内所要预期达到的水平。例如，两年内销售收入增长50％；甲产品市场占有率达到50％；乙产品进入国际市场等。经营目标是经营思想与企业内外条件相结合的结果，又是经营可持续发展和深化改革在一定条件下的具体表现，经营思想是经营目标的灵魂。

不同类型企业，在不同时期，确定经营目标的重点也有所不同。企业以经营思想为基础，一般有以下几个方面的经营目标：

（1）以反映企业向社会提供产品、服务、效益、贡献以及履行社会责任为内容的经济目标。

（2）以反映企业实力以及提高在市场竞争中的能力和技术应达到的水平的市场竞争目标。

（3）以反映企业未来建设及发展的经营目标，如企业规模、生产能力、生产自动化、数控化、计算机化水平、产量、质量、经济效益水平等。

（4）以反映企业股东、经营者、职工、合作者利益分配方面的目标。

（5）以反映企业经营管理水平和经营效率方面的目标。

经营目标对企业经营的运行和发展具有重要的意义：它确定了企业一定时期内经营活动的主攻方向；它能预见未来达到的业绩，起到激励职工敬业爱岗，发扬主人翁精神的作用；它协调企业内部工作，起到增强职工对企业凝聚力的作用。

企业的总体经营目标是通过各部门和各个环节的生产经营活动来实现的。各部门从自己的经营实际情况出发，制定本部门的目标，然后汇总成为企业的总体经营目标；企业总体经营目标在运作中进行分解，形成若干中间目标与具体目标；在各层次目标中包含实现自身目标的手段，这就形成了经营目标分层次的网络，构成了企业经营目标体系。

企业经营目标体系基本包括基本经济目标、产品市场目标与经营能力目标。

（一）基本经济目标

基本经济目标是指企业一定时期预期实现的生产经营总成果，具体见表2-3。

表2-3 基本经济目标

指标名称	单位	目标值
产品产量、质量目标	—	
销售（营业）额	万元	
工业增加值	万元	
净利润额	万元	
销售净利率	%	
权益报酬率	%	
负债比率	%	
总资产周转率	%	
每股盈利	元	
单位产品目标总经营成本	元	
国有资产保值、增值率	%	

从上述基本经济目标的内容考察，主要反映了企业一定时期的经济发展规模、速度；为社会提供的经济成果；企业预期获得的经济效益及其水平；企业的资本结构；企业的利润水平及其分配情况；企业产品成本水平；企业对国有资产保值增值目标的完成情况等。

（二）产品市场目标

产品市场目标是实现企业基本经济目标的前提。企业的销售额、利润额、质量水平这些经济目标都要依靠企业生产经营的产品通过市场去实现。因此，要从销售前景、利润水平、竞争状况和企业竞争能力对企业产品市场目标进行选择和开发。

产品市场目标具体见表2-4。

表2-4 产品市场目标

指标名称	单位	目标值
工业产品销售率	%	
工业销售新品率	%	
新产品开发项目数	个	
外销出口产品比率	%	
国外市场数	个	
国内新市场数	个	
市场占有率	%	

从上述产品市场目标的内容考察，主要反映了产品结构、新产品开发速度、产品出口率、国际国内市场的配置与开发情况以及市场占有情况等。

（三）经营能力目标

为了实现产品市场目标，还必须确定企业一定时期的经营能力目标。要保证产品市场目标的实现，企业必须具备与市场目标相适应的研究开发能力、投资能力、生产能力、人力资源组织能力、财务能力、企业市场的开发能力、应变能力以及适应环境能力等。

经营能力目标具体见表 2-5。

表 2-5　经营能力目标

指　标　名　称	单　　位	目　标　值
权益资本总额	万元	
投资总额	万元	
新建、扩建、改建项目数	个	
设备投资项目数	个	
专利项目数	个	
研究开发投资额	万元	
市场开拓投资额	万元	
新增销售渠道	个	
改善物资供应投资额	万元	
新增物资供应渠道数	个	
职工总数及其构成	人	
职工增减与培训	人	
人才开发投资额	万元	
生产均衡率	%	
生产成套率	%	
优质品率	%	
质量损失率	%	
设备事故率	%	
能源产出系数	元/吨	
环境保护效益比率	元/立方米	

上述经营能力目标的内容考察主要反映了企业一定时期所拥有的资金、人力、设备、物资资源的情况及其组成与各项能力相适应的结构，以及企业研究开发能力、生产能力、销售能力与综合经营能力等。只有企业经营能力目标得以完成，才能保证产品市场目标的实现；只有完成产品市场目标，才能保证企业基本经济目标的实现。

在企业整体经营目标体系中，既包含了各层次必须完成的目标，又包含了完成目标的各项手段，两者是统一的，构成了企业经营目标完整的体系。

制定企业经营目标的程序如图 2-5 所示。

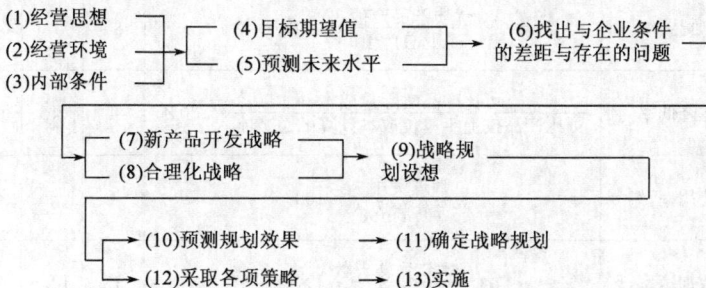

图 2-5　制定企业经营目标的程序图

企业经营目标体系的作用在于：它能明确企业在一定时期内的经营方向，把企业各个部门的活动连接成为一个有机整体，把各部门工作与职工的积极性和创造性结合起来，以实现企业的整体功能，完成企业的整体目标，这是系统论原理在实际目标管理工作中的具体运用。

二、企业收益性、成长性与稳定性分析

分析企业经营目标的完成情况，一般从分析企业收益性、成长性与稳定性开始。

收益性分析的目的在于观察企业一定时期实现总体目标的收益或盈利能力，分析企业以一定的劳动占用和劳动耗费能取得多少盈利，即比较投入与产出的经济效益如何。一般可以把销售净利率、产值利税率、工业产品优质品率、可比产品成本降低率、销售管理费用率、存货周转天数加速率与权益净利率等指标联系起来加以考察。

成长性分析的目的在于观察企业一定时期内实现总体目标的生产经营成果状况及其增长情况，分析企业主要生产要素劳动者的经营效率如何。一般可以把销售收入增长率、净利润额增长率、目标利润实现率、工业增加值增长率、工业产品质量稳定提高率、市场占有率、全员劳动生产率、人均增加值与人均净利润等指标联系起来加以考察。

稳定性分析的目的在于观察企业生产能力、销售能力、盈利能力的变动情况，分析企业资金收支状态及运用和筹措是否协调平衡，分析资金调度和安全程度如何。一般可以把生产能力变动率、销售成本费用率、企业支付能力率、成品资金占用额降低率、税金负担率、保留盈余率、利息负担率、应收账款周转率与偿还银行借款履约率等指标联系起来加以考察。

总之，企业经营分析的目的是通过对企业过去的经营活动分析控制现在，展望未来，促使企业加强经营管理，提高经济效益。上述收益性、成长性、稳定性的分析，考察的是企业总体目标的实现情况，必须与同行业企业先进水平对比，才能得出比较符合实际的评价，从而找出企业存在的差距，为企业改善经营、提高经济效益指明方向。至于运用哪些指标分析企业的总体目标，应从实际出发，根据企业的不同类型、经营管理特点以及分析所要达到的要求而定。

例如，某企业有关总体目标分析资料如下：

该企业 201×年度的收益性、成长性和稳定性指标分析见表 2-6、表 2-7 与表 2-8。

表 2-6　收益性指标分析表

序号	指　标	计　算　公　式	同行业先进值	本企业目标值	本企业实际值	对　比 与先进值对比	对　比 与目标值对比
①	工业产品优质品率，%	$\dfrac{优质产品产值}{工业总产值}\times100\%$	80	75	79	−1	+4
②	可比产品成本降低率，%	$\dfrac{可比产品实际总成本}{可比产品按上年单位成本计算的总成本}\times100\%$	4	2.1	6.5	+2.5	+4.4
③	销售管理费用率，%	$\dfrac{管理费用}{产品销售收入}\times100\%$	4	5	4.5	+0.5	−0.5
④	存货周转天数加速率，%	$\left(1-\dfrac{本年周转天数}{上年周转天数}\right)\times100\%$	13	12.6	7.4	−5.6	−5.2

序号	指　标	计　算　公　式	同行业先进值	本企业目标值	本企业实际值	对　比	
						与先进值对比	与目标值对比
⑤	产值利润率,%	$\dfrac{销售税金和利润总额}{工业总产值}\times100\%$	30	29	30.5	+0.5	+1.5
⑥	销售净利率,%	$\dfrac{净利润额}{产品销售收入}\times100\%$	15.5	12.6	15.1	-0.4	+2.5
⑦	所有者权益净利率,%	$\dfrac{净利润额}{所有者权益总额}\times100\%$	45	38.3	43.1	-1.9	+4.8

注：＋为实际超过数，－为实际差距，下同。

表 2-7　成长性指标分析表

序号	指　标	计　算　公　式	同行业先进值	本企业目标值	本企业实际值	对　比	
						与先进值对比	与目标值对比
①	工业增加值增长率,%	$\dfrac{本年工业增加值}{上年工业增加值}\times100\%$	15	2.5	10	-5	+7.5
②	工业产品质量稳定提高率,%	$\dfrac{持平或改善的质量指标项数}{确定检查的质量指标项数}\times100\%$	90	85	95	+5	+10
③	市场占有率,%	$\dfrac{本企业该种产品销售量}{同种产品市场销售量}\times100\%$	14	9	12	-2	+3
④	销售收入增长率,%	$\dfrac{本年产品销售收入}{上年产品销售收入}\times100\%$	15	11.8	12.4	-2.6	+0.6
⑤	净利润额增长率,%	$\dfrac{本年净利润额}{上年净利润额}\times100\%$	20	10	15.9	-4.1	+5.9
⑥	全员劳动生产率增长率,%	$\dfrac{本年全员劳动生产率}{上年全员劳动生产率}\times100\%$	10	1.3	8.4	-1.6	+7.1
⑦	人均增加值增长率,%	$\dfrac{本年人均增加值}{上年人均净产值}\times100\%$	17	5.3	16.5	-0.5	11.2
⑧	人均利润额增长率,%	$\dfrac{本年人均净利润额}{上年人均利润额}\times100\%$	8	6	10	+2	+4

表 2-8　稳定性指标分析表

序号	指　标	计　算　公　式	同行业先进值	本企业目标值	本企业实际值	对　比	
						与先进值对比	与目标值对比
①	生产能力变动率,%	$\dfrac{本年主要设备单位时间产量}{上年主要设备单位时间产量}\times100\%$	120	110	115	-5	+5
②	成品资金占用额降低率,%	$\left(1-\dfrac{本年成品资金占用额}{上年成品资金占用额}\right)\times100\%$	10	7	7.5	-2.5	+0.5

序号	指　标	计　算　公　式	同行业先进值	本企业目标值	本企业实际值	对比 与先进值对比	对比 与目标值对比
③	销售成本率,%	$\dfrac{产品销售成本}{产品销售收入}\times100\%$	64.5	67.4	64.9	+0.4	−2.5
④	税金负担率,%	$\dfrac{产品销售税金+所得税金等}{产品销售收入}\times100\%$	28.5	30.1		+0.1	+1.6
⑤	保留盈余率,%	$\dfrac{盈余公积+未分配利润}{利润总额}\times100\%$	35	33	33	+2	0
⑥	自有资本构成比率,%	$\dfrac{自有资本}{负债总额+所有者权益合计数}\times100\%$	60	50	42.5	−17.5	−7.5
⑦	企业支付能力率,%	$\dfrac{一定时期企业能运用的货币资金}{一定时期企业预计必须支付的款项}\times100\%$	200	150	104	−96	−46
⑧	流动比率,%	$\dfrac{流动资产}{流动负债}\times100\%$	210	160	150	−60	−10
⑨	利息负担率,%	$\dfrac{利息支出净额}{产品销售收入}\times100\%$	0.1	0.3	0.4	+0.3	+0.1

从表 2-6 可以初步知道该企业本年投入与产出的经济效益。从指标①观察，本年度产品质量明显提高，优质品率超过目标值而接近先进值。从指标②至④观察，本期可比产品成本大大降低，降低率超过先进值；销售管理费用率也较低，接近先进值；资金运用欠佳，存货周转天数虽比上年加快，但比目标值和先进值尚有较大差距。从指标⑤至⑦观察，产值利税率不仅超过目标值，而且超过先进值；销售净利率和所有者权益净利率也都超过目标值而接近先进值。

因此，可以初步认为，该企业本年的生产经营活动从收益性角度考察是完成得较好的。

通过表 2-7 可以初步知道该企业本年生产经营成果的增长情况。从指标①观察，本年工业增加值实际比上年增长 10%，比目标值 2.5 超过 7.5 个百分点；而且较接近同期的先进值，说明生产有较大增长。从指标②至④观察，本年由于工业产品质量有明显提高，因而市场占有率超过目标值，并逐步接近先进企业的市场占有率水平，使销售收入增长超过企业目标值，但与先进值比较尚有一定差距。从指标⑤至⑧观察，净利润额、全员劳动生产率、人均增加值和人均净利润额等指标的增长率都较多地超过目标值，说明企业从成长角度考察，生产经营活动完成得较好，当然，与同期的先进值对比，仍有一定差距。

从表 2-8 可以初步对比分析该企业本年的生产能力、销售能力、盈利能力的变动情况，分析企业资金的安全程度。从指标①至⑤观察，该企业本年生产能力的利用有较大提高；成品资金占用比上年下降，且降低幅度大于目标值，反映企业的销售能力有了提高；成本相对降低会使盈利能力提高。从指标⑥至⑨观察，企业资金运用和安全程度尚存在着一定的差距。如借入资金较多，自有资本构成比率较低，没有达到目标值，比先进值更有较大差距；存货周转不够快，影响到企业支付能力率，虽然略大于 100%，但支付能力不够强，与目标值和先进值尚有较大的差距；反映在流动比率指标上，实际为 150%（或 1.5，即每 100 元负债有 150 元流动资产作为还债的保证，这个比率越大，表明企业财务越稳妥可靠），没有达到目标值，比先进值也有较大差距，说明资金经营的安全性还要加强；由于借入资金比例较大，因而利息负担率相应较高。总之，从稳定性角度考察，企业尚有一定差距，应给予足够的重视。

综合上述三份表提供的资料可以清楚地表明，该企业本年的生产经营活动基本上达到目标要求，生产有较大发展，销售也同步增长，消耗降低，成本下降，使企业收益有较多增长，其稳定性也有提高。只是由于资金周转尚不够快，借入资金较多，支付能力不太强，财务状况有待改进。应清理检查是否有被挪用资金，催收逾期未还的应收款项，积极处理各种超储或积压的材料物资，做好资金调度工作，改善财务状况，以便更好地促进产销增长，提高经济效益。

三、企业经营政策执行情况分析

在企业经营活动分析中，企业要经常分析各项经营政策的可靠性以及达到各项经营政策目标可能性的大小，考察企业外部环境和内部条件的变化对政策实施的影响，以便较全面地认识改革中出现的问题。抓住工作重点，及时采取措施，可以收到预期的效果。

企业经营政策目标的分析方法一般应用"浴盆曲线理论"即设备的故障规律去观察。

设备在寿命周期内，其故障的发展变化过程经历 3 个阶段，即初期故障期、偶发故障期与磨损故障期，如图 2-6 所示。

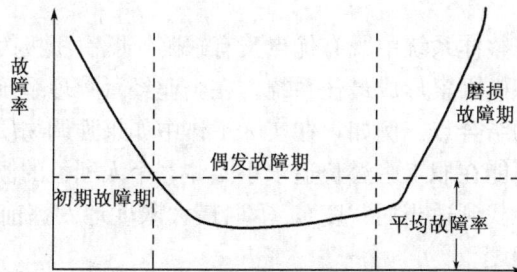

图 2-6　设备故障发展变化过程图

设备故障率的发展变化形状很像一个浴盆断面，因此这种分析方法称为浴盆曲线分析。分析的目的在于：针对不同时期的故障情况，采取相应的措施加以解决。在图 2-6 中的初期故障期——这段时期内故障发生多，由于设备设计、制造的缺陷，零件配合关系不好，搬运、安装不慎，操作人员不适应所造成。因此，初期故障期工作的重点，一方面要细致地研究操作方法，慎重地搬运、安装，严格验收、试运转等；另一方面必须把设备设计、制造中的问题反映给生产厂家研究改进。偶然故障期——这个时期是设备正常运转阶段，故障率低，低于平均故障率，一般故障的发生多由于操作人员粗心疏忽所致。因此，偶然故障期工作的重点是：加强操作管理，做好日常维护保养等。磨损故障期——这个时期一般由磨损、腐蚀而引起故障，因此要在零件达到使用期限以前加以修理。磨损故障期的工作重点是进行预防性维修工作。

企业某项经营政策实施的过程同设备故障规律一样，也会出现不同程度的失效现象。政策失效一般分为 3 个阶段：

（1）早期失效阶段。在某项经营政策开始执行对，其失效率较高。

（2）偶然失效阶段。企业经营政策执行一个时期以后，逐渐纳入正常经营执道，充分发挥了某项经营政策有效功能，失效率大为减少。这一阶段持续时间较长。

（3）耗损失效阶段。某项经营政策执行较长一段时期，企业外部环境与内部条件等客观因素已经发生变化，失效率又逐渐增大。

早期失效阶段不一定意味着某项经营政策的不合理。主要有3个原因：第一，由于传统习惯势力的阻力；第二，职工对某项经营政策了解不够充分；第三，改革初期制订的某项经营政策，其本身也会存在一定的缺陷。

各个阶段所出现的问题按其性质分析，一般有下列四个方面：

（1）过渡性问题。

在早期失效阶段存在的大量问题基本上属于过渡性问题，即具有转换过渡的性质。因为旧的政策未全改，仍在起着作用，而企业新的经营政策正在建立，自然不会完善，不能正常发挥作用。因此，客观上容易形成疏漏，也会出现不正常的现象。只要正确对待，坚持改革，就能从根本上贯彻落实，达到预期的政策目标。

（2）运行性问题。

在早期失效阶段后，某项经营政策已执行一个阶段，进入到正常经营阶段，也难免会出现局部暂时的问题，如产品不适销对路，产品质量不够稳定，市场占有率一度较低等。这些问题的存在是允许的，有的是不可避免的，但又必须及时采取措施加以解决，把失效率控制在最低限度。

（3）缺陷性问题。

在企业生产经营有机整体系统中既有优点又有缺陷，既有积极因素又有消极因素。不可能集中一切优点和一切积极因素形成最佳系统。在企业经营管理系统中，只能在各种原则之间找出一个尽可能合理的结合点。例如，在实际工作中如果强调物质利益原则，而忽视社会主义精神文明建设，就可能在职工中滋长追求小团体、个人利益的倾向。因此，在两种对立的倾向中，只能在两者中找到适当的"度"，争取最大限度地发挥前者的功能，把后者的消极因素降到尽可能小的程度。

（4）运筹性问题。

在某项改革和某项经营政策贯彻过程中，虽未出现大的问题和失误，但对发现的问题仍要加以重视，并注意研究解决。

分析经营政策目标的实施情况，除了从性质上分清各阶段出现的问题，并采取有效解决措施外，还可以运用模糊数学原理，认识和评价政策目标的实施工作。

企业经营政策目标的实施过程是一个极其复杂的过程。经营政策目标执行得"好"与"坏"，这种质的规定性用一个模糊过程来表示，即表述为程度不同的"模糊集合"，就是最好、好、较好、稍好与不好。"模糊集合"是模糊数学中最基本的概念。它把非此即彼的认识转移到亦此亦彼的认识上来，确立了一种灵活的"隶属度"相对思想。所谓"隶属度"，是对事物质的渐变的描述过程。正确地运用这个概念，可以使认识方法和工作方法科学化，从而妥善地处理好较为复杂的客观事物。例如，企业在制定某项经营政策时，可以用"隶属度"的投票方法，即在三个差别不大的经营政策目标方案中，参与制定政策的人员不再像过去那样每人只能投一张票，选择一个方案，而可以改为投三张票，选出一个方案。每张票值为0.3、0.3与0.4。这三张选票可以投向一个方案，也可以投向第二或第三方案。计算每个方案最终所得的票值，就可较准确地反映出三个政策方案的微小差距，从而表示出趋向于某个政策方案的结果。

分析企业经营目标，还必须分析企业的现实条件，往往从分析企业现实能力入手。如通过分析企业的组织能力、预测能力、制定战略的能力、制定决策的能力等，以观察企业的综合能力；通过分析企业专利项目多少、技术改革程度、新产品开发能力等，以观察企业的研究开发能力；通过分析生产均衡率、生产成套率、产品合格率、销货合同完成率、工伤事故的重伤和死亡人数降低率、设备事故率等指标，以观察企业的生产能力；通过分析企业各类人员构成、职工平均文化水平、劳动力流动率等指标，以观察企业的劳动组织能力；通过分析权益净利率、成本降低率、固定资产利用率、流动资金周转率、实现的利润、上缴税金的情况等，以观察企业的财务能力。

复习思考题

1. 什么是企业经营战略？工业企业一般实施哪些经营战略？

2. 企业以经营思想为基础，一般制定哪几方面的经营目标？

3. 什么是企业的基本经济目标？一般用哪些经济指标来反映？

4. 什么是工业企业经营能力目标？一般包含哪几方面的经济指标？

5. 工业企业经营目标分析应主要分析哪些方面的内容？

6. 如何分析工业企业总体目标的完成情况？

7. 什么是企业的经济环境？主要是指哪些因素？为什么要分析它对企业经济活动的影响？

8. 什么是"浴盆曲线理论"？应用它分析哪些性质的问题？

9. 怎样理解模糊数学中的"隶属度"概念？如何应用它去分析经营政策目标的执行情况？

10. 怎样分析企业的经营能力？一般从哪几方面去分析？

11. 简述企业价值链分析的主要内容。

第三章　企业素质分析

在市场经济活动中，企业必须具有充分的活力，才能适应市场变化的需要，提高自身的竞争力。企业素质是企业的活力的重要源泉。企业素质是一个质与量相结合的整体性观念，它是决定企业经济活动能量大小的各种内在因素的综合体，其实质是形成企业生产经营能力和经济效益的各种因素的总和。企业素质的高低直接影响和决定着企业的生产能力、产品质量、经营管理和经济效益水平以及市场竞争能力的高低。企业素质分析是分析和评价企业经营绩效的基础和首要内容。企业素质归纳起来主要表现在三个方面，即职工素质、管理素质和物质技术素质。

第一节　企业职工素质分析

企业开展生产经营活动必须具备人和物两个基本要素。其中人的要素是能动的要素，在企业活动中具有十分重要的作用。职工是企业的主体，是企业进行生产经营的第一要素。企业的生产经营水平、绩效以及市场竞争能力如何，首先取决于企业职工队伍的素质状况。同时，一个企业的素质状况也首先表现在该企业职工队伍的素质上。

一、职工素质的内涵和外延

（一）职工素质的内涵

素质是从生理学中引入的一个术语，本意是用来反映人体特点的，包括神经系统、感觉系统等方面的特征。如果一个人身体健康、感觉灵敏、思维活跃，那就说明这个人的素质很好。所以"素质"本身的含义是用来反映人体的内在特征，综合说明人体各部分构成情况及人体内在能量的大小。

把"素质"一词引入经济学中，出现了企业素质、职工素质等概念。企业职工素质的内涵应该是说明企业职工队伍各部分构成状况及职工本身内在能力大小的范畴。如果一个企业的职工队伍构成合理，而且构成各部分的职工都具有很强的工作能力，那就说明该企业的职工素质很高。企业的职工素质是指企业职工队伍的集体素质，而不是指某一个人或几个人的素质。

（二）职工素质的外延

根据全国总工会《全国职工素质建设工程五年规划（2010—2014年）》的精神，职工素质是指作为职工应当具备重要素养和技能，主要包括职工思想道德素质、科学文化素质、技术技能素质、民主法治素质、健康安全素质和社会文明素质六个方面的内容。一般来说，职工素质包括职工的政治思想素质、身体素质、文化素质和技术素质四个方面。这四个方面的职工素质从不同侧面反映了企业职工队伍的构成状况及能力水平。

在不同的社会历史条件下考核职工素质具有不同的侧重点，如在建国初期，国内政治经济形势比较复杂，现代化生产水平较低，多数企业还是以手工操作和半机械化为主。因此，考核企业职工素质主要是侧重职工的政治素质和身体素质。随着我国社会主义制度的不断完善，科学技术的不断发展，现代化生产水平的日益提高，人们越来越重视职工的技术素质和文化素质。

在同一历史时期不同的经济、环境、技术条件下，对职工素质的考核也有不同的侧重。如目前在生物、化工、电子、通信等高科技产业，更侧重的是职工的文化素质；在机械、仪器仪表等工艺技术较复杂的产业，则侧重的是职工的技术素质；而在开矿、采煤、建筑、森林采伐等产业，绝大多数职工仍以体力劳动为主，而且劳动强度很高，因此更强调的是职工的身体素质。

因此，在进行职工素质分析时，可以从上述四个方面对企业职工素质进行全面分析，也可以根据企业所处的具体社会经济条件，侧重从某一方面进行分析。

二、职工素质状况分析

职工素质具体可分为职工思想道德素质、科学文化素质、技术技能素质、民主法治素质、健康安全素质和社会文明素质六个方面，每一方面的素质分析具有不同的内容和侧重。

（一）职工的思想道德素质分析

职工的思想道德素质是职工意识形态领域的素质，是决定职工其他方面素质能否充分发挥作用的神经中枢。职工的思想道德素质一般主要是指职工的政治态度、主人翁精神、生产的积极性和责任感。具体分析评价职工的政治思想素质，一般可以从以下三个方面进行：一是全体职工的政治面貌构成情况；二是职工的主人翁精神和遵守劳动纪律情况；三是职业操守情况。

1. 职工的政治面貌构成分析

职工的政治面貌构成主要是指职工中党员、共青团员所占的比重。具体分析比较可以利用以下 3 个指标：

（1）职工中党员、共青团员所占的比重。

$$党员、团员在全体职工中所占比重 = \frac{企业党员、团员人数}{企业职工总人数} \times 100\%$$

（2）党员占全体职工的比重，计算公式为：

$$全体职工中党员比重 = \frac{企业党员人数}{企业职工总人数} \times 100\%$$

（3）共青团员占青年职工的比重，计算公式为：

$$28 \text{ 岁以下青年职工中团员所占比重} = \frac{企业团员人数}{企业 28 \text{ 岁以下青年职工人数}} \times 100\%$$

上述指标一般可以按期末人数计算。如果期中职工人数变动较大，则应按平均人数计算。因为职工要成为党员、团员，应该达到一定的政治标准，一般说来，企业职工中党员、团员比重越大，说明职工的政治觉悟越高，职工的政治思想素质也就越好。

2. 职工的主人翁精神和遵守劳动纪律状况分析

职工在企业的一切行为都是在一定思想支配下进行的，都体现着职工的政治思想素质。

因此，可根据职工在企业的实际表现来评价其政治素质状况。具体分析可以借助以下指标。

（1）先进职工占全部职工的比重，计算公式为：

$$先进职工占全部职工的比重 = \frac{获厂级以上荣誉称号的职工人数}{企业职工总人数} \times 100\%$$

先进职工是企业对职工进行综合评价的优秀者。一般说来，能够被评为先进职工的职工，首先都应具备较高的政治思想水平，是发挥主人翁精神和遵守劳动纪律的模范，因为这个指标在一般情况下可在一定程度上反映企业职工的政治思想素质。但这个指标易受先进职工评选名额限制及其相应评价标准不同的影响。为了避免在不同时期、不同企业间对先进职工掌握的标准不一致而失去可比性，计算这个指标所使用的分子应是获厂级以上各种荣誉称号的职工，如厂级以上的劳动模范、先进生产者、生产标兵、三八红旗手等。这些荣誉称号是主管部门或上级单位与同类企业认可的，执行的是基本一致的标准，较少受企业内部因素影响。

（2）职工迟到、早退、旷工率，计算公式为：

$$职工迟到、早退、旷工率 = \frac{企业职工每月迟到、早退、旷工总工时}{企业月度总工时} \times 100\%$$

职工迟到、早退、旷工率的高低在一般情况下可以在相当程度上反映职工主人翁精神和生产积极性的高低，因此这是评价企业职工政治思想素质的一个重要依据。但这个指标也受不同企业管理制度的影响，如国外企业或我国的外资、合资企业都有非常严格的管理制度，职工如果经常迟到、早退、旷工，就要被解雇，因此这些企业的职工通常都有较好的劳动纪律，但这不能绝对说明这些企业职工的政治思想素质就一定比国有企业高。因此，利用这个指标进行分析时，一定要和其他有关指标联系起来，要注意社会经济制度和企业管理制度的可比性。

3. 职业操守情况分析

这一方面可以通过对职工职业道德的考核，根据考核情况进行分析。

最后还应该指出，职工的政治思想素质是一个抽象的概念，它有非常丰富的内涵，很难用具体的标准来全面、准确地衡量。职工的政治面貌构成、职工的主人翁精神和遵守劳动纪律状况并不能完全说明职工的政治思想素质高低，上述具体指标也只能作为辅助手段在一定程度上反映职工的政治思想素质状况。要准确、全面地进行分析和评价，还必须和本企业职工的实际表现结合起来，以定性分析为主。

（二）职工健康与安全素质分析

职工的健康安全素质是其他素质的基础。没有健康的身体，无论是学习文化、钻研技术，还是提高自己的政治思想水平，都要受到一定影响，职工的其他素质也不能得到充分的发挥。

职工的健康素质主要是指职工身体的健康水平、体力强壮程度以及对本职工作的适应状况。分析职工的身体素质，一般可以从两方面进行，一是职工的年龄构成状况，二是职工的伤病情况。

1. 职工年龄状况分析

职工的强壮程度一般和年龄有直接关系。一般来讲，青年职工身强力壮，老年职工的体力相对较差。因此，在一般情况下可用企业职工的年龄结构和平均年龄两个指标来反映职工的身体素质状况。

（1）职工的年龄结构。具体可计算以下指标：

$$青年职工比重=\frac{企业\ 35\ 岁以下青年职工人数}{企业职工总人数}\times100\%$$

$$中年职工比重=\frac{企业\ 35\sim50\ 岁职工人数}{企业职工总人数}\times100\%$$

$$老年职工比重=\frac{企业\ 50\ 岁以上职工人数}{企业职工总人数}\times100\%$$

一般来讲，职工中青年、中年职工的比重越大，在相当程度上可以说明职工的身体素质越好；老年职工占的比重越大，则说明企业职工队伍的身体素质越差。但这里必须注意两个问题：一是职工身体素质的内涵也是多方面的，它与职工的年龄并不完全一致，因为有的青年职工的身体素质不一定就比中年、老年职工好；二是不同的部门、行业的企业，甚至同一企业的不同岗位，都具有不同的工作特点，因而对职工的身体素质有不同的要求。因此，用这一指标分析评价企业职工的身体素质时，必须要结合不同企业、不同岗位的特点，联系职工身体对实际工作的适应性。

（2）职工的平均年龄，具体可按下式计算：

$$职工的平均年龄=\frac{\Sigma\ 每一年龄组中值\times该年龄组人数（或比重）}{职工总人数（或\ 100）}$$

例 3-1 某企业某年末职工年龄构成见表 3-1。

表 3-1　××企业 2011 年职工年龄构成情况

年 龄 组	年龄组中值	人 数	所占比重,%
青年（15～35）	26.5	500	50
中年（35～50）	42.5	300	30
老年（50～60）	55	200	20
合计		1000	100

根据表 3-1 中资料计算：

或：

$$职工的平均年龄=\frac{26.5\times500+42.5\times300+55\times200}{1000}=37（岁）$$

$$职工的平均年龄=（26.5\times50+42.5\times30+55\times20）\div100=37（岁）$$

利用平均年龄指标分析职工身体素质状况的意义与应注意的问题与按年龄结构分析均相同。

2. 职工伤病情况分析

职工伤病率的高低直接反映职工身体的健康状况及其对工作的影响。因此，职工伤病情况是反映职工身体素质状况的一个重要方面，具体可利用以下两个指标进行分析：

（1）长期伤病人员比重，计算公式为：

$$长期伤病人员比重=\frac{年末企业伤病人员累计人数}{企业年平均职工人数}\times100\%$$

这个指标可以按国家规定的伤病在 6 个月以上的人数计算，也可按实际情况，由主管部门或企业自行规定不同的标准计算。如全年伤病累计 10 天以上的职工比重；全年伤病累计

1 个月以上的职工比重；全年伤病累计 19 天以上的职工比重等。该指标数值越高，说明职工队伍的身体素质越差。

（2）职业病发病率，其计算公式为：

$$职业病发病率＝\frac{企业全年职业病累计人数}{企业本年内与病源工作有关的职工人数}×100\%$$

职业病是由于缺乏劳动保护，长期受不良工作环境和工作条件影响而产生的一种疾病。这种疾病不仅对职工身体损害大，而且损害时间长。这个指标是专门用来反映易发生职业病企业的职工身体素质状况的，是分析职工身体素质状况的一个特别重要的方面。

3. 适应岗位要求情况分析

考核职工的身体素质，不一定要求职工必须是年轻力壮，但必须能够适应本职岗位的要求。具体可利用以下指标进行分析：

$$岗位身体适应率＝\frac{身体条件适应岗位要求的职工人数}{职工总人数}×100\%$$

一般来说，该指标的数值越高，说明企业职工的身体素质越好。

4. 职工安全素质分析

安全素质是人们的安全意识、安全知识和安全技能的总和。树立安全意识，要求善待生命，增强健康意识、风险意识、防范意识、科学意识和守法意识；熟悉安全知识，要求了解生活安全、公共安全、职业卫生、自然灾害等方面的安全知识，了解危险因素及其预防和应对方法；掌握安全技能，要求掌握现代社会中安全生活和生产的基本技能以及遇险正确逃生和事故应急方法与技能。从拓展意义上讲，安全素质还包括理论、情感、价值观、职业道德、行为准则等人文素质，其内涵非常丰富，包括安全意识、法制观念、安全技能知识、文化知识结构、心理应变能力、承受适应能力和道德行为规范约束能力等。

对职工进行安全教育提高其安全素质，其实施标准及评价分析见表 3-2。

表 3-2　安全素质实施标准分析表

指标名称	实施标准	得分				
		10	8	6	4	2
安全知识	具备必要的安全知识和本岗位的业务知识，熟悉安全规程的相关部分，并经考试合格					
	能够严格遵守各项规章制度和企业制定的各项管理制度					
	熟悉并熟练掌握岗位运行操作规程					
	应能辨别作业现场和工作岗位存在的危险因素，及时采取防范措施					
安全能力	应具备较强的安全意识，具有熟练的安全操作技能					
	能严格履行岗位职责，切实落实好本岗位的安全职责					
	能正确规范使用劳动防护用品					
	具备现场突发事件及紧急情况下事故处理能力					
	具备必要的应急救援知识，学会紧急救护法，特别是要学会触电急救					
	具备发现并消除作业现场隐患的能力					

指 标 名 称	实 施 标 准	得　分				
		10	8	6	4	2
安全心理素质	没有严重的心理障碍，具备适合本岗位健康的心理素质					
	经医师鉴定，无妨碍工作的病症					
	工作较为积极主动					
	具备团队合作精神，有大局意识					
	具有较强的工作责任心					
	情绪较为稳定，遇事能沉着果断处理					
	自律性较强，不违反劳动纪律，不违章作业，不违章指挥					

注：各项指标得分满分为 10 分，得分在 6 分以下为不合格，所有 17 项指标的总得分不得少于 120 分。

（三）职工技术技能素质分析

职工技术技能素质主要是指生产工人和工程技术人员所掌握技术的熟练程度和高低程度。具体分析时需要按不同的对象分别来分析。

1. 工人的技术技能素质分析

具体可从以下三个方面来进行分析：

（1）工人技术等级分析。工人的技术等级应该是经过有关部门从理论和实践两方面对工人所掌握的技术进行考核，对其实际达到的技术水平所做出的客观评价。因此，工人的技术等级在相当程度上可以体现工人的技术素质，而且是反映职工技术素质的一个主要方面。具体分析工人的技术等级一般可采取以下两个指标：

①工人的技术等级构成，一般计算公式为：

$$某级工人所占的比重＝\frac{企业某一级工人人数}{企业生产工人总人数}\times100\%$$

据此可把不同技术级别的工人所占比重都计算出来，以反映企业工人的技术等级结构。一般来说，高级别工人占的比重越大，说明工人的技术素质越高。

②工人的平均技术等级，计算公式为：

$$工人的平均技术等级＝\frac{\sum某技术等级\times该等级工人人数}{工人总人数}\times100\%$$

一般来讲，该指标数值越大，说明工人平均技术等级越高，工人的技术素质越好。但由于技术等级的划分与评定受不同部门或行业生产经营特点的影响，因此，利用该指标在不同企业间进行对比分析时，应该是和同部门、同行业的同类企业进行对比，否则没有可比性。

例 3 - 2　假设甲、乙两厂 2011 年和 2012 年的工人技术等级构成情况见表 3 - 3。

根据表 3 - 3 中资料计算：

甲厂

$$2011 年工人平均技术等级＝\frac{1\times100＋2\times180＋3\times250＋4\times400＋5\times260＋6\times70＋7\times10＋8\times5}{1275}$$

$$＝3.64（级）$$

$$\begin{aligned}2012年工人平&{}={1\times80+2\times150+3\times300+4\times450+5\times270+6\times75+7\times8+8\times3\over1336}\\均技术等级&\\&=3.71（级）\end{aligned}$$

乙厂

$$\begin{aligned}2011年工人平&{}={1\times110+2\times200+3\times270+4\times350+5\times160+6\times30+7\times3+8\times2\over1125}\\均技术等级&\\&=3.32（级）\end{aligned}$$

$$\begin{aligned}2012年工人平&{}={1\times120+2\times250+3\times270+4\times330+5\times170+6\times28+7\times1+8\times1\over1195}\\均技术等级&\\&=3.25（级）\end{aligned}$$

表 3－3　甲、乙两厂 2011 年和 2012 年的工人技术等级构成情况

技 术 等 级	甲　厂				乙　厂			
	2011 年		2012 年		2011 年		2012 年	
	人数	比重,%	人数	比重,%	人数	比重,%	人数	比重,%
一级工	100	7.8	80	6.0	110	9.8	120	10.0
二级工	180	14.1	150	11.2	200	17.8	250	20.9
三级工	250	19.6	300	22.5	270	24.0	270	22.6
四级工	400	31.4	450	33.7	350	31.1	355	29.7
五级工	260	20.4	270	20.2	160	14.2	170	14.2
六级工	70	5.5	75	5.6	30	2.7	28	2.3
七级工	10	0.8	8	0.6	3	0.3	1	0.1
八级工	5	0.4	3	0.2	2	0.1	1	0.1
合计	1275	100.0	1336	100.0	1125	100.0	1195	100.0

　　根据上述资料分析，从工人技术等级结构和平均技术等级来看，甲厂这两年的工人技术素质高于乙厂，处于相对优势，而且 2012 年和 2011 年相比是提高的趋势；就乙厂而言，工人的技术素质不仅低于甲厂，处于相对的劣势，而且本厂 2012 年和 2011 年相比还呈下降的趋势。因此，乙厂要提高本厂的产品质量和劳动生产率，提高企业的竞争实力和经济效益，必须增加开发人力资源的投资，加强职工培训，尽快提高工人的技术素质水平。

　　（2）工人本单位工龄（包括在相同类型企业或相同工种的外企业工龄，下同）分析。工人的技术水平和技术熟练程度是工人在企业生产中逐步提高的。因此，一般来讲，工人在本企业（本岗位）的工作时间越长，技术越熟练，水平越高。所以也可根据工人的本单位工龄长短来从总体上评价工人的技术素质。这种方法适用于没有严格划分工人技术等级的企业。分析时具体可以使用以下两个指标：

　　①工龄构成，一般计算公式为：

$$某一工龄组职工所占的比重={本单位工龄在该组范围内的人数\over工人总人数}\times100\%$$

　　根据上述公式，需首先把本单位工人划分为不同工龄组，然后分别计算其所占的比重。例如：

$$20年以上工龄组职工所占的比重={在本单位工作20年以上的工人人数\over工人总人数}\times100\%$$

一般来讲，高工龄工人占的比重越大，说明工人的技术熟练程度越高，技术素质越好。

②平均工龄，计算公式为：

$$工人本单位平均工龄=\frac{\Sigma每一工龄组中值\times该工龄组工人人数}{工人总人数}$$

在一般情况下，工人在本单位的平均工龄越长，说明工人整体的技术熟练程度和技术水平越高，技术素质越好。

例3-3 假设有下述甲、乙两个企业资料见表3-4。

表3-4 甲、乙两个企业工人工龄构成情况

按本企业工龄分组	工 龄 中 值	甲 企 业		乙 企 业	
		工人人数	占全部工人比重,%	工人人数	占全部工人比重,%
5 年以下	2.5	155	8.9	356	21.8
5~10 年	7.5	475	27.3	520	31.9
10~20 年	15	780	44.8	630	38.6
20~30 年	25	280	16.1	110	6.7
30 年以上	35	50	2.9	15	1.0
合　计		1740	100.0	1631	100.0

按表3-4资料计算：

$$甲企业工人本单位平均工龄=\frac{2.5\times155+7.5\times475+15\times780+25\times280+35\times50}{1740}$$

$$=14.0（年）$$

$$乙企业工人本单位平均工龄=\frac{2.5\times356+7.5\times520+15\times630+25\times110+35\times15}{1631}$$

$$=10.7（年）$$

根据上述资料分析，从工人的工龄结构和平均工龄都可以明显看出，甲企业工人的技术素质显著高于乙企业。这种分析同样也可用于同一企业在不同时期的对比。

（3）技术工人的专业技术培训情况分析。技术工人的专业技术培训是指技术工人经过技工学校、职业高中、中等专业技术学校或有关高等院校进行的系统技术训练。经过专业技术培训的技术工人一般具有较高的技术水平，因此可用这部分人所占的比重来说明技术工人的技术素质状况。该指标的计算公式为：

$$经过专业技术培训的技术工人比重=\frac{技术工人中经过专业培训的人数}{技术工人总数}\times100\%$$

这个指标数值越高，在其他条件相同的情况下，说明企业技术工人的技术素质越高。

2. 工程技术人员的技术技能素质分析

具体可以从以下两个方面进行分析：

（1）工程技术人员的等级构成分析。我国工程技术人员的等级主要表现为不同的技术职称，一般具体分为四级，即高级、中级、初级和一般技术人员。在正常情况下，不同的技术职称反映着工程技术人员不同的技术水平，因此，可用具有不同技术职称的工程技术人员所占的比重来评价其整体技术素质。该指标的一般计算公式为：

$$\begin{matrix}具有某级技术职称的工\\程技术人员所占的比重\end{matrix}=\frac{企业具有某级技术职称的技术人员人数}{企业全部工程技术人员总数}\times100\%$$

例 3-4 某企业 2011 年末全部工程技术人员为 955 人,其中具有高级职称的 3 人,中级职称的 51 人,初级职称的 257 人,其余为没有技术职称的一般技术人员。计算其等级构成见表 3-5。

表 3-5 某企业 2011 年末工程技术人员等级构成情况

技 术 等 级	人 数 ,人	所占比重,%
高级	3	0.3
中级	51	5.3
初级	157	16.5
一般	744	77.9
合计	955	100.0

由表 3-5 的结果可以看出,在该企业的全部工程技术人员中没有技术职称的一般技术人员占 77.9%,具有中级以上职称的不到 6%,说明其整体技术素质较差。如果和同行业其他企业对比分析,可进一步说明其差距;如果和本企业过去某一时期比,则能说明其变化过程及趋势。

(2) 工程技术人员的学历构成分析。工程技术人员的学历表现了其接受技术理论教育的程度。一般说来,具有高学历的工程技术人员不仅具有较高的理论水平,而且有较强的认识问题的能力和技术创新能力,比其他科技人员更能适应本职工作的要求,更具有良好技术素质。因此,可根据这一比重来分析评价企业工程技术人员的技术素质。一般可使用以下两个指标:

① 具有大专学历以上的工程技术人员比重,计算公式为:

$$\frac{\text{具有大专以上学历的}}{\text{工程技术人员比重}} = \frac{\text{企业具有大专以上学历的工程技术人员数}}{\text{企业全部工程技术人员数}} \times 100\%$$

② 具有中专以上学历的工程技术人员比重,计算公式为:

$$\frac{\text{具有中专以上学历的}}{\text{工程技术人员比重}} = \frac{\text{企业具有中专以上学历的工程技术人员数}}{\text{企业全部工程技术人员数}} \times 100\%$$

以上两个指标可以按工程技术人员的年末或年初人数计算,也可按年内平均人数计算。具体分析方法同前。

(四) 职工科学文化素质分析

职工科学文化素质主要指职工的实际文化水平,即接受文化教育的程度。这是提高职工政治思想素质和技术素质的基础。职工的文化素质一般可通过企业中不同文化程度的职工所占的比重来反映。下面举例说明其具体的分析方法。

例 3-5 某公司 2012 年末职工文化构成资料见表 3-6。

表 3-6 某公司 2012 年末职工文化构成情况 　　　　　%

职工按工作岗位分组	大 专	中 专	技 工	高 中	初 中	小 学	文盲及半文盲
全部职工	1.8	1.6	0.3	19.3	63.4	13.1	0.5
其中:工人	0	0	0	19.0	68.8	13.7	0.5
工程技术人员	0.5	44.7	38.3	10.6	6.4	0	0
管理人员	0	6.3	7.1	0	43.3	33.1	10.2

上述资料说明，该公司职工文化素质较差。在全部职工中，初中及以下文化程度的职工高达 77%；在工人中则高达 81%；在对文化水平要求较高的管理人员中大专文化程度的一个没有，而初中及以下文化程度的占到了 86.6%。这样的文化素质很难适应现代化生产和管理的要求。如果和同行业其他企业相比，可以看到企业的相对差距；和企业过去比，则会反映出其变化过程及趋势。

以上从四个方面分别介绍了企业职工素质评价的基本内容和方法。对企业职工素质的综合评价，可按照以下程序进行：按照上述评价内容提出相应的评议标准，一般应采取分挡标准，并确定相应的标准分值；建立权重体系，以体现不同指标的重要程度；按照所建立的标准确定各项指标的实际评价分值；计算加权综合评价值；进行对比分析。和企业过去某一历史时期比，以说明本企业职工综合素质的变化情况；和同一时期的不同企业或先进企业比，以说明本企业职工综合素质在本行业的相对水平以及存在的优势和差距。

（五）职工民主法治素质分析

如何健全民主和法律制度，丰富民主形式，拓宽民主渠道，依法实行民主选举、民主决策、民主管理、民主监督，保障人民的知情权、参与权、表达权、监督权，是我国社会主义民主法治的主要内容。职工只有学法懂法，才能明白什么行为是守法，什么行为是违法，明确自身的权利和义务，避免因不知法而犯法，懂得用法律武器保护自己的正当权益。通过民主法治素质建设，可以使广大职工知晓平等协商和签订集体合同的相关内容，懂得集体协商的意义、作用，学会参与集体协商，维护自身权益。分析企业职工民主法制素质可以从两个方面分析：一是职工参与企业民主管理与民主决策的程度；二是职工的法律知识普及程度和职工对自身合法权益的认识程度。

（六）职工社会文明素质分析

公民素质是指一个国家的人民在改造自然和改造社会过程中所具有的体魄、智力、思想道德总体水平，是指"人"的全面素质，特指的是与一个国家法律制度、政治制度相适应的品德、知识、机能与情感。它是国家综合国力的重要体现，是国际竞争的重要方面，也是国家经济和社会发展的基础。开展公民素质教育要以爱国主义教育、集体主义教育、社会主义教育、责任教育、法制教育、公德教育和人格教育为主要内容。职工既是企业的员工更是一个公民，要成为一个好的员工，首先就必须成为一个好的公民。因此，必须对企业员工进行社会素质分析。公民的社会文明素质包括文明礼貌、平等友爱、团结互助、见义勇为、帮扶困难群体、维护民族团结、保护环境、遵纪守法等方面精神状态。文明礼貌作为公民道德规范，包括从狭义上讲要明理，讲究起码的礼节、礼仪和礼貌，无论是在公共场合还是在职业场所和个人家庭生活中，行为举止都应得体、适宜；从广义上讲，就是讲文明，特别是注重公共场合中言谈举止的文明，如爱护公共财物、维护公共秩序、遵守交通规则、不随地吐痰、不乱扔垃圾、不大声喧哗等。团结互助是指人们彼此之间互帮互助，相互交流、沟通和影响，是处理人与人之间相互关系的基本准则。团结互助是个人与社会存在和发展的重要条件，是现代社会的必然要求。遵纪守法是指人们在社会生活中遵守有关纪律，依法办事，严格规范自己的行为。在社会生活中，自觉地遵守国家的法律法规、自觉地遵守纪律、维护公共秩序，是每一个公民应具备的起码的道德要求，也是应尽的责任和义务。见义勇为、自觉维护公共秩序要求做人应该真诚善良，坚持真理，改正错误，扶弱救危，舍己为人，有正义感和一定的社会责任感。在遇到歹徒行凶时，遇到有人恃强凌弱时，遇到意外险情等危急情况时，每个公民都应该挺身而出、舍己救人、弘扬正气。扶贫济困、奉献爱心的含义是指心怀善良之心，帮助困难群体解决在生产和生活中遇到的问题，使他们摆脱困境，过上幸福美满的生活。保护环境包含讲究公共卫生，美化个人生活环境，减少环境污染，维护生态平衡，合理开发利用自然资源和能源等广泛内容。每位职工维护祖国统一和民族团结的神圣义务是了解和尊重各民族的传统、文化、风俗习惯和宗教信仰，维护各民族的合法权益，巩固和发展平等、团结、互助、和谐的民族关系。

第二节　企业管理素质分析

企业管理素质是企业管理干部及其组成的管理机构运用科学的手段和方法，对企业生产经营活动进行计划、组织、指挥、协调、监督、控制和预测，以保证企业作为社会主义市场经济中相对独立的生产者和经营者充分发挥其内在活力，不断提高市场竞争实力和经济效益的基本能力。企业管理素质分析的主要内容包括管理干部素质分析、基础管理和现代化管理手段运用的分析以及企业管理素质的综合评价。

一、管理干部素质分析

职工是企业的主体，管理干部则是企业的核心。一个企业能否健康稳定的发展，关键在于企业的管理者。俗话说得好，要想火车快，全靠车头带。企业管理干部和由管理干部所组成的管理机构是一切管理形式存在的先决条件，是企业生产经营活动能够顺利进行的组织保证。因此，企业管理干部素质及其组成的管理机构素质是企业管理素质的直接体现。

（一）企业管理干部素质分析

对企业管理干部素质进行分析，具体来讲，应包括以下几个方面内容。

1. 政治素质分析

作为企业的管理者，首先应具备良好的政治素质，具体内容包括：

（1）奉公守法，即企业管理者必须是一个合格的公民，必须奉公守法。

（2）品德高尚，即管理者必须具有高尚品德、良好的修养，能以自己人格的力量服人。

（3）强烈的事业心和责任感，即管理干部必须要有强烈的事业心和责任感，勇于克服困难，能与企业兴衰共荣辱。

（4）原则性和灵活性的统一，即管理干部既要能坚持原则，坚定不移地执行国家的各项方针政策及企业的规章制度；同时还要能根据具体实际的变化，针对不同的问题采取不同的处理方法，以充分保护和调动职工的积极性。

2. 知识素质分析

广博的知识是一个企业管理干部应当具备的基本素质。知识无边，但一个管理者必须在以下几个方面显示能力：

（1）精通本行业务。首先要能够深入了解和掌握自己领导的业务活动，是一个内行的、明白的指挥者；其次，还要具备较强的专业知识，熟悉专业范围内的工作方法、程序、工艺和技术要求等，成为本行业的能者和强者，即有"硬"专家基础；最后，要有丰富的管理知识，能按照管理规律进行管理活动。

（2）广博的知识领域。除本专业知识以外，还要求管理干部的知识面要广，特别要有广博的人文社会科学知识，如哲学、心理学、教育学、社会学、人才学等。

（3）强烈的求知欲和上进心。现代社会的一个重要特征就是学习型社会，企业也应当是学习型组织，因此作为企业的管理者必须不断地吸收新知识，不断有新的追求和创新，不断提高企业的经营管理水平。

3. 能力素质分析

企业管理干部是企业生产经营活动的组织者、指挥者，不仅要具备较强的政治素质和知识素质，还必须要有较高的能力素质。其能力素质包括：

（1）组织协调能力。组织协调能力是指根据工作任务对资源进行分配，同时控制、激励和协调群体活动过程，使之相互融合，从而实现组织目标的能力。一般认为组织协调能力要包括组织能力、授权能力、冲突处理能力以及激励下属能力。

（2）判断决策能力。分析判断能力是指人对事物进行剖析、分辨、单独进行观察和研究的能力。企业管理干部作为企业的指挥者应能对复杂的情况进行综合分析，做出正确的判断，并在正确判断的基础上及时抓住事物的关键，做出正确决策，而不能优柔寡断，坐失良机。

（3）应变控制能力。在执行企业决策的过程中常常会出现预料不到的情况，这就要求企业的管理干部在异常情况下能审时度势，机动灵活，扭转危局，摆脱困难；相反，如果遇到突发情况惊慌失措、束手无策，必将招致重大损失，那就不是一个合格的管理者。

（4）知人善任能力。企业管理干部要能了解下属的长处和短处，因人施用，扬长避短，才能把企业职工紧紧地吸引在自己周围，形成一个和谐团结的集体，形成强大的凝聚力和向心力。

4. 身体素质分析

企业管理干部肩负着组织、协调、指挥企业经营活动的重大职责，一切都要身体力行，因此必须要身体健康，精力充沛；否则，即使德才兼备，由于身体欠佳也无法承担企业管理的重担。

在我国对干部的考评多采用德、能、勤、绩、廉五个方面的标准。这对于公众公司或者国有企业来讲也是适用的。上述四个方面也基本体现了德、能、勤、绩、廉的基本要求。在进行具体分析时，必须要结合企业在生产经营管理中所取得的成绩和存在的问题。在分析方法上应以定性分析为主，按上述标准来衡量、评议，并在不同企业间相互比较。定量分析可作为辅助手段，如在分析管理干部知识素质时，可以通过计算和比较经过系统培训的干部比重，具有不同学历、技术职称的干部比重，来进一步说明企业管理干部的整体素质水平及变化情况。

（二）企业管理机构素质分析

企业管理机构是企业管理的指挥系统，是企业管理者实现行政指挥的组织保证，其素质如何直接影响着管理干部素质的发挥，影响着整个企业运行的效率。素质高的企业管理机构应当是机构设置健全合理、运转灵活高效的机构。企业管理机构的设置应当坚持以下原则：

（1）在企业的组织机构中要实行决策权、执行权和监督权三权分离的原则。

（2）要把企业组织机构成员的利益同企业经营管理的好坏紧密联系起来。

（3）任务与目标原则。

（4）专业分工和协调原则。

（5）指挥统一原则。

（6）有效管理原则。

（7）责、权、利相结合的原则。

（8）稳定性和适应性相结合原则。

（9）精简机构的原则。

1. 管理机构设置合理化分析

分析企业管理机构的设置是否合理，其衡量标准是：

（1）机构设置能否满足企业管理的需要。在不同的管理模式下对机构设置有不同的要求，但根本的原则还是要看其能否满足企业实现科学管理的需要。

（2）各个职能机构职责是否分明。

（3）各级职能机构的纵向和横向联系是否清楚，工作联系、信息传递是否顺畅。

（4）机构精简、人员配置精干，不存在"官"职过多的情况，其分析指标为：

$$管理人员比重 = \frac{企业管理人员总数}{企业全部职工总数} \times 100\%$$

$$领导人员比重 = \frac{企业各级领导干部人数}{企业全部管理人员总数} \times 100\%$$

分析时可利用以上指标在企业不同时期对比，与同类企业进行对比，以明确合理界限，然后结合企业实际需要据以评价其合理性及发展趋势。

2. 企业管理机构运行状况分析

工业企业的经营管理主要实行的是经理负责制，而企业管理机构是经理实现指挥效能的组织系统。因此，分析这一系统的工作运行状况，应抓住以下几个方面进行分析：

（1）分析经理权责落实情况。包括经理的决策权、指挥权、人事调动、任免升迁、奖惩等权力的落实情况；遵守和执行国家法令、政策、方针，完成国家计划、保证产品质量、提高经济效益，改善职工劳动条件、做好职工政治思想工作等责任的落实情况。

（2）分析以经理为首的统一的生产经营指挥系统的运转情况。包括：第一，一个以经理为首的，有经理、总经济师、总工程师、总会计师等有关人员组成的指挥中心是否形成；第二，以企业生产调度机构为中心组成的生产调度网络是否畅通、有效，对企业生产经营的具体指挥是否统一，有没有实行岗位负责制。

（3）分析以职工代表大会为主要形式的职工民主管理制度是否真正建立起来，有效的监督机制是否形成，是否对经理负责制的实施起到了监督作用。

以上分析仍以定性评议为主。在评议的过程中，应结合企业的经济效益和社会效益状况，通过本企业不同时期的对比，同类型企业之间的对比，对本企业管理干部及管理机构的素质作出切实、相对的评价。

二、经济责任制分析

企业内部经济责任制是按照责、权、利相结合的原则，将公司、企业生产经营计划总指标加以分解，层层落实到职能部门和基层单位及职工个人的经营管理制度。责，是指公司、企业内部各单位和个人承担的经济责任以及由此所担负的生产工作责任。主要包括计划规定的生产任务和履行经济合同承担的经济责任，使用各项资金承担的经济责任，对生产经营成果承担的经济责任等。实行企业内部经济责任制的公司，企业的每个岗位、各个环节和各个方面的生产工作责任及经济责任都应有明确规定。权，是指企业内部各单位和个人根据其承担的经济责任相应享有的经济权力以及由此而在生产工作中所享有的自主决策权力。主要包括一定的生产计划权、资金使用权、物资支配权以及人事管理权等。实行企业内部经济责任制的公司其企业内部各单位和个人享有的各种权力，不但应与其承担的责任相适应，而且应具体通过他的生产工作岗位来行使。其权力范围和大小也应由其工作岗位的性质来决定。利，是指企业内部各单位和个人根据其承担的经济责任以及生产工作任务完成情况和取得的经济效果所获得的经济利益。实行企业内部经济责任制的公司其企业内部各单位和个人所得到的经济利益的形式一般有两种，即工资和奖金，主要形式是奖金。经济责任制是企业根据职工在生产经营中所从事的不同劳动方式和所负担的不同任务来对其进行考核，并使之与每个劳动者所得的报酬联系起来的一种管理体制。这种管理体制可以有效调节企业内部不同利益群体和个体之间的利益关系，更科学合理地实现按劳分配原则，充分调动起全体职工的劳动积极性，不断提高企业的经营管理水平和经济效益。因此，企业内部经济责任制的建立及其实施状况是反映企业管理素质好坏的一个重要方面，是评价企业管理素质的一个重要尺度，评价的内容是：

（1）分析公司内部各车间、各职能科室建立经济责任制度及其相应考核标准的情况。

（2）分析企业所采用的经济责任制形式与企业实际情况的适合情况，所采用的指标能否起到全面考核内部各车间、各职能科室劳动成果的作用。

（3）分析企业所采取考核方法的有效性和考核标准的合理性。可以分析：企业实施经济责任制的组织保证情况；企业所采取的定性和定量分析方法的可行性；各考核标准划分的合理性，准确、合理地划分考核标准是使经济责任制得以充分发挥效用的基础。

（4）分析经济责任制的责、权、利的结合程度，企业经济责任与职工劳动报酬挂钩的情况及其效果。经济责任制作为一种有效的管理方法，要能发挥应有的作用，其关键就是必须使经济责任与劳动报酬直接、合理地挂起钩来。

三、基础管理和管理手段现代化分析

加强企业基础管理是提高企业管理现代化水平，提高企业整体管理素质水平的前提条件；加强现代化管理手段的运用是实现企业现代化管理，提高企业管理素质水平的物质技术保证。因此，这两方面是分析企业管理素质必不可少的内容。

（一）企业基础管理分析

企业基础管理主要是指企业为实现自己的经营并发挥管理职能，保证整个生产经营指挥系统的正常运转而做的各项基础工作。其分析内容主要有以下几个方面：

（1）分析企业标准化工作制度的完善程度。企业的标准化工作是指对企业生产技术标准的制定和管理工作。它是对某项工作、某种产品应该达到的统一尺度和必须遵守的要求或规定，如产品质量标准、工艺技术标准、操作规程、设备维护检修规程等。

（2）分析企业定额工作制度。企业的定额工作是指企业各类技术经济定额的制定、执行和管理等工作，如劳动定额、原材料和燃料消耗定额、费用定额等。

（3）分析企业的计量工作制度。企业的计量工作是指企业的计量测试、检查、化验分析等方面的计量技术和计量管理工作。

（4）分析企业的信息工作。企业的信息工作是指企业生产经营活动所需要的各种资料数据的收集、整理、加工、传递、储存、反馈等工作。

（5）分析企业各种规章制度的建立和执行情况。为保证企业经济活动正常运行所应制定的各种规章制度主要包括分配制度、岗位责任制度、劳动考勤制度、生产安全检查制度以及职工奖惩制度等。

（6）分析企业职工教育、班组建设的情况。现代企业生产的产品和提供的服务更多是面向国际市场，因此必须按照国际通行标准或国外先进标准来组织生产，逐步建立起以技术标准为主体，包括工作标准和管理标准在内的企业标准化系统。企业内部各个环节、每位职工都必须了解和掌握国际标准的要求。因此，必须加强企业职工的教育，加强企业班组的建设，广泛开展班组竞赛活动，不断提高班组管理水平，这是企业基础管理的基础工作。

（二）企业管理手段现代化分析

随着管理科学与技术的发展，企业管理的方法和手段趋向信息化和网络化，这使企业管理工作发生了质的变化，使企业生产经营管理的水平大大提高。因此，企业对现代化管理手段的运用情况已成为评价企业管理素质的一个重要方面。分析这一方面的素质状况，目前一般可主要从以下两个方面进行。

1. 企业内部网络建设与应用情况分析

现代企业的生产经营管理已经实现了数据化和电子化，这些电子信息能否在企业内部各个部门之间实现共享则是管理现代化的重要标志。因此，应当分析内部网络建设与应用情况，分析企业内部管理信息资源的共享情况及资源的安全保障、信息工作的完备情况。通过与本企业过去的状况对比，说明这一方面素质提高的过程和程度；与同行业同类企业或先进企业相比，说明本企业的相对水平以及优势与差距。

2. 现代科学管理方法的应用情况分析

近年来，在企业管理中不仅微机得到了普及与应用，而且一些现代科学管理方法也越来越多地被引入，从而极大地促进了企业管理水平的提高。具体分析现代科学管理方法的应用情况时，一般应根据本企业对各种现代科学管理方法实际运用的状况及其效果，通过与本企业不同时期、不同企业对比，对本企业这方面的素质状况作出相对的评价。

第三节　企业物质技术素质分析

企业物质技术素质是企业发展的重要基础。企业的物质技术素质主要表现为生产技术设备的新旧程度、先进程度与经济效率上。企业物质技术素质分析主要包括设备技术现状分析、设备经济效率分析以及设备技术改造分析。

一、设备技术现状分析

企业的物质技术设备是企业进行生产经营活动必备的物质技术基础和生产手段。设备的性能质量决定着企业的生产技术水平、物质消耗水平和经济效益。因此，对设备技术现状进行分析，应该包括以下四个方面的内容，即设备新旧程度的分析、设备技术水平的分析、设备自动化程度的分析以及设备耗能水平的分析。

（一）设备新旧程度分析

设备使用时间越长，其价值越低，因此分析设备的新旧程度是评估设备价值及企业设备状况的重要表征。分析设备的新旧程度可以从使用年限和价值转移程度两个方面进行。在实际工作中，一般把设备的出厂年限作为设备的实际使用年限。

1. 按设备出厂年限来分析

一般可采取以下两种方法：

（1）按出厂年限计算和分析设备的构成。从这方面来分析，首先应对全厂的生产技术设备按出厂年限分组，然后分别计算其比重，最后根据此比重来分析说明全厂设备的新旧程度及其技术状态。

例3-6 某市某纺织厂2012年末根据主要设备的出厂年代资料计算的设备出厂年限构成见表3-7。

表3-7 某市某纺织厂2012年末主要设备的出厂年限构成

设备名称	计算单位	合计	出厂年代				构成，%			
			21世纪	20世纪90年代	20世纪80年代	20世纪70年代	21世纪	20世纪90年代	20世纪80年代	20世纪70年代
工业设备合计	千元	11591	5059	3459	2175	898	43.6	29.8	18.8	7.8
工业专业设备	千元	9972	4528	2794	2059	591	45.4	28.0	20.6	6.0
其中：粗纱机	台	23	7	11	—	5	30.4	47.8	—	21.8
细纱机	台	130	6	40	71	13	4.6	30.8	54.6	10
棉布织机	台	1092	840	—	252	—	76.9	—	23.1	—

表3-7资料表明，该厂设备虽然总体上讲不太陈旧，21世纪出厂的设备所占比重达到了43.6%。但从具体构成上看，则问题突出，部分设备过分陈旧、老化，其中20世纪80年代及以前出厂的细纱机竟占64.6%，将近全厂细纱机的2/3，这些设备的技术性能大大落后于21世纪生产的新设备，而且由于过度磨损，原技术性能也无法正常发挥；而21世纪的设备只占4.6%，这势必会影响企业产品质量、生产效率和经济效益的提高。

（2）计算和分析设备的平均出厂年限。为了全面、准确地分析比较企业设备的新旧程度，也可以通过计算设备的平均出厂年限来分析、评价企业设备的新旧程度及其技术状态。设备平均出厂年限的基本计算公式为：

$$设备的平均出厂年限=\frac{\sum[某设备出厂年限\times该设备台数（或价值量）]}{设备总台数（或价值量）}$$

一般来讲，设备的平均出厂年限越长，说明设备的"年龄"越大，陈旧程度越高，技术状态也越差。

例3-7 仍依据上例资料，设备平均出厂年限的计算过程及结果见表3-8。

表3-8 某市某纺织厂设备平均出厂年限计算

设备名称	计算单位	合计	出厂年限					平均出厂年限
			3年	8年	18年	28年	38年	
工业设备合计	千元	11591	5059	3459	2175	508	390	10
工业专用设备	千元	9972	4528	2794	2059	487	104	9

设 备 名 称	计算单位	合 计	出 厂 年 限					平均出厂年限
			3 年	8 年	18 年	28 年	38 年	
其中：粗纱机	台	23	7	11	—	—	5	13
细纱机	台	130	6	40	71	13		15.2
棉布织机	台	1092	840	—	252	—		6

例如： 细纱机平均出厂年限 $=\dfrac{3\times6+8\times40+18\times71+28\times13}{130}=15.2$（年）

表 3-8 的结果表明，该厂设备比较陈旧，技术状态较差。全部工业设备平均出厂年限为 10 年，其中细纱机的平均出厂年限竟高达 15.2 年；相对较新的棉布织机平均出厂年限也长达 6 年。利用这个指标易于与国内外同行业同类企业对比，也易于与本企业不同历史时期的设备"年龄"状况对比，以较全面、具体、准确地说明本企业设备新旧程度及其技术状态的相对水平与变化。

在实际分析中可把以上两种分析方法结合起来，以平均出厂年限来概括说明设备新旧程度及其技术状态的水平和差距；以设备构成分析来突出说明企业设备中过分陈旧、老化设备的具体状况，为企业设备更新改造提供直接的依据，这样便可使分析更全面、更深入。

2. 按设备的价值转移程度来分析

设备的价值转移程度一般可用净值与原值的比率来反映，简称设备净值率。企业设备净值率的基本计算公式为：

$$企业设备净值率 = \frac{企业报告期末设备净值}{企业报告期末设备原值} \times 100\%$$

这个指标数值越高，说明设备越新，技术状态相对越好；数值越低，说明设备越陈旧，技术状态相对越差。利用设备净值率分析评价企业设备的新旧程度时，有两点需要注意：第一，分析时一定要注意不同时期企业折旧率的变化。折旧率不同，设备净值率也不同，折旧率偏低偏高都不能确切地反映设备的新旧程度及其技术状态。第二，在进行国际对比时，必须注意我国企业与西方企业折旧率的可比性问题。我国在制定设备折旧率时往往没有充分考虑设备的无形磨损；而西方企业在制定折旧率时既考虑有形磨损也充分考虑无形磨损。

（二）设备技术状况分析

工业设备的技术状况是指设备的先进程度，它反映了企业的物质技术水平。分析企业设备的技术状况，侧重抓住以下两个方面。

1. 企业设备技术等级的划分

1985 年第二次全国工业普查时，我国制定的《主要工业生产设备技术水平分等办法》，把国务院所属机械、电子、冶金、有色、石油、化工、轻工、纺织、铁道、船舶等 18 个行业主管部门对本行业的主要生产设备技术水平划分为四个等级，即国际水平、国内先进水平、国内一般水平以及国内落后水平。参照此办法，国际水平是指达到当代经济发达国家同类设备技术水平的设备；国内先进水平是指达到国内同行业同类设备先进技术水平的设备；国内一般水平是指设备的主要技术经济参数可以适应当前生产需要的一般设备；国内落后水平是指设备的主要技术经济参数比较落后，不适应生产的需要，要淘汰、更新的设备。对设备的四级分等，各主管部门均制定有具体标准，企业应根据主管部门的标准逐台进行测定，确定设备所属的技术等级，这是分析评价企业设备技术状况的必要条件和基础依据。

2. 设备技术状况分析的方法

分析企业设备的技术状况，主要采用对比分析法，即在对企业设备正确划分技术等级的基础上，计算出各等级设备所占的比重，然后用以与同行业同类企业进行对比，以说明本企业设备技术水平的先进程度及其存在的优势和差距，从而确定企业技术改造的方向和重点。也可与本企业不同时期的设备等级结构进行对比，以说明企业设备技术进步的过程和趋势。

例3-8 2012年末某市第一、第二化工厂设备技术状况分析见表3-9。

表3-9 某市第一、第二化工厂2012年末设备技术状况分析

指 标	一 厂					二 厂				
	合计	国际水平	国内先进水平	国内一般水平	国内落后水平	合计	国际水平	国内先进水平	国内一般水平	国内落后水平
原值，千元	5860	0	168	4176	1516	6815	3500	2200	1115	0
比重，%	100	0	2.9	72.3	25.8	100	51.4	32.3	16.3	0
台数，台	1333	0	4	1219	110	1134	615	309	210	0
比重，%	100	0	0.3	91.4	8.3	100	54.2	27.3	18.5	0

依据表3-9分析可知，一厂由于建厂较早，设备比较陈旧，技术水平比较差。从台数来看，占91.4%的是国内一般水平的设备，而且国内落后水平的设备占到8.3%，国内先进水平的设备却只有4台，仅占0.3%，没有一台设备达到国际水平。结合原值来观察，问题的严重性还在于属国内落后水平的设备还是一些价值较昂贵的大型骨干设备（台数比重仅为8.3%，而原值比重占25.8%），和二厂相比差距很大。因此，一厂要在生产经营中提高产品质量、生产效率和经济效益，在竞争中立于不败之地，必须要下大力气进行设备的技术改造，这是一项必须选择的战略决策。而二厂是近年来以引进技术为主建立的新厂，所以设备技术水平较为先进。从台数来看，达到国际水平和国内先进水平的设备占80%以上，没有1台设备属国内落后水平，和一厂相比具有显著的技术优势。因此，二厂的战略决策应该是充分发挥设备先进的优势，合理利用现代化的先进设备，不断提高产品质量和生产效率，降低消耗，提高企业的经济效益。

（三）设备自动化水平的分析

设备自动化水平是表明设备是否先进的一个重要标志，因此也是反映企业物质技术水平的一个重要方面。而且随着科学的不断进步，社会生产力的提高，人们越来越要求生产条件的改善，越来越重视设备自动化程度的提高。

分析设备的自动化水平，一般是将企业的设备按其自动化程度分为自动化设备、半自动化设备和非自动化设备三类，然后分别计算各类设备所占的比重，并以此来说明企业设备的自动化程度。为准确评价企业设备的自动化程度，也可采用对比分析法，即将上述比重指标与同行业的同类企业进行对比，以说明本企业的相对优势或差距；与本企业过去相比，以说明企业生产自动化程度提高的过程和程度。

在生产过程中，电子计算机控制、机器人、机械手被广泛地应用，它们是设备自动化的

高级形式。因此，分析设备的自动化水平时，还应着重分析电子计算机在生产、管理中应用的状况，以及在生产过程使用机器人、机械手的数量及其增长情况。

（四）设备耗能状况分析

我国要实现可持续发展战略，节约能源是其中的重要一环。设备耗能水平的高低也是分析评价企业生产设备性能是否优良的一个重要标志；分析设备耗能状况主要是针对动力设备而言。具体分析可从以下三个方面入手：

（1）根据主管部门或行业规定的有关标准，或本部门、本行业同类设备的平均耗能水平，分别确定出低于规定标准（或平均水平）的设备台数，高于规定标准（或平均水平）的设备台数，然后计算高于规定标准的设备台数所占的比重，即设备的超耗率指标，以说明本企业设备耗能水平的具体构成状况。这一指标可以就某一种设备来计算，也可以就全部动力设备来计算。其计算方法为：

$$某种动力设备的超耗率 = \frac{该种设备中超标准能耗的台数}{该种设备总台数} \times 100\%$$

$$全部动力设备综合超耗率 = \frac{各种动力设备中超标准能耗的设备原值之和}{全部动力设备原值总和} \times 100\%$$

这一指标数值越高，说明本企业动力设备能耗水平的差距越大，设备的性能越差。

（2）将企业动力设备的实际耗能状况与国际统一能耗标准对比，计算企业动力设备中耗能水平高于国际统一能耗标准的台数比重，即设备的超耗率指标，以说明本企业动力设备的能耗水平与国际统一能耗标准的差距。具体方法同上。

（3）将上述两个方面计算与分析的结果与本部门（行业）的同类企业对比，进一步说明本企业动力设备耗能的相对水平及其优势与差距；与本企业不同时期比，以说明企业设备耗能水平的变化过程及趋势。

对企业设备的耗能状况进行上述分析，其意义和目的不仅在于评价企业设备的耗能水平及其所反映的设备素质状况，更重要的还在于为企业对能耗高的设备进行更新改造提供依据，为企业降低消耗、提高经济效率提供正确的对策选择。

二、设备经济效率分析

前面从设备自然属性上对于设备的技术现状进行分析，然而设备对企业生产经营及其效益的影响不仅取决于其自然属性——设备本身的技术性能，还取决于设备的经济属性——设备的经济效率。分析评价设备经济效率的根本标准，就是看其是否能满足企业生产经营的需要，是否有利于提高企业的经济效益。

（一）分析现有设备能否满足产品品种和质量的要求

现代化生产中，生产设备是生产产品的主要手段。生产设备性能的高低决定着企业的产品品种和质量。企业要在竞争中取胜，就必须不断开发、生产市场需要并具有质量保证和较强竞争力的新产品。为此，企业就必须配备能满足上述要求的生产设备。分析设备能否满足产品品种和质量的要求有两条标准：首先，分析本企业利用现有生产技术设备生产的产品能否达到国家规定的质量标准；其次，分析本企业利用现有生产技术设备生产的产品能否赶上或超过同行业竞争者的质量标准。若能达到这两条标准，即说明企业现有设备能够满足产品品种和质量的要求；否则，说明企业现有设备不能满足产品品种和质量的要求，企业要实现生存和发展，就必须根据需要对现有设备进行更新与技术改造。

（二）分析设备本身的经济效率

设备本身的经济效率是设备按照设计标准占用的人力、消耗水平和生产效率的总称。设备的人力占用是指平均每台设备需用的工人数或平均每台时工资费用；设备的消耗水平是指设备每台时物料和能源的消耗量；设备的生产效率是指设备单位台时产量。基本要求是希望占用的人力越少、物质消耗越低、产出效率越高越好。但事实上，这三者有时是不一致的，如有的设备占用的人力少，产出效率也高，但物质消耗也高；有的设备物质消耗低，但占用的人力多，生产效率也低；有的设备占用的人力少，物质消耗也低，但生产效率也低。因此只能根据国内人力、物力和财力资源的市场情况选择其中一种，以达到成本费用最小化为标准。一般情况下总是希望设备的消耗水平越低越好，所以在分析评价设备的经济效率时，更侧重的是设备的消耗水平和生产效率。

在分析时必须把设备的人力占用、消耗水平和生产效率指标联系在一起进行分析，而不能根据各项指标进行孤立的评价。这也是处理三者矛盾的一项重要原则。例如，分析设备的人力占用时，应和设备生产效率联系起来，即根据二者对企业最终经济效益的影响——单位产品的工资费用来评价。人力占用和生产效率的关系是：

$$每台时工资费用 = \frac{设备占用的工人工资总额}{设备总台时} \div \frac{设备总产量}{设备总台时} = \frac{设备占用的工人工资总额}{设备总产量} = 单位产品负担的设备工资费用$$

从以上关系可以看出，在其他条件相同的情况下，设备占用的人力越少，生产的效率越高，单位产品负担的工资费用越少，企业最终经济效益越好。在这里，单位产品所应负担的设备工资费用是评价设备自身经济效率的一项重要标准。

分析设备的消耗水平时，也应和设备的生产效率联系起来进行分析，即根据二者对企业经济效益的综合影响——单位产品负担的设备物质消耗费用来评价。设备消耗与生产效率的关系是：

$$\frac{设备每台时物质消耗}{设备每台时产量} = \frac{设备物质总消耗}{设备总台时} \div \frac{设备总产量}{设备总台时} = 单位产品负担的设备物质消耗费用$$

从以上关系可以看出，在其他条件相同的情况下，设备的物质消耗水平越低，生产效率越高，单位产品所负担的设备物质消耗费用越少，企业的最终经济效益越高。在这里，单位产品负担的设备物质消耗费用是评价设备自身经济效率的又一项重要标准。

要全面、综合地评价设备自身的经济效率，需要把设备的人力占用、物质消耗与生产效率三者统一联系起来，即把上述两项标准综合起来进行分析：

$$单位产品负担的设备工资费用 + 单位产品负担的设备物质消耗费用 = 单位产品应负担的设备费用$$

单位产品应负担的设备费用高低不仅是分析、评价设备自身经济效率的最终标准，也是处理人力占用、物质消耗和生产效率三者矛盾的最终准则。

三、设备技术改造分析

从设备的自然属性和经济属性分析企业现有设备的素质，可以从静态上表明企业现实的物质技术素质水平。企业为了改善和提高其物质技术素质，需要经常进行设备的技术改造。

设备技术改造的效果决定着企业未来物质技术素质水平的变化情况，这是分析企业设备素质的重要方面。从改善企业物质技术素质的角度来分析企业设备的技术改造，主要应从以下三个方面入手分析。

（一）设备技术改造目标合理性的分析

这里的设备技术改造目标就是指对什么设备进行改造，要实现什么样的预期目标。根据技术改造项目的管理形式不同，目标选择的合理性分析可从以下两种情况进行区分。

1. 分析国家重点改造项目的落实情况

我国企业设备的技术改造项目分两种情况，一种是国家计划内的重点技术改造项目，另一种是企业自选的技术改造项目。列入国家计划的重点技术改造项目体现了国家在一定时期内技术改造的战略规划，国家在财力、物力上要给予必要的保证，企业在人力、时间等方面也必须给予积极配合和重点保证。因此，凡是有国家重点技术改造项目的企业，必须首先保证完成国家重点改造项目，有余力再考虑进行其他技术改造项目，因此，对有国家项目的企业应当分析其落实情况。

2. 分析企业自选项目的合理性

企业自己确定的技术改造项目，重点应考虑以下原则和要求：

（1）提升市场竞争力的原则。企业应当根据市场需求和自身的经营战略，从自己的实际情况出发，根据自己制定和实施的竞争策略，选择设备技术改造的项目和重点，这是企业选择技术改造项目的一般原则。

（2）抓住薄弱环节的原则。企业应从生产经营的实际出发，全面分析各个环节的生产设备在生产能力上是否平衡配套，在此基础上要抓住薄弱环节进行设备技术改造。这样才能大大提高产品的综合生产能力，从而实现更好的经济效益。

（3）降耗原则。企业根据降低消耗和提高产品质量的要求进行设备的技术改造，从而实现提高质量、降低成本和价格、提高产品的市场竞争力的目的。

（4）能效原则。企业进行技术改造的根本目的就是要降低能耗和提高生产效率。因此，企业应当根据节能降耗和提高效率的目标要求选择技术改造项目。

分析企业设备技术改造项目的合理性，就是要根据上述原则来分析企业的技术改造重点是否准确，是否符合企业的实际需要，是否有利于企业整体物质技术素质和市场竞争能力的提高。

（二）技术改造方式的合理性分析

企业进行设备技术改造，一般说来有两种方式可供选择：一是通过对原有设备进行大修理来实现改造；二是更换新设备。前一种技术改造方式所需投资较少，而且改造期限较短，但设备技术水平的提高程度要受到一定限制；后一种改造方式可以提供全新的、性能更优的设备，使企业的物质技术素质得到大幅度提高，但需要较多的投资和较长的期限。究竟采用何种方式，企业应根据自身的实际需要、设备的重要程度和技术状况以及企业财力的可能来选择。一般来讲，对那些关键的、落后的、通过维修进行改造意义不大的设备，在财力允许的情况下，应尽可能给予彻底更新；对非关键设备、尚有进一步改造潜力的设备，最好是结合大修理进行技术改造。其确定的标准就是是否给企业带来经济效益。

（三）技术改造经济效益的预测分析

分析评价企业设备技术改造项目和方式选择是否合理性，其标准都是其经济效益。但是经济效益只能在改造项目完成以后才能反映出来，事前只能对未来的效益进行预测，通过预测为企业作出决策提供依据。可从以下几个方面进行预测。

1. 提高产品质量的收益预测分析

企业技术改造的主要目标就是提高产品质量。分析由于技术改造使企业产品质量提高而实现的经济收益状况，其基本思路是：

（1）根据技术改造方案设计的要求，预测产品质量提高的水平；

（2）计算、比较技术改造前、后产品质量的差异；

（3）根据技术改造后产品质量预期改善的幅度及其相应的产量和价格，测算所实现的收益。

例 3 - 9　某服装厂由于设备老化，多年来产品质量一直不高，在合格品中一级品所占比重很小，大部分产品都是二级、三级品。如果对其中尚有改造利用价值的设备进行技术改造，对其中已无改造利用价值的设备进行彻底更新，预计一级品率可由 20％提高到 80％，其收益预测分析见表 3 - 10。

表 3 - 10　某服装厂技术改造收益预测分析

产品 等 级	改造前实际（2011）			改造后实际（2012）		总产值，元		由于技术改造而增加的收益，元
	产量，件	比重，%	价格，元	产量，件	比重，%	改造前实际	改造后预计	
一等品	700	20	42	3600	80	29400	151200	121800
二等品	2030	58	38	540	12	77140	20520	−56620
三等品	770	22	33	360	8	25140	11880	−13530
合　计	3500	100.0		4500	100.0	131950	183600	51650

从表 3 - 10 可以看出，该厂进行设备更新改造后，一等品率预计可由改造前的 20％提高到 80％，同时，产品产量也可由 3500 件提高到 4500 件。由于产品质量和生产能力的同时提高，一年可增加收益 51650 元。其中：

$$\begin{matrix}\text{由于技术改造提高产}\\\text{品质量而增加的收益}\end{matrix}=\left(\begin{matrix}\text{改造后产}\\\text{品的平均单价}\end{matrix}-\begin{matrix}\text{改造前产}\\\text{品的平均单价}\end{matrix}\right)\times\text{改造后产品总产量}$$

$$\text{产品的平均单价}=\frac{\sum\text{某等级产品单价}\times\text{该等级产品产量}}{\sum\text{某等级产品产量}}$$

代入表 3 - 10 资料计算：

$$\begin{matrix}\text{改造前产品}\\\text{的平均单价}\end{matrix}=\frac{42\times700+38\times2030+33\times770}{3500}=37.70（元）$$

$$\begin{matrix}\text{预计改造后产}\\\text{品的平均单价}\end{matrix}=\frac{42\times3600+38\times540+33\times360}{4500}=40.80（元）$$

$$\begin{matrix}\text{由于技术改造提高产}\\\text{品质量而增加的收益}\end{matrix}=（40.80-37.70）\times4500=13950（元）$$

$$\begin{matrix}\text{由于技术改造提高产}\\\text{品产量而增加的收益}\end{matrix}=（\text{改造后的预计总产量}-\text{改造前的预计总产量}）\times\begin{matrix}\text{改造前产品}\\\text{的平均单价}\end{matrix}$$

代入表 3-10 资料计算：

$$\text{由于技术改造提高产品产量而增加的收益} = (4500-3500) \times 37.70 = 37700 \text{（元）}$$

$$\text{该厂技术改造的综合收益} = 13950 + 37700 = 51650 \text{（元）}$$

2. 降低物质消耗的收益预测分析

企业进行设备技术改造，不仅能提高产品质量，而且还能降低物质消耗水平。设备的技术改造是降低原材料消耗水平和节约能源的主要途径。通过技术改造降低物质消耗给企业带来的经济收益具体表现在两个方面：一是通过降低单位产品的原材料和能源的消耗量，减少支出，增加净收益；二是通过改变原材料和能源的消费结构，降低价格高或市场紧缺物资的消耗比重，从而增加企业的净收益，同时也提高了社会经济效益。

技术改造带来的原材料、能源费用的节约，即在其他条件不变的情况下给企业带来的净收益可利用下列公式进行计算和分析：

$$\text{由于技术改造带来的原材料（能源）节约额} = \left[\sum \left(\text{改造前的原材料单耗} - \text{改造后的原材料单耗} \right) \times \text{计划单价} \right] \times \text{计划产量}$$

例 3-10 某化工厂生产甲、乙两种产品，主要消耗 A、B、C、D 4 种原材料，改造前的单耗与改造后的预计资料见表 3-11。

表 3-11 某化工厂改造前后原材料消耗情况

产品	原材料种类	原材料计算单位	原材料计划价格，元	每吨产品原材料消耗量		计划产品产量，吨
				改造前实际	改造后预计	
甲	A	吨	180.00	4.5	4.2	350
	B	公斤	12.00	101	87	
乙	C	吨	300.00	3.1	2.9	250
	D	公斤	15.00	100	88	

$$\text{由于技术改造带来的原材料（能源）节约额} = [(4.5-4.2) \times 180.00 + (101-87) \times 12.00] \times 350$$
$$+ [(3.1-2.9) \times 300.00 + (100-88) \times 15.00] \times 250$$
$$= 77700 + 60000 = 137700 \text{（元）}$$

如果企业经过技术改造，改变了原材料和能源消耗的种类，则可按下列公式计算原材料（能源）的节约额：

$$\text{原材料（能源）节约额} = \sum \left[\left(\text{改造前预计单位产品对旧原材料的消耗量} \times \text{旧原材料单价} \right) - \left(\text{改造后单位产品对新原材料的实际消耗量} \times \text{新原材料单价} \right) \right] \times$$

计划产品产量

3. 提高产量、扩大品种的收益预测分析

提高生产能力，扩大产品产量，增加产品品种，也是企业进行设备技术改造的又一重要目标。下面结合实例介绍企业技术改造后扩大产量、增加品种所实现收益的预测分析方法。

例 3-11 某机床厂拟对其主要设备进行技术改造。根据改造方案的设计及有关资料，预计产品产量、品种及产值和改造前的对比情况见表 3-12。

表 3-12 某机床厂技术改造前后产量、品种、产值对比分析

产品种类	改造前实际产量 (Q_0)，台	改造后预计产量 (Q_1)，台	改造前的单价 (P_0)，元	改造前实际产值 (P_0Q_0)，万元	改造后预计产值 (P_0Q_1)，万元
甲产品	103	180	17000	175.10	306.00
乙产品	117	227	8920	104.36	202.48
丙产品	0	98	—	0	126.82
其中：A	0	29	12800	0	37.12
B	0	69	13000	0	89.70
合　计	—	—	—	279.46	635.30

根据表 3-12 资料：

$$\begin{aligned}\text{技术改造后扩大产量、} \atop \text{增加品种所增加的总收益} &= \sum\left(\text{改造后预计} \atop \text{品种产量} - \text{改造前实际} \atop \text{品种产量}\right) \times \text{改造前产品价格} \\ &= \sum P_0Q_1 - \sum P_0Q_0 \\ &= 635.30 - 279.46 = 355.84 \text{（万元）}\end{aligned}$$

其中：

$$\begin{aligned}\text{由于原有产品产量增} \atop \text{加所增加的收益额} &= \sum\left(\text{改造后原有产} \atop \text{品的预计产量} - \text{改造前原有产} \atop \text{品的实际产量}\right) \times \text{改造前原有} \atop \text{产品价格} \\ &= (180-103) \times 17000 + (227-117) \times 8920 \\ &= 130.9 + 98.12 = 229.02 \text{（万元）}\end{aligned}$$

$$\begin{aligned}\text{由于增加产品品种} \atop \text{而增加的收益额} &= \sum \text{预计改造后新} \atop \text{增品种产量} \times \text{新增产品价格} \\ &= 29 \times 12800 + 69 \times 13000 \\ &= 371200 + 897000 = 126.82 \text{（万元）}\end{aligned}$$

4. 技术改造投资回收期的预测分析

要正确、全面地评价企业设备技术改造的合理性，不仅要分析其可能带来的收益，还要联系其实际支出，分析预测其投资回收期限，这是全面反映企业设备技术改造经济合理性的一个综合指标。

$$\text{设备技术改造投资回收期（年）} = \frac{\text{设备技术改造总投资}}{\text{年增加利润总额}}$$

如果考虑技术改造投资的机会成本，可按以下公式计算：

$$\text{设备技术改造投资回收期（年）} = \frac{\text{按银行存款利率计算到基准年的设备}}{\text{年平均增加利润额}}$$

式中的基准年是指技术改造项目预期投入使用的时间。

例 3-12 某企业拟进行一项重要的设备技术改造，总投资 3000 万元，预计 3 年完成。各年的投资额分别为：第一年 1000 万元；第二年 1500 万元；第三年 500 万元。预计第四年该项目开始投入生产，平均每年可增加利润 500 万元。

考虑投资的机会成本，假定当时的银行存款年利率为 10%，则：

$$\begin{aligned}\text{设备技术改} \atop \text{造投资总额} &= 1000\,(1+10\%)^3 + 1500\,(1+10\%)^2 + 500\,(1+10\%) \\ &= 3696 \text{（万元）}\end{aligned}$$

投资回收期＝3696÷500＝7.4（年）

若不考虑投资的机会成本，则：

投资回收期＝3000÷500＝6（年）

一般而言，该指标数值越小，即设备技术改造投资收回的时间越短，说明其投资风险越小，经济效益越高，合理性越好。

复习思考题

1. 什么是职工素质？职工素质包括哪些内容？
2. 企业职工素质分析包括哪些内容和指标？
3. 如何进行职工素质状况分析？
4. 什么是企业管理素质？
5. 管理干部素质分析的方法是什么？
6. 怎样分析一个企业的管理素质？
7. 怎样进行基础管理和管理手段现代化分析？
8. 如何进行管理素质的综合评价？
9. 进行设备技术现状分析的主要指标是什么？
10. 如何评价企业设备技术改造和设备经济效率？
11. 假设甲、乙两厂2009年和2010年的工人技术等级及工龄构成情况见下表。

甲、乙两厂2009年和2010年的工人技术等级构成情况

技术等级	甲 厂				乙 厂			
	2009年		2010年		2009年		2010年	
	人数	比重，%	人数	比重，%	人数	比重，%	人数	比重，%
一级工	112		90		110		125	
二级工	168		140		210		235	
三级工	240		300		260		280	
四级工	410		440		340		345	
五级工	250		280		170		175	
六级工	80		70		25		29	
七级工	7		12		6		3	
八级工	8		4		4		3	
合 计	1275	100.0	1336	100.0	1125	100.0	1195	100.0

甲、乙两厂工人工龄构成情况

按本企业工龄分组	工龄中值	甲 厂		乙 厂	
		工人人数	占全部工人比重，%	工人人数	占全部工人比重，%
5年以下	2.5	160		350	
5～10年	7.5	470		526	
10～20年	15	785		610	
20～30年	25	275		130	
30年以上	35	50		15	
合 计		1740	100.0	1631	100.0

(1) 两企业工人技术等级分析。

(2) 两企业工人本单位工龄分析。

(3) 将上述表格的比重栏填满。

12. 某市纺织公司2012年末根据主要设备的出厂年代资料计算的设备出厂年限构成见下表。

2012年末主要设备的出厂年代构成

设 备 名 称	计算单位	合 计	出 厂 年 代				构 成,%			
			21世纪	20世纪90年代	20世纪80年代	20世纪70年代	21世纪	20世纪90年代	20世纪80年代	20世纪70年代
工业设备合计	千元	12596	5050	3559	3284	703				
工业专业设备	千元	9988	4538	2898	2025	527				
其中:粗纱机	台	28	12	11	—	5				
细纱机	台	163	20	59	71	13				
棉布织机	台	1122	952	—	170	—				

纺织厂设备平均出厂年限计算

设 备 名 称	计算单位	合 计	出 厂 年 限					平均出厂年限
			3年	8年	18年	28年	38年	
工业设备合计	千元	12596	5050	3559	3284	391	312	
工业专用设备	千元	9988	4538	2898	2025	426	101	
其中:粗纱机	台	28	12	11			5	
细纱机	台	163	20	59	71	13		
棉布织机	台	1122	952		170			

(1) 按出厂年限计算和分析设备的构成分析。

(2) 计算和分析设备的平均出厂年限。

(3) 将两张表的空白处填满。

第四章　企业供应与生产活动分析

在市场经济活动中，企业生产经营活动的基本流程是：第一步，根据企业人、财、物等要素条件及市场需求，确定生产经营的目标与生产、销售计划；第二步，采购物质要素，以保证企业生产消费的需要；第三步，进行产品与服务的生产，以保证市场销售的需要；第四步，根据市场形势的变化确定销售策略，进行产品与服务的销售。因此，企业生产经营活动的分析包括供应分析、生产分析与销售分析。

第一节　企业供应活动分析

企业的供应是指原料、燃料、动力及辅助材料等生产资料的供应。企业生产经营活动中需要大量的原材料和能源动力等生产资料。这些物质资料供应的数量、质量、价格以及供应的及时性，对企业的生产规模、生产效率、产品质量及经济效益等各方面都有重要的影响。因此，对企业供应情况进行分析，就是要分析原材料、燃料、动力、辅助材料供应对生产的保证程度，分析供应是否脱离生产需要及其对产量的影响，从而促进企业经济效益的提高。分析的重点是原材料、燃料、动力的供货来源；原材料、燃料、动力对生产的保证程度；原材料库存的合理性。

一、原材料、燃料与动力的供货来源分析

目前，我国企业的供货来源基本可分为三种：其一是国家有组织、有计划地统一分配和供应，简称计划内供应；其二是企业根据生产经营的需要，在市场上自行采购，简称市场供应；其三是企业自己生产，简称自给供应。这三种供货来源具有不同的特点，受不同因素的影响，对企业的生产经营具有不同的影响。分析企业原材料、燃料、动力的供货来源，就是要分析不同供货来源所占比例及其对企业生产经营所产生的影响。在市场经济运行中，国家计划内供应是企业物资供应的辅助渠道，目前这一供应渠道只限于重要、紧缺的生产资料及少数关系国计民生的重要企业和国家建设的重点项目；企业所需要的原材料绝大多数是市场采购，因此这里主要分析后两种渠道。

(一) 市场供应情况分析

市场供应渠道的特点是受市场变化的影响大，价格多变，质量稳定程度差，供应的可靠程度低。这一渠道的供货比例大小反映着企业供应对市场的依赖程度，即市场供应比例越大，说明企业的原材料、燃料、动力供应对市场的依赖程度越高，受市场变化的影响也越大。以市场供货为主的企业必须加强对生产资料市场变化趋势的调查研究，把握其所用原材料市场变化的规律，根据市场供求状况及时制定、调整自己的生产经营策略和进货计划，以保证满足企业生产经营的正常需要和实现低成本高效益的要求。市场供应的比例一般也可按以下两种方法计算：

$$\text{某种原材料（燃料、}\atop\text{动力）市场供货率} = \frac{\text{企业报告期从市场自行采购该种}\atop\text{原材料（燃料、动力）数量}}{\text{企业报告期该种原材料（燃料、动力）采购总量}} \times 100\%$$

$$\text{原材料（燃料、动力）}\atop\text{市场综合供货率} = \frac{\text{企业报告期市场采购原材料}\atop\text{（燃料、动力）价值总额}}{\text{企业报告期原材料（燃料、动力）购进总额}} \times 100\%$$

这一指标也可用于对企业与市场关系进行纵横比较，以说明与其他企业相比本企业的市场依赖度的高低及本企业不同时期的市场依赖程度变化。为了克服市场波动对企业生产经营的影响，稳定和保证原材料、燃料、动力的供应，以有利于降低成本和保障产品质量，生产需求量大、产品质量对原材料质量要求高的企业应积极寻求建立自己稳定的供货来源，即与供货厂家建立相对稳定的协作关系。

（二）自给供应情况分析

企业自给供应就是企业自己生产需要使用的部分原材料、燃料与动力。例如，有些企业为克服外部电网供电不足的影响，可自己发电；煤炭基地建立的坑口电站，可自给供应燃料；联合钢铁企业可自给供给矿石、生铁等。这种供货渠道最稳定，对企业生产经营最有保证。这一供应渠道具有高度稳定性及质量有保证的特点，但要受客观条件限制，一般只局限于少数企业。计算和分析企业的自给供应情况，具体也可按以下两种方法计算：

$$\text{某种原材料（燃料、}\atop\text{动力）的自给率} = \frac{\text{企业报告期该原材料（燃料、动力）的自给量}}{\text{企业报告期该原材料（燃料、动力）采购总量}} \times 100\%$$

$$\text{原材料（燃料、}\atop\text{动力）综合自给率} = \frac{\text{企业报告期原材料（燃料、动力）的自给价值总量}}{\text{企业报告期购进原材料（燃料、动力）采购总额}} \times 100\%$$

自给率指标也可以用于分析企业与市场依赖程度，指标越高说明企业对市场依赖程度越低，原材料、燃料与动力的保障程度就越稳定。

把上述两方面的指标联系起来在不同时期进行动态对比，可以全面说明企业供货来源的变化过程和趋势及其对企业生产经营的影响；在不同企业间进行对比，可以说明由于供货渠道的差异对企业产生的不同影响。

二、原材料、燃料与动力对生产的保证程度分析

原材料、燃料、动力是企业生产经营必备的物质条件，分析其供应情况对生产的保证程度，可从供应的数量、质量、品种规格以及供货的及时性四个方面进行。

（一）原材料、燃料、动力供应数量对生产的保证程度分析

原材料、燃料、动力供应不足，会影响企业生产的正常进行；超过合理的数量界限，又会造成积压，影响企业的资金周转和经济效益。因此，原材料、燃料、动力的供应既要保证生产过程不间断，不发生停工待料的现象，又要保证资金有效合理使用，不致造成积压浪费。按照这个原则分析其供应数量对生产的保证情况，可从以下几个方面入手分析。

1. 分析原材料、燃料、动力的供需差额和供需系数

计算公式为：

$$\text{某原材料（燃料、}\atop\text{动力）供需差额} = \text{该原材料（燃料、}\atop\text{动力）实际供应量} - \text{该原材料（燃料、动}\atop\text{力）生产计划需要量}$$

$$某原材料（燃料、动力）供需系数＝\frac{该原材料（燃料、动力）实际供应量}{该原材料（燃料、动力）生产计划需要量}$$

供需差额指标从绝对量上反映原材料、燃料、动力供应对生产需要的满足情况，即指标数值为正时，说明供应能够满足生产的需要，称为顺差；若为负值，则说明供应不能满足生产的需要，称为逆差。供需系数是说明供应对生产满足程度的相对指标，指标数值小于 1，说明供应不能满足生产的需要；指标数值大于或等于 1，说明供应可以满足生产的需要。但不是供需差额的顺差和供需系数越大越好，而应根据企业原材料、燃料、动力的实际采购供应特点和生产消耗情况，使其控制在合理的范围内。

例 4 - 1 某企业主要原材料供、需、存情况见表 4 - 1。

表 4 - 1 某企业 2012 年主要原材料供、需、存情况

产品名称	材料名称	产品产量，百千克		期初库存	材料数量，千克							
					单　耗		购入量		消耗量		期末库存	
		计　划	实　际		计划	实际	计划	实际	计划	实际	计划	实际
甲	A	500	500	300	22	22	1100	1100	1100	1100	300	300
乙	B	600	560	1200	30	26	18000	18000	18000	14560	1200	4640
丙	C	1000	1000	300	10	8	11000	9000	10000	8000	4000	4000

根据表 4 - 1资料，可作如下分析：

（1）甲产品需要的 A 材料。

$$供需差额＝1100－1100＝0$$
$$供需系数＝1100÷1100＝1$$

上述结果说明该种材料按照生产计划正好满足了生产的需要，较好地实现了供需平衡。

（2）乙产品需要的 B 材料。

$$供需差额＝18000－18000＝0$$
$$供需系数＝18000÷18000＝1$$

上述结果说明该种材料按照生产计划正好能满足生产的需要。但是由于该产品的实际产量和单耗发生了变化，而材料供应没有及时进行相应调整，仍按原计划进货，由此造成了 B 材料超储积压 3440（4640－1200）千克。

（3）丙产品需要的 C 材料。

$$供需差额＝9000－10000＝－1000（千克）$$
$$供需系数＝9000÷10000＝0.9$$

从这一结果看，说明按照原来计划 C 材料尚存在 1000 千克供应缺口，只能满足生产需要的 90%。但实际上这是企业在组织进货过程中，根据单耗实际降低的状况及时调减进货数量的结果。因此，C 材料的供应不仅保证了丙产品生产的实际需要，而且避免了库存的超储积压。

2. 分析原材料、燃料采购计划和供货合同完成情况

为了进一步说明供应脱离生产需要的原因，在上述分析的基础上，可以计算以下两个具体指标：

（1）原材料（燃料）采购计划完成程度，其计算公式为：

$$某原材料（燃料）采购计划完成程度＝\frac{该材料（燃料）实际进货量}{该原材料（燃料）计划进货量}×100\%$$

该指标数值过小、过大都不好，在一般情况（生产和消耗都是按计划进行的）下是越接近100%越好，即严格按计划采购最好。利用采购计划完成程度指标可以说明供货脱离生产需要是否是采购计划完成不好所致。如果是由于超计划采购或未完成采购计划所致，则应进一步分析影响采购计划完成的具体原因；如果不是，一般应从产量计划、单耗计划的完成情况来寻找原因。如上例B材料的采购计划完成程度为100%，但乙产品的产量计划少完成了6.7%，实际单耗比计划降低了13.3%，正是因此造成了B材料超储积压3440千克。

（2）原材料、燃料供货合同完成程度，其计算公式为：

$$某原材料（燃料）供货合同完成程度=\frac{供货合同范围内实际供货量}{供货合同规定供货量}\times100\%$$

这一指标一般也是越接近100%越好。供货合同执行情况直接影响整个材料计划的完成情况，它反映的是供货单位不守信用，不履行合同规定给本企业供应带来的影响。分析这一指标时，必须要全面检查订货合同的管理情况。首先，要了解订货合同的签订是否及时；其次，要了解订货合同中规定的原材料名称、规格是否详尽、准确；再次，要注意运输条件及与供货单位的结算情况，本企业是否有违约现象；最后还要检查合同订立的手续是否完备合法。

3. 分析原材料、燃料、动力供应不足对产量的影响

为了具体说明供应不足给企业带来的实际影响后果，可以分别计算原材料、燃料、动力供应不足所影响的实际产量。

（1）原材料供应不足的影响，其计算公式为：

$$由于某种原材料供应不足所减少的实际产量=\frac{该种原材料实际供需逆差}{该原材料的单耗}$$

原材料实际供需逆差是指在保证原材料供应条件下，可以实现的产品产量所需消耗的原材料与实际供应之差额。该指标可以反映在其他条件不变的情况下，单纯由于原材料供给不足给企业造成的减产损失。

（2）燃料供应不足的影响，其计算公式为：

$$由于燃料供应不足所减少的实际产量=\frac{燃料实际供需逆差}{本企业平均单位产品的燃料消耗}$$

燃料的实际供需逆差是指在保证燃料供应的条件下，可以实现的产品产量所需消耗的燃料与实际供应之差额。该指标可以反映在其他条件不变的情况下，单纯由于燃料供给不足给企业造成的减产损失。

（3）动力供应不足的影响，其计算公式为：

$$由于动力供应不足所减少的实际产量=由于动力供应不足而造成的生产停工日数\times企业平均日产量$$

该指标反映了在其他条件不变的情况下，单纯由于动力供应不足给企业造成的减产损失。

（二）原材料、燃料供应质量对生产的保证程度分析

原材料、燃料供应不符合质量要求必然会给企业造成减产或降低产品质量的损失。因此，分析供应对生产的保证状况时，供货质量的保证程度分析是一个重要方面。现举例说明具体的分析方法。

例4-2 某机械厂2012年6月钢材进货情况见表4-2。

表 4-2　某机械厂 2012 年 6 月钢材进货及库存情况

材料名称	计量单位	月初库存量		实际进货量		计划需要量	月末储备定额
		合计	其中合格量	合计	其中合格量		
钢材	吨	150	131	160	142	200	110

从表 4-2 的资料可以看出，全月的钢材进货量和月初库存量既能够满足本月生产的需要，也能够留足月末储备定额（150＋160＝200＋110）。但是由于部分钢材不合格，实际上并不能完全保证生产和月末储备定额的需要。根据表 4-2 资料推算，能够用于本月生产的合格钢材数量为 163 吨（131＋142－110），供需系数仅为 81.5％（163÷200），尚存在供需逆差 37 吨。若上例钢材的单耗为 0.2 吨/台，则由于供货质量低而减少的产量为 185 台。由于供货质量低必然给企业造成经济损失，其损失额计算如下公式：

$$\text{由于供货质量低而} \atop \text{减少的产品产量} = \frac{\text{由于原材料（燃料）质量}}{\text{不合格而引起的供需逆差}} \over \text{原材料（燃料）单耗} = 37÷0.2 = 185（台）$$

因原材料、燃料供应质量给企业带来的实际损失还应包括不合格材料占用资金的利息损失和产品质量降低的降价损失以及不合格材料的处理损失。对此一般可按下式计算与分析：

$$\text{由于供货质量低减} \atop \text{少的收益额} = \left(\text{由于供货质量低} \atop \text{而减少的产品产量} × \text{产品售价}\right) + \left(\text{不合格原材料、燃} \atop \text{料占用的资金} × \text{贷款利率}\right) +$$

$$\left(\text{由于原材料、燃料质量低而} \atop \text{引起的产品平均售价降低额} × \text{报告期实际产品产量}\right) + \text{不合格材料} \atop \text{的处理损失}$$

（三）原材料、燃料供应品种、规格对生产的保证程度分析

企业生产过程中所需要的原材料往往不只是一个品种一个规格，因此，所有原材料品种与规格是否符合生产的需要将决定生产能否正常进行。分析原材料、燃料供应品种、规格对生产的保证程度，一般是把各种不同类别、品种和规格的原材料、燃料分别与计划需要量对比，观察它们之间的供需平衡情况。现以下例说明。

例 4-3　某设备制造公司 2012 年薄钢板进货完成情况见表 4-3。

表 4-3　某设备制造公司 2012 年薄钢板进货计划完成情况

原 材 料 名 称	采 购 量，吨		计划完成，％
	计　划	实　际	
0.5 毫米钢板	88	110	125.0
0.8 毫米钢扳	28	14	50.0
1.2 毫米钢板	24	19	79.1
薄钢板合计	140	143	102.1

根据表 4-3 资料分析，薄钢板采购总量超额 2.1％完成采购计划，即表明薄钢板供应从总量上可以满足生产的需要。但若从薄钢板的不同规格来观察，则会发现该企业薄钢板供应结构是不合理的。其中，0.8 和 1.2 毫米钢板分别只完成了采购计划的 50％和 79.1％，不能满足生产的需要；0.5 毫米钢板超计划购入 25％，大大超过了计划需要，造成了积压浪费。由于原材料、燃料供应品种、规格不合理，对企业生产及经济效益所造成的影响可用以下指标反映：

1. 原材料、燃料供应品种、规格影响的产品产量

计算公式为：

$$原材料（燃料）供应品种、规格影响的产品产量 = \frac{原材料（燃料）供应中缺口最大的品种、规格的供需逆差}{该品种、规格原材料（燃料）的单耗}$$

以例4-3资料为基础，假设0.8毫米钢板的单位产品消耗量为0.2吨，计划采购量即为生产需要量，则：

$$由于薄钢板供应规格不配套影响的产品产量 = （14-28）\div 0.2 = -70（台）$$

如果是多种产品共同消耗的原材料、燃料，可按消耗量最大的产品计算，也可按最畅销或经济效益最高的产品计算，还可按计划品种结构分别计算。

2. 原材料、燃料供应品种、规格不配套造成的利息损失额

由于一种原材料、燃料供应品种、规格不全、不配套，必然会造成其他规格品种的原材料积压，从而产生资金的利息损失。其计算公式为：

$$原材料、燃料供应品种、规格不配套造成的利息损失额 = \left（\sum 按缺口最大的品种、规格保证的产品产量计算的其他某品种、规格原材料、燃料的闲置量 \times 相应购进价格\right）\times 闲置期贷款年利率$$

仍以例4-3资料为基础，三种薄钢板的购进单价分别为每吨8000元、7000元与6000元；0.5毫米、1.2毫米钢板的单位产品消耗量分别为0.62吨、0.17吨，闲置期贷款年利率为15%（假定闲置期为一年）。

$$由于薄钢板供应规格不配套给企业造成的利息损失额 = [（110-70\times0.62）\times8000 + （19-70\times0.17）\times6000] \times 15\% = 86310（元）$$

3. 原材料、燃料供应品种、规格不配套造成总经济损失

仍以例4-3资料为基础，现假设每台产品价格为12000元。由于供应品种、规格不配套造成的总经济损失计算如下：

$$原材料、燃料供应品种、规格影响的收益额 = \left（\begin{array}{l}原材料、燃料供应品种、\\规格影响的产品产量\end{array} \times 单位产品销售价格\right） +$$

$$由于原材料供应规格不配套给企业造成的利息损失额$$

$$= 70\times12000 + 86310 = 926310（元）$$

（四）原材料、燃料供应及时性对生产保证程度的分析

原材料、燃料的供应在时间上是否及时、均衡，对企业的生产与效益也会产生重大影响。分析原材料、燃料供应的及时性对生产的保证程度，需要根据每批原材料、燃料购进的具体日期对企业生产的保证程度来进行分析。具体可使用不同时间上的供需系数、供需差额和库存可供生产耗用的保证日数指标，其中前两个指标的计算方法前面已经介绍，保证日数的计算公式为：

$$库存原材料（燃料）可供生产耗用的保证日数 = \frac{某日原材料（燃料）库存量}{每日平均生产耗用量}$$

现举例说明其具体的分析方法。

例 4-4 某企业 2012 年 6 月乙种材料供应情况见表 4-4。

表 4-4　某企业 2012 年 6 月乙种材料供应情况分析　　　　　　　　　　吨

材料名称	月初库存	计划需要量		计划购入		实际购入		对生产的保证		
		本月	每日	日期	数量	日期	数量	日数	供需系数	供需差额
乙	1000	6000	200					5		
				6-01	2000	6-01	1000	5	0.5	−1000
				6-10	2000	6-15	3000	15	1.5	+1000
				6-20	2000	6-20	2000	10	1	0
合计	1000	6000	200	—	6000	—	6000	35	1	0

从表 4-4 可以看出，乙种材料全月采购总量完成了计划，实现了总量的供需平衡。但是，由于供应不及时、不均衡，造成期间出现停工待料，影响了生产计划的完成。其中，6 月 1 日计划购入 2000 吨，实际购入 1000 吨，加上月初库存，共计 2000 吨，可供 10 天消耗，即生产可维持到 6 月 10 日；第二批材料计划 6 月 10 日购进，实际拖到了 15 日才购进。由于第一批购入量未完成计划，第二批又未能及时进货，结果造成 6 月 11 日至 15 日停工待料 5 天，而且由于第二批进货拖晚、超量，又造成了 15 日后材料的超储积压。

如果要进一步分析供应及时性对产量的实际影响，可以用以下两个指标计算：

$$供应不及时的产量损失＝由于供应不及时而发生的停工待料日数×相应产品的日产量$$

$$供应不及时的收益损失额＝（供应不及时的产量损失×产品价格）＋积压超储材料的利息支出$$

计算上述指标时，如果是全厂性的停工待料，其产品损失应按全厂相应日产量（或日产值）计算；如果是一个车间、工段或班组停工待料，其损失应按车间、工段和班组的相应日产量（或日产值）来计算。相应产品的日产量是指直接消耗所供原材料、燃料的产品平均日产量。

三、原材料库存合理性分析

为了应付偶然、突发性事件的出现，保证生产的不间断进行，企业必须保持一定的原材料储备。但储备过多，会造成积压浪费；储备过少，又不足以保证生产的连续性。这就要求企业将原材料储备保持在一个经济合理的水平。分析企业库存的合理性，就是将企业不同时点上的实际库存量与储备定额进行对比，以观察其储备是否合理。

（一）原材料储备的内涵

企业原材料储备也称生产储备，一般包括经常储备和保险储备两部分。

1. 经常储备

经常储备是保证日常生产所需要的储备，其量的大小取决于原材料供应周期的长短和平均每昼夜消耗量的大小。经常储备量是一个变化的量：当刚购进一批原材料时，形成最高储备量；随着生产的进行逐步减少，到下一批原材料购进前夕，形成最低储备量。

2. 保险储备

保险储备是为了防止意外的供应中断、品种规格不符或计划外增产需要而建立的原材料储备。它在正常情况下是不动用的，是一种相对固定的储备。保险储备量由保险天数和平均每昼夜消耗量两个因素来确定。

此外，在一些材料供应受季节影响的企业，还要建立季节性储备。

（二）原材料储备定额的制定

企业的原材料储备定额为经常储备量和保险储备量之和。由于经常储备量有最高储备量和最低储备量之分，所以原材料储备定额也有最高储备定额和最低储备定额两种。最高储备定额等于经常储备的最高储备量加保险储备量；最低储备定额等于经常储备的最低储备量加保险储备量。制定原材料储备定额，关键必须注意两点：一是原材料供应周期的确定，即进货时间间隔的确定，这是决定经常储备量的关键因素。确定原材料供应周期，重点应考虑企业的供货来源、运输条件、采购费用以及该种原材料的供求状况等方面的因素。总的原则要求是既要保证企业日常生产的正常需要，又要节约资金占用，避免积压浪费。二是保险天数的确定，这是决定保险储备量的关键因素。保险天数一般可根据企业的历史经验来确定，即按照过去发生较多的到货误期天数来确定，但也要考虑到未来条件的变化。

（三）对原材料库存合理性的分析

分析原材料库存的合理性，可将实际库存与储备定额直接对比，可用如下公式计算。

（1）原材料超储量和缺储量，其计算公式为：

$$原材料超储量＝原材料库存量－原材料最高储备定额$$
$$原材料缺储量＝原材料库存量－原材料最低储备定额$$

（2）原材料超储率和缺储率，其计算公式为：

$$原材料超储率＝\frac{原材料超储量}{原材料最高储备定额}×100\%$$

$$原材料缺储率＝\frac{原材料缺储量}{原材料最低储备定额}×100\%$$

这两个指标可以说明企业库存不合理的程度高低。

例 4-5 现仍以表 4-4 资料为例，并假定保险储备为 1000 吨，则：

$$原材料最高储备定额＝200×10＋1000＝3000（吨）$$
$$原材料最低储备定额＝1000（吨）$$

某企业 2012 年 6 月原材料库存分析见表 4-5。

表 4-5　某企业 2012 年 6 月原材料库存分析

时　间	实际库存量，吨	超储量或缺储量，吨		超储率或缺储率，%	
		超　储　量	缺　储　量	超　储　率	缺　储　率
6 月 1 日	2000	0	0	0	0
6 月 10 日	0	—	1000	—	100
6 月 15 日	3000	0	0	0	0
6 月 20 日	4000	1000	—	33.3	—
6 月 30 日	2000	0	0	0	0

由表 4-5 可见，由于第二批材料误期，6 月 5 日以后开始运用保险储备，到 10 日保险储备用完，缺储量 1000 吨，缺储率 100%，造成以后 5 天停工待料。同时，由于第二批进

货的误差超量，还使得在第三批材料进货时仍有 1000 吨，加上保险储备 1000 吨，实际库存为 2000 吨，所以当 6 月 20 日第三批材料按计划购入时，企业的库存总量已达到了 4000 吨，超储量达到 1000 吨，超储率为 33.3%，造成了材料的大量积压。

第二节 企业生产活动分析

生产是企业的基本经济活动，企业销售的产品要靠生产来提供，企业的供应要根据生产的需要来组织，企业的经营成果和经济效益要通过生产活动来创造。只有生产出质优价廉、适销对路、有竞争力的产品，企业经济效益才能提高。因此，企业生产情况分析是企业经济活动分析的核心内容之一。

一、产量完成情况分析

企业产品产量又称企业产品实物量、企业产品使用价值量，是企业在一定时期内生产的产品数量。反映产品产量的指标有实物量、价值量和劳动量 3 种形式，分析企业产品产量完成情况，可根据企业的实际生产情况和分析研究的目的，选择不同的形式进行分析。分析的基本方法是对比分析法，主要是与计划目标、上期水平和历史最好水平对比，以说明产量计划的完成情况和生产发展情况。

（一）产品实物量完成情况分析

产品实物量是企业在一定时期内生产的经过验收合格入库，用实物计量单位统计的产品数量。它能够反映产品的使用价值量，是企业制订计划、组织生产、签订合同、平衡供产销、核算成本和利润的重要依据，也是计算产品价值量指标和劳动量指标的基础。

企业生产单一产品时，实物量有两种表示方法，即混合实物量和折合（标准）实物量。混合实物量是指把各种产品名称相同、用途相同、但规格、含量不同的产品数量直接加总而得到的产量，是按其实物单位直接相加而得的。折合实物量也称为标准实物量，是指把各种经济用途相同（或相近）而品种、规格、含量等不同的产品，按一定的折合系数折合为某一标准规格、标准含量的产品数量。计算折合（标准）实物量时，主要采取如下的步骤及计算公式：

（1）确定标准产品。一般以本企业产量最大的产品规格作为标准产品。

（2）确定各个不同规格、含量的产品与标准产品的折合系数。

$$折合系数 = \frac{产品的实际规格或含量}{标准产品的规格或含量}$$

（3）把各种不同产品的产量乘以相应的折合系数。

（4）进行加总，得到该类产品的标准实物量。

$$标准实物量 = \sum（实物产量 \times 折合系数）$$

混合实物量的计算比较简单，但不确切；标准实物量的计算是对混合实物量计算的补充，能较合理地反映生产工作量及成果。但实际工作中两者不能相互取代，只能相互补充，要根据经济管理的不同目的与要求加以选取应用。

例 4-6 某拖拉机厂 2011 年生产各种拖拉机产量见表 4-6。

表 4-6 某拖拉机厂 2011 年生产各种拖拉机产量　　　　　　　　台

(1)	(2)	(3) = (1) ÷15
15 马力	500	1
30 马力	400	2
45 马力	200	3
60 马力	100	4
合计	1200	—

求：拖拉机的标准实物量是多少？

解：根据表 4-6 中资料，计算拖拉机的标准实物量见表 4-7。

$$标准实物量 = \sum（实物产量 \times 折合系数）$$

表 4-7 某拖拉机厂 2012 年标准实物产量　　　　　　　　台

(1)	(2)	(3) = (1) ÷15	(4) = (2) × (3)
15 马力	500	1	500
30 马力	400	2	800
45 马力	200	3	600
60 马力	100	4	400
合计	1200	—	2300

即将各种拖拉机折合为产量最大的 15 马力的标准台数为 2300 台。

但当企业同时生产多种不同的产品时，由于实物量指标不能直接加总，因此，用实物量指标分析产品产量的完成情况只能按每一种产品来分析。现举例说明其具体的分析方法。

例 4-7　假设某厂生产 A、B、C 3 种产品，2012 年产量完成情况及分析见表 4-8。

表 4-8 某厂 2012 年产量完成情况分析

产品名称	计量单位	本年实际产量	本年计划任务	上年实际产量	本企业最好水平	变化率，%		
						比计划	比上年	比最好水平
A	台	1800	2000	1600	2200	90	112.5	81.8
B	件	1000	1000	800	1200	100	125.0	83.3
C	架	2200	2000	2000	2300	110	110.0	95.7

表 4-8 资料表明：

(1) 从产量计划完成情况来看，A 产品没有完成计划，比计划任务少生产了 200 台，只完成计划任务的 90%，应进一步分析原因；B 产品 100% 完成计划，是完成计划最好的一种产品；C 产品超额 10% 完成计划，比计划多生产 200 架。如果销路没有问题，这是好的现象；但若销路不好，则可能会造成积压浪费，破坏物资的平衡，带来消极的影响。

(2) 从与上年对比的情况来看，报告期 3 种产品产量均有不同程度的提高，其中 B 产品提高幅度最大，增长率达到了 25%。说明该厂 2012 年的生产比上年有了进一步的发展，产量全面稳定提高。

(3) 从与历史最好水平对比来看，报告期 3 种产品都未达到本企业的历史最好水平，其中 A 产品差距最大，仅相当于历史最好水平的 81.8%。这说明该厂报告期的生产水平虽比上年有所增长，但和本企业曾实现的最好水平相比还有一定差距，如果市场有需求，尚有增产潜力。

对产量完成情况进行分析，可以按年度资料分析，也可以按月、季、半年资料分析，应根据企业的生产周期和分析研究的目的而定。按月、季、半年产量资料分析时，除了与计划、上年实际、历史最好水平对比外，还可与上年同期进行对比，如本年第四季度和上年第四季度对比，本年暑期的 8 月份和上年暑期的 8 月份对比，这样可以消除季节不同的影响，更能准确地说明报告期生产的发展情况。

按实物量指标分析产量完成情况，优点是准确、具体，不受价格变动和计算方法等非生产因素的影响。因此，为了准确、具体地反映企业生产成果的完成情况，对企业主要产品的产量完成情况都应按实物量来分析。但按实物量分析只能就每一种产品分别来分析，不能作出全面的综合分析，这是其局限性。因此，要全面评价企业的产量完成情况，还需要有价值的指标来配合。

（二）产品价值已完成情况分析

为了克服实物产量分析的局限性，总括地反映企业全部产品产量的完成情况，可以使用价值量指标来分析企业产品产量的完成情况。

1. 产品价值量指标

工业企业反映产品产量的价值量指标主要是工业总产值（总产出）、工业商品产值与工业增加值。

1）工业总产值

工业总产值是以货币表现的工业企业在一定时期内生产的工业产品总量，包括全部成品价值、工业性作业价值和自制半成品、在制品期末期初差额价值。其价值构成内容可以分为两个组成部分：一部分是工业生产过程中转移到产品价值中的物质消耗的价值，也称转移价值；另一部分是企业在工业生产过程中新创造的价值，主要表现为职工工资、企业利润和上交税金等。工业总产值可以反映企业一定时期内从事工业生产的总规模与总水平。

2）工业商品产值

工业商品产值是工业企业在一定时期内生产的预备发售到企业外的工业产品的总价值，是企业可能获得的货币收入。它具体包括下列 3 项内容：用本企业自备原材料生产的成品价值；用订货者的原材料生产的成品的加工价值；已完成承接的外单位的工业性作业价值。

企业商品产值和工业总产值的主要区别在于：它不包括来料加工中的订货者来料价值，为本企业提供的成品和工业性作业价值，期末、期初半成品和在制品的差额价值。工业商品产值反映的是企业为对外销售而生产的已完工产品的价值总量。

3）工业增加值

工业增加值是国内生产总值的一个重要组成部分，它是工业企业在一定时期内从事工业生产所创造的价值，它综合反映一定时期内企业从事工业生产的实际总成果。

2. 产品价值量完成情况分析的方法

利用产品价值量指标来分析、评价企业产量完成情况的具体方法同实物量完成情况的分析基本相同。现在举例说明如下。

例 4-8　假设某工业企业 2012 年产值完成情况见表 4-9。

表 4-9 某企业 2012 年各项产值完成情况分析　　　　　　　万元

产值指标	历史最好水平	上年实际水平	本年计划		本年实际						
			绝对额	比上年增加,%	产值	比上年增减		比计划增减		比历史最好水平增减	
						绝对额	增减率,%	绝对额	增减率,%	绝对额	增减率,%
总产值	298.5	248.8	253.8	2	276.3	27.5	11.1	22.5	8.9	−22.2	−7.4
商品产值	285.5	245.9	253.3	3	274.8	28.9	11.8	21.5	8.5	−20.7	−7.0
增加值	194.2	151.0	154.0	2	155.5	4.5	3.0	1.5	1.0	−38.7	−19.9

根据表 4-9 资料分析,可以得到以下几点结论和认识:

该企业各项产值指标都超额完成了计划,并较上年都有不同程度的增长,说明该企业 2012 年的生产呈稳定发展的趋势。但各项产值指标完成计划的程度与上年增长的幅度不平衡、不同步。这是对该企业产品价值量指标完成情况作出的基本评价。

为了分析反映的问题,这里应首先明确以下两个关系:

(1) 总产值和商品产值的关系。一般来讲,引起两者不同步的原因主要有两个:一是企业期末、期初半成品、在制品库存的变化;二是来料加工产品比重的变化。因为这两者都直接影响商品产值,而对总产值基本没有影响。

(2) 总产值和增加值的关系。对企业来说,引起总产值与增加值不同步的原因也主要有两个:一是物质消耗水平的变化;二是产品品种结构的变化。前者的变化直接影响增加值,而对总产值无影响,是使总产值与增加值变化不同步的主要原因;后者变化的影响反映在不同产品价值中耗用物质资料的转移价值比重不同,因而导致其增加值率(即增加值占总产值的比率)不同,因此,在总产值不变的条件下,多生产增加值率高的产品会使增加值增加;相反,多生产增加值率低的产品则会使增加值减少,从而必将导致工业总产值与工业增加值的增长率不同。

根据以上关系的认识,结合表 4-9 资料可以说明:

第一,关于总产值和商品产值计划完成程度不同步的问题。从本年计划看,要求商品产值的增加幅度高于总产值。这在报告期来料委托加工任务不变的情况下,就是要求企业大大减少期末半成品、在制品的数量,减少生产资料在生产过程中的滞留和积压,提高商品率。从实际执行的结果看,商品产值的增加幅度略高于总产值的增幅,但比较两者的计划完成程度,则是总产值高于商品产值,说明减少期末半成品、在制品,提高商品率的目的没有达到,远未实现预期的控制目标。

第二,关于总产值和商品产值的增幅与计划完成程度都远高于增加值的问题。在报告期产品结构没有发生变化的情况下,报告期总产值和商品产值的实际增幅都远高于增加值的实际增幅,说明在产品价值构成中物质消耗比重大幅上升,导致了增加值率的较大下降,上年增加值率为 60.7%,本年降到了 56.3%。说明企业的经济效益水平发生了下滑。总产值和商品产值的计划完成程度都远高于增加值,说明该企业在报告期远没有实现计划要求的降低消耗、提高增加值率、进一步改善企业经济效益的目标。按计划规定,增加值率应维持上年的 60.7% 不变,实际只达到了 56.3%,只实现了计划的 93%。上述两个方面的结果说明该企业在本年的生产中不仅没有实现计划要求的经济效益,而且还低于去年的实际水平,应该进一步查明原因,提出改进措施。

第三，关于各项产值指标均未达到本企业历史最好水平的问题。表4－9资料显示，企业的3项产值指标均未达到历史最好水平，尤其是增加值，报告期的增加值率仅为56.3%，历史最好水平为65.1%，报告期水平仅为历史最好水平的86.5%，两者相差13.5%，远高于总产值的差异程度7.4%。这一方面说明该企业不仅产品的生产规模和历史最好水平相比存在较大的差距，而且经济效益水平相差更远。另一方面也说明该企业在增加产品产量、降低物耗、提高经济效益上还存在较大潜力。该企业应该进一步分析差距形成的原因，提出相应对策，充分挖掘现有潜力，有效解决存在问题，以便尽快达到或超过历史最好水平。

（三）产品劳动量完成情况分析

产量、产值指标都是以已经完工的产品为基础进行计算的，这对于生产产品结构复杂、生产时间较长的企业来讲，它们就很难反映企业的生产成果。因此，为了反映这类企业或者企业内各个车间、班组的生产成果，分析生产进度，编制和检查车间、班组的产量计划，仅有实物量指标和价值量指标显然不够，还需要使用产品劳动量指标来综合反映处于不同生产阶段的多种产品的总成果。

工业产品劳动量指标是用生产各种产品所消耗的劳动时间来表示的产品产量。生产产品所消耗的劳动时间一般按定额工时计算，所以产品劳动量又称定额工时产量，也有人称为企业生产工作量。它的基本计算方法是：

报告期产品定额工时产量＝$\sum$（报告期合格品件数×单位合格品工时定额）

式中的工时定额是企业经过测试对生产单位产品规定的标准劳动时间，有工序定额、零件定额和成品定额；式中的合格品可以是处于不同工序的制品、零件或成品。用以上公式可以随时计算不同工序、车间、班组、个人实际完成的定额工时产量。

工业产品劳动量指标能够比较准确地计算企业的物质生产成果。首先，产品劳动量指标不受产品物质消耗的转移价值影响，可以比较正确地反映和评价其生产工作成绩。其次，它是机械制造企业内部编制和检查生产计划，向各车间、班组下达生产任务，分析生产进度，考核评比车间、班组和个人的生产成果以及实施生产责任制，都不可缺少的重要手段和依据。最后，它也是计算半成品、在制品期末期初差额价值的根据。

当然，这一指标在应用上也存在一定的局限性：第一，它只适用于产品品种多、结构和工艺复杂且实行劳动定额管理的企业。第二，由于各个企业的物质技术条件和工人的技术水平、熟练程度不同，生产同一种产品的不同企业的工时定额也不同。即使是同一个企业，由于物质技术条件和工人技术水平及熟练程度的变化，生产同一产品的工时定额在不同时期也不一致。因此，该指标在不同企业间、不同时期的可比性较差。若需要对比，必须注意工时定额的差别和变化。

利用产品劳动量指标分析生产完成情况，主要是采取和计划对比的方法，确定各种主要产品和整个企业劳动量实际与计划之间的偏差及其程度，并进一步分析原因。现举例说明如下。

例4－9 假设某机械厂2012年产品劳动量完成情况见表4－10。

表4－10 某机械厂2012年定额工时产量完成情况

产品名称	计量单位	单位定额，千小时	定额工时产量			
			计 划	实 际	实际与计划的差额	计划完成，%
A	台	8.4	4942	10080	＋588	106.2
B	台	27.0	1080	1350	＋270	125.0

产品名称	计量单位	单位定额,千小时	定额工时产量			
			计　划	实　际	实际与计划的差额	计划完成,%
C	台	45.0	1890	1800	−90	95.2
合　计			12462	13230	+768	106.2

表 4-10 的结果表明,该机械厂 2012 年 3 种产品总的定额产量超额完成 6.2%,但产品之间表现不平衡,其中 A 产品超计划 6.2%,B 产品超计划 25%,C 产品欠计划 4.8%。对各产品的生产偏差还要进一步分析原因,并提出相应的对策措施。

分析产品劳动量指标的完成情况,可以按年分析,也可按半年、季、月、旬、周、日来分析,甚至还可以按小时来分析;可以就全厂来分析,也可以按车间、班组或个人来分析;可以就企业的全部产品来分析,也可以就某一种产品来分析。

二、品种计划和订货合同完成情况分析

不同产品具有不同的使用价值,可以满足不同的社会需要。因此,在激烈的市场竞争中,企业要实现其经济目标,就必须不断推出新品种以满足日益多变的市场需求。现代企业的生产实行的是以销定产,订单就是市场,就是命令,企业必须如期按照要求完成。客户的订单反映着企业应完成的产品品种,所以订单的完成情况也是分析企业品种计划完成情况的一个重要方面。

(一)品种计划完成情况分析

分析企业的产品品种计划完成情况,具体可从计划品种投产率、品种数量完成率、品种计划完成程度等指标入手分析。

计划品种投产率是在列入企业生产计划的产品品种中已投产品种所占的比率,其计算公式为:

$$计划品种投产率 = \frac{计划品种中已投产品种数}{计划品种数} \times 100\%$$

品种数量完成率就是实际完成产量计划的品种数与计划规定品种数的比率,其计算公式为:

$$品种数量完成率 = \frac{完成产量计划的品种数}{计划品种数} \times 100\%$$

该指标的数值越高,说明品种计划完成得越好。这里分析企业产品品种计划完成情况,不仅要看计划投产的品种是否都已投产,还要看这些品种是否都完成计划产量。如果某品种虽投产但未完成产量计划,则视为未完成品种计划。只有投产并且达到计划规定产量的品种,才视为完成计划的品种。以下举例说明具体的计算和分析方法。

例 4-10 假设某化工公司 2012 年各品种产品产量完成情况见表 4-11。

表 4-11　某化工公司 2012 年各产品产量计划完成情况　　　　　　　　　吨

产品品种	计划产量	实际产量	产量计划完成,%
计划内:A	1500	1800	120.0
B	4000	4500	112.5
C	1000	800	80.0

产 品 品 种	计 划 产 量	实 际 产 量	产量计划完成,%
D	3000	2910	97.0
计划外: E	—	50	—

从表 4-11 资料可以看出,该公司的生产计划规定生产 4 种产品,实际上生产了 5 种产品,但在考核品种计划完成情况时,计划外生产的品种不予计算。在计划规定的 4 个品种中,有 2 种超额完成了产量计划,2 种没有完成产量计划,因此,品种数量完成率为:

$$品种数量完成率 = \frac{2}{4} \times 100\% = 50\%$$

这一结果说明该公司 2012 年的品种计划完成得不好,只完成了计划的 50%。

品种数量完成率指标计算简单,反映问题明了,直观易懂。但这一指标没有考虑不同品种完成计划产量的实际程度,凡是没有完成计划产量的,不管是完成了 99%,还是完成了 1%,甚至根本没有生产,都同等对待,这显然是不合理的。因此,可以在上述分析的基础上计算品种计划完成程度指标。

品种计划完成程度是不同品种计划产量完成程度的平均值,但这里是按"不抵补原则"来计算的,即计算这个指标时,未完成计划产量的按实际完成程度来计算,完成和超额完成计划产量的都按照实际完成程度 100% 计算,超额部分不予计算,计划外的品种产量一律不算。这样可以避免用计划外品种产量和超计划产量来抵充其他未完成计划的品种产量,掩盖实际未完成品种计划的问题。

品种计划完成程度指标有以下两种计算方法。

(1) 简单算术平均法,其计算公式为:

$$品种计划完成程度 = \frac{\sum[某品种产量计划完成程度(超额按100\%计)]}{计划品种数}$$

按上例资料计算:

$$品种计划完成程度 = \frac{100\% + 100\% + 80\% + 97\%}{4} = 94.25\%$$

这一结果表明,该公司 2012 年的品种计划完成程度为 94.25%,没有全面完成品种计划。因为这个指标既区别了完成计划和没有完成计划产量的产品品种,又区分了未完成计划产量品种的实际完成程度,因而可较准确地综合说明企业品种计划的实际完成水平。若和品种数量完成率结合起来,基本可对企业的品种计划完成情况作出全面评价。但上述方法仍有一点不足,即没有考虑不同品种的不同地位,不管是占计划产量 90% 的品种,还是占计划产量 10% 的品种,这里都一样看待。然而企业完成前一品种计划显然要比完成后一品种计划要付出更大的努力。要克服这一不足,就需要采用以品种的计划产量为权数,计算不同品种产量计划完成程度的加权算术平均数。

(2) 加权算术平均法,其计算公式为:

$$品种计划完成程度 = \frac{\sum\left[\begin{array}{c}某品种产值计划完成程度\\(超额按100\%计)\end{array} \times 该品种计划产值\right]}{\sum(某品种计划产值)} \times 100\%$$

$$= \frac{\sum\left[\begin{array}{c}某品种实际产值\\(扣除超计划产值)\end{array}\right]}{某品种计划产值之和} \times 100\%$$

由于不同品种产品的产量一般不能直接综合,所以该指标需用产值指标计算。

例 4 - 11 根据上例资料列表 4 - 12 计算如下。

表 4 - 12 某化工公司 2012 年各种产品产值完成情况

	单价，元/吨	产量，吨		产值，万元		计划完成，%
		计划	实际	计划	实际	
计划内：A	600	1500	1800	90.0	108.0	120.0
B	500	4000	4500	200.0	225.0	112.5
C	400	1000	800	40.0	32.0	80.0
D	300	3000	2910	90.0	87.0	97.0
计划外：E	1000	—	50	—	5.0	—
合计	—	—	—	420.0	457.0	108.9

从表 4 - 12 资料可以看出，该公司全部产品的实际产值为 457.0 万元，总的计划完成程度为 108.9%，但这并不是品种计划完成程度，而只是产值计划完成程度。因为计算品种计划完成程度需要按照"不抵补原则"扣除计划外和超计划产值。按前述公式和表 4 - 12 中资料，依加权平均法计算：

$$品种计划完成程度 = \frac{100\% \times 90 + 100\% \times 200 + 80\% \times 40 + 97\% \times 90}{90 + 200 + 40 + 90} \times 100\%$$

$$= \frac{90 + 200 + 32 + 87.3}{420} \times 100\%$$

$$= 97.45\%$$

这一结果高于按简单平均法计算的 94.25%，其原因在于这里考虑了未完成计划产量的 C、D 产品的不同地位，即由于实际完成程度较高的 D 产品产值比重高于 C 产品，受这一较大权数的影响，使其平均结果高于把 C、D 同等看待的简单平均法，这显然是合理的。

在利用上述指标进行分析的基础上，还应根据本企业的实际情况，进一步找出影响品种计划完成的主要原因，分析稳定或调整现有产品品种、增加新的产品品种的必要与可能，以便企业决策者根据市场情况制定出最优的品种决策。

（二）订货合同完成情况分析

用户的订货合同就是企业的生产计划，订货合同反映着企业应完成的产品品种。但完成订货合同不仅仅包括完成产品品种，它还包括按规定数量和时间供货的问题。具体分析订货合同的完成情况，可以从订货合同数量完成率、完成程度与完成时间三个方面进行分析。

订货合同数量完成率，就是已经完成的订货合同份数占全部订货合同份数的比率。计算公式为：

$$订货合同数量完成率 = \frac{已完成的订货合同份数}{企业签订的全部订货合同份数} \times 100\%$$

订货合同数量完成率越高，说明企业的供货合同完成情况越好；订货合同完成率低，则说明企业的生产情况有问题，需要进一步分析原因，提出改进措施。但这个指标不能准确反映企业对合同规定任务的实际完成程度。

订货合同完成程度就是按订货合同已实际生产出的产品产量占全部订货合同规定供货数量的比率。这个指标可以看作不同订货合同实际完成程度的平均值，因此也有简单平均和加权平均两种方法。

(1) 简单平均法，其计算公式为：

$$\text{订货合同完成程度} = \frac{\text{不同订货合同实际完成程度之和}}{\text{订货合同份数}} \times 100\%$$

其中：

$$\text{某一订货合同完成程度} = \frac{\text{已完成该合同产量}}{\text{该合同规定供货产量}} \times 100\%$$

(2) 加权平均法，其计算公式为：

$$\text{订货合同完成程度} = \frac{\sum[\text{每一合同实际完成程度} \times \text{该合同任务（总额）}]}{\text{全部合同规定供货总额}} \times 100\%$$

$$= \frac{\text{实际完成合同额}}{\text{全部合同规定总额}} \times 100\%$$

订货合同完成程度指标也要按"不抵补原则"计算，即按上式计算时，分子中不包括超合同规定的产品产量以及合同规定品种之外的产品产量。在一般情况下，按订货合同组织生产的企业，其产品数量应严格按订货合同规定的任务来生产，不应有超产现象。因此，在公式中没有特别注明"超产按100%计算"。以下举例说明。

例 4 - 12 假设某公司 2012 年共签 10 份订货合同，合同任务完成情况见表 4 - 13。

表 4 - 13 某公司 2012 年订货合同及完成情况

合同代号	产品单位	产品价格 元/台	订货任务		实际完成		订货合同完成 程度，%
			数量	金额，万元	数量	金额，万元	
A - 01	台	600	1000	60.0	1000	60.0	100.0
A - 02	台	580	800	46.4	800	46.4	100.0
A - 03	台	550	700	38.5	700	38.5	100.0
A - 04	台	540	750	40.5	400	21.6	53.3
A - 05	台	530	900	47.7	500	26.5	55.6
A - 06	台	520	1100	47.2	1100	57.2	100.0
A - 07	台	500	2000	100.0	2000	100.0	100.0
A - 08	台	490	1000	49.0	480	23.5	48.0
A - 09	台	480	500	24.0	480	23.0	96.0
A - 10	台	460	500	23.0	450	20.7	90
合计				486.3		417.4	85.8

根据表 4 - 13 资料计算：

$$\text{订货合同数量完成率} = \frac{5}{10} \times 100\% = 50\%$$

按简单平均法计算：

$$\text{订货合同完成程度} = \frac{100 + 100 + 100 + 53.3 + 55.6 + 100 + 100 + 48 + 96 + 90}{10} \times 100\%$$

$$= 84.3\%$$

按加权平均法计算：

$$\text{订货合同完成程度} = \frac{417.4}{486.3} \times 100\% = 85.8\%$$

以上结果表明，该公司 2012 年订货合同完成情况不好，实际完成的订货合同只占全部订货合同的一半。从总的完成程度来看，只完成了全部订货任务的 84.3%（或 85.8%）。

需要说明的是，按上述公式计算订货合同数量完成率和用简单平均法计算订货合同完成程度时，必须区分每一份订货合同；用加权平均法计算订货合同完成程度时，相同产品的订货可一并计算，不必区分每一份订货合同。

在以销定产的情况下，如果延误了交货时间，尽管企业已按合同提供了产品，但必然会给用户造成损失，因此企业也要承担违约的经济责任。所以分析订货合同完成情况，不仅要看合同规定的产品数量是否完成，而且还要分析交货时间是否符合订货合同规定的要求。

分析订货合同完成的及时性，企业可以使用订货合同执行进度表。表中标明每份合同预计投产和实际投产的时间，实际执行的进度，预计最后完成和实际完成的时间。某公司2012 年订货合同完成进度见表 4 - 14。

表 4 - 14　某公司 2012 年订货合同完成进度表

合同代号	预计投产时间	实际投产时间	各月完成情况，%												约定交货时间
			1月	2月	3月	4月	5月	6月	7月	8月	9月	10月	11月	12月	
A - 01	2010 - 01 - 01	2010 - 01 - 01	60	40											2010 - 02 - 28
A - 02	2010 - 01 - 15	2010 - 01 - 20	20	40	40										2010 - 03 - 31
A - 03	2010 - 03 - 15	2010 - 03 - 15			10	50	40								2010 - 05 - 31
A - 04	2010 - 05 - 15	2010 - 05 - 20					5	20	30	25	20				2010 - 09 - 31

根据订货合同执行图表，便于及时发现问题，找出原因，对生产重新进行调整和安排，保证按规定期限交货。对企业报告期交货及时性的评价用交货及时率指标。

$$交货及时率 = \frac{报告期已按期交货的订货合同份数}{规定在报告期交货的全部订货合同份数} \times 100\%$$

此外，为了进一步反映企业交货误期的程度，还可计算交货拖期的总天数和平均天数：

$$交货拖期的总天数 = 不能按期交货的合同预计拖期天数之和$$

$$交货拖期平均天数 = \frac{交货拖期总天数}{不能按期交货的订货合同份数}$$

交货拖期总天数反映企业订货合同误期的总时间。交货拖期平均天数反映每一份未能按期交货的合同平均误期时间。交货及时率越高，交货拖期天数越短，说明企业订货合同的完成情况越好。

三、产品质量完成情况分析

产品质量是企业的生命线，只有不断地提高产品质量，企业才能在激烈的市场竞争中立于不败之地。对企业产品质量进行分析的基本方法是对比分析法，即将企业在报告期完成的各项产品质量指标同本年计划目标或有关标准、上年实际水平、本企业历史最好水平、国内外同行业先进水平进行纵横比较，以分析本企业的优势与劣势，以便进一步作出质量管理的决策。分析企业产品质量的完成情况，可以从以下五个方面进行。

(一) 产品质量经济指标完成情况分析

反映产品质量的经济指标主要有产品品级率、平均等级、平均质量单价等指标。下面逐一简要说明其计算和分析方法。

品级率也称产品等级率，是某等级产品的数量占全部合格品数量的比率。其计算公式为：

$$某级品率 = \frac{报告期企业生产的该产品某级品产量}{报告期企业生产的该产品全部合格产量} \times 100\%$$

分析品级率指标的完成情况，通常是通过观察企业产品等级品率的变化来分析企业产品质量变动的情况。现举例说明如下。

例 4-13 假设某公司 2012 年甲产品的各等级产量完成情况见表 4-15。

表 4-15　某公司 2012 年甲产品各等级产量情况　　　　　　　千件

产品等级	上 年 实 际		本 年 计 划		本 年 实 际	
	产量	比重,%	产量	比重,%	产量	比重,%
一级品	120	60	200	80	175	70
二级品	80	40	50	20	75	30
合计	200	100	250	100	250	100

从表 4-15 可以看出，该公司 2012 的产品产量不仅完成了比上年增长 25% 的计划任务，而且产品质量也比上年有所提高，一级品率由上年的 60% 提高到了 70%，但尚未达到 80% 的计划要求。因此，需要进一步分析影响产品质量提高的障碍，采取对策以进一步提高质量。

如果是多种产品，则需要根据价值指标计算品级率，其计算公式为：

$$某级品率 = \frac{\sum(某种产品的该等级产量 \times 该产品计划平均价格)}{\sum(某种产品的全部合格品产量 \times 该产品计划平均价格)} \times 100\%$$

为了避免价格影响品级率指标，上式中的分子、分母应采取统一的计算价格。

此外，采用不同标准的生产线生产多种产品的企业，如果是按品种鉴定产品等级，则可以按每一等级的品种数计算品级率，即

$$某级品率 = \frac{该级品品种数}{全部产品品种数} \times 100\%$$

例 4-14 假定某企业生产 10 个品种的产品，经过有关部门的质量鉴定或同行业质量评比，各等级的品种数分布见表 4-16。

表 4-16　某企业等级品品种数

产品等级	上　年		本　年	
	品种数	比重（即品级率）,%	品　种　数	比重（即品级率）,%
优质品	—	—	1	10
一级品	4	40	5	50
二级品	6	60	4	40
合计	10	100	10	100

根据表 4-16 可以说明，该企业报告期的产品质量有了较大提高：优质品从无到有，优质品率达到了 10%；一级品率由上年的 40% 上升到 50%；二级品率由上年的 60% 下降到 40%。

当产品的质量等级划分较多、容易出现各品级率交错变动的情况时，用品级率指标一般不能直观准确地评价企业产品质量的完成情况，这就需要计算平均等级指标。平均等级指标就是以产品等级为变量，以各等级的相应产量为权数，计算加权算术平均数。其计算公式为：

$$产品平均等级 = \frac{\sum(某产品等级 \times 该等级产品产量)}{\sum(某等级产品产量)}$$

该指标数值越小，说明产品等级越高，产品质量越好。现举例说明其具体计算和分析方法。

例 4 - 15 假设某企业 2011—2012 年各等级产品产量见表 4 - 17。

表 4 - 17 某企业 2011—2012 年各等级产品产量情况

产品等级	2011 年		2012 年	
	产量，千件	比重，%	产量，千件	比重，%
一级品	120	60	156	65
二级品	60	30	40.8	17
三级品	20	10	43.2	18
合计	200	100	240	100

根据表 4 - 17 资料计算：

$$2012 年产品平均等级 = \frac{1 \times 156 + 2 \times 40.8 + 3 \times 43.2}{240} = 1.53(级)$$

$$2011 年产品平均等级 = \frac{1 \times 120 + 2 \times 60 + 3 \times 20}{200} = 1.5(级)$$

显然，根据表 4 - 17 中的品级率很难准确说明该企业 2012 年的产品质量升降情况，但平均等级指标则清楚地表明 2012 年的产品质量比 2011 年有所降低。

在产品实行按质论价的条件下，质量不同，产品价格不同。在一定数量的产品中，如果优质产品比重高，其平均单价就高；反之，则低。因此，用产品的平均单价可以综合反映产品的平均质量水平。由此把这里的平均单价称为平均质量单价。该指标与平均等级指标具有同等功能，它尤其适用于存在质量差价但又不划分产品等级的企业。其计算公式为：

$$平均质量单价 = \frac{\sum(某一质量产品价格 \times 该质量产品产量)}{该产品全部产量}$$

注意该指标只能按一种产品计算，数值越高，说明产品平均质量水平越高。

例 4 - 16 假定某企业生产 A 种产品，主管部门对该产品没有明确规定等级标准，但企业根据产品的实际质量状况分甲、乙、丙三个类别，实行不同的销售价格。2011—2012 年的产量资料见表 4 - 18。

表 4 - 18 某企业 2011—2012 年不同质量的产品产量

产品质量类别	单价，元/台	2011 年产量，台	2012 年产量，台	
			计划	实际
甲	1800	2500	3000	2800
乙	1500	1800	1500	1600
丙	1200	700	500	600

根据表 4 - 18 资料计算：

$$2011 年平均质量单价 = \frac{1800 \times 2500 + 1500 \times 1800 + 1200 \times 700}{2500 + 1800 + 700} = 1608(元)$$

$$2012 年计划平均质量单价 = \frac{1800 \times 3000 + 1500 \times 1500 + 1200 \times 500}{3000 + 1500 + 500} = 1650(元)$$

$$2012年实际平均质量单价 = \frac{1800 \times 2800 + 1500 \times 1600 + 1200 \times 600}{2800 + 1600 + 600} = 1632(元)$$

以上结果表明，该企业 2012 年的产品质量比上年有所提高，但还未实现计划预期达到的水平，应进一步分析制约企业产品质量提高的原因，以便进一步寻求提高产品质量的对策措施。

在这里必须指出，在用上述指标与国内外同行业企业进行对比时，必须要注意产品质量标准的可比性，特别要注意产品等级的划分标准是否一致。

（二）产品质量技术指标完成情况分析

产品质量的技术指标主要指产品本身的物理或化学性能、寿命、可靠性或外观等质量特性实际达到的水平。根据产品结构和质量特征的复杂程度，产品质量技术指标分平均技术性能指标与产品质量分指标两类。

1. 平均技术性能指标

有些产品通常用一个最主要、最关键的质量特性平均值就可以反映整个产品的质量水平，如轴承、日光灯管等产品用平均寿命就可以反映整个产品质量状况。把这种可以反映整个产品质量状况的关键性的质量特性平均值称为产品的平均技术性能指标，如化肥的有效含量、原煤的灰分、焦炭的硫分、矿产品的平均品位或含量、硫酸的平均纯度等，都是反映这些产品整个质量状况的平均技术性能指标。产品的平均技术性能指标多是根据抽样检验取得技术参数，然后用生产量作权数进行加权平均求得，如：

$$商品煤灰分 = \frac{\sum(每次采样灰分 \times 所代表的商品煤量)}{\sum 每次采样代表的商品煤量} \times 100\%$$

$$= \frac{用样本灰分推算的商品煤所含灰分量}{参加抽样的商品煤数量} \times 100\%$$

$$轴承平均寿命 = \frac{\sum(某批抽样测得的每套轴承平均寿命(小时) \times 该批轴承产量(套))}{\sum 某批轴承产量(套)}$$

计算上述产品的平均技术性能指标时要注意，公式中的分母是分子中的权数之和，两者必须是严格对应的；分子中的技术参数（变量值）是从权数所代表的产品产量中抽样测试得到的，两者的范围必须是一致的。

在计算产品平均技术性能指标的基础上，可直接与本企业不同时期或同期同类企业进行对比分析，以说明本企业报告期所完成的产品质量状况。

2. 产品质量分指标

当用一个平均技术性能指标不能集中反映产品的整个质量水平，而需用若干个质量技术性能指标才能综合地对产品的质量作出总的评价时，可以采用产品质量分指标。

产品质量分指标是通过对一定的产品质量项目采取计分的方法，求得的综合反映整个产品质量水平的总分数。例如，对自行车的质量，全国曾统一规定检查 50 个项目，如车架冲击 3 小时各部分不得有裂纹、断纹、脱焊现象；链条抗拉强度不得低于 750 千克；车圈摩擦 15 小时不得有露黄现象等。这 50 个项目主管部门均规定表示质量水平的分数，总和为 100 分。各自行车厂每月在成品中随机抽取两辆自行车的全部零件，分别按规定的 50 个项目进行检验，然后根据检验的结果给以应得的分数，整车所得总分数即表明该厂自行车的整体质量水平。

产品质量分指标是一个综合性指标。它把产品的质量特性统一用分数表示，便于全面地衡量产品的质量，也便于在同行业中进行评比。另外，产品质量分指标考察的项目较多，可以根据各项质量特性所得的分数找出影响产品质量的主要因素，为进一步提高产品质量指明方向。

分析企业产品质量技术指标的完成情况，就是通过计算企业在报告期所达到的产品平均技术性能指标或产品质量分指标，并通过与计划目标、质量标准以及不同时期、其他同类企业质量水平的对比，来全面评价本企业在报告期实际达到的产品质量水平，揭示存在的优势、差距及其原因，并提出进一步提高企业产品质量的有效措施。

（三）产品生产工作质量指标完成情况分析

分析企业产品质量完成情况时，如果仅用反映产品质量的经济指标和技术指标是远远不够的。因为企业产品等级的划分是针对企业生产的合格产品，而在生产合格产品时还可能产生不合格产品和次品，因此上述指标很难体现次品和不合格产品的问题。要全面分析企业的质量完成情况，就必须对企业的质量工作情况进行分析。反映产品生产工作质量的指标主要有合格率和废品率（或次品率）与返修率。

产品合格率是指全部生产制品中合格品所占的比率，其计算公式为：

$$合格率 = \frac{合格品产量}{合格品产量 + 不合格品产量} \times 100\% = 1 - 废品率（或次品率）$$

废品率（或次品率）是指全部生产制品中不合格品（或次品）所占的比率，其计算公式为：

$$废品率（或次品率） = \frac{不合格品产量}{合格品产量 + 不合格品产量} \times 100\% = 1 - 合格率$$

合格率和废品率（或次品率）互为消长，合格率越高，废品率（或次品率）越低，说明企业产品生产工作质量水平越高，损失越小。

返修率是指成品在出厂前经检验需返修的成品数量占全部送检产品的百分比，其计算公式为：

$$返修率 = \frac{返修品数量（或返修工时）}{全部送检数量（或全部实用工时）} \times 100\%$$

需返修的产品一般是指存在某种质量缺陷但经过一定的修理又可消除的产品。因此，返修率越高，说明企业产品生产工作质量越差，企业因返修而造成的损失也越大。这个指标可在一定程度上反映产品质量的稳定性，而产品质量的稳定性是构成产品质量水平的一个重要方面。

（四）产品质量效益分析

企业产品质量的好坏直接影响着企业的产品成本和经济效益。产品质量效益分析，就是分析由于企业产品质量的提高或降低对企业投入产出经济效益的实际影响。这里重点分析产品质量对产量和产值的影响。

1. 合格率和废品率变动对产量的影响

合格率与废品率（或次品率）是互为消长的关系。产品的合格率提高，废品率（或次品率）就相应降低；反之，产品的废品率（或次品率）提高，产品的合格率就相应降低。因此，合格率和废品率（或次品率）变动对产量的影响可按下面公式计算：

$$废品率（或次品率）变动所增减的产量 = \frac{本期实际合格品产量}{1-本期实际废品率} \times$$

（计划或上期废品率 - 本期实际废品率）

例 4-17 企业生产某种产品，本期实际生产合格品产量 6000 吨，废品率为 3%，比上期 5% 的废品率降低 2 个百分点，则：

$$由于废品率降低而增加的产量 = \frac{6000}{1-3\%} \times (5\% - 3\%) = 123.7（吨）$$

如果从合格率变动的角度来分析，则有：

$$合格率变动所增减的产量 = \frac{本期实际合格品产量}{本期实际合格率} \times (本期实际合格率 - 计划或上期合格率)$$

$$= 本期实际合格品产量 \times \left(1 - \frac{计划或上期合格率}{本期实际合格率}\right)$$

仍根据以上资料计算：

$$由于合格率提高而增加的产量 = \frac{6000}{97\%} \times (97\% - 95\%) = 123.7（吨）$$

可见两者的结论是完全一致的，因为废品率降低 2% 和合格率提高 2% 完全是一回事，是同一个问题的两个方面。

2. 品级率变动对产值的影响

由于不同等级产品有一定的质量差价，所以产品质量等级的变动必然对产值发生影响。在产量不变的条件下，产品质量等级提高，产值增加；反之，产品质量等级降低，产值减少。其影响额可按下式计算和分析：

品级率变动所增减的产值 = 实际产量 ×（本期实际一级品率 - 计划或上期一级品率）×
（一级品单价 - 二级品单价）

这种分析方法只适用于只有两个质量等级的产品（一等品、二等品；正品、副品；甲级品、乙级品等）。现举例说明这种分析方法。

例 4-18 假定某企业生产某种产品，按其质量分为正品和副品两个等级，2012 年产量完成情况见表 4-19。

表 4-19　某企业 2012 年产量完成情况

产品等级	单价，元/千件	计划产量，千件		实际产量，千件	
		数量	比重，%	数量	比重，%
正品	10000	120	60	154	70
副品	8000	80	40	66	30
合计	—	200	100	220	100

根据表 4-19 资料计算：

由于正品率提高而增加的产值 = 220 ×（70% - 60%）×（10000 - 8000）= 44000（元）

以上结果说明该企业 2012 年提高了产品质量，使正品率由 60% 提高到了 70%，由此而增加产值 44000 元。

3. 产品综合质量水平变动对产值的影响

当产品的质量等级划分较多或产品不分等级，但存在质量差价的条件下，要分析产品综合质量水平变动对产值的影响，可根据产品平均质量单价的变动来计算和分析。具体计算公式为：

$$产品综合质量水平变动对产值的影响额 = 本期实际总产量 \times$$
$$（本期实际平均质量单价 - 计划或上期平均质量单价）$$

式中的平均质量单价实际为一般的加权平均价格，现举例说明其具体计算与分析方法。

例 4 - 19　假定某公司 2011—2012 年产量见表 4 - 20。

表 4 - 20　某公司 2011—2012 年产品等级价格及产量

产品等级	单价，元/吨	2011 年		2012 年	
		产量，吨	产值，万元	产量，吨	产值，万元
一级品	1000	600	60	800	80
二级品	800	120	9.6	150	12
三级品	700	80	5.6	50	3.5
合计	—	800	75.2	1000	95.5

根据表 4 - 20 资料计算：

$$2011 年平均质量单价 = \frac{\sum（2011 年某品级产量 \times 该品级价格）}{\sum（2011 年某品级产量）}$$

$$= \frac{2011 年总产值}{2011 年总产量} = \frac{75.2}{800} = 940（元）$$

$$2012 年平均质量单价 = \frac{95.5}{1000} = 955 元$$

2012 年由于产品质量提高而增加的产值 = 1000 \times （955 - 940） = 15000（元）

（五）影响产品质量的因素分析

分析企业的产品质量完成情况，不仅需要分析产品质量的计划完成情况和实际变动及其对产量、产值的影响，而且还应进一步查明影响产品质量的原因，以便提出相应的改进措施。

1. 影响产品质量的主要因素

从一个企业来看，影响产品质量的原因具体来讲主要表现在以下几个方面：

（1）产品设计和配方。产品设计是否合理，配方是否科学，是影响产品质量的首要因素，是造成产品质量"先天不足"的主要原因。

（2）原材料质量。有些产品质量在相当程度上依赖原材料的质量。原材料质量是产品质量形成的基础和前提。因此，原材料的物理性能、化学成分、品质规格等状况直接影响产品的质量。

（3）生产工艺和技术操作。生产工艺不合理，工艺技术落后，产品质量就差；工艺技术合理、先进，产品质量就好。生产者的技术水平与操作方法同样也影响产品的质量。

（4）生产工具和设备。绝大多数产品的质量同生产工具和设备的精密程度有极大的关系。

（5）气候和环境。有些产品生产对气候的变化反应敏感，对环境条件要求严格，不良的气候和环境条件也是影响产品质量的一个客观因素。

（6）能源供应。企业使用的动力和燃料如果达不到要求，也会影响产品质量。

（7）生产者的工作态度。产品生产者对工作是否认真负责、集中精力，遵守操作规程，都会直接影响产品的质量。

（8）产品质量管理状况。企业对产品质量管理工作的好坏对产品质量也有重大影响。改善产品质量管理状况是提高企业产品质量水平的重要保障。

2. 产品质量影响因素分析的基本方法

分析影响产品质量的主要因素，其具体方法主要有以下4种。

（1）分类列表法，即把通过技术检验、调查研究确定的影响产品质量的各种原因分类列成质量原因分析表。现以某企业铸造车间铸件废品的原因分析为例来说明这一分析方法。该车间铸件废品原因分析见表4-21。

表4-21　某企业铸造车间铸件废品原因分析

报 废 原 因	本车间发现数量，件	加工车间发现数量，件	合计数量，件	比重，%
砂眼	2000	4000	6000	30
气眼	2000	0	2000	10
冷隔	2600	0	2600	13
料硬	0	4000	4000	20
缩孔	1200	0	1200	6
浇铸不足	1400	0	1400	7
外形缺陷	2800	0	2800	14
合计	12000	8000	20000	100

从表4-21可以看出，造成铸件报废的主要原因是砂眼和料硬，仅由此二者造成报废的铸件占50%；其次是冷隔和外形缺陷。在此基础上，还应结合该车间生产的具体情况进一步分析造成砂眼、料硬等弊病的具体原因，如原材料质量不合格、炉料配方不合理、技术操作有误等，以便提出具体改进措施，降低废品率。

（2）排列图法。排列图法又称主次因素图、帕莱托（Pareto）图。它是用以从大量数据中找出主要因素，分析主要矛盾的一种图形。它的特点是将影响产品质量的各种因素按主次顺序排列，以便针对主要因素采取有效措施重点解决。

排列图一般由两个纵坐标，一个横坐标，几个矩形和一条曲线组成。左边的纵坐标为频数，表示某种因素重复出现的次数，以绝对数表示；右边的纵坐标为累计频率，表示至某种因素为止共出现次数所占的总比重，以百分数表示；横坐标表示影响产品质量的各种因素；矩形的高低表示各方因素的大小（矩形的宽度可自定，各矩形一般应等宽）；曲线表示至各种因素为止的累计比重，称为帕莱托曲线。

作图时，首先要整理出按因素出现次数所占比重大小顺序排列的包括频数、频率和累计频率的统计资料，然后按顺序从左到右画出各个矩形，最后再将累计频率连接起来（从每个矩形的右边）。现仍根据上例资料加以说明。

例4-20　根据表4-21资料整理得表4-22。

表 4 - 22　某厂铸造车间铸件废品主次原因排列

报 废 原 因	件　数	比重，%	累计比重，%
砂眼	6000	30	30
料硬	4000	20	50
外形缺陷	2800	14	64
冷隔	2600	13	77
气眼	2000	10	87
浇铸不足	1400	7	94
缩孔	1200	6	100
合计	20000	100.0	—

根据表 4 - 22 作图如图 4 - 1 所示。

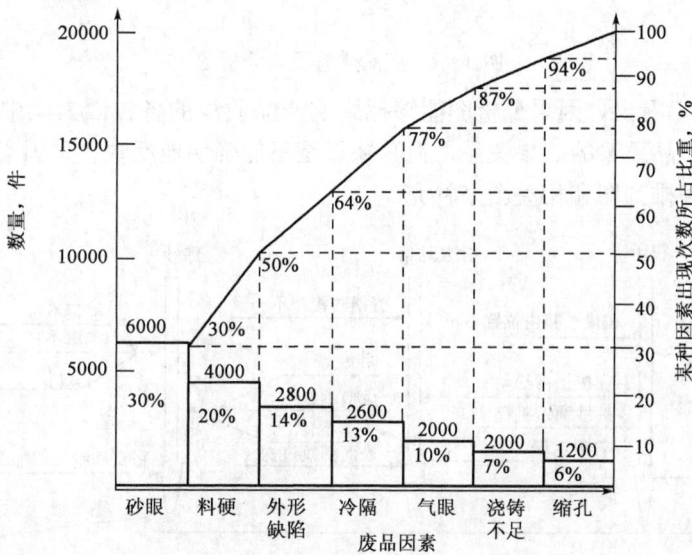

图 4 - 1　废品因素排列图

　　在实际分析中，通常根据累计频率将影响因素分为 3 类：在 80% 以下的那些因素称为 A 类因素，它们是主要因素；在 80%～90% 之间的那些因素称为 B 类因素，是次主要因素；在 90%～100% 之间的因素称为 C 类因素，它们是次要因素。从图 4 - 1 中可以看出，显然主要因素是砂眼、料硬、外形缺陷和冷隔，其中最主要的因素是砂眼和料硬，集中力量解决这些因素就可以大大提高产品质量。

　　排列图可不止画一张，根据第一张排列图找出的主要因素，再进一步分析原因，找出影响这个因素的各种原因及其影响程度，再画第二张排列图。依此类推，还可以画第三张、第四张排列图。原因分析得越具体，越能针对具体原因采取有效措施。

　　（3）因果分析图法。因果分析图是分析影响产品质量的各种原因的有效方法。它是把影响产品质量的各种因素按其相互关系、原因大小，用大小、方向、位置不同的箭头所构成的一种分析图。图的一般作法是：中间用一条粗箭头表示分析的对象，粗箭头的两旁用若干大箭头表示影响分析对象的重要因素，每一个大箭头两旁再用若干小箭头指明其形成的更具体的原因。由于图的形状像鱼刺、树枝，因此又被称为鱼刺图或树枝图。其简明图示如图4-2所示。

下面举例说明因果分析图的具体应用。

例4-21 某纺织公司织布车间2012年经产品质量检查，发现棉布的主要质量问题是疵点多，为此大大降低了该公司棉布的一级品率。为了解决这一质量问题，该公司发动织布车间全体工人分析、讨论，找出了造成棉布疵点过多的种种原因，按相互关系绘制了如图4-3所示的因果分析图。

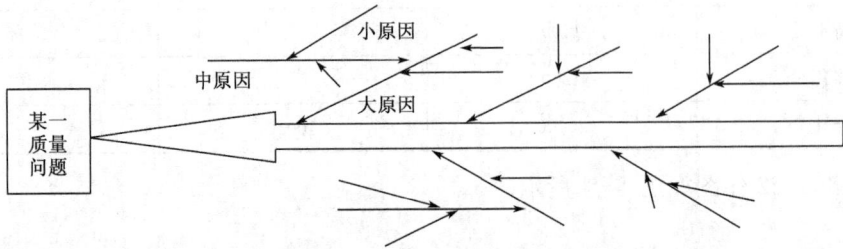

图4-2　产品质量因果分析图

由图4-3可以看出，因果分析图能够把影响产品质量的各种因素集中在一张图上，便于全面掌握影响产品质量的因果关系。但其缺点是不能确切地反映各种因素对产品质量的影响程度，还需要用排列图和相关图来补充。

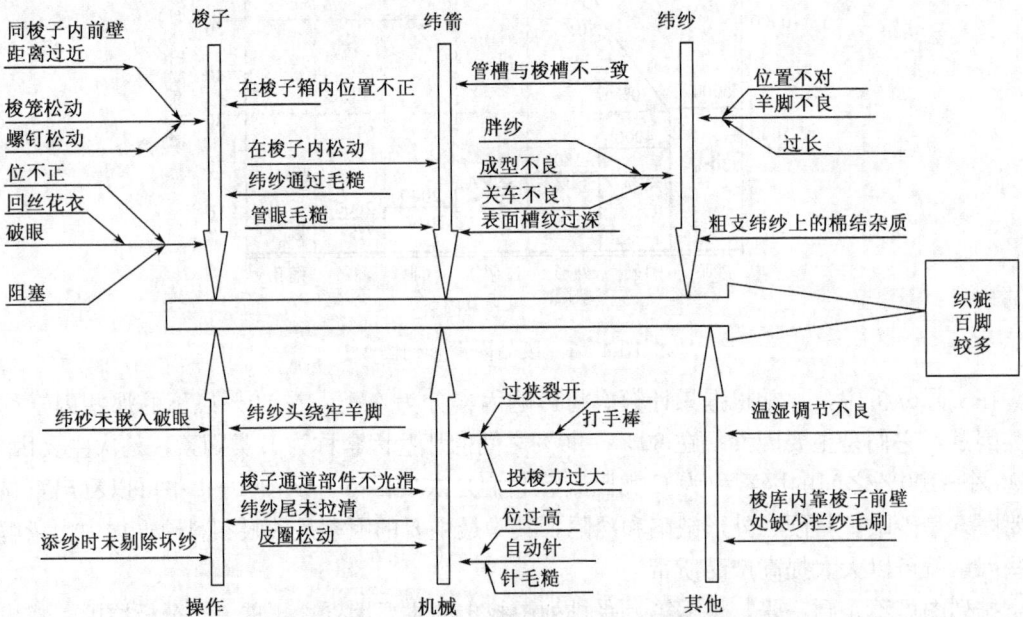

图4-3　某车间纱布织疵因果分析图

（4）相关分析法。相关分析是根据实际观察或实验取得的数据资料，研究有关现象之间相互依存关系的形式与密切程度的一种统计分析方法。利用相关分析法分析产品质量的影响因素，就是利用这种科学的统计分析方法正确判定影响因素和产品质量之间的依存形式及其密切程度。

①影响因素与产品质量依存形式的分析。分析影响因素与产品质量的依存形式，最简

单、直观的方法就是作相关图。相关图实际上就是一个平面坐标图，一般以横坐标代表需要分析的因素，纵坐标代表产品的质量特性。作图时，需要先做相关表，即把观察或试验所取得的因素与结果的数据加以对应排列，然后把这些对应的数据描入上述平面坐标中，形成一定散点的分布，即成相关图。现举例说明。

例 4-22 某胶带厂生产一种运输带，其抗拉强度与硫黄用量直接相关。现将 3 次测试的数据见表 4-23。

表 4-23 某胶带厂运输带抗拉强度与硫黄用量相关表

硫磺用量，千克		0.3	0.4	0.5	0.6	0.7	0.8	0.9
抗拉强度，千克/厘米²	第一次	182	190	202	221	220	218	230
	第二次	180	195	219	228	228	230	224
	第三次	185	186	212	218	215	226	228

以硫黄用量为横坐标，抗拉强度为纵坐标，将表 4-23 对应数据一一描入坐标中，即得如图 4-4 所示相关图。

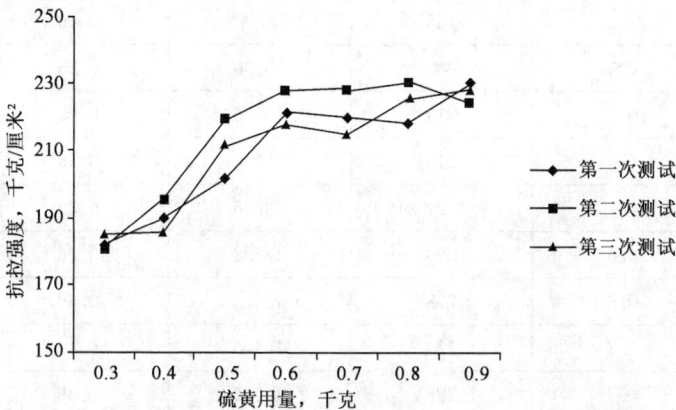

图 4-4 某胶带厂运输带抗拉强度与硫黄用量相关图

从图 4-4 可以看出，图中的散点分布近似一条直线，这表明硫黄用量与运输带抗拉强度的依存关系为直线型，即在一定范围内，随着硫黄用量的增加，运输带的抗拉强度近似直线上升。

②影响因素与产品质量关系密切程度的判定。可以通过散点图形状的近似程度在一定程度上说明影响因素与产品质量的关系密切程度，但要确切判定其关系密切程度，必须计算两者的相关系数。

相关系数是专门用来测定两种现象之间关系密切程度的统计分析指标。对于直线型相关关系，相关系数的计算公式为：

$$r = \frac{n\sum(xy) - \sum x \sum y}{\sqrt{n\sum x^2 - (\sum x)^2}\sqrt{n\sum y^2 - (\sum y)^2}}$$

其中，x、y 分别为具有直线相关关系的两种现象的对应观察值；n 为对应数据的项数；r 为相关系数。r 的取值范围为 $|r| \leqslant 1$。r 的绝对值越接近 1，表示 x 与 y 的关系密切程度越高；若达到 0.7 以上，一般即认为存在高度相关。r 的绝对值越接近 0，表示 x 与 y 的关系密切程度越低；若在 0.3 以下，一般就认为存在极弱的相关，或基本无相关关系。

根据表 4-23 资料，r 的计算见表 4-24。

将表 4-24 中的有关数据代入相关系数计算公式得：

$$r = \frac{21 \times 2726.3 - 12.6 \times 4437}{\sqrt{21 \times 8.40 - 158.76} \times \sqrt{21 \times 943697 - 19686969}} = 0.89$$

以上结果表明硫黄用量与运输带的抗拉强度高度相关，即说明硫黄用量的多少是影响运输带质量的主要因素。

表 4-24　相关系数辅助计算表

数据序号	硫黄用量 x	抗拉强度 y	xy	x^2	y^2
1	0.3	182	54.6	0.09	33124
2	0.3	180	54.0	0.09	32400
3	0.3	185	55.5	0.09	34225
4	0.4	190	76.0	0.16	36100
5	0.4	195	78.0	0.16	38025
6	0.4	186	74.4	0.16	34596
7	0.5	202	101.0	0.25	40804
8	0.5	219	109.5	0.25	47961
9	0.5	212	106.0	0.25	44944
10	0.6	221	132.6	0.36	48841
11	0.6	228	136.8	0.36	51984
12	0.6	218	130.8	0.36	47524
13	0.7	220	154.0	0.49	46400
14	0.7	228	159.6	0.49	51984
15	0.7	215	150.5	0.49	46225
16	0.8	218	174.4	0.64	47524
17	0.8	230	184.0	0.64	52900
18	0.8	226	180.8	0.64	51076
19	0.9	230	207.0	0.81	52900
20	0.9	224	201.6	0.81	51176
21	0.9	228	205.2	0.81	51984
合计	12.6	4437	2726.3	8.40	943697

四、生产进度及均衡性分析

企业不仅要按照生产计划或者订单规定的品种、质量、数量完成任务，而且要按计划规定的进度有节奏、均衡地完成生产任务，否则就会给企业的生产、销售、成本、效益各方面造成不良后果。因此，企业生产是否均衡地按计划进度进行，是评价企业生产组织工作的一个重要方面。分析企业生产进度与均衡性，也就是要计算和分析企业生产进度及均衡性的具体执行情况，找出影响计划进度和均衡性不能得以保证的原因，从而为改进企业生产组织工作提供可靠的依据。

（一）生产进度分析

生产进度分析就是要在生产计划的执行过程中，逐日、逐旬、逐月地检查各生产作业计划的完成情况，在此分析的基础上进行生产进度的预测，研究是否能如期或提前完成生产任务，不能按期完成的主要原因及应当采取的主要对策。具体可从生产进度完成情况和生产进度预测两个方面分析。

分析企业生产进度完成情况，就是通过计算计划进度完成程度指标并与相应的时间消逝程度进行比较，以说明企业计划进度的实际完成情况。计划进度完成程度指标的计算公式为：

$$计划进度完成程度 = \frac{计划执行日起到分析日止的累计产品产量}{全期计划总产量} \times 100\%$$

现举例说明其分析方法。

例 4 - 23 某企业 2012 年 A 产品的生产计划及完成情况见表 4 - 25。

表 4 - 25　某企业 2012 年 A 产品计划进度执行情况　　　　　　　　台

时　　间	计划任务	当季计划完成		累计完成		时间消逝程度，%	生产进度与时间消逝程度对比
		产量	比重，%	产量	比重，%		
第一季度	1500	1200	80.0	1200	20.0	25	落后
第二季度	1500	1550	103.3	2750	45.8	50	落后
第三季度	1500	1600	106.7	4350	72.5	75	落后
第四季度	1500	—	—	—	—	—	—
合计	6000	4350	—	—	—	—	—

从表 4 - 25 可以看出，该企业虽然在二、三季度超额完成了计划，但因第一季度仅仅完成计划的 80%，因而导致前三个季度均未完成计划进度。因为按均衡生产的要求（计划任务的安排体现了这一要求），该厂每季度应完成计划进度的 25%，即前三个季度的计划完成进度应分别为 25%、50% 与 75%，而实际为 20%、45% 与 72.5%。到第三季度末时间已过 3/4（75%），完成任务却未达到 3/4。因此，按这个进度执行下去，该企业很难完成全年生产任务。所以在第四季度必须采取超产措施，完成 27.5% 以上的任务，才能保证完成全年任务。

生产进度预测是在计划进度完成情况分析的基础上，根据企业生产发展的趋势，并考虑今后可能出现的利弊因素，预测到计划期末能否完成生产计划及可能完成的程度。其分析方法步骤分为：第一步，计算截至预测日的计划进度完成程度指标；第二步，计算截至预测日的实际平均日产量；第三步，计算计划期末的计划预计完成程度。现举例说明具体方法和步骤。

例 4 - 24 仍以表 4 - 25 资料为例，并假定前三季的实际工作日数分别为 74 天、77 天与 78 天，则有：

$$截至预测日的计划进度完成程度 = \frac{1 \sim 3 季度完成产量}{全年计划产量} \times 100\%$$

$$= \frac{4350}{6000} \times 100\% = 72.5\%$$

$$截至预测日的实际平均日产量 = \frac{计划执行日起到预测日止的实际产量}{计划执行日起到预测日止的实际工作日数}$$

$$= \frac{4350}{74+77+78} = \frac{4350}{229} = 19(台)$$

$$\begin{matrix}预计全年计 \\ 划完成程度\end{matrix} = \frac{全年预计总产量}{全年计划总产量} \times 100\%$$

$$= \frac{\begin{matrix}计划执行日起到预 \\ 测日止的实际产量\end{matrix} + \begin{matrix}预测日起到计划期 \\ 末止的预计产量\end{matrix}}{全年计划总产量} \times 100\%$$

式中，预测日起到计划期末止的预计产量需要在上述实际平均日产量的基础上，结合预测日以后生产情况可能发生的变化来确定。如果今后生产技术条件不会有重大变化，完成计划没有重大阻碍，就可直接用预测期的计划产量作为预计产量。在大量生产的条件下，也可根据已达到的实际平均日产量乘以预测期制度工作日数来确定未来时期的预测产量。现假定例 4-24 中的 A 产品为大量生产，第四季度工作日为 77 天，估计各方面的条件不会有大的变化，则：

$$\begin{matrix}预计全年计 \\ 划完成程度\end{matrix} = \frac{\begin{matrix}计划执行日起到预 \\ 测日止的实际产量\end{matrix} + \begin{matrix}实际平均 \\ 日 \ 产 \ 量\end{matrix} \times \begin{matrix}预测期制度 \\ 工 \ 作 \ 日 \ 数\end{matrix}}{全年计划总产量} \times 100\%$$

$$= \frac{4350 + 19 \times 77}{6000} \times 100\%$$

$$= 96.9\%$$

以上结果说明，该企业如果不采取有效措施，按目前生产进度，到年末只能完成全年计划的 96.9%。若要保证按期完成年生产计划，则必须提出新的有效措施，提高生产效率（平均日产量）。

$$为保证按期完成计划需要达到的日产量 = \frac{全年计划总产量 - 到预测日止的实际总产量}{预测期制度工作日数}$$

$$= \frac{6000 - 4350}{77} = 21.4 \approx 22(台)$$

即要保证年度计划按期完成，该企业第四季度必须采取有效的增产技术措施，使平均日产量由目前的 19 台提高到 22 台。

（二）生产均衡性分析

生产均衡性分析主要是考察企业在一定时期内完成产品产量的均衡程度，查明影响均衡生产的原因，以挖掘增加生产的潜力。分析企业生产均衡性的方法主要有图表分析法和均衡率分析法。

图表分析法就是根据年度内各日、旬、月、季产品产量计划的完成情况编制生产均衡性分析表和曲线图，通过分析图表对比不同日、旬、月、季产量计划完成情况和进度执行情况，来观察各日、旬、月、季之间生产波动的大小，有无前松后紧，骤升骤降的不均衡情况。因为企业考虑到报告期各日、旬、月、季的具体情况，安排生产计划时，生产任务一般并不是完全均衡分配的，这体现了客观的需要和要求，所以分析企业生产的均衡性并不能以各期绝对等量为标准，而应以各时期的计划任务为依据。现举例说明这种分析方法。

例 4-25 假定某企业根据 2012 年分月产值资料，编制产品生产均衡性分析见表 4-26。

表 4-26　某企业 2012 年产品生产均衡性分析

时　　间	计划任务，元	实际完成，元	计划完成，%	占全年总产值，%
1 月	15600	15300	98.1	8.0
2 月	12100	11600	95.9	6.0
3 月	16200	16700	103.1	8.7
一季度	43900	43600	99.3	22.7
4 月	1500	14600	97.3	7.6
5 月	15600	15600	100.0	8.1
6 月	15600	16400	105.1	8.5
二季度	46200	46600	100.9	24.3
7 月	15960	16220	101.6	8.5
8 月	16470	16920	102.6	8.5
9 月	15250	16060	104.9	8.4
三季度	47680	49200	103.2	25.6
10 月	15250	16000	104.9	8.3
11 月	15960	17800	111.5	9.3
12 月	16010	18800	117.4	9.8
四季度	47220	52600	111.4	27.4
全年	185000	192000	103.8	100.0

从表 4-26 可以看出，该企业生产总体上是均衡的，但仔细分析发现存在前紧后松的不均衡情况：第一，该企业第一季度没有完成计划，而以后各月、季都超额完成了计划，而且超额的幅度越来越大；第二，从按月分析的实际执行进度（各月、季产量占总产值的比重）看，除第三季度外，在其他各季度都是最后一个月的程度最高；按季度来看，也是越往后程度越高。这说明该企业生产中尚存在一定程度的前松后紧情况。由于各月和各季的制度工作日数不同会影响分析的准确性，为此借助各月、季的平均日产量计划完成程度指标来分析。平均日产量计划完成程度的计算公式为：

$$月（季）平均日产量计划完成程度 = \frac{当月（季）实际平均日产量}{当月（季）计划日产量} \times 100\%$$

$$= \frac{当月（季）实际总产量}{当月（季）实际工作日数} \div \frac{当月（季）计划总产量}{当月（季）制度工作日数} \times 100\%$$

如果把表 4-26 资料做成曲线分析图，则可以明确显示该企业生产的不均衡状况。分析图一般可按各期产量（产值）和计划完成程度分别来做。

按各期产值所做的曲线分析图如图 4-5 所示。

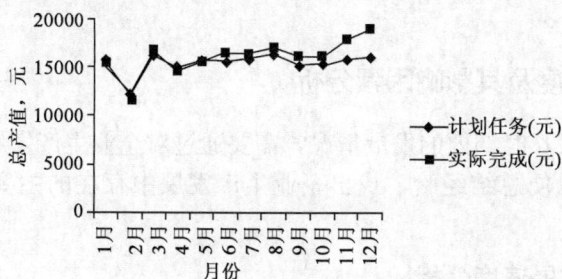

图 4-5　产值完成曲线图

按各期产值计划完成程度所做的曲线分析图如图4-6所示。

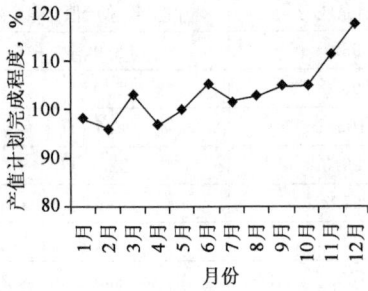

图4-6 产值计划完成程度曲线图

从图4-5、图4-6均可以明确看出，该企业在2012年的生产中存在一定程度的前松后紧现象。

均衡率是专门来反映一定时期（周、旬、月）内生产均衡程度的统计指标。计算均衡率要使用每日的计划产量和实际产量资料。具体有两种方法：

（1）将每日实际产量之和（超计划部分不计）与计划总产量对比，即得均衡率，即

$$均衡率=\frac{每日实际生产量（扣除超计划部分）之和}{每日计划产量之和}\times100\%$$

例4-26 某企业2012年6月上旬生产完成情况见表4-27。

表4-27 某企业2012年6月上旬每日总产值计划完成情况

日期，日	1	2	3	4	5	6	7	8	9	10
计划任务数	350	350	350	400	400	400	400	450	450	450
实际完成数	332	350	368	400	412	420	424	436	450	459
计划完成，%	95	100	105	100	103	105	106	97	100	102

根据均衡率计算公式和表4-27中资料计算：

$$均衡率=\frac{332+350+350+400+400+400+400+436+450+450}{350+350+350+400+400+400+400+450+450+450}\times100\%$$

$$=\frac{3968}{4000}\times100\%$$

$$=99.2\%$$

（2）求出每日计划完成百分数之和（超额完成只按100%计），除以总日数，即得均衡率为：

$$均衡率=\frac{每日计划产量完成（超过者按100计）之和}{总日数}\times100\%$$

仍按上例资料计算：

$$均衡率=\frac{95+100+100+100+100+100+100+97+100+100}{10}\times100\%=99.2\%$$

两种方法的计算结果相同。均衡率指标越接近100%，说明企业生产均衡性越好。以上结果说明该企业报告期的生产均衡性较好。

均衡率指标可按全部产品计算，也可按一种或几种主要产品来计算。就一种产品来说，除按产值计算以外，还可按实物量计算；就多种产品来讲，还可按劳动量指标（定额工时产量）来计算。

五、生产发展速度及其影响因素分析

为了反映企业在较长时期内的发展情况，需要通过对企业生产发展速度及其发展变化的原因进行深入分析，以便总结经验，找出企业生产发展中存在的主要问题，从而采取相应对策。

（一）企业生产发展速度分析

对企业生产发展情况可以使用企业生产发展速度、增长速度和平均增长速度等指标进行

分析。对于多年来只生产单一产品的企业来讲，计算生产发展速度可直接用企业报告期与企业基期的实物产量对比。对于生产多种产品的企业，要综合反映在一定时期内生产发展的速度，可使用以下计算方法：

$$企业产品生产发展速度=\frac{\sum Q_1 P_0}{\sum Q_0 P_0}\times 100\%$$

其中：Q_1、Q_0 分别代表报告期和基期的实物产量，P_0 代表产品的基期价格。

根据企业产品生产发展速度，很容易计算出相应的增长速度和平均增长速度：

$$企业产品生产增长速度=\frac{\sum Q_1 P_0-\sum Q_0 P_0}{\sum Q_0 P_0}\times 100\%=企业产品生产发展速度-1$$

$$企业产品生产平均增长速度=企业产品生产平均发展速度-1$$

$$=\sqrt[n]{\frac{\sum Q_1 P_0}{\sum Q_0 P_0}}-1$$

其中，n 为对比期内的时期数（一般为年数或月数）。

现举例说明上述指标的计算及分析方法。

例 4-27 假定某企业 2001—2010 年产品生产情况见表 4-28。

表 4-28 某企业产品年产量及价格

年 份	A 产 品		B 产 品		C 产 品	
	产量，件	价格，元	产量，件	价格，元	产量，件	价格，元
2001	2120	185	1360	260	1010	330
2002	2380	185	1400	260	1050	330
2003	2560	185	1400	260	1100	330
2004	2650	185	1510	285	1150	380
2005	2730	185	1580	285	1200	380
2006	2980	210	1650	285	1200	380
2007	2650	210	1870	285	1800	380
2008	3940	230	2010	310	2530	450
2009	4560	230	2780	310	2940	450
2010	4500	230	2800	310	3010	450

根据表 4-28 资料，按前述公式计算：

$$\begin{aligned}2001—2010 年产品生产总发展速度&=\frac{4500\times185+2800\times260+3010\times330}{2120\times185+1360\times260+1010\times330}\times100\%\\&=236.67\%\end{aligned}$$

$$2001—2010 年产品生产总增长速度=236.67\%-100\%=136.67\%$$

$$2001—2010 年产品生产平均增长速度=\sqrt[9]{236.67\%}-1=10\%$$

以上结果说明，该企业在 2001—2010 年的 10 年中，生产有了较大的发展，2010 年的产品产量相当于 2001 年的 236.67%，增长了 136.67%，平均每年增长 10%。

如果企业有按不变价格计算的总产值，而且企业的产品在相对比的两个时期中不变价格没有变化，可按下式直接计算：

$$\text{企业产品生产发展速度} = \frac{\sum Q_1 P_n}{\sum Q_0 P_n} \times 100\%$$

如果在相对比的两个时期中企业产品的不变价格发生了变化，用其计算产品生产发展速度时，则必须剔除不变价格变动的影响，其方法一般是将基期产值调整为按报告期不变价格计算的产值，即

$$\text{企业产品生产发展速度} = \frac{\text{报告期不变价总产值}}{\sum (\text{某产品基期产量} \times \text{该产品在报告期新的不变价格})} \times 100\%$$

$$= \frac{\text{报告期不变价总产值}}{\text{基期不变价总产值} \times \text{不变价格换算系数}} \times 100\%$$

其中：

$$\text{不变价格换算系数} = \frac{\text{不变价格交替年按新不变价格计算的总产值}}{\text{不变价格交替年按旧不变价格计算的总产值}}$$

（二）企业生产发展影响因素分析

影响企业生产发展的具体因素有很多，根据内外因分类法大体可分为企业外部因素和企业内部因素。

1. 企业外部因素

外因作为影响企业生产发展的条件因素，在开放的经济世界中，大体包括国内外市场供需状况；行业竞争程度及主要竞争格局；国家政策、法规的限制或扶持；国家信贷资金的宽松与紧缩；国内外生产资料市场供需情况。

2. 企业内部因素

内因作为影响企业生产发展的动因，主要包括：

（1）人的因素。人的因素包括人数变动和效率变化两个方面。效率变化又可分解为生产工人素质变化、劳动利用程度变化与管理水平变化三个方面。其中，生产工人素质变化包括技术水平、熟练程度与劳动态度三个方面的内容；劳动利用程度变化包括劳动强度和劳动时间两个方面的内容；管理水平变化包括生产组织调度、职工政治思想工作和物质利益协调三个方面的内容。

（2）物质技术因素。物质技术因素包括设备数量变化和设备效率变化两个方面，其中设备效率变化又包括技术性能状况变化和利用程度变化两个方面内容。

（3）技术投入因素的变化。它包括新技术的采用和新管理方法的应用两个方面因素。

复习思考题

1. 市场供应情况分析包括哪些方面内容？
2. 原材料、燃料、动力对生产保证程度分析的基本方法是什么？
3. 怎样进行原材料库存合理性分析？
4. 产量完成情况分析应当从哪些方面入手？
5. 如何进行品种计划和订货合同完成情况分析？
6. 怎样进行产品质量完成情况分析？
7. 影响产品质量的因素有哪些？
8. 如何分析企业产品质量的经济效益？

9. 决定生产发展速度的因素主要是哪些?

10. 假设某化工公司 2012 年各品种产品产量完成情况如下:

产品品种	计划产量, 吨	实际产量, 吨	产量计划完成, %
计划内: A	1900	2000	
B	3800	5000	
C	1200	750	
D	3100	3010	
计划外: E	—	40	—

请分析企业品种数量完成率及品种计划完成程度。

11. 假设某公司 2012 某产品的各等级产量完成情况如下:

产品等级	上 年 实 际		本 年 计 划		本 年 实 际	
	产量, 千件	比重, %	产量, 千件	比重, %	产量, 千件	比重, %
一级品	150	62.5	260	81.25	295	81.94
二级品	90	37.5	60	18.75	65	18.06
合计	240	100	320	100	360	100

请分析企业产品品级率指标完成情况及平均等级指标完成情况。

12. 假定某企业生产 A 种产品, 主管部门对该产品没有明确规定等级标准, 但企业根据产品的实际质量状况分甲、乙、丙三个类别, 实行不同的销售价格。2011—2012 年的产量资料如下:

产品质量类别	单价, 元/台	2011 年产量, 台	2012 年产量, 台	
			计 划	实 际
甲	1900	2400	4000	3850
乙	1400	1500	1400	1550
丙	1300	600	400	500

请分析该企业 2011 年平均质量单价以及 2012 年计划与实际平均质量单价。

13. 假定某企业 2003—2012 年产品生产情况如下:

年 份	A产品		B产品		C产品	
	产量, 件	价格, 元	产量, 件	价格, 元	产量, 件	价格, 元
2003	2100	185	1330	260	1015	320
2004	2450	185	1425	260	1066	320
2005	2570	185	1426	260	1120	320
2006	2660	185	1510	295	1170	390
2007	2750	185	1598	295	1250	390
2008	2985	215	1765	295	1280	390
2009	2655	215	1890	295	1780	390
2010	3946	240	2105	315	2560	470
2011	4565	240	2799	315	2860	470
2012	4605	240	2886	315	3200	470

请分析该企业 2003—2012 年度生产发展速度与生产增长速度。

第五章　企业销售活动分析

交换是生产过程的实现，企业的生产成果只有通过销售才能得到实现，所以销售对于企业来讲是极其重要的。企业产品从商品形态到货币形态的转变是惊险的跳跃，跳跃成功，企业发展，跳跃失败，则企业破产。因此，在进行生产分析之后必须进行企业销售活动的分析。销售分析的主要任务是：在市场调查和产品销售预测分析的基础上，通过销售成果指标的分析对比，揭示企业生产经营和销售管理中存在的问题及其原因，以便采取措施，保证销售计划的顺利完成，并为进一步增加产量、改善品种、提高产品质量、实现产销平衡提供依据。

第一节　销售预测分析

预测是以正确的思想和理论为指导，以调查研究和数理统计的方法为基础，通过对历史数据和事物发展的因果关系的分析，给未来事物的发展作出科学的估计。销售预测是指对未来特定时间内，全部产品或特定产品的销售数量与销售金额的估计。销售预测是在充分考虑未来各种影响因素的基础上，结合本企业的销售实际业绩，通过一定的分析方法提出切实可行的销售目标。

一、预测的基本程序

预测的基本程序一般概括为下列 5 个步骤：

（1）确定预测目标。

确定目标就是明确要预测什么，达到什么目标。预测目标一般是根据企业要解决的问题去确定。预测目标包括预测的项目（即要解决的具体问题）、地域范围要求、时间要求、各种指标及其准确性要求等。预测目标是进行其他预测步骤的依据。

（2）收集和分析所需的历史资料和数据。

根据预测目标进行市场调查，对市场调查所收集的资料进行认真的核实与审查，去粗取精，去伪存真，并进行归纳分类，分析整理，分门别类地编号保存，力争使之系统、完整、准确，为预测做好资料准备。

（3）选择预测方法。

根据预测目标和资料情况选择可行的预测方法。在预测过程中仅仅使用一种方法进行预测不太多见，也不太可靠。通常企业经常以定性和定量的方法同时进行预测，或以多种预测方法互相比较印证其预测结果，这样可使预测的准确度提高。

（4）建立预测模型。

进行定量预测时，往往要建立预测模型。预测模型是以数学方程式表达的各种变量之间的函数关系，它抽象地描述企业市场营销活动中各种因素、现象之间的相互关系。根据预测模型，运用数学方法或借助于电子计算机，作出相应的预测。

（5）编写预测报告。

对预测结果进行检验、评价之后，应编写预测报告。一般要求预测结果简单明了，并要求对预测过程、预测指标、资料来源等作出简明的解释和论证。报告应及时传递给决策者，以便用于决策。

在运用历史统计资料所建立的数学模型进行预测时，必须从实际出发，根据客观形势发展的需要，容许加入未曾考虑的重大因素的影响，如考虑财经制度的重大改变、经济体制改革等重要因素的影响。

二、预测的方法

销售预测是企业制定或补充产品生产计划的主要依据。预测的方法根据预测的内容和预测期限而有所不同。目前采用的预测方法很多，但基本上可以归纳为定性预测方法与定量预测方法两大类。

（一）定性预测方法

一般来说，在销售预测中常用的定性预测方法有4种，即高级经理意见法、销售人员意见法、购买者期望法和德尔菲法。

（1）高级经理意见法。高级经理意见法是依据销售经理（以经营者与销售管理者为中心）或其他高级经理的经验与直觉，通过一个人或所有参与者的平均意见求出销售预测值的方法。

（2）销售人员意见法。销售人员意见法是利用销售人员对未来销售进行预测。有时是由每个销售人员单独作出预测，有时则与销售经理共同讨论而作出预测。预测结果以地区或行政区划汇总，一级一级汇总，最后得出企业的销售预测结果。

（3）购买者期望法。许多企业经常关注新顾客、老顾客和潜在顾客未来的购买意向情况，如果存在少数重要的顾客占据企业大部分销售量这种情况，那么购买者期望法是很实用的。

这种预测方法是通过征询顾客或客户的潜在需求或未来购买商品计划的情况，了解顾客购买商品的活动、变化及特征等，然后在收集消费者意见的基础上分析市场变化，预测未来市场需求。

（4）德尔菲法。德尔菲法又称专家意见法，是指以不记名方式根据专家意见作出销售预测的方法。至于谁是专家，则由企业来确定，如果对专家有一致的认同，则效果最好。德尔菲法通常包括召开一组专家参加的会议。第一阶段得到的结果总结出来可作为第二阶段预测的基础。通过组中所有专家的判断、观察和期望来进行评价，最后得到共享具有更少偏差的预测结果。

（二）定量预测方法

用来进行销售预测的定量预测方法可以分成两大类，即时间序列分析法与因果关系分析法。

（1）时间序列分析法。时间序列分析法是利用变量与时间存在的相关关系，通过对以前数据的分析来预测将来的数据。在分析销售收入时，大家都懂得将销售收入按照年或月的次序排列下来，以观察其变化趋势。时间序列分析法现已成为销售预测中具有代表性的方法。

（2）因果关系分析法。各种事物彼此之间都存在直接或间接的因果关系，同样地，销售量也会随着某种变量的变化而变化。当销售与时间之外的其他事物存在相关性时，就可运用回归和相关分析法进行销售预测。应用这种预测方法，必须掌握大量的纵向和横向的数据资料；要利用资料进行因果关系的逻辑分析和相关度计算；建立预测模型。常用的因果预测分析法如下：

①数量经济模型法。例如，建立一个描述企业管理系统运转的方程组等。

②投入产出法。例如，建立一个描述企业内部各生产车间的消耗水平和预测期末产品产量水平的投入产出模型，预测生产消耗和生产成果之间的平衡关系等。

③回归分析法。应用最小二乘法建立自变量（如产量）与一个因变量（如单位产品成本）或多个自变量之间关系的预测模型，预测产品销售趋势。这种方法多适用于具有规律性变化的长期预测。

上述两大类预测基本方法中又有许多不同的具体预测方法，它们有各自应用的范围和条件。因此，要根据预测的目标不同、预测期限的长短、预测准确程度的要求以及预测费用的多少加以选择。在实际预测工作中，对某一经济问题只用一种预测方法，往往难以预测准确，因而经常采用两种或两种以上的方法结合起来分析、比较，以修正预测结果。

三、销售预测的内容

(一) 销售产品的品种预测

企业要实现自己的经济目标，就必须生产适合社会市场需要的产品，建立多品种的产品体系，并根据市场变化发展的情况，适时淘汰老产品，推出新产品。企业在某一时期生产并推出哪种产品，一般可从以下两个方面进行预测：

（1）目前市场需求品种生命周期的预测。

工业产品的经济寿命周期是指该产品完成试制以后，从投入市场开始，到淘汰停产为止全过程所能持续的时间。一般来讲，产品的生命周期从投入市场后要经历投入期、成长期、成熟期和衰落期这样四个时期。进行市场销售预测必须分析本企业生产和在售的产品处于哪个时期，处于成长期和成熟期的市场旺销的产品企业是否安排生产。

产品经济寿命周期变化受企业内外多种因素的影响，有时也会出现夭折、难产、未老先衰等情况。因此，加强需求的调查和品种的预测工作，统筹企业各种资源，做好安排新品种生产的长期规划是十分重要的。如某个品种正处于试销或发展阶段，本企业如考虑安排生产时，必须进一步预测该品种的发展前景，以及其他企业安排生产的动向，特别必须注意预测该品种生产经营的经济效果。这是做出是否安排生产该品种决策的重要依据。

（2）新品种的预测。

企业要在市场竞争中立足，就必须不断推出新产品。要做到在销售第一代产品时，就要试制第二代产品，研究第三代产品，构思第四代产品。对于每一种产品开发，从设计、试制、生产到投放市场的每个环节，都要着眼于市场需要，不断增强产品的竞争能力，搞好产品的经营销售。因此，在研制和开发一种新产品之前，必须做好新产品的市场调查和预测工作。

(二) 产品销售量的预测

1. 直观分析法

我国市场调查所采用的方法通常有以下几种形式：

（1）开座谈会。针对预测的问题，召开各种形式的座谈会、交流会、情况分析会等，广泛听取各方面意见。

（2）访问和现场观察。有信访、发调查表格、站柜台、访问用户或顾客，组成三结合小组到现场实地考察等。

（3）举办各种产品展销会进行试销评比。分析对比各种产品质量水平、市场试销情况以及需求趋势等。

企业根据市场调查的情况，分析自己生产的产品处于哪个阶段，抓住成熟、发展的有利时机，大力组织生产。但还要对产品消费者的支付能力进行调查，预测人们的消费心理、消费倾向、消费结构等变化以及潜在的需求量，以确定如何安排生产，是否需要提前组织批量生产等。

2. 时间序列分析法

利用时间序列分析法进行销售量的预测，是销售预测常用的一种定量预测方法。这种方法又有很多种，短期销售预测常用的方法主要是：

（1）加权平均数法。

例如，已知 2011 年 1 月份甲产品实际销售量为 4400000 元，2 月份为 5000000 元，3 月份为 3900000 元，分别以 x_1、x_2、x_3 表示；4 月份的预测值以 F_4 表示。如采用加权平均数法，就应按下列数学模型测算：

$$F_4 = \frac{3x_3 + 2x_2 + x_1}{3 + 2 + 1}$$

式中，3、2、1 为权数，可以根据经验选择确定。

$$\text{预测 4 月份甲产品销售量} = \frac{3 \times 3900000 + 2 \times 5000000 + 4400000}{3 + 2 + 1} = 4350000 （元）$$

（2）移动平均法。

移动平均法是假定预测事物的未来状况只与较近几期状况有关，因而只选用近期的几个数据加以算术平均，以预测下期的数据。

假定已知近 3 个月数据分别为 x_3、x_2、x_1，那么第四个月的预测值为 F_4，按算术平均法计算如下：

$$F_4 = \frac{x_3 + x_2 + x_1}{3}$$

同理，第五个月的预测值为 F_5，即

$$F_5 = \frac{x_4 + x_3 + x_2}{3}$$

如此顺序移动，就可以得出不同月份的预测值。如果收集的历史数据较多，也可以用 5 个月以上的数据给予移动平均。预测模型如下：

$$F_{t+1} = \frac{x_t + x_{t-1} + x_{t-2} + \cdots + x_{t-n+1}}{n}$$

式中 t——距预测期最近的一个周期。

例如，预测 6 月份甲产品销售额 F_{5+1}。已知，5 月份销售额为 120000 元，4 月份销售额为 110000 元，3 月份销售额为 100000 元，2 月份销售额为 100000 元，1 月份销售额为 125000 元，按五个月移动平均计算（$n=5$），求得：

$$F_{5+1} = \frac{x_5 + x_{5-1} + x_{5-2} + \cdots + x_{5-5+1}}{5}$$

$$= \frac{120000 + 110000 + 100000 + 100000 + 125000}{5}$$

$$= 111000(元)$$

上述算术移动平均数已将各月销售量变动的趋势数加以平均化，因而易于产生预测的误差。为了克服移动平均数法的缺陷，可在移动平均数的基础上考虑各月变动的趋势，见表5-1。

表5-1 2010年公司销售收入移动平均预测表

月份	产品销售收入，元	5期移动平均，元	变动趋势，元	4期趋势平均数，元
1	330000			
2	340000			
3	370000	358000		
4	340000	380000	+22000	
5	410000	412000	+32000	
6	440000	430000	+18000	+24500
7	500000	456000	+26000	+24500
8	460000	478000	+22000	+17000
9	470000	480000	+2000	+15000
10	520000	490000	+10000	
11	450000			
12	550000	3期		
预测下年1月份	535000			

$$\begin{aligned}下年1月份预测值 &= 5期移动平均数最后一个数 + \left(\begin{array}{c}从移动平均数最后一个数\\的月份到预测月份的期数\end{array} \times \begin{array}{c}4期趋势平均\\数最后一个数\end{array}\right)\\&= 490000 + (3 \times 15000)\\&= 535000（元）\end{aligned}$$

上述计算要根据掌握资料的具体情况确定计算的期数。如计算期数稍短，反映波动较灵敏，则预测较粗；如计算期数稍长，反映波动较平衡，则预测较为精确。

（3）指数平滑法。

指数平滑法是加权移动平均法的进一步完善和发展。加权移动平均法把各期的变化平均化，或者把远期的变化和近期的变化"等量齐观"。而实际上近期资料和远期资料对预测未来的影响程度是不同的。因此，对过去不同时期的资料取不同的权数，加以平均，使加权平均数的曲线呈指数曲线，这种方法称为指数平滑法。

指数平滑法计算程序是：第一步，计算当期产品销售量的加权平均数 E_n；第二步，计算当期产品销售量变动趋势的加权平均数 T_n；第三步，根据前两步计算结果，预测计划期的产品销售量。

第一步：计算当期产品销售量的加权平均数。

设：E_n 为当期产品销售量加权平均数；a 为平滑系数，根据经验取 0.1～0.3；E_{n-1} 为上期产品销售量加权平均数；S_n 为当期产品实际销售量。

公式为：

$$E_n = aS_n + (1-a)E_{n-1} = E_{n-1} + a(S_n - E_{n-1})$$

例如某企业 2011 年年末及 2012 年 1～5 月份产品实际销售情况见表 5-2 第 1 列所示。利用这些数据，可计算出第 2～4 列数据。

表 5-2　指数平滑法计算结果

月份	当期产品实际销售量 S_n，万元	上期产品销售量加权平均数 E_{n-1}，万元	当期与上期比较 $S_n - E_{n-1}$，万元	当期产品销售量加权平均数 E_n（设 $a=0.2$），万元
	(1)	(2)	(3) = (1) − (2)	(4) = (2) +0.2× (3)
1	440①	0	440	
2	500	440	60	452
3	390	452	−62	439.6
4	662	439.6	222.4	484.08
5	327.58	484.08	−156.5	452.78
6	856.48	452.78	403.7	533.52

①去年年末产品的加权平均销售量为 440 万元。

$$E_2 = E_{2-1} + a(S_2 - E_{2-1}) = 440 + 0.2 \times (500 - 440) = 452 (万元)$$

2 月份的 E_n，即为 3 月份的 E_{n-1}，余类推，可逐月计算，直到求出 6 月份产品加权平均销售量 533.52 万元。

第二步：计算当期产品销售量变动趋势的加权平均数。

设：T_n 为当期产品销售量变动趋势的加权平均数；b 为平滑指数，根据经验取 0.01～0.1；T_{n-1} 为上期产品平均销售量变动趋势；T_n 为当期销售量变动趋势。

公式为：

$$T_n = bT_n + (1-b)T_{n-1}$$
$$= T_{n-1} + b(T_n - T_{n-1})$$

根据上述资料，计算各月份产品销售量变动趋势的加权平均数，见表 5-3。

表 5-3　各月份产品销售量变动趋势加权平均数的计算

月份	当期产品销售量加权平均数 E_n，万元	当期平均销售量变动趋势 $T_n = E_n - E_{n-1}$，万元	上月平均销售量变动趋势 T_{n-1}，万元	当期比上月变动趋势差额 $T_n - T_{n-1}$，万元	当期变动趋势加权平均数 T_n（设 $b=0.1$），万元
	(1)	(2)	(3)	(4) = (2) − (3)	(5) = (3) +0.1× (4)
1	440	0	—	—	—
2	452	+12	50①	−38	46.2
3	439.6	−12.4	46.2	−58.6	40.34
4	484.08	+44.48	+40.34	+4.14	40.75
5	452.78	−31.3	40.75	−72.05	33.55
6	533.52	+80.71	33.55	+47.19	38.27

注：T_{n-1} 为 50 万元。

$$T_2 = T_{2-1} + b(T_2 - T_{2-1}) = 50 + 0.1 \times (12 - 50) = 46.2 (万元)$$

2 月份的 T_2，即为 3 月份的 T_{2-1}，依此类推，可逐月计算，直到求出 6 月份的变动趋势加权平均数为 38.27 万元。

第三步：根据最后月份的 E_n（变化趋势的加权平均数），可以预测今后某一时期的甲产品预计销售量。

设：i 为预测的期数（即距第 n 期的期数）。

公式为：

$$E_{n+1} = E_n + \left(\frac{1-a}{a}\right)T_n + iT_n$$

如按上例，预测 7 月份甲产品的销售量为：

$$E_{6+1} = 533.52 + \left(\frac{1-0.2}{0.2}\right) \times 38.27 + 1 \times 38.27 = 724.87(万元)$$

3. 回归分析法

回归分析法是定量预测方法之一，是在定性分析的基础上，研究分析实际数据，找出事物内部发展的因果关系，建立数学模型，然后应用模型来进行预测，多适用于长期销售预测。

描述单因素之间相关关系的方程称为回归方程。它的通式为：

$$y = a + bx$$

式中　x——自变量；

　　　y——因变量；

　　　a、b——回归系数。

可根据收集的数据应用最小二乘法原理求得。

假设某企业甲产品销售量统计资料见表 5-4。

表 5-4　某企业甲产品销售量统计资料

年份	时间(x)	销售量(y),万元	xy	x^2
201($x-4$)	-2	440	-880	4
201($x-3$)	-1	500	-500	1
201($x-2$)	0	450	0	0
201($x-1$)	1	600	600	1
201x	2	550	1100	4
		$\Sigma y = 2540$	$\Sigma xy = 320$	$\Sigma x^2 = 10$

根据数学模型 $y = a + bx$，其中：a 表示销售趋势线在 y 轴上的截距；b 表示直线的斜率，或代表年平均增长率；y 代表销售预测的趋势值；x 代表年份。先计算 $y = a + bx$ 的总和，即

$$\Sigma y = a + bx \qquad\qquad ①$$

然后，计算 Σxy 的总和，即

$$\Sigma xy = a\Sigma x + b\Sigma x^2 \qquad\qquad ②$$

年份数 n 为奇数，则：$\Sigma x = 0$，于是式①、式②变为：

$$\Sigma y = na \qquad\qquad \Sigma xy = b\Sigma x^2$$

求 a、b 值为：

$$a = \frac{\Sigma y}{n} \qquad\qquad b = \frac{\Sigma xy}{\Sigma x^2}$$

所以：

$$y = \frac{\Sigma y}{n} + \frac{\Sigma xy}{\Sigma x^2} \cdot x \qquad\qquad ③$$

上述实例中，$n=5$，$\Sigma y=2540$ 万元，$\Sigma xy=320$，$\Sigma x^2=10$

代入式③，则得：

$$y=\frac{2540}{5}+\frac{320}{10}\cdot x=508+32x$$

预测 201×年销售期 $x=3$，则：

$$y=508+32\times3=604(万元)$$

在实际工作中，由于情况比较复杂，存在多因素的相关关系，这就需要应用多元线性回归方程求解。回归分析法掌握事物发展的因果关系，因而比较科学，预测误差较小，一般适用于长期预测。但由这种方法所建立的模型需要较多的人力利时间去从事调查研究和收集数据，因而工作细致程度远较其他方法复杂。

4. 季节性变动预测

季节性变动比较复杂，既可能包含趋势性变化，也可能包含周期性等其他变化，因此，对具有季节性变化事物的分析和预测，需要应用多种预测方法进行综合分析。

关于产品销售趋势的预测值，已在回归分析法中加以说明，这里只着重说明预测销售量季节性变动的季节指数的计算方法。只要有了趋势预测的回归方程和不同月份的季节指数，就可以对未来任何年代的月份销售量进行预测。预测模型如下：

$$预测值＝趋势值\times季节指数$$

$$季节指数＝\frac{各个月份实际销售量}{全年实际销售量\div12}\times100\%$$

假设某企业有关甲产品销售量统计资料见表 5-5 与表 5-6。

表 5-5　某企业甲产品销售量上年统计资料

月　　份	1	2	3	4	5	6	7	8	9	10	11	12	合计
实际销售量，万元	36	43	38	52	50	60	64	70	72	64	58	48	655
各月占全年的比重，%	5.5	6.5	5.8	7.9	7.6	9.3	9.8	10.7	11	9.8	8.8	7.3	100
累计占全年的比重，%	5.5	12	17.8	25.7	33.3	42.6	52.4	63.1	74.1	83.9	92.7	100	—

表 5-6　某企业甲产品销售量本年统计资料

月　　份	1	2	3	4	5	6	7
实际销售量，万元	44	50	45	60	55	70	预测（75）
累计销售量，万元	44	94	139	199	254	324	预测（399）

根据上述资料，预测结果如下：

$$7月份季节指数=\frac{64}{655\div12}=1.1725$$

$$\begin{array}{l}预测今年7月\\份甲产品销售量\end{array}=\begin{array}{l}上年7月份甲\\产品实际销售量\end{array}\times7月份季节指数$$

$$=64\times1.1725=75(万元)$$

四、销售成果完成情况的分析

企业的销售成果主要反映在销货合同完成率和产品销售收入两项指标上。销售合同完成率反映一定时期企业履行订货合同的执行情况。产品销售收入是一定时期产品销售总额的货币表现。由于企业的产品销售收入不一定全部都订立合同，而且产品销售收入往往还包括补交上期合同的销货收入和不包括本期商品发出而尚未收回的销货收入等内容，因此就不能直接反映销货合同的完成情况。这里着重分析销售收入和销货合同完成率指标的完成情况。

产品销售收入是企业一定时期产品销售总量的货币表现。在以销定产和产销平衡的情况下，分析一定时期产品销售收入及其增长率指标的完成情况，可以考察在产品价格体制未全面改革以前，由于存在超产自销产品，价格可以有一定的浮动，从而可以预测企业目标利润实现的可能程度。

假设某企业产品销售收入和销货合同执行情况的资料见表5-7。

由表5-7表明，该企业本月产品实际销售收入比计划超额完成24.95%，较上月产品实际销售收入630000元，增长率为20%$\left(\frac{75600-63000}{630000}\times100\%\right)$。企业在增收方面取得很好的成绩，主要由于在完成自制甲产品指令性计划的同时，自制乙产品指导性指标超合同交货1000件，超额100%$\left(\frac{2000-1000}{1000}\times100\%\right)$完成销售计划，并按浮动价格每件150元在合同订货数以外超交自制甲产品100件等原因所形成。除查明生产超额完成的原因外，应进一步分析企业产销平衡情况以及产品适销情况。

表5-7 某企业产品销售收入和销货合同执行情况分析表（2012年6月）

产品	计量单位	计 划 数			实 际 数					比 较	
		单位售价，元	合同订数	销售收入，元	单位售价，元	实际交货数			销售收入，元	计划增减	完成计划，%
						合同供货	合同外供货	合同			
一、自制产品											
甲产品	件										
指令性指标		120	500	60000	120	500		500	60000		100
指导性指标		140	500	70000	140	500		500	70000		100
					150		100	100	15000	+15000	
乙产品	件										
指导性指标		160	1000	160000	160	1000	1000	2000	320000	+160000	200
二、代销联营企业产品											
丙产品	件										
指导性指标		150	2000	300000	150	1800		1800	270000	-30000	90
三、直接市场订货											
丁产品	件	15	1000	15000	15	1000	400	1400	21000	+6000	140
合计				605000					756000	151000	124.95

产品适销率是产品完工入库量和产品销售量的比率，表明生产完工入库的产品销售情况，借以了解和评价企业安排生产的产品是否适销对路，以及间接反映产成品资金积压占用情况。公式如下：

$$产品适销率 = \frac{\sum 本期产品销售量}{\sum 本期产品完工入库量}$$

假设该企业产品完工入库和销售情况的分析资料见表5-8。

表 5-8　企业产品完工入库和销售情况分析表（2012 年 6 月）

产品	计量单位	计划单位售价，元	期初产成品库存量	本期完工入库产量		本期销售量		期末产成品库存量	销售量占入库产量，%
				数量	金额，元	数量	金额，元		
甲	件	120～150	400	1000	130000	1100	145000	300	110.0
乙	件	160	100	2000	320000	2000	320000	100	100.0
丙	件	150	0	2000	300000	1800	270000	200	90.0
丁	件	15	300	1400	21000	1400	21000	300	100.0
合计					771000		756000		98.05

上述分析资料表明：该企业本月产品销售量为完工入库产品产量的 98.05%，产销接近平衡。其中，只有丙产品本月入库 2000 件，销售 1800 件，期末成品积压 200 件，应进一步分析造成积压的具体原因。该企业本月份产品适销率已达 98.05%，说明安排生产的产品基本适销对路。

$$
\begin{aligned}
\text{企业本月份} \atop \text{产品适销率} &= \frac{(500\,件\times120\,元+500\,件\times140\,元+100\,件\times150\,元)+}{(500\,件\times120\,元+500\,件\times140\,元)+} \longrightarrow \\
&\quad \frac{(2000\,件\times160\,元)+(1800\,件\times150\,元)+(1400\,件\times15\,元)}{(2000\,件\times160\,元)+(2000\,件\times150\,元)+(1400\,件\times15\,元)}\times100\% \\
&= \frac{145000+320000+270000+21000}{130000+320000+300000+21000}\times100\% \\
&= 98.05\%
\end{aligned}
$$

销货合同完成率是反映一定时期企业履行订货合同情况的指标，其计算公式如下：

$$
销货合同完成率 = \frac{本月按合同实际交货额（超合同交货不计）}{本月合同订货额}\times100\%
$$

根据上述资料计算结果如下：

$$
\begin{aligned}
\text{销货合同} \atop \text{完成率} &= \frac{(500\times120+500\times140)+(1000\times160)+(1800\times150)+(1000\times15)}{(500\times120+500\times140)+(1000\times160)+(2000\times150)+(1000\times15)} \\
&\quad \times100\% \\
&= \frac{130000+160000+270000+15000}{130000+160000+300000+150000}\times100\% \\
&= 95.04\%
\end{aligned}
$$

从上列资料看，本月销货合同完成率为 95.04%，尚差 4.96% 没有完成计划。主要原因是丙产品计划销售 2000 件，而实际只交货 1800 件，没有完成计划，丙产品本期产量却按计划完成 2000 件入库。至于 200 件未按合同交货，可能有许多原因。如：生产不均衡，期末大量产成品集中入库，来不及办理发运手续；缺乏包装器材或包装能力不足；缺乏外协配套件；运输工作存在问题；产品已经完工，等待供需双方共同鉴定等。

分析销货合同执行情况时，还应注意以下几个方面问题：

（1）要着重分析国家合同任务的完成情况；

（2）将本期每种产品的销货合同完成率指标与上期、上年同期进行动态对比分析，以观察发展变化趋势；

（3）按订货单位分类，分析合同的执行情况，以便保证重点部门或外贸出口的需要；

（4）应联系产品销售收入额、发出商品数额进行核对，对生产不对路的滞销产品，督促有关部门进行市场调查，积极开展销售预测分析等工作。

分析和评价产品销售合同的完成情况，也可以用合同履约率指标。其计算公式如下：

$$合同履约率 = \frac{本月履行的合同数}{签订本月交货的合同数} \times 100\%$$

企业除分析销货合同的执行情况外，还应研究企业一定时期的产销协调情况。产销之间的联系可用下列公式说明：

$$\begin{matrix}产品\\销售量\end{matrix} = \begin{matrix}商品\\产量\end{matrix} + \begin{matrix}未售产品\\期初余额\end{matrix}\left(\begin{matrix}库存\\余额\end{matrix} + \begin{matrix}发出商\\品余额\end{matrix}\right) - \begin{matrix}未售产品\\期末余额\end{matrix}\left(\begin{matrix}库存\\余额\end{matrix} + \begin{matrix}发出商\\品余额\end{matrix}\right)$$

假设某企业 2012 年 6 月产品生产量和销售量对比资料见表 5-9。

表 5-9　某企业 2012 年 6 月产品生产量和销售量对比

产品	单位产品价格，元	产品产量				实际完成占计划完成的比重%	产品销售量		销售量占产量的比重，%
		计划		实际			数量件	金额元	
		产量件	金额元	数量件	金额元				
甲	120	500	60000	500	60000	100.0	60000	100.0	100.0
	140	500	70000	500	70000	100.0	500	70000	100.0
	150						100	15000	
乙	160	1000	160000	2000	320000	200.0	2000	320000	100.0
丙	150	2000	300000	2000	300000	100.0	1800	270000	90.0
丁	15	1000	15000	1400	21000	140.0	1400	21000	100.0
合计			605000		771000	127.44		756000	98.05

上述资料表明：产品总产量完成计划的 127.44%。从产销之间协调情况考察，本月产销量接近平衡，但扩大销售仍有可能，期末库存成品（丙产品）仍有积压，应进一步深入分析丙产品未完成合同供货的原因。

分析销货合同的执行情况，还应把产品销售结构和市场占有率指标结合起来分析，为企业进行科学的产品决策和销售决策提供可靠的资料。企业试制投产的新产品是否适销对路，要经受市场变化的考验，从产品的市场占有率这个比较敏感的指标中可以得到充分的反映。

假设某电子仪表企业产品销售结构（按新产品区分）的 200× 年度资料见表 5-10。

上述分析资料表明：①甲、乙两种老产品，虽然逐季销售量有所下降，市场占有率趋向缩小，但其销售额仍占企业全年销售额的 72.9%（$\frac{27520000}{37750000} \times 10$），依然是企业重点创利产品；必须加紧产品的更新换代，以保持后劲。②甲、乙两种老产品中，乙产品已濒临淘汰，到第四季度市场占有率只有 2%。至于甲产品销售量相当稳定，但必须考虑改型，提高其性能价格比，延长甲产品的经济寿命周期。③企业产品销售量逐季下降，第一季度销售占全年的 28.4，而第四季度销售额只占 22.2%，但新产品开发却取得了显著成绩，新产品销售额逐季上升。其中丁产品第四季度销售量相当于第一季度销售量的 10 倍，是市场紧缺畅销产品，市场占有李已达 10%，应进一步考虑扩大生产和销售；丙产品销售增长速度虽然稳步增长，但应密切注视同类产品企业的产销情况，不断采取改进措施，发展企业的拳头产品。

表 5-10　某电子仪表企业产品销售结构情况

产品结构		单位价格 千元	销售量与市场占有率，千元/%				销售量	
			一季度	二季度	三季度	四季度	数量	金额，千元
老产品	甲	0.12	24 / 8%	24 / 8%	24 / 7.5%	24 / 7.5%	96	11520
	乙	0.16	40 / 8%	30 / 6%	20 / 4%	10 / 2%	100	16000
新产品	丙	0.15	9 / 3%	12 / 4%	15 / 4.5%	20 / 5%	56	8400
	丁	0.015	6 / 5%	16 / 6%	40 / 8%	60 / 10%	122	1830
销售收入合计，千元			10720	9720	8930	8380		37750
占全年销售收入的比重，%			28.40	25.75	23.65	22.20		100.0
老产品销售收入合计，千元			9280	7680	6080	4480		27520
新产品销售收入合计，千元			1440	2040	2850	3900		10230
新产品销售收入比重，%								27.09

五、保本、保利商品销售量（额）的预测分析

保本、保利商品销售量（额）的预测分析，就是要预测企业在报告期的商品销售量（额）是否能够保证实现预定的盈利目标，或达到保本的要求。这也是企业销售预测的一个重要方面。

保本、保利商品销售量（额）的预测分析，要利用量、本、利分析法进行预测。如果预测销售量（额）和盈亏平衡点的销售量（额）相同，即说明企业报告期的商品销售量（额）能够达到保本要求；如果预测销售量（额）低于盈亏平衡点，则表明企业将会发生亏损；如果预测销售量（额）超过了盈亏平衡点，则表明企业可以实现一定的盈利。预测销售量（额）超过盈亏平衡点的幅度不同，显示着企业盈利能力和经营安全程度的大小。超过幅度大，不仅预示着企业将会实现较多的盈利，而且说明企业经受市场风险的能力较强，即使市场发生较大变化，实际销售量（额）低于预测值，企业也可以实现保本或较少盈利。为了预测销售的安全程度，可以测算安全边际量（额）和安全边际率指标。

安全边际量（额）是指预测销售量（额）与保本销售量（额）的差额，显示预测值距离盈亏平衡点有多远。安全边际量（额）越大，说明企业销售的安全程度越高。安全边际率是安全边际量（额）与预测销售量（额）的比率，其计算公式为：

$$安全边际量（额）＝预测销售量（额）－保本销售量（额）$$

$$安全边际率＝\frac{安全边际量（额）}{预测销售量（额）}×100\%$$

安全边际率越高，说明企业的销售越安全。一般认为，安全边际率在 30% 以上，企业

经营状况为安全；安全边际率为30%～20%，企业经营状况为较安全；安全边际率为20%～10%，企业经营状况为不太安全；安全边际率为10%以下，说明企业经营状况不安全。

下面结合实例说明保本、保利商品销售量（额）预测分析的方法。

例5-1 某公司生产销售甲产品，每件售价50元，固定成本总额为50万元，每件商品的变动成本为40元。据此可以计算：

$$保本销售量 = \frac{固定成本总额}{单位商品售价 - 单位变动成本} = \frac{500000}{50 - 40} = 50000（件）$$

利用量、本、利分析法也可进行保本和保利商品销售额的预测分析：

$$保本销售额 = \frac{固定成本总额}{平均创利率}$$

$$保利销售额 = \frac{固定成本总额 + 计划利润}{平均创利率}$$

第二节　企业定价分析

定价是企业销售中的关键一环，是企业与外界联系的主要纽带。科学地定价，能够使企业最佳地实现自己的意图。从根本上说，价格和销量决定企业的总收益，而两者之间又是相互影响的。要正确制定企业产品的价格，就必须对影响价格的各因素做详细的分析，并综合这些因素的影响，做出合理的决策。

一、影响定价的因素

（一）定价目标

任何企业都不能孤立地制定价格，它必须按照企业的市场目标战略及市场定位战略的要求进行。而企业的定价目标主要有以下几种：

（1）维持生存。

如果企业产量过剩，或面临激烈竞争，或试图改变消费者需求，则需要以维持生存作为主要目标。此时，企业将不得不制定较低的价格，只求能够弥补可变成本和一部分不变成本。

（2）当期利润最大化。

有时候企业希望制定一个能使当期利润最大化的价格。此时，根据需求和成本，可以选择一个价格，使之产生最大的当期利润、现金流量或投资报酬率。在这种情况下，要求企业对其产品的需求函数和成本函数都有充分的了解。

（3）市场占有率最大化。

有些企业想通过定价来取得控制市场的地位，使市场占有率最大化，并期望以后享有最低成本和最高的长期利益。但要达到此目的，必须有3个条件同时成立：市场对价格高度敏感，生产与分销的单位成本会随着生产经验的积累而下降，低价能够使现有和潜在的竞争者退出。

（4）产品质量最优化。

此时的价格必然也会提高，这是一种出于市场细分定位的考虑。

（二）产品成本

任何企业都不能自行制定价格，其产品的最高价格取决于市场的需求，而最低价格则取决于这种产品的成本，从长远看，任何产品的销售价格都必须高于成本，只有如此，企业才有利益可言。

（三）市场需求

在产品的最高价格和最低价格内，企业能够把价格定多高，取决于竞争者同种产品的价格。由此可见，市场需求、成本、竞争产品价格对企业定价有着重要作用。而需求又受价格和收入变动的影响，因此，需求弹性、价格弹性、交叉弹性以及收入弹性等都会对价格制定产生重大影响。

（四）竞争者的产品及其价格

企业必须采取适当方式，了解竞争者所提供的产品质量和价格。有了这方面的信息后，才能比质比价，更精确地制定本企业产品的价格，同时对竞争者的价格变动做出更明智的反映。

二、定价的一般方法

企业制定价格是个复杂的工作，必须全面考虑上述各因素，采取一系列的步骤和措施。一般说来，有以下 6 个程序：选择定价目标，测定需求的价格弹性，估算成本，分析竞争对手的产品与价格，选择适当的定价方法，最后制定价格。企业产品价格的高低受到多种因素的影响和制约，但在实际定价工作中一般只侧重一个方面的因素。大体上，企业定价有 3 种导向，即成本导向、需求导向和竞争导向。

（一）成本导向定价法

成本导向定价法是一种主要以成本为依据的定价方法，具体包括成本加成定价法和目标定价法两种。其特点是简便、易用。

1. 成本加成定价法

所谓成本加成定价法，是指按照单位成本加上一定百分比的预期利润来制定产品销售价格。加成的含义就是一定百分比的利润。定价公式为：$P=C(1+R)$。其中，P 表示单位产品售价，C 为单位产品成本，R 为成本加成率。与成本加成定价的方法相类似，零售企业往往以售价为基础，进行加成定价。其加成率的衡量方法有两种：用零售价格衡量，即加成（毛利）率＝毛利（加成）/售价；用进货成本衡量，即加成率＝毛利（加成）/进货成本。

将一个固定、惯例化的加成加在成本上，忽略现行价格弹性，难以确保企业实现利润最大化。需求弹性总是处于不断变化中，因而，最适当的加成也需要不断调整。

成本加成法虽有缺陷，却常为企业采用。这是因为：

（1）成本的不确定性一般比较小，将价格盯住单位成本，可以大大简化定价程序。

（2）只要行业中的所有企业均采用这种方法定价，则同业间的恶性价格竞争也会降到最低。

（3）无论是买方还是卖方，心理上多会对成本加成感到比较公平。

2. 目标定价法

所谓目标定价法，是指根据估计的总销售收入（销售额）和估计的产量（销售量）来制定价格的一种方法。这种定价有一个较大缺陷，即企业以估计的销售量求出制定的价格，殊不知，价格恰恰是影响销售量的重要因素，销售量和售价是相互影响的关系。

（二）需求导向定价法

需求导向定价法是一种以市场需求强度及消费者感受为主要依据的定价方法，它包括认知价值定价法、反向定价法和需求差异定价法 3 种。

1. 认知价值定价法

当企业采取需求导向定价法时，通常可以采取认知价值定价法。所谓认知价值定价法，是指企业根据购买者对产品的认知价值来制定价格的一种方法。认知价值定价与现代市场定位观念相一致。企业在为其目标市场开发新产品时，在质量、价格、服务等方面都需要体现特定的市场定位观念。因此，首先要决定所提供的价值和价格；之后，企业要估计在此价格下所能销售的数量，再根据这一销售量决定所需要的产量、投资以及单位成本；接着计算在此价格和成本下能否获得满意的利润等。认知价值定价的关键在于准确地计算产品所提供的全部市场认知价值。

2. 反向定价法

反向定价法是指企业依据消费者能够承受的最终销售价格，计算自己从事经营的成本与利润后，逆向推出产品的批发价格和零售价格。这种定价方法不以实际成本为主要依据，而是以市场需求为定价出发点，力求使价格为消费者接受。分销渠道中的批发商和零售商多采用这种定价方式。

3. 需求差别定价法

所谓差别定价，也称价格歧视，是指企业按照两种或两种以上不反映成本比例差异的价格销售某种产品或服务。根据区分对象的不同，差别定价可分为 4 种，即顾客差别定价、产品差别定价、产品部位差别定价和销售时间差别定价。使用这种定价方法的条件：市场必须是可以细分的；以较低价格购买某种商品的顾客不可能以较高价格转卖该商品；竞争者不可能在企业以较高价格销售产品的市场以低价竞销；细分市场和控制市场的成本费用不得超过因实行价格歧视而得到的额外收益；价格歧视不会因引发顾客反感而放弃购买，影响销售；采取的价格歧视不能违法。

（三）竞争导向定价法

竞争导向定价法通常有两种方法，即随行就市定价法和投标定价法。

1. 随行就市定价法

随行就市定价法是指企业按行业的平均现行价格水平来定价。在以下情况下常采用这种方法：第一，难以估算成本；第二，企业打算与同行和平共处；第三，如果另行定价，很难获知购买者和竞争者对本企业价格的反映。

无论是完全竞争的市场，还是完全寡头垄断的市场，随行就市定价法都是同质产品市场的惯用定价方法。而在异质产品市场上，企业有较大的自由度决定其价格，因为产品差异化使消费者对价格差异的存在不很敏感。

2. 投标定价法

投标定价法即政府采购机构在报刊上刊登广告或发出函件，说明拟采购商品的品种、规格、数量等具体要求，邀请供应商在规定的期限内投标。政府采购机构在规定日期内开标，选择报价最低的、最有利的供应商成交，签订采购合同。供货企业的投标价格是其根据竞争对手的报价估计制订的，而不是按自己的成本费用或市场需求决定的。

三、定价的基本策略

前述的定价方法都是依据成本、需求和竞争等因素决定的产品基础价格的方法。基础价格是单位产品在生产地点或经销地点的价格，尚未考虑计入折扣、运费等对价格的影响，但在实际定价时这些因素也是需要考虑的。此处仅介绍以下几种定价策略。

（一）折扣定价策略

根据折扣方式的不同，折扣有这样几种：现金折扣、数量折扣、功能折扣、季节折扣与价格折扣。之所以要采用这种折扣价格，多是由于以下原因：市场总体价格水平下降，通过折扣实现成本均衡，通过折扣进行变相价格竞争。

（二）心理定价策略

心理定价策略是指利用消费者心理进行的定价方式，具体表现为 3 种：

（1）声望定价。

企业利用消费者仰慕名牌产品的声望所产生的某种心理制定商品价格。质量不易鉴别的商品的定价最适宜采用这种方式，因为消费者有崇拜名牌的心理，所以往往以价格判断质量。

（2）尾数定价。

利用消费者数字认知的某种心理，尽可能在价格数字上不进位，而保留零头，使消费者产生价格低廉和卖主经过认真的成本计算才定价的感觉，从而使消费者对本企业的产品及其定价产生信赖感。

（3）招徕定价。

这种方式是零售企业专有的，指利用部分顾客求廉的心理，故意将几种商品的价格定得很低以吸引顾客。

（三）新产品定价策略

对新产品进行定价时，有两种策略可供选择：

（1）撇脂定价。

所谓撇脂定价，是指在产品生命周期的初始阶段把产品的价格定得很高，以获取最大利润，有如从鲜奶中撇取奶油。企业要采用这种定价方式，必须符合以下条件：第一，市场有足够的购买者，他们的需求缺乏弹性，即使价格很高，市场需求也不会大量减少；第二，高价使需求减少一些，因而产量也减少，单位成本增加，但这些都能够被高额利润弥补；第三，在高价情况下，仍独家经营，无其他竞争者出现。一般这只限于有专利保护的产品。

（2）渗透定价。

所谓渗透定价，是指企业把其创新产品的价格定得相对较低，以吸引大量顾客，提高市场占有率。这种定价策略须以下条件的存在为基础：第一，市场需求显得对价格极为敏感，低价会刺激市场需求迅速增长；第二，企业的生产成本和经营费用会随着生产经营经验的增加而下降；第三，低价不会引来实际和潜在的竞争者。

四、产品组合定价策略

当产品只是某一产品组合的一部分时，企业必须对定价方法做适当的调整。这时候，企业要研究出一系列价格，使整个产品组合的利润实现最大化。由于各种产品间存在需求和成本的相互联系，且由于产品所属市场的不同，也还存在着不同性质和程度的竞争，所以这种定价必须根据具体情况分析进行。在此仅做原则性的介绍。

（一）产品大类定价

通常企业开发出来的是产品大类，当产品系列间存在需求和成本的内在联系时，为充分发挥这种内在关联性的积极效应，需要采用产品大类定价策略。首先，确定某种商品的最低价格，它在大类中充当领袖价格，以吸引消费者购买其他产品；其次，确定产品大类中某种商品的最高价格，它在大类中充当品牌质量和回收投资的角色；再次，依据其他产品的特性，确定其在大类中的地位，并据此确定价格。

（二）选择商品定价

一些企业在提供产品的同时，还会附带一些可供选择的产品或特征。对此，应先确定的是哪些产品属于附带品；其次，根据其属性确定相对于主产品的地位，并依此决定其价格。

（三）补充产品定价

有的产品需要附属产品，对此，企业的习惯做法是将主产品的价格制定得相对较低，而补充品的价格则表现为远超其成本的高价。

（四）分步定价

分步定价较适用于服务性企业，服务性企业经常收取一笔固定费用，再加上可变的使用费。

（五）副产品定价

在某些产品的生产过程中，经常出现副产品，如果副产品价值低，而处理费用昂贵，则会影响主产品的价格。企业在为主产品定价时，必须考虑到要弥补副产品的处理费用。如果副产品对某一顾客群有价值，则应该按其价值定价，这甚至有助于企业主产品的低价竞销。

（六）产品系列定价

系列产品定价时，一般遵循的基本原则是系列产品的价格应低于单件产品价格的汇总价格。

第三节　企业市场占有状况分析

企业产品的市场占有状况是企业产品竞争能力高低的综合体现。一个企业的产品在市场畅销，市场占有份额大，覆盖范围广，表示这个企业的产品竞争能力强。反映企业产品市场占有状况主要采用两个指标：一是企业产品市场占有率，二是企业产品市场覆盖率。

一、企业产品市场占有率

企业产品市场占有率是指在一定时期、一定市场范围内，企业某种产品的销售量占市场上同种商品销售额的比重。影响市场占有率的因素很多，它主要受市场需求、竞争对手的实力和本企业产品的竞争能力高低等因素的影响。在分析时，由于研究目的的不同，使用不同的市场占有率指标，主要有以下两个：

（1）整体市场占有率。这是指在某一地区，该企业的产品销售量占地区同种产品销售量的比重。企业整体市场占有率的高低取决于：

①企业产品竞争能力的高低。企业生产的产品品种新且适应市场需求，产品质量好，产品定价适中，销售服务好，其竞争能力就强，就能吸引更多的顾客，扩大企业产品的市场占有份额。

②企业经营者的能力。优秀的企业经营者善于把握市场变动的脉搏，能够最大限度地调动员工积极性，能够采取一切有利措施提高产品质量，降低产品成本，采取正确的竞争策略来拓宽市场。

③企业的生产规模。

（2）相对市场占有率。这是指企业产品销售量与若干个最大竞争对手销售量之比，说明企业与几个最大竞争对手相比竞争能力的变化。出于分析的某种目的，也可以和某一最大竞争对手的销售量相比。

企业产品市场占有率分析既要看某一时期市场占有率的高低，更要研究市场占有率的变化方向和趋势。如果企业产品市场占有率水平虽然比较低，但其变化呈上升趋势，说明企业市场占有率上升，这时就要找出上升的原因，采取措施进一步提高产品市场占有率。如果企业产品市场占有率水平较高，但其变化呈下降趋势，这时就要尽快找出其下降原因，以便采取措施制止其下降，或者通过开发新产品从而退出原有产品的市场。

二、企业产品市场覆盖率

企业产品市场占有率说明企业在一定市场范围内占有程度，表明市场占有的深度，它只能表明企业市场占有状况的一个方面。全面说明市场占有状况除了要反映占有深度，还要反映占有广度，这就要计算企业产品市场覆盖率。

企业产品市场覆盖率是针对商品行销的地区而言，它是本企业某种商品行销的地区数占该种商品行销的地区总数的比重。影响商品市场覆盖率的因素主要有：地区之间的需求结构、经济发展水平、民族风俗习惯等差异，地区之间的经济封锁，以及竞争对手情况和本企业产品竞争能力强弱等一系列因素的影响。通过计算和分析企业产品市场覆盖率，可以考察企业产品现在行销地区，研究如何开拓新的行销地区，分析产品行销不广的原因，以便采取有效措施开拓产品的新市场。

三、市场占有状况的综合分析

市场占有率说明了企业产品市场占有的深度；市场覆盖率说明了企业产品市场占有的广度。全面反映企业市场占有状况，需要将两者结合起来进行分析，两者结合会出现四种不同的情况。

（1）企业产品市场占有率高，市场覆盖率也高，说明企业在市场占有的广度和深度都占有优势，产品有较强的市场竞争能力。在这种情况下，企业应该根据深入的市场调查、分析、研究看还有没有市场潜力，如果市场占有率和覆盖率没有继续提高的可能，企业应该看到可能潜伏着新的产销矛盾。一方面由于市场需求可能相对饱和，销售量可能出现下降趋势；另一方面，企业已形成了大量的生产能力以及比较定型的设计和设备，适应性已相对减弱。这时，企业不能只求维持已有地位，而最好是寓防卫于进取，通过分析及时发现新的问题，采取针对性措施，在巩固现有产品竞争地位的同时，积极开发新品种，保证旺盛的后续能力。

（2）如果产品的市场占有率高而市场覆盖率较低，说明企业在一定市场范围内有竞争能力，但产品不能打入其他地区的市场，反映企业的产品市场占有范围不广。如企业的产品在本地区的市场已趋于饱和时，企业产品的竞争能力就有丧失的危险，这时，企业应该重点分析市场覆盖率不高的原因。影响市场覆盖率不高的原因可归纳为以下几个方面：

①企业的生产能力不能满足更广阔的市场需求；

②企业的产品质量不高，花色品种较少，成本高、价格高，很难打进其他地区的市场；

③企业对地区性市场需求的特点如地区风俗、民族习惯、经济文化水平等缺乏了解，产品缺乏本地化的特点。

在这种情况下，企业应当根据不同地区市场的需求情况研究其产品在竞争能力上的差距，分析进一步提高产品市场竞争能力的可能性，在巩固已有较高市场占有率的前提下，不断开拓新市场。由于地区之间的经济发展不平衡，各地区的需求特点和结构不同，有些产品在经济发达地区可能是行将淘汰的产品，而在经济落后地区却可能有较大的市场潜力。企业在开发国内外市场时都应考虑到这一点。例如，某省电视机厂生产的黑白电视机在城市的销售量已趋于饱和，产品出现滞销趋势。该厂在深入市场调研的基础上制定出占领农村市场、扩大商品市场覆盖率的策略。农村目前电力不足，电压不稳，该厂配备了稳压装置；农村交通不便，修理网点少，该厂增设了修理网点，提供巡回修理的服务。结果很快打开了农村市场，在电视机的市场竞争中争得一席之地。

（3）如果企业产品的市场占有率较低，市场覆盖率相对较高，说明企业需要用较多的销售费用来维持产品的竞争能力。在这种情况下，企业可以发挥市场覆盖率高的优势，在提高产品质量、增加产品品种的前提下，根据市场需求，扩大销售量，首先站稳本地区的市场，提高市场占有率。

（4）在市场占有率和覆盖率均较低的情况下，产品已基本失去竞争能力，如果经分析研究没有改进的余地和发展前途，应及时淘汰。

通过对市场占有率和市场覆盖率的分析，可以使企业明确产品在市场上的处境，考虑产品和未来市场的发展前途，根据不同的实际情况，对产品分别作出维持、发展、调整与淘汰的决策。

复习思考题

1. 什么是科学的预测？预测的基本程序有哪些？
2. 企业产品销售量预测有哪些分析方法？它们各适用于哪种条件和情况？
3. 什么是产品销售率？它与产品适销率有无区别？
4. 什么是市场占用率指标？怎样运用它去分析产品的销售情况？
5. 什么是合同履约率指标？怎样分析计算该项指标？
6. 简述销售预测的基本程序。
7. 如何进行销售成果完成情况分析？
8. 企业在定价时应考虑哪些因素？
9. 企业定价的一般方法有哪些？
10. 怎样进行企业市场占有状况分析？

11. 如何进行竞争对手分析?

12. 某感光材料厂销售彩色胶卷资料,具体情况如下:

季　　度	本年实际销售量,万卷	本季预测数,万卷	上年实际销售量,万卷	季节性系数
1	205	210	160	0.2
2	220		220	0.275
3	250		240	0.3
4	230		180	0.225
合计	905		800	1.00

(1) 运用指数平滑法(指数值 $a=0.2$)测算 2、3、4 季度的销售量;

(2) 用季节指数测算 2、3、4 季度的销售量。

第六章　企业人力与物力资源利用分析

在市场经济活动中，资源对企业生产经营活动具有决定性的意义，没有资源，企业就不可能实现其利润最大化的目标。但是有了资源，如果企业使用不当，同样也无法实现其利润最大化的目标。因此，企业不仅要有丰富的资源，更要利用好资源，实现资源的内部优化配置，提高资源的利用率。对此，必须分析企业的资源利用情况。资源利用效率的高低最终要体现在企业的生产成本的高低上，资源利用充分、效率高，企业产品生产成本就低，企业经济效益就好；反之，则相反。因此，本章首先分析企业的人力资源和物力资源的利用情况。

第一节　人力资源利用分析

人是企业生产经营活动中最根本、最活跃的生产要素，是企业生产经营活动的支柱。一切生产经营活动的组织和实施都要依靠人。所以人力资源利用得是否充分合理，直接影响企业生产经营成果的大小和效益的高低。人力资源利用情况分析的内容主要包括：人员配备情况分析；劳动时间利用情况分析；劳动生产率分析。

一、人员配备情况分析

企业对人力资源的利用情况首先表现在人员配备上。合理配备企业生产经营管理所需的各类人员，是充分、合理利用企业人力资源的基础和前提。

（一）企业人员配备原则要求

任何企业要顺利进行正常的生产经营，都要根据企业自己的需要，录用、聘用一定数量的相关人员，组成企业的职工队伍。企业人员的组成首先要有一个精明的领导班子；其次，要有精通生产技术的工程技术人员和熟悉生产操作技术的工人；再次，要有擅长管理的专业管理人员；最后，还要有相关的服务人员。其合理配备的原则和标志是既要满足企业生产经营管理的需要，又要使每个职工都能在各自的岗位上充分发挥自己的长处。

（二）企业人员配备情况分析

1. 各类人员构成比例及其变化情况的分析

分析企业人员的配备情况，首先要计算企业各类职工人数占总职工人数的比重，然后与计划定员或同行业同类企业进行比较，并结合企业生产经营管理需要及其实际满足程度，评价是否合理，最终提出相应的对策。以下举例说明人员配备分析方法。

例 6-1　假设某企业报告期根据人力资源部提供的资料整理出的有关数据见表 6-1 至表 6-4。

（1）各类人员配备情况。

表 6-1　某企业各类职工总的配备情况

项　目	工　人	工程技术人员	学　徒	科室人员	服务人员	其他人员	总人数
计划定员	800	80	40	40	32	8	1000
实际配备	760	100	50	40	40	10	1000

（2）工人工种的配备情况。

表 6-2　某企业生产工人工种的配备情况

项　目	甲 工 种	乙 工 种	丙 工 种	丁 工 种
计划定员	250	300	150	100
实际配备	268	272	136	84

（3）工人的技术等级构成情况。

表 6-3　某企业生产工人技术等级情况

项　目	三 级 工	四 级 工	五 级 工	六 级 工	七 级 工	八 级 工
计划定员	140	210	220	100	80	50
实际配备	160	190	200	110	60	40

（4）工程技术和管理人员职称构成情况。

表 6-4　某企业工程技术人员和管理人员职称构成情况

项　目	计 划 定 员				实 际 配 备			
	高级职称	中级职称	初级职称	无职称	高级职称	中级职称	初级职称	无职称
经营管理人员	5	15	20	0	2	10	15	13
工程技术人员	5	15	45	15	2	10	38	50

2. 各类人员配置情况分析

根据以上资料，可分别编制构成分析表，分析各类人员的配备情况。

（1）各类职工总的配备情况分析。

根据表 6-1 资料，编制各类职工配备情况分析表见表 6-5。

表 6-5　各类职工配备情况分析表

项　目	计 划 定 员		实 际 配 置，人		差　异	
人数	人数	比重，%	人数	比重，%	人数	比重，%
工人	800	80	760	76	−40	−4
工程技术人员	80	8	100	10	+20	+2
学徒	40	4	30	5	+10	+1
科室人员	40	4	40	4	0	0
服务人员	32	3.2	40	4	+8	+0.8
其他人员	8	0.8	10	1	+2	+0.2
合计	1000	100	1000	100	0	0

从表 6-5 可以看出，该企业职工总人数是按计划定员配备的，但其中生产工人实际比计划少配备 40 人，比重降低 4%，其他各类人员的配备都超过计划定员。特别是工程技术人员实际比计划多配备 20 人，比计划定员多 25%，使其占总人数的比重提高了两个百分

点。对于这一结果，应针对企业对生产工人与工程技术人员的现实需要，并结合配置的效果做出进一步的合理评价。

（2）工人配备情况分析。

根据表6-2、表6-3资料，编制工人配备情况分析表见表6-6。

表6-6　生产工人配备情况分析表

项　目		计 划 定 员		实 际 配 置		差　异	
		人数	比重，%	人数	比重，%	人数	比重，%
工种配备构成	甲工种	250	31.2	268	35.5	+18	+4.1
	乙工种	300	36.5	272	35.8	−28	−1.7
	丙工种	150	18.8	136	17.9	−14	−0.9
	丁工种	100	12.5	84	11.0	−16	−1.5
	合计	800	100.0	760	100.0	−40	−5
技术配备构成	三级工	140	17.5	160	21.0	+20	+3.5
	四级工	210	26.3	190	25.0	−20	−1.3
	五级工	220	27.5	200	26.3	−20	−1.2
	六级工	100	12.5	110	14.5	+10	+2.0
	七级工	80	10.0	60	7.9	−20	−2.1
	八级工	50	6.2	40	5.3	−10	−0.9
	合计	800	100.0	760	100.0	−40	−5

从表6-6可以看出，该企业在工人的配备上存在一定问题：从各工种工人的配备情况来看，甲工种超过了计划定员，而其他3种工种缺员，从而造成甲工种工人的闲置而其他工种短缺的局面。因此，这一配备结果很明显会对企业产生较大不利影响。从技术工人的配备情况看，低技术普通工人超员，突出表现在三级工超员20人，占整个计划定员的14.3%；高技术工人短缺，突出表现在七级、八级工比计划定员少30人，比计划定员少23.1%，这也必将影响企业生产的顺利进行，影响产品质量与劳动生产率的提高。

（3）工程技术人员和管理人员配备情况分析。

根据表6-4资料，编制经营管理人员和工程技术人员配备情况分析表见表6-7与表6-8。

表6-7　经营管理人员配备情况分析表

按职称分组	计 划 定 员		实 际 配 置		差　异	
	人数	比重，%	人数	比重，%	人数	比重，%
高级职称	5	12.5	2	5.0	−3	−7.5
中级职称	15	37.5	10	25.0	−5	−12.5
初级职称	20	50.5	15	37.5	−5	−12.5
无职称	0	0	13	32.5	+13	+32.5
合计	40	100.0	40	100.0	0	0

从表6-7可以看出，该企业经营管理人员总数虽达到了计划人数，但素质水平较低，有高级职称的缺少3人，比计划定员少60%，使其比重降低了7.5个百分点；有中级职称的比计划定员缺少5人，比计划定员少33.3%，使其比重降低了12.5个百分点；而实际从

事经营管理工作的人员中无职称人数接近 1/3。这一状况必将影响企业的管理工作质量，进而影响企业的经济效益。

表 6-8　工程技术人员配备情况分析表

按职称分组	计 划 定 员		实 际 配 置		差 异	
	人数	比重,%	人数	比重,%	人数	比重,%
高级职称	5	6.3	2	2.0	-3	-4.3
中级职称	15	18.7	10	10.0	-5	-8.7
初级职称	45	56.3	38	38.0	-7	18.3
无职称	15	18.7	50	50.0	+35	+31.3
合计	80	100.0	100	100.0	+20	+25

从表 6-8 可以看出，该企业工程技术人员总数虽超过计划定员 20 人，超编 25%，然而技术素质偏低。有职称的管理人员都没达到计划定员的要求，而无职称的管理人员却超计划35 人，比重高达 50%，使其比重超过计划定员 31.3 个百分点。这一状况势必会影响企业的生产产品质量、经济效益以及企业的核心竞争力和长远发展。

上述分析都是以计划定员作为评价标准和依据，都是建立在计划定员是科学合理的这一假定上。在实际工作中，计划定员往往受各种因素的影响，难免会有不合理之处。因此，在实际分析企业人员配备情况时，必须要结合企业的具体需要和实际效果。

二、劳动时间利用情况分析

工人劳动时间的利用情况是企业人力资源利用情况的集中体现，是人力资源能否得到充分利用的关键。要提高企业人力资源的利用程度，重点是提高工人劳动时间的利用程度，同时这也是提高工人劳动生产率的重要保证。

（一）劳动时间及其利用情况指标

分析工人劳动时间的利用情况，需要了解劳动时间指标和利用情况指标。

1. 劳动时间指标

企业劳动时间指标主要有以下 4 项：

（1）制度时间。制度时间就是日历时间扣除公休时间后的工作时间，即工人按劳动制度应当工作的时间，一般常用制度工日和制度工时两个指标来衡量。

制度工日＝日历日数－公休日数
制度工时＝制度工日×工作日长度

其中，公休日包括国家、主管部门和企业规定的节假日。

（2）出勤时间。出勤时间就是工人在制度工作时间内实际上班的时间，一般不包括加班的时间。由于受各种因素的影响，工人的出勤时间往往小于制度时间。出勤时间常用出勤工日和出勤工时两个指标来衡量。

出勤工日＝制度工日－缺勤工日
出勤工时＝制度工时－缺勤工时

（3）生产时间。生产时间是工人出勤后实际参加本企业生产活动的时间。由于工人出勤后可能会发生全日停工或班内停工，因此，工人的生产时间往往会小于出勤时间。生产时间也有生产工日和生产工时两个指标。

$$\frac{生产}{工日}=\frac{出勤}{工日}-\frac{全日停}{工工日}-\frac{全日非生}{产\ 工\ 日}+\frac{加班}{工日}$$

$$\frac{生产}{工时}=\frac{出勤}{工时}-\frac{全日停}{工工时}-\frac{班内停}{工工时}-\frac{全部非生}{产\ 工\ 时}+\frac{加班加}{点工时}$$

（4）有效工作时间。有效工作时间是工人在生产时间内生产合格产品所用的时间。废品和个别合格品返修消耗的劳动时间属于无效工作时间。

$$有效工时＝生产工时－废品的返修工时$$

2. 劳动时间利用指标

分析企业工人劳动时间的利用情况，可利用上述劳动时间指标计算如下分析指标：

（1）工人出勤率。工人出勤率是指出勤时间与制度时间之比，反映工人应工作时间的实际利用程度。提高工人出勤率是提高劳动时间利用程度的基础和关键。

如果要准确地计算工人出勤率，则应按工时资料计算，其计算公式为：

$$工人出勤率＝\frac{出勤工时}{制度工时}\times100\%$$

如果企业没有准确的工时资料，也可以按工日或人数计算，其计算公式为：

$$工人出勤率＝\frac{实际出勤工日}{制度工日}\times100\%$$

或

$$工人出勤率＝\frac{每日出勤人数之和}{平均人数\times日历日数}\times100\%$$

（2）工时利用率。工时利用率是生产工时与出勤工时或制度工时之比，反映出勤工时或制度工时的利用程度。具体可分 2 个指标：

$$出勤工时利用率＝\frac{生产工时（扣除加班加点工时）}{出勤工时}\times100\%$$

$$制度工时利用率＝\frac{生产工时（扣除加班工时）}{制度工时}\times100\%$$

上述 2 个指标具有不同的分析意义：前者反映工人出勤后时间真正用于生产的程度；后者综合反映制度工作时间的实际利用程度。它们二者之间的关系是：

$$制度工时利用率＝工人出勤率\times出勤工时利用率$$

（3）有效工时率。有效工时率是有效工作时间与生产时间之比，其计算公式为：

$$有效工时率＝\frac{有效工时}{生产工时}\times100\%$$

它说明在企业的全部生产时间中真正能够取得实际效果的劳动时间占多大的比率。充分利用劳动时间，不仅要充分提高工时利用率，而且还要充分提高有效工时率。若工时利用率很高，而有效工时率很低，那就说明有相当一部分劳动时间是用在了废品生产和不合格品返修这样的无效劳动上。

（二）劳动时间利用情况分析

对企业劳动时间的利用情况进行分析，就是利用上述分析指标，通过静态和动态比较，来揭示产生差距和变化的原因。

1. 劳动时间利用情况的静态分析

劳动时间利用情况的静态分析，就是根据报告期劳动时间的统计资料，计算工人出勤率、工时利用率和有效工时率的高低并分析其原因。现举例说明其具体分析方法。

例 6-2　假设某公司 2012 年 3 月份的工时统计资料见表 6-9。

根据表 6-9 资料，计算与分析如下：

（1）工人出勤率分析。主要包括以下两个方面的内容：

表 6-9　某公司 2012 年 3 月份劳动时间利用情况

生产工人人数及劳动时间		缺勤、停工和非生产时间		
项　目	数　量	项　目	工　时	占总数，%
生产工人人数	825	缺勤总工时	8580	100.0
制度工日总数	21450	其中：病假	4633	54.0
制度工时总数	171600	产假	2774	30.0
出勤总工时	163020	工伤	—	—
生产工时数	159803	事假	429	5.0
有效工时总数	156607	探亲假	729	8.5
无效工时数	3196	旷工	43	0.5
其中：废品	1918	其他	172	2.0
返修品	1278	停工总工时	2896	100.0
		其中：停电	868	30.0
		待料	1158	40.0
		检修	290	10.0
		事故	—	—
		其他	580	20.0
		非生产工时	321	100.0
		其中：军训	—	—
		开会	193	60.0
		出差	128	40.0
		其他		

①计算工人出勤率。根据前述公式及表 6-9 资料：

工人出勤率＝163020÷171600×100%＝95%

②分析出勤率的高低及原因。该公司本月工人的出勤率为 95%，是比较低的。缺勤总工时为 8580 个，相当于大约 41 个工人的全月工作量［8580÷（26×8）］。若按该公司工时生产率 6.88 元（产值）计算，相当于损失 59030 元产值（8580×6.88＝59030）。

在缺勤总工时中，最主要的项目是病假工时，占 54%。针对这一情况，公司一方面要努力改善公司的生产环境和生产条件，注意职工保健；另一方面，还要加强对职工病假的审批与管理。如果能使病假缺勤减少一半，一个月便增加 2300 多个生产工时。按该公司的工时生产率 6.88 元（产值）计算，可增加产值约 15824 元（2300×6.88＝15824）。另外，缺勤工时中有事假工时 429 个，占缺勤总工时的 5%。对此，应进一步查明职工请事假的具体原因，以明确在事假的审批上是否存在管理不严的现象。

（2）工时利用率分析。分析工时利用率，应从以下两方面进行：

①计算工时利用率。具体可分别计算以下两个指标：

$$出勤工时利用率＝159803÷163020×100\%＝98\%$$
$$制度工时利用率＝159803÷171600×100\%＝93.1\%$$

②分析工时利用率的高低及原因。根据以上计算结果可知，出勤工时利用率和制度工时利用率都不够理想。待料停工是影响出勤工时利用率的主要原因，它占停工工时总数的40%；其次是停电停工，占停工工时总数的30%。对于待料和停电的具体原因，还应作进一步的分析。例如，应分析待料停工是外部客观原因造成的还是内部主观原因造成的。造成该公司3月份制度工时利用率偏低主要是受工人出勤率与出勤工时利用率双重影响的结果，即93.1%＝95%×98%。此外，非生产工时的多少也直接影响出勤工时利用率和制度工时利用率的高低。

（3）有效工时率分析。具体也应包括以下两方面内容：

①计算有效工时率。根据前述公式及表6-9资料：
$$有效工时率＝156607÷159803×100\%＝98\%$$

②分析有效工时率的高低及原因。以上结果表明，该公司本月生产的废品占用了1918个工时，不合格品返工修理占用1278个工时，使有效工时率仅达98%，影响有效工时率的主要原因很明显是废品率和不合格品返修率较高。因此，要提高有效工时率，该公司必须要加强产品质量管理，减少废品和不合格品。

最后应该指出的是，劳动时间利用状况的静态分析，还应该包括同计划进行的比较分析。在实际分析过程中要把二者充分结合起来，特别是水平的评价，一般应以计划水平为依据；与计划的对比分析方法与下述动态分析相同。

2. 劳动时间利用情况的动态分析

劳动时间利用情况的动态分析，就是将本期劳动时间利用指标同上期（或以前某一时期）的进行对比，分析其变动幅度及其对企业的影响。同时，还应具体分析引起其变化的原因，以便采取有效的措施来提高劳动时间的利用程度。以下仍举例说明其具体分析方法。

例6-3 某公司2012年3月份与2月份的工时利用对比情况见表6-10。

表6-10 某公司3月份与2月份工时利用对比分析

项　　目	上　期　数	本　期　数	本期比上期增加
制度工时总数	165090	171600	＋6510
出勤工时总数	158860	163020	＋4160
生产工时总数	157860	159803	＋1943
出勤率,%	96.2	95.0	－1.2
出勤工时利用率,%	99.4	98.0	－1.4
制度工时利用率,%	95.6	93.1	－2.5
有效工时率,%	97.0	98.0	＋1.0

由表6-10可以看出，该公司本期制度工时总数与上期相比增加了6510个，但出勤工时和生产工时未能同步增加，导致出勤率降低了1.2个百分点。同时表6-10还显示，本期的劳动时间利用率呈全面下降趋势。其中制度工时利用率降低了2.5个百分点，这是工人出勤率和出勤工时利用率共同影响的结果。对于出勤率和出勤时间利用率降低的原因还应做深入的分析，即根据公司的具体情况，分析缺勤和停工的具体项目和原因，找出主要原因，以便对症下药。

另外，从表 6-10 还可以看出，该公司本期的有效工时率与上期相比提高了 1 个百分点，说明本期的产品生产工作质量稍稍提高，这一点是应该肯定并继续保持和加强的。

(三) 工时效率分析

为了充分利用企业的劳动时间，不仅要提高工人出勤率、工时利用率和有效工时率，更要不断提高工时效率，使工人能在单位时间内创造出更多的产品。企业工时效率的高低主要依靠生产定额或劳动定额的完成水平来反映，因此，工时效率分析的主要任务是分析企业工人生产定额或劳动定额的完成率。具体可分以下两种情况来分析。

1. 生产单一产品的企业

这类企业一般为每一生产工人规定班产量定额，所以可直接以实物产量计算和分析生产定额的完成程度。例如，规定某工人班产量定额为 8 件，但该工人在一个工作班内实际生产 11 件合格产品，则其生产定额完成率为：

$$班产量定额完成率 = 11 \div 8 \times 100\% = 137.5\%$$

这说明该工人的实际工时效率与计划定额比较提高了 37.5%。假定每个工作班的时间长度为 8 小时，按定额计算出每小时生产 1 件，而实际每小时则生产了 1.375 件。

2. 生产多种产品的企业

对于这类企业，由于工人要对多种产品或零件进行加工，因此不能用实物产量直接计算和分析生产定额的完成程度，而一般使用劳动量指标——完成的定额工时产量。

例 6-4 某工人在一个班内加工甲、乙、丙 3 种零件，其产量和单件工时定额情况见表 6-11。

表 6-11　某工人工时定额和产量完成情况

零件名称	单位工时定额，分	实际完成产量，件
甲	8	20
乙	6	30
丙	4	50

根据表 6-11 资料，该工人生产定额完成率应为：

$$生产定额完成率 = \frac{实际完成定额工时总数}{班内工作总时数（分）} \times 100\%$$

$$\frac{8 \times 20 + 6 \div 30 + 4 \times 50}{8 \times 60} \times 100\%$$

$$= 112.5\%$$

该结果表明该工人的实际工时效率比计划定额提高了 12.5 个百分点，即实际每小时完成了 1.125 小时的生产工作量。

三、劳动生产率分析

劳动生产率是反映企业人力资源利用水平的一项重要指标，反映了劳动者的劳动成果与劳动消耗量之间的配比关系。劳动生产率的提高，表明节约了劳动时间，意味着工人劳动效率的提高。同时，企业的劳动生产率也反映了企业人力资源的利用程度，因此，劳动生产率分析是企业人力资源利用情况分析的核心内容之一。

（一）劳动生产率指标的内容和形式

企业的劳动生产率是企业生产成果与企业活劳动消耗量（或占用量）之比。按照不同的划分标准，企业劳动生产率可分为实物量劳动生产率、价值量劳动生产率和按定额工时产量计量的劳动量劳动生产率；劳动生产率、日劳动生产率和小时劳动生产率；全员劳动生产率和工人劳动生产率；年劳动生产率、季劳动生产率和月劳动生产率等。然而，在实际经济分析工作中，分析与考核整个企业的劳动生产率最常用的则是全员劳动生产率和工人劳动生产率。

（二）全员劳动生产率分析

全员劳动生产率通常是用企业完成的工业总产值（或增加值）与全体职工人数（平均在册人数）相比，其计算公式为：

$$全员劳动生产率 = \frac{工业总产值（或增加值）}{全部职工平均在册人数}$$

该指标表明平均每一职工在某一时期内所生产的有效成果的数量，全面反映了企业人力资源的利用水平。全员劳动生产率分析一般是通过计算报告期全员劳动生产率的实际水平，然后与计划水平、基期水平、同类企业水平、同行业先进水平进行对比，最后作出合理的评价，并针对差距和原因提出对策与建议，提高全员劳动生产率，从而提高企业的经济效益。下面以动态对比分析为例说明全员劳动生产率的具体分析方法。

例 6-5 某公司 2012 年工业总产值和职工人数资料见表 6-12。

表 6-12　某公司 2012 年工业总产值和职工人数情况

项　目	上　年	本　年	本年比上年增长	
			绝　对　值	增长幅度,%
工业总产值，万元	980	1320	340	34.96
全厂职工平均人数，人	1000	1100	100	10.00
生产工人平均人数，人	700	835	125	17.86

根据表 6-12 资料可整理出如下分析结果，见表 6-13。

表 6-13　某公司 2012 年劳动生产率分析

项　目	上　年	本　年	差　异	
			绝　对　值	增长幅度,%
全员劳动生产率，元/人	9800	12000	+2200	+22.4
生产工人劳动生产率，元/人	14000	16000	+200	+14.3
生产工人占全部职工比重，%	70	75	+5	+7.1

从表 6-13 可以看出，该厂全员劳动生产率本年实际达到的水平是平均每人年创产值12000 元，与上年相比提高了 2200 元，提高幅度为 22.4 个百分点。这说明该公司本年的人力资源利用效果有较大程度提高。企业本期全员劳动生产率提高 22.4%，是由生产工人劳动生产率提高 14.3% 和生产工人比重提高 7.1%（非生产人员比重减少）共同影响的结果。三者的关系是：122.4% = 114.3% × 107.1%，即

全员劳动生产率指数＝生产工人劳动生产率指数×生产比重

若从全员劳动生产率变动的绝对数来分析，生产工人劳动生产率和生产工人比重变动的影响可分别按下式计算：

$$\begin{matrix}\text{生产工人劳动生产率变动对}\\\text{全员劳动生产率的影响额}\end{matrix}=\left(\begin{matrix}\text{报告期生产工}\\\text{人劳动生产率}\end{matrix}-\begin{matrix}\text{基期生产工人}\\\text{劳动生产率}\end{matrix}\right)\times\begin{matrix}\text{报告期生产}\\\text{工人比重}\end{matrix}$$

$$\begin{matrix}\text{生产工人比重变动对全}\\\text{员劳动生产率的影响额}\end{matrix}=\left(\begin{matrix}\text{报告期生产}\\\text{工人比重}\end{matrix}-\begin{matrix}\text{基期生产}\\\text{工人比重}\end{matrix}\right)\times\begin{matrix}\text{基期生产工人}\\\text{劳动生产率}\end{matrix}$$

依据表 6-13 资料计算：

$$\begin{matrix}\text{生产工人劳动生产}\\\text{率变动的影响额}\end{matrix}=(16000-14000)\times75\%=1500\text{（元）}$$

$$\begin{matrix}\text{生产工人比重}\\\text{变动的影响额}\end{matrix}=(75\%-70\%)\times14000=700\text{（元）}$$

三者的关系即：2200 元＝1500 元＋700 元

以上结果说明，本期该公司的全员劳动生产率提高了 2200 元，其中生产工人劳动生产率的提高导致全员劳动生产率增加 1500 元，剩余 700 元则是生产工人比重提高所致。

（三）生产工人劳动生产率分析

生产工人不仅是企业生产活动的主体，还是产品的直接创造者。生产工人劳动生产率的高低直接影响企业全员劳动生产率的高低。生产工人劳动生产率分析是劳动生产率分析的主要内容之一。

生产工人劳动生产率可以用价值量指标、劳动量指标，也可用实物量指标来表示，但通常是按人计算。其计算公式为：

$$\text{生产工人劳动生产率}=\frac{\text{总产量（或总产值、增加值）}}{\text{生产工人平均人数}}$$

分析生产工人劳动生产率，其分析的思路与方法基本与上面分析全员劳动生产率相同，下面以动态对比分析为例说明其因素分析的方法。

根据表 6-12、表 6-13 资料可知：

$$\text{生产工人劳动生产率}=\frac{\text{工业总产值}}{\text{生产工人平均人数}}=16000\text{（元/人）}$$

与上期水平对比，提高了 14.3%，绝对额增加了 2000 元。

生产工人劳动生产率的变动受诸多因素的影响，一般可分解为如下因素：

$$\begin{matrix}\text{生产工人劳动生}\\\text{产率（年、月）}\end{matrix}=\begin{matrix}\text{每个生产工人平}\\\text{均出勤工日数}\end{matrix}\times\begin{matrix}\text{每日平均工}\\\text{作小时数}\end{matrix}\times\begin{matrix}\text{小时劳动}\\\text{生产率}\end{matrix}$$

若以 a 表示每个生产工人平均出勤日数，以 b 表示每日平均工作小时数，以 c 表示小时劳动生产率，则生产工人劳动生产率计算公式为：

$$\text{生产工人年劳动生产率}=abc$$

具体分析各因素变动对生产工人年（月）劳动生产率变动的影响额，可依据下式（式中 1 表示报告期，0 表示基期）：

a 变动的影响额 $=(a_1-a_2)b_0c_0$

b 变动的影响额 $=a_1(b_1-b_0)c_0$

c 变动的影响额 $=a_1b_1(c_1-c_0)$

例 6-6 假设上例中某公司的生产工人劳动时间及劳动生产率资料见表 6-14。

表 6 - 14　某公司生产工人劳动时间利用情况

项　目	上　年	本　年	差　异	
			绝对值	增长幅度,%
生产工人全年出勤总工日数	207900	245850	+37950	+18.25
平均工人全年出勤总工时数	1642410	1917630	+275220	+16.76
平均每名生产工人全年出勤工日数	297	298	+1	+0.34
平均每名生产工人全年出勤工时数	2346	2324	−22	−0.94
平均每人每日工作时数,小时	7.9	7.8	−0.1	−1.27
平均每人每日产值,元	47.138	53.691	+6.553	+13.90
平均每人每小时产值,元	5.967	6.883	+0.916	+15.35

根据表 6 - 14 资料计算:

a 变动的影响额 = (298−297)×7.9×5.967 = 47.14 (元)

b 变动的影响额 = 298×(7.8−7.9)×5.967 = −177.82 (元)

c 变动的影响额 = 298×7.8×(6.883−5.967) = 2129.5 (元)

即 2000 元 = 47.14 元 + (−177.82) 元 + 2129.5 元

以上结果表明,与上年相比,该公司本年的生产工人劳动生产率提高了 2000 元,其中:平均每名生产工人全年出勤工日增加 1 天所导致的影响额为 47.14 元;平均每人每日工作时数缩短 0.1 小时所导致的影响额为 −177.82 元;每小时劳动生产率提高 0.916 元所导致的影响额为 2129.15 元。显然致使当年该公司生产工人劳动生产率提高的主要原因是小时劳动生产率的提高。

四、人力资源利用潜力分析

企业对人力资源的利用往往还存在诸多潜力,主要包括现有潜力和潜在潜力。所以分析企业人力资源的利用情况,不仅要分析其实际利用程度,而且还要分析其存在的潜力。

(一) 现有潜力的分析

企业现有的潜力就是通过消除企业目前在人力资源利用方面存在的不足所能释放出来的能力。例如,前面分析的劳动时间利用率未达到计划或未超过上年水平,存在着不必要的缺勤、计划外停工等现象,如果能采取相应的措施把这些问题解决,相应地便可提高一定的生产能力。

1. 提高生产工人比重的潜力

在现有生产工人劳动生产率和现有职工总数不变的条件下,提高生产工人在全部职工人数中的比重,可增加企业的产品产量 (产值)。其潜力的计算方法是:

$$\genfrac{}{}{0pt}{}{\text{提高生产工人比重可}}{\text{增加的产量 (产值)}} = \left(\genfrac{}{}{0pt}{}{\text{提高后的生}}{\text{产工人比重}} - \genfrac{}{}{0pt}{}{\text{现有生产}}{\text{工人比重}}\right) \times \genfrac{}{}{0pt}{}{\text{现有生产工人}}{\text{劳动生产率}} \times \genfrac{}{}{0pt}{}{\text{现有全部}}{\text{职工人数}}$$

2. 减少缺勤和停工时间的潜力

这方面的潜力是最明显和最直接的潜力。其计算方法是:

$$\genfrac{}{}{0pt}{}{\text{减少缺勤和停工时间}}{\text{可增加的的产量 (产值)}} = \left(\genfrac{}{}{0pt}{}{\text{缺勤减}}{\text{少工时}} + \genfrac{}{}{0pt}{}{\text{停工减}}{\text{少工时}}\right) \times \genfrac{}{}{0pt}{}{\text{报告期小时}}{\text{劳动生产率}}$$

3. 提高出勤工时利用率的潜力

提高出勤工时利用率，可以增加生产工时，从而可在其他条件不变的情况下增加产品产量（产值）。其潜力的计算方法为：

$$\begin{pmatrix} 提高出勤工时利用率 \\ 可增加的产量（产值） \end{pmatrix} = \begin{pmatrix} 提高后的出勤 \\ 工时利用率 \end{pmatrix} - \begin{pmatrix} 现有出勤工 \\ 时利用率 \end{pmatrix} \times$$

$$\begin{pmatrix} 现有出勤 \\ 总工时 \end{pmatrix} \times \begin{pmatrix} 现有工时 \\ 生产率 \end{pmatrix}$$

4. 提高工时效率的潜力

提高工时效率，就是要在单位时间里生产出更多的产品。在现有生产工时不变的条件下，提高工时效率就可以使企业的产品产量（产值）增加。其计算方法为：

$$\begin{pmatrix} 提高工时效率可增 \\ 加的产量（产值） \end{pmatrix} = \begin{pmatrix} 提高后的单 \\ 位工时产量 \end{pmatrix} - \begin{pmatrix} 现有单位 \\ 工时产量 \end{pmatrix} \times \begin{pmatrix} 现有生产 \\ 总工时 \end{pmatrix}$$

（二）与同行业先进水平相比的潜在分析

与同行业先进水平相比的潜在潜力就是企业将现有水平提高到同行业先进水平所能释放出的能力。在现实生产条件下，企业若能采取有效的措施，消除与先进水平的差距，这种潜力就会变为增产的现实。

1. 消除劳动生产率差距的潜力

在企业现有生产工人人数不变的条件下，消除企业生产工人劳动生产率与先进水平的差距，便可达到增加产量（产值）的目的。其潜力的计算方法为：

$$\begin{pmatrix} 生产工人劳动生产率达到先 \\ 进水平可增加的产量（产值） \end{pmatrix} = \begin{pmatrix} 先进企业生产工 \\ 人劳动生产率 \end{pmatrix} - \begin{pmatrix} 本企业生产工 \\ 人劳动生产率 \end{pmatrix} \times \begin{pmatrix} 本企业现有生 \\ 产工人人数 \end{pmatrix}$$

2. 消除出勤率、工时利用率和有效工时率差距的潜力

消除出勤率、工时利用率和有效工时率差距，即在其他因素不变的条件下，把本企业的出勤率、工时利用率和有效工时率都提高到本行业先进水平，使企业增产。其潜力的计算方法为：

$$\begin{pmatrix} 出勤率达到先进水平 \\ 可增加的产量（产值） \end{pmatrix} = \begin{pmatrix} 先进企业 \\ 出勤率 \end{pmatrix} - \begin{pmatrix} 本企业 \\ 出勤率 \end{pmatrix} \times \begin{pmatrix} 本企业制 \\ 度总工时 \end{pmatrix} \times \begin{pmatrix} 本企业每一出勤 \\ 工时产量（产值） \end{pmatrix}$$

又因为：

$$出勤工时 = 制度工时 \times 出勤率$$

$$\begin{pmatrix} 每一出勤工时 \\ 产量（产值） \end{pmatrix} = \frac{总产量（产值）}{出勤工时} = \frac{总产量（产值）}{制度工时 \times 出勤率}$$

所以有：

$$\begin{pmatrix} 出勤率达到先进水平 \\ 可增加的产量（产值） \end{pmatrix} = \begin{pmatrix} 先进企业 \\ 出勤率 \end{pmatrix} - \begin{pmatrix} 本企业 \\ 出勤率 \end{pmatrix} \times \frac{本企业总产量（产值）}{本企业出勤率}$$

$$\begin{pmatrix} 出勤工时利用率达到先进 \\ 水平可增加的产量（产值） \end{pmatrix} = \begin{pmatrix} 先进企业出勤 \\ 工时利用率 \end{pmatrix} - \begin{pmatrix} 本企业出勤 \\ 工时利用率 \end{pmatrix} \times \begin{pmatrix} 本企业出 \\ 勤总工时 \end{pmatrix} \times \begin{pmatrix} 本企业每一生产工 \\ 时产量（产值） \end{pmatrix}$$

因为不考虑加班加点工时，则有：

$$生产工时 = 出勤工时 \times 出勤工时利用率$$

$$\begin{pmatrix} 每一生产工时 \\ 产量（产值） \end{pmatrix} = \frac{总产量（产值）}{生产工时} = \frac{总产量（产值）}{出勤工时 \times 出勤工时利用率}$$

$$\begin{pmatrix} \text{出勤工时利用率达到先进} \\ \text{水平可增加的产量（产值）} \end{pmatrix} = \left(\begin{array}{cc} \text{先进企业出勤} \\ \text{工时利用率} \end{array} - \begin{array}{cc} \text{本企业出勤} \\ \text{工时利用率} \end{array} \right) \times \frac{\text{本企业总产量（产值）}}{\text{本企业出勤工时利用率}}$$

$$\begin{pmatrix} \text{制度工时利用率达} \\ \text{到先进水平可增加} \\ \text{的产量（产值）} \end{pmatrix} = \left(\begin{array}{cc} \text{先进企业制} \\ \text{度工时} \\ \text{利用率} \end{array} - \begin{array}{cc} \text{本企业制} \\ \text{度工时} \\ \text{利用率} \end{array} \right) \times \begin{array}{c} \text{本企业} \\ \text{制度总} \\ \text{工时} \end{array} \times \begin{array}{c} \text{本企业每一} \\ \text{生产工时产} \\ \text{量（产值）} \end{array}$$

又因为：

$$\text{生产工时} = \text{制度工时} \times \text{制度工时利用率}$$

$$\text{每一生产工时产量（产值）} = \frac{\text{总产量（产值）}}{\text{生产工时}}$$

所以有：

$$\begin{pmatrix} \text{制度工时利用率达} \\ \text{到先进水平可增加} \\ \text{的产量（产值）} \end{pmatrix} = \left(\begin{array}{cc} \text{先进企} \\ \text{业制度工} \\ \text{时利用率} \end{array} - \begin{array}{cc} \text{本企业制} \\ \text{度工时} \\ \text{利用率} \end{array} \right) \times \frac{\text{本企业承包总产量（产值）}}{\text{本企业承包制度工时利用率}}$$

$$\begin{pmatrix} \text{有效工时利用率达} \\ \text{到先进水平可增加} \\ \text{的产量（产值）} \end{pmatrix} = \left(\begin{array}{cc} \text{先进企} \\ \text{业有效} \\ \text{工时率} \end{array} - \begin{array}{cc} \text{本企业} \\ \text{有效工} \\ \text{时率} \end{array} \right) \times \begin{array}{c} \text{本企业} \\ \text{生产总} \\ \text{工时} \end{array} \times \begin{array}{c} \text{本企业每一} \\ \text{个有效工时} \\ \text{产量（产值）} \end{array}$$

又因为：

$$\text{有效工时} = \text{生产工时} \times \text{有效工时率}$$

$$\text{每一有效工时产量（产值）} = \frac{\text{总产量（产值）}}{\text{生产工时} \times \text{有效工时率}}$$

所以有：

$$\begin{pmatrix} \text{有效工时利用率达} \\ \text{到先进水平可增加} \\ \text{的产量（产值）} \end{pmatrix} = \left(\begin{array}{cc} \text{先进企} \\ \text{业有效} \\ \text{工时率} \end{array} - \begin{array}{cc} \text{本企业} \\ \text{有效工} \\ \text{时率} \end{array} \right) \times \frac{\text{本企业承包总产量（产值）}}{\text{本企业承包有效工时率}}$$

3. 与同行业先进水平相比的潜在潜力分析举例

例 6 - 7 假设 2012 年某公司和同行业先进企业的有关资料对比见表 6 - 15。

表 6 - 15 某公司 2012 年人力资源利用情况分析

项 目	先 进 企 业	本 公 司	差 距
工业增加值，万元	1200	1100	—100
生产工人人数，人	800	820	+20
生产工人年劳动生产率，元/人	15000	13415	—1585
出勤率，%	99	95	—4
出勤工时利用率，%	99.5	97	—2.5

由表 6 - 15 可见，与本行业先进水平相比，该公司当前的人力资源利用水平和效果还有一定的上升空间。其潜力的具体计算与分析如下：

（1）提高生产工人劳动生产率的增产潜力。根据表 6 - 15 资料，该公司可增加的增加值为：

$$\begin{array}{c} \text{生产工人劳动生产率达到先} \\ \text{进水平可增加的增加值} \end{array} = (15000 - 13415) \times 820 = 130 \text{（万元）}$$

（2）提高出勤率和出勤工时利用率的增产潜力。根据表 6-15 资料，该公司可增加的增加值分别为：

$$\begin{matrix} \text{出勤率达到先进水} \\ \text{平可增加的增加值} \end{matrix} = (99\% - 95\%) \times \frac{1100}{95\%} = 4\% \times \frac{1100}{95\%} = 46.3158 \text{（万元）}$$

$$\begin{matrix} \text{出勤工时利用率达到先} \\ \text{进水平可增加的增加值} \end{matrix} = (99.5\% - 97\%) \times \frac{1100}{97\%}$$

$$= 2.5\% \times \frac{1100}{97\%}$$

$$= 28.3505 \text{（万元）}$$

两者的共同影响为：46.3＋28.4＝75（万元）。

由以上计算可知，在企业原有的生产规模下，通过提高生产工人劳动生产率和提高出勤率与出勤工时利用率，可充分挖掘企业的潜在潜力，从而有效地达到增产的目的。

第二节 物力资源利用分析

企业进行正常的生产经营活动，人力资源不可缺少，然而物质资料更是缺一不可。企业物力资源就是指企业在生产过程中所消耗和占用的全部物质资料，包括劳动手段、劳动对象、能源等。物质资料的消耗过程贯穿企业的产品生产过程，企业物力资源的利用是否得当，直接影响企业生产经营的经济效益。因此，企业物力资源利用情况的分析是企业经济分析的重要内容之一。

一、物质总消耗分析

分析企业物力资源利用情况，首先要计算和分析企业生产过程中的物质消耗总水平，以综合反映企业物力资源利用的一般情况。

（一）物耗总值的计算

就工业企业而言，物耗总值就是以货币形式表现的工业生产过程中物质消耗的总量。具体包括的内容有：原材料、燃料、动力、固定资产消耗、固定资产大修理耗费以及其他物质消耗。物耗总值即上述各项物质费用之和。

（二）物耗总水平分析

1. 物耗总水平的分析指标

（1）物耗率。物耗率等于物质消耗总值与总产值之比，其计算公式为：

$$\text{物耗率} = \frac{\text{物耗总值}}{\text{总产值}} \times 100\%$$

该指标说明物力总投入与总产出之比，比值的大小直接反映了企业物耗总水平和物力资源利用的程度，即同类产品物耗率越高，说明企业物耗水平越高，物质资料产出的经济效益越差；反之则相反。

（2）百元产值物耗。它也是物耗总值与总产值之比，其计算公式为：

$$\text{百元产值物耗（元/百元）} = \frac{\text{物耗总值（元）}}{\text{总产值（万元）}} \times 100$$

该指标以绝对值表示，表明每百元产值中有多少元的物质消耗价值，或者说生产百元产值需消耗的物质资料有多少元。其经济意义与物耗率相同。

2. 物耗总水平分析内容

分析企业物耗总水平，要计算企业在报告期内实现的实际水平，还要进行动态或横向的静态对比分析，来说明企业物耗水平的变动幅度以及与先进水平的差距，这样才能正确评价本企业的物质消耗水平，进一步提高企业的经济效益。

1) 物耗率变动及其影响分析

要分析本企业物耗总水平的变动趋势及其影响效果，可通过计算物耗率指数和物耗率变动的物质费用节约额来进行。

（1）计算物耗率指数。其计算公式为：

$$物耗率指数 = \frac{报告期物耗率}{基期物耗率} \times 100\%$$

计算该指数需要注意的是，产品出厂价格和原材料购进价格变动对该指数影响较大。为了缩小这一影响，可分别计算出产品出厂价格指数和原材料购进价格指数，然后再用原材料价格指数与产品出厂价格指数的比率乘以基期物耗率，便可基本上消除价格变动的影响。如果物耗率指数大于100%，说明报告期物耗水平上升，经济效益水平下降；反之则经济效益水平上升。

（2）计算物耗率变动的影响效果。其计算公式为：

$$\begin{matrix} 由于物耗率变动而 \\ 节约的物质费用额 \end{matrix} = \left(\begin{matrix} 基期物 \\ 耗\ 率 \end{matrix} - \begin{matrix} 报告期 \\ 物耗率 \end{matrix} \right) \times \begin{matrix} 报告期 \\ 总产值 \end{matrix}$$

2) 与先进水平的差距及潜力分析

分析本企业与同行业先进水平的差距及潜力，可计算如下比较指数及影响额：

$$\begin{matrix} 与先进水平相 \\ 比的比较指数 \end{matrix} = \frac{本企业物耗率}{先进企业物耗率} \times 100\%$$

该指数值若大于100%，则说明本企业的物耗水平高于先进企业，也即经济效益低于先进企业；反之，则经济效益高于先进企业。

$$\begin{matrix} 由于物耗率差距而 \\ 增加的物质费用额 \end{matrix} = \left(\begin{matrix} 本企业 \\ 物耗率 \end{matrix} - \begin{matrix} 先进企业 \\ 物\ 耗\ 率 \end{matrix} \right) \times \begin{matrix} 本企业 \\ 总产值 \end{matrix}$$

用上述方法也可与同行业平均水平进行对比，以说明本企业物耗率的相对水平是处于较先进水平还是处于较落后水平。

二、生产设备利用分析

企业的生产设备是企业生产经营活动的最根本的物质技术基础，是企业不可缺少的劳动手段，其数量的多少、是否运用得充分合理，都会直接影响企业的生产成果。因此，企业生产设备利用状况分析是企业物力资源利用分析的核心内容，具体分析可从以下几个方面进行。

(一) 生产设备数量的利用情况分析

企业生产设备的利用首先表现为设备数量的利用。分析企业生产设备数量的利用情况，可从以下两个方面入手：

1. 生产设备数量的利用程度分析

企业生产设备数量的利用程度可以用生产设备利用率来反映。其计算公式为：

$$生产设备利用率=\frac{报告期实用设备数}{报告期现有设备数}\times100\%$$

该指标反映的是企业已实际投入生产使用的设备在报告期现有的全部生产设备中占多少。该指标值越高，说明企业生产设备数量利用得越充分。现举例说明该指标的基本分析方法。

例6-8 某企业2012年生产设备的统计资料见表6-16。

表6-16 某企业2012年生产设备台数及利用情况

指　　标	上　　年	本　　年
现有生产设备平均台数，台	200	200
实际使用生产设备平均台数，台	180	190
生产设备利用率，%	90	95

根据表6-16资料，说明与上年相比，该企业本年生产设备数量的利用程度有所提高，生产设备利用率由上年的90%提高到了95%。但本年现有设备中仍有10台没有被利用，即还存在5%的提升空间。对此，应继续分析未被利用的原因（是否是必备的备用设备），进一步提高生产设备利用率。

2. 影响生产设备数量利用的因素分析

影响企业生产设备数量利用的主要因素有：

(1) 设备停工检修。企业进行设备大修理时，需要停用设备。相应地就要提前做好设备修理的准备，如果大修理准备不充分，就会拖延修理时间，使得投入使用的设备数量（平均数）减少，最终降低设备利用率。对于中小修理，应尽量安排在班内或节假日的空闲时间修理，以免影响设备利用率。

(2) 设备发生事故。由于工人操作不慎或其他原因造成难以修复的设备损坏，也会造成企业生产设备数量利用的减少。因此，企业一定要加强设备安全操作管理，尽可能地减少或避免设备事故的发生。

(3) 生产设备过剩。企业购置生产设备时没有考虑生产能力的平衡，或者是生产规模较大幅度地缩减，就会造成部分生产设备过剩，影响设备利用率的提高。在这种情况下，企业应尽早处理过剩设备，以减少不必要的浪费。

(4) 购买的设备不合适，或企业调整生产结构，造成原有设备不再适用，也会造成设备闲置，影响设备实际利用率的提高。在这种情况下，企业也应尽早处理闲置设备，以减少不必要的浪费。

(5) 原材料、能源供应不足，不可避免地停用部分设备，这同样会影响企业设备利用率的提高。在这种情况下，企业应积极完善供应链，充分提高生产设备的利用率，减少企业经济效益的流失。

3. 提高生产设备利用率的经济效益分析

在企业单台设备产量和其他条件不变的情况下，提高生产设备利用率，就可以增加产品产量，最终为企业增加盈利。其影响额可通过下式计算：

$$由于生产设备利用率提高而增加的产品产量=\left(\begin{matrix}报告期生产\\设备利用率\end{matrix}-\begin{matrix}基期（或计划）生\\产设备利用率\end{matrix}\right)\times$$

$$\frac{报告期现有}{设备台数} \times \frac{基期（或计划）总产量}{基期（或计划）使用设备台数}$$

$$= \left(\begin{matrix}报告期生产 \\ 设备利用率\end{matrix} - \begin{matrix}基期（或计划）生 \\ 产设备利用率\end{matrix}\right) \times \begin{matrix}报告期现有 \\ 设备台数\end{matrix} \times \begin{matrix}基期（或计划） \\ 单台产量\end{matrix}$$

例6-9 依据表6-16资料，并假定该企业上年总产量为960万千克，则有：

$$\begin{matrix}由于生产设备利用率提 \\ 高而增加的产品产量\end{matrix} = (95\% - 90\%) \times 200 \times \frac{960}{180}$$

$$= 5\% \times 200 \times 53333.3$$

$$= 533333（千克）$$

以上结果表明，在单台设备产量和其他条件不变的条件下，通过提高生产设备利用率，可增产533333千克。

（二）生产设备的时间利用情况分析

生产设备对企业经济效益的影响不仅表现在数量的利用上，还表现在时间的利用上。分析企业生产设备时间的利用情况，一般情况下可用计划台时利用率；但对于一些生产必须连续作业的企业，则需用日历台时利用率。

1. 计划台时利用率分析

对于一般企业，主要考核计划台时利用率。其分析包括以下3个方面的内容：

（1）计划台时利用率分析。计划台时利用率是企业生产设备实际运转台时与计划台时之比，其计算公式为：

$$计划台时利用率 = \frac{报告期实际运转台时数}{报告期计划台时数} \times 100\%$$

式中，一个台时就是一台设备开动一个小时。计划台时数是在生产计划中预计的正常情况下生产设备应运转的台时数。实际运转台时数就是统计记录的生产设备实际动转的时间。计划台时利用率越大，生产设备的时间利用越充分。

（2）影响计划台时利用率的因素分析。影响计划台时利用率的主要因素可归纳为3个方面：

①计划外停工时间。若企业在生产中发生计划外停工，计划台时利用率就低于100%。计划外停工时间越长，设备实际运转台时数就越少，计划台时利用率也就越低。因此，减少计划外停工时间是提高计划台时利用率的有效途径。

②计划外加班工作时间。在非连续作业或非三班作业的企业，若存在生产设备计划外加班工作时间，生产设备实际运转台时数就有可能会大于计划台时数，计划台时利用率就可能会大于100%。因此，在其他条件不变的情况下，增加计划外加班工作时间可提高计划台时利用率。

③检修和修理时间。检修生产设备实际花费时间少于计划规定的时间，也会使生产设备实际运转时间超过计划台时数，使计划台时利用率超过100%。因此，提高检修和修理的效率，减少设备停用时间，是提高计划台时利用率的一个重要方法。

（3）提高计划台时利用率的经济效益分析。企业在生产设备数量和能力不变的条件下，提高计划台时利用率，就可以增加产品产量，从而提高企业的经济效益，其影响额可按下式计算：

$$\begin{array}{l}\text{由于计划台时利用率提}\\\text{高而增加的产品产量}\end{array}=\left(\begin{array}{l}\text{报告期计划}\\\text{台时利用率}\end{array}-\begin{array}{l}\text{基期计划台}\\\text{时利用率}\end{array}\right)\times\begin{array}{l}\text{报告期计}\\\text{划台时数}\end{array}\times\begin{array}{l}\text{基期平均}\\\text{每台时产量}\end{array}$$

例 6 - 10 某企业有关资料见表 6 - 17。

表 6 - 17 某企业 2012 年设备时间利用情况

项 目	上 年	本 年
总产量,千克	9852600	10626000
生产设备实际运转时间,台时	478500	483000
生产设备计划运转时间,台时	478000	480000
计划台时利用率,%	100.1	100.6
平均每台时实际产量,千克	20.6	22

根据表 6 - 17 资料计算:

$$\begin{array}{l}\text{由于计划台时利用率提}\\\text{高而增加的产品产量}\end{array}=(100.6-100.1)\times480000\times20.6=49440\text{(千克)}$$

以上结果表明,本年该企业计划台时利用率提高了 0.5 个百分点,若每台时产量保持原水平不变,产品产量可增加 49440 千克。

2. 日历台时利用率分析

对于生产连续作业的企业,生产设备也连续使用。所以要考察生产设备时间的利用情况,应根据日历台时利用率。日历台时利用率是企业报告期生产设备实际运转台时数与日历台时数之比,其计算公式为:

$$\text{日历台时利用率}=\frac{\text{生产设备实际运转台时数}}{\text{生产设备日历台时数}}\times100\%$$

式中,生产设备日历台时数就是按日历时间计算的生产设备应工作的总时间,即

$$\text{生产设备日历台时数}=\text{报告期日历天数}\times24\text{ 小时}\times\text{生产设备台数}$$

日历台时利用率的影响因素分析与影响效果分析同上。

(三) 生产设备的能力利用情况分析

生产设备对企业经济效益的影响不仅表现在台数利用和时间利用上,还表现在生产设备自身能力的利用上。在企业现有生产设备的基础上,要提升产品产量,还要进一步提高生产设备自身的效率,即要使平均每台生产设备在单位时间内创造出更多的产品。生产设备能力的利用情况往往通过其生产效率反映,多用台时产量来表示。

1. 台时产量的计算

台时产量的计算公式为:

$$\text{台时产量}=\frac{\text{总产量}}{\text{生产设备实际运转总台时数}}$$

该指标表示平均每台生产设备每小时所生产的产品数量。它反映了生产设备的效率高低,同时也综合反映了生产设备能力的利用程度。该指标数值高,说明企业生产设备能力的利用水平高。式中的总产量可用产值或定额工时产量来表示。

2. 提高台时产量的经济效益分析

提升生产设备的台时产量,在其他因素不变的情况下,也可以增加企业的产品产量,最

终提高企业的经济成果。其影响额可按下式计算：

$$\begin{array}{c}\text{由于台时产量提高}\\\text{而增加的产品产量}\end{array}=\left(\begin{array}{c}\text{报告期台}\\\text{时 产 量}\end{array}-\begin{array}{c}\text{基期台}\\\text{时产量}\end{array}\right)\times\begin{array}{c}\text{报告期生产设备}\\\text{实际运转总台时}\end{array}$$

依表 6-17 资料计算：

$$\begin{array}{c}\text{由于台时产量提高}\\\text{而增加的产品产量}\end{array}=(22-20.6)\times483000=676200（千克）$$

以上结果表明，由于该企业本年生产设备能力的利用水平提高，使平均每台时产量增加了 1.4 千克，导致总产量增加 676200 千克。

（四）生产设备生产率变动因素的分析

设备生产率是指报告期内平均每台生产设备的产量。它与台时产量不同，它受生产设备时间利用和能力利用的综合影响，它们之间的关系可用下式来表现：

$$\begin{array}{c}\text{设备生}\\\text{产 率}\end{array}=\begin{array}{c}\text{平均每台生产}\\\text{设备运转时间}\end{array}\times\begin{array}{c}\text{平均每个}\\\text{台时产量}\end{array}$$

式中，平均每台设备运转时间长度越长，说明其时间利用得越充分；平均每台时产量越高，说明生产设备能力的利用水平越高。下面举例说明其具体分析方法。

例 6-11 假定 2012 年某企业的产量和设备运转时间资料见表 6-18。

表 6-18 2012 年某企业的产量和设备运转时间

项 目	上 年	实 际
总产量，千克	9600000	10626000
生产设备数量，台	100	105
生产设备运转时间，台时	480000	483000
平均每台设备产量，千克	96000	101200
平均每台设备运转时间，小时	4800	4600
平均每台时产量，千克	20	22

根据表 6-18 资料可作如下分析。

1. 设备生产率的变动情况分析

$$\begin{array}{c}\text{设备生产}\\\text{率 指 数}\end{array}=\frac{\text{报告期设备生产率}}{\text{基期设备生产率}}\times100\%=\frac{101200}{96000}\times100\%=10.4\%$$

$$\begin{array}{c}\text{设备生产率提}\\\text{高 的 绝 对 额}\end{array}=\begin{array}{c}\text{报告期设}\\\text{备生产率}\end{array}-\begin{array}{c}\text{基期设备}\\\text{生 产 率}\end{array}=101200-96000=5200（千克/台）$$

以上结果表明，该企业本年的设备生产率比上年提高了 5.4%，平均每台设备产量增加了 5200 千克。

2. 平均每台设备运转时间的变动及其对设备生产率影响的分析

$$\begin{array}{c}\text{平均每台设备}\\\text{运转时间指数}\end{array}=\frac{\text{报告期平均每台设备运转时间}}{\text{基期平均每台设备运转时间}}\times100\%=\frac{4600}{4800}\times100\%=95.63\%$$

$$\begin{array}{c}\text{每台设备运转时间}\\\text{变化对设备生产}\\\text{率的影响额}\end{array}=\left(\begin{array}{c}\text{报告期平均}\\\text{每台设备}\\\text{运转时间}\end{array}-\begin{array}{c}\text{基期每台}\\\text{设备运}\\\text{转时间}\end{array}\right)\times\begin{array}{c}\text{基期平}\\\text{均每台}\\\text{时产量}\end{array}$$

$$= (4600-4800) \times 20$$
$$= -4000 \text{（千克）}$$

以上结果表明，与上年相比，该企业本年平均每台设备运转时间降低了 4.17%，若台时产量不变，将使设备生产率也降低 4.17%，同时使每台设备产量减少 4000 千克。

3. 平均每台时产量变动及其对设备利用率影响的分析

$$台时产量指数 = \frac{报告期每台时产量}{基期平均每台时产量} \times 100\%$$
$$= \frac{22}{20} \times 100\%$$
$$= 110\%$$

$$\begin{array}{l}由于台时产量提 \\ 高使设备生产率 \\ 提高的绝对额\end{array} = \left(\begin{array}{l}报告期平 \quad 基期平 \\ 均每台 \quad - 均每台 \\ 时产量 \quad 时产量\end{array}\right) \times \begin{array}{l}报告期平均 \\ 每台设备 \\ 运转时间\end{array}$$
$$= (22-20) \times 4600$$
$$= 9200 \text{（千克）}$$

以上结果表明，与上年相比，该企业本年平均每台时产量提高 10 个百分点，若平均每台设备运转时间不变，设备生产率也降提高 10 个百分点；所以因台时产量提高而使设备产量增加 9200 千克。

以上三者之间的关系是：

$$105.4\% = 95.83\% \times 110\%$$

5200 千克 ＝（－4000）千克＋9200 千克

以上关系表明，该企业本年设备生产率的提高，是由于平均每台设备运转时间和台时产量两个因素的共同影响，其中主要原因是台时产量的大幅提高。

（五）设备装备率与生产率变动对劳动生产率的影响分析

由于生产过程的机械化、自动化水平不断提高，工人的劳动生产率水平在相当程度上开始由生产者所运用的生产设备所决定。工人劳动生产率与生产设备的关系可用下式表示：

$$\begin{array}{l}工人劳动 \\ 生\ 产\ 率\end{array} = \frac{生产设备总值}{工人平均人数} \times \frac{总产值}{生产设备总值}$$
$$= \begin{array}{l}工人生产设 \\ 备\ 装\ 备\ 率\end{array} \times \begin{array}{l}设备生 \\ 产\ \ \ 率\end{array}$$

从上式可以看出，工人劳动生产率的高低，一方面要取决于工人生产设备的装备率，即平均每个工人拥有多少生产设备数量；另一方面还要取决于设备生产率的高低。下面举例说明工人生产设备装备率的分析方法。

例 6-12 某企业 2012 年有关资料见表 6-19，试对该企业工人劳动生产率的变动进行因素分析。

表 6-19 某企业 2012 年的产值、工人、设备及其利用情况

项　　目	上　年	本　年
总产值，万元	1412	2016
生产工人人数，人	1200	1500

项　　目	上　　年	本　　年
生产设备价值，万元	565	840
平均每名生产工人生产的产值，万元	1.1766	1.3440
平均每名生产工人装备的生产设备，万元	0.4708	0.5600
平均每万元生产设备的产值，万元	2.4991	2.4

从表 6-19 资料可以看出，该企业本年的工人劳动生产率提高到了 1674 元。这一变动是源于工人生产设备装备率提高和设备生产率降低的共同作用。为了准确反映其变动及影响，分析如下：

1. 工人劳动生产率变动及其影响的分析

$$\text{工人劳动生产率指数} = \frac{\text{报告期工人劳动生产率}}{\text{基期工人劳动生产率}} \times 100\%$$

$$= \frac{1.3440}{1.1766} \times 100\% = 114.23\%$$

$$\text{工人劳动生产率提高的绝对额} = \text{报告期工人劳动生产率} - \text{基期工人劳动生产率}$$

$$= 1.3440 - 1.1766$$

$$= 0.1674（万元）$$

以上结果表明，本年该企业的工人劳动生产率与上年相比提高了 14.23 个百分点，平均每个工人生产的产值增加了 1674 元。

2. 工人生产设备装备率变动及其影响的分析

$$\text{工人生产设备装备率指数} = \frac{\text{报告期生产工人装备率}}{\text{基期生产工人率}} \times 100\%$$

$$= \frac{0.5600}{0.4708} \times 100\%$$

$$= 118.95\%$$

$$\text{工人生产设备装备率变动对工人劳动生产率的影响额} = \left(\text{报告期工人生产设备装备率} - \text{基期工人生产设备装备率}\right) \times \text{基期平均每万元生产设备生产的产值}$$

$$= (0.5600 - 0.4708) \times 2.4991$$

$$= 0.2229（万元）$$

以上结果表明，本年该企业的工人生产设备装备率与上年相比提高了 18.95%，使得工人劳动生产率提高了 2229 元。

3. 设备生产率变动及其影响的分析

$$\text{设备生产率指数} = \frac{\text{报告期设备生产率}}{\text{基期设备生产率}} \times 100\%$$

$$= 2.4100 \div 2.4991 \times 100\%$$

$$= 96.03\%$$

$$\text{设备生产率变动对工人劳动生产率的影响额} = \left(\text{报告期设备生产率} - \text{基期设备生产率}\right) \times \text{报告期工人生产设备装备率}$$

$$= (2.4-2.4991) \times 0.5600$$
$$= -0.0555 （万元）$$

以上结果表明，本年该企业的设备生产率比上年略降低了 3.97%，这就使得工人劳动生产率降低了 555 元。

综上所述，以上 3 个方面的关系为：
$$114.23\% = 118.95\% \times 96.03\%$$
$$0.1674 万元 = 0.2229 万元 + （-0.0555）万元$$

以上关系表明，使该企业本年工人劳动生产率提高的主要原因是工人生产设备装备率的大幅提高。这说明企业生产机械化水平的提高促进了工人的生产设备装备率的提高，但设备生产率却未能得到相应的提高，这就在一定程度上限制了工人劳动生产率的进一步提高，对此还应作进一步的因素分析。

（六）生产设备数量利用、时间利用与能力利用影响效果的综合分析

在企业生产过程中，生产设备数量利用、时间利用与能力利用的影响结果最终都在产品产量的变动上体现出来。它们之间的关系可用下式表示：

$$\frac{总产量}{（产值）} = \frac{生产设}{备数量} \times \frac{平均每台设}{备运转时间} \times \frac{平均每台}{时\ 产\ 量}$$

式中，生产设备数量指的是企业实际投入生产的设备台数，反映的是生产设备数量的利用规模；平均每台设备运转时间是企业生产设备在生产中平均开动的时间跨度；平均每台时产量反映的是生产设备的生产效率。由以上关系可以看出，在其他因素不变的条件下，每个指标都与总产量成正比例，指标数值越高，对提高产量和经济效益越有利。根据以上关系可综合分析上述 3 个指标对企业经济效益的影响，下面举例说明其具体的分析方法。

例 6-13　2012 年某企业有关资料见表 6-20，试据此对企业生产设备的综合利用效果作出因素分析。

表 6-20　某企业 2012 年总产量及设备利用情况

项　　目	上　　年	本　　年
总产量，千克	9600000	10626000
生产设备数量，台	100	105
平均每台设备运转时间，小时	4800	4600
平均每台时产量，千克	20	22

根据表 6-20 资料计算与分析如下：

（1）总产量变动。

$$总产量指数 = \frac{报告期总产量}{基期总产量} \times 100\% = \frac{10626000}{9600000} \times 100\% = 110.7\%$$

$$\frac{增长绝}{对\ \ 额} = \frac{报告期}{总产量} - \frac{基期总}{产\ \ 量} = 20626000 - 9600000 = 1026000 （千克）$$

以上结果表明，本年该企业总产量比上年提高了 10.7%，绝对额增加了 1026000 千克。

（2）生产设备数量变动及其影响。

$$\frac{生产设}{备指数} = \frac{报告期生产设备台数}{基期生产设备台数} \times 100\% = \frac{105}{100} \times 100\% = 105\%$$

$$\begin{array}{l}\text{生产设备台数变动}\\\text{对总产量的影响额}\end{array}=\left(\begin{array}{l}\text{报告期生产}\\\text{设 备 台 数}\end{array}-\begin{array}{l}\text{基期生产}\\\text{设备台数}\end{array}\right)\times\begin{array}{l}\text{基期平均每台}\\\text{设备运转时间}\end{array}\times\begin{array}{l}\text{基期平均每}\\\text{台 时 产 量}\end{array}$$

$$=(105-100)\times4800\times20$$

$$=480000\text{（千克）}$$

以上结果表明，与上年相比该企业本年投入的生产设备数增加了 5%，若其他条件不变，也将使总产量增加 5%，即增加 480000 千克。

（3）平均每台设备运转时间变动及其影响。

$$\begin{array}{l}\text{平均每台设备}\\\text{运转时间指数}\end{array}=\frac{\text{报告期平均每台设备运转时间}}{\text{基期平均每台设备运转时间}}\times100\%$$

$$=\frac{4600}{4800}\times100\%$$

$$=95.83\%$$

$$\begin{array}{l}\text{平均每台设备运转时间}\\\text{变动对总产量的影响额}\end{array}=\left(\begin{array}{l}\text{报告期平均每台}\\\text{设 备 运 转 时 间}\end{array}-\begin{array}{l}\text{基期平均每台}\\\text{设备运转时间}\end{array}\right)\times\begin{array}{l}\text{报告期生产}\\\text{设 备 台 数}\end{array}\times\begin{array}{l}\text{基期平均每}\\\text{台 时 产 量}\end{array}$$

$$=(4600-4800)\times105\times20$$

$$=-420000\text{（千克）}$$

以上结果表明，该企业本年平均每台设备运转时间减少了 4.17%，在其他因素不变的条件下，也将使总产量减少 4.17%；若按报告期设备台数计算，台时产量维持基期水平不变，要使总产量减少 420000 千克。

（4）平均每台时产量变动及其影响。

$$\begin{array}{l}\text{台时产}\\\text{量指数}\end{array}=\frac{\text{报告期平均每台时产量}}{\text{基期平均每台时产量}}\times100\%$$

$$=\frac{22}{20}\times100\%$$

$$=110\%$$

$$\begin{array}{l}\text{台时产量变动对}\\\text{总产量的影响额}\end{array}=\left(\begin{array}{l}\text{报告期平均}\\\text{每台时产量}\end{array}-\begin{array}{l}\text{基期平均每}\\\text{台 时 产 量}\end{array}\right)\times\begin{array}{l}\text{报告期生产}\\\text{设 备 台 数}\end{array}\times\begin{array}{l}\text{报告期平均每台}\\\text{设 备 运 转 时 间}\end{array}$$

$$=(22-20)\times105\times4600$$

$$=966000\text{（千克）}$$

以上结果表明，与上年相比该企业本年的台时产量增长了 10%，若其他因素不变，也能使总产量增长 10%，即总产量增加 966000 千克。

综上所述，以上四者的关系是：

$$110.7\%=105\%\times95.83\%\times110\%$$

$$1026000\text{ 千克}=480000\text{ 千克}+(-420000)\text{ 千克}+966000\text{ 千克}$$

结果表明，该企业本年总产量比上年提高了 10.7%，绝对额增加了 1026000 千克，这种结果是设备台数增加 5%、平均每台设备运转时间减少 4.17%、平均每台时产量提高 10%3 个因素综合作用才产生的。其中，平均每台时产量的提高是首要影响因素，其次是设备台数的增加。同时还要看到，本年平均每台设备运转时间的减少在一定程度上制约了产品产量的进一步增加。应根据企业的实际情况作具体分析，进一步提高投入生产设备产出的经济效益。

（七）设备利用潜力分析

分析企业生产设备的利用情况，要分析其现实利用水平及效益，更要分析其存在的潜力。设备利用的潜力包括消除设备利用不充分、不合理的现有潜力；设备达到设计能力的应有潜力；与先进企业设备利用水平相比的潜力。

1. 现有潜力分析

设备利用的现有潜力包括以下 3 个方面的内容：

（1）提高设备利用率的潜力。假设企业报告期的实际设备利用率低于计划设备利用率，其增产潜力可按下式计算：

$$\text{提高设备利用率的潜力}=\left(\text{计划设备利用率}-\text{实际设备利用率}\right)\times\text{现有设备台数}\times\text{单台设备生产率}$$

（2）提高设备台时利用率的潜力。当企业报告期的计划台时利用率低于 100% 时，其增产潜力可按下式计算：

$$\text{提高设备台时利用率的潜力}=\left(100\%-\text{计划台时利用率}\right)\times\text{计划总台时}\times\text{实际台时产量}$$

（3）提高台时产量的潜力。当企业报告期的实际台时产量低于计划台时产量时，可按下式计算其增产潜力：

$$\text{提高台时产量的潜力}=\left(\text{计划台时产量}-\text{实际台时产量}\right)\times\text{设备实际运转总台时}$$

2. 与设计能力相比的潜力分析

报告期由于企业现有生产设备的生产能力没有达到设计标准，其所产生的差距就是应有的增产潜力，具体可按下式计算：

$$\text{技术潜力}=\left(\text{设计台时产量}-\text{实际台时产量}\right)\times\text{设备实际运转总台时}$$

或

$$\text{技术潜力}=\text{生产设备设计年产量}-\text{生产设备实际年产量}$$

3. 与先进水平相比的潜力分析

与先进水平相比的潜力就是同先进企业设备利用水平之间产生的差距，具体可从以下不同角度来计算增产潜力。

（1）设备利用率差距的潜力，可按下式计算：

$$\text{设备利用率差距的潜力}=\left(\text{同行业先进企业设备利用率}-\text{本企业设备利用率}\right)\times\text{本企业现有设备台数}\times\text{本企业设备生产率}$$

（2）设备台时利用率差距的潜力，可按下式计算：

$$\text{设备台时利用率差距的潜力}=\left(\text{同行业先进企业设备台时利用率}-\text{本企业设备台时利用率}\right)\times\text{本企业设备制度台时数}\times\text{本企业台时产量}$$

其中：

$$\text{设备台时利用率}=\frac{\text{实际运转总台时}}{\text{制度总台时}}\times 100\%$$

制度总台时是以企业制度工作日数和每天平均工作时数为基础计算的生产设备应工作的总时数。

（3）设备生产率差距的潜力，可按下式计算：

$$\text{设备生产率差距的潜力}=\left(\text{同行业先进企业设备生产率}-\text{本企业设备生产率}\right)\times\text{本企业现有设备数}$$

(4）台时产量差距的潜力，可按下式计算：

$$台时产量差\atop距的潜力 = \left({同行业先进企\atop 业台时产量} - {本企业台\atop 时产量}\right) \times {本企业实际\atop 运转总台时}$$

三、原材料与能源利用分析

原材料、能源等也是企业进行生产经营活动不可缺少的物质条件，其利用是否充分合理也同样影响着企业的经济效益。因此，原材料、能源利用情况分析也是企业物力资源利用情况分析的一项重要内容。

（一）原材料利用分析

原材料消耗是企业整个物质消耗过程中最重要的部分，原材料消耗水平的变动直接影响企业的成本水平，并进而影响经济效益。因此，企业物力资源利用情况分析不可忽视原材料的消耗分析。这里主要讲的是企业原材料单耗水平和利用率的分析。

1. 单位产品原材料消耗量的分析

单位产品原材料消耗量是企业生产单位产品所耗用的原材料数量，简称原材料单耗，是反映企业原材料利用情况的基本指标之一。分析企业原材料的单耗水平可从以下三个方面进行。

1）原材料消耗定额执行情况的分析

原材料消耗定额是生产单位产品（或完成单位工作量）合理消耗原材料的数量标准。它是预测企业原材料需用量和编报企业物资供应计划的基础，是监督企业合理投放原材料的工具，也是有效控制产品成本的重要途径。分析原材料消耗定额的执行情况，主要通过原材料消耗定额指数来反映原材料消耗定额的完成程度，并具体分析其影响效果。具体计算需要分以下 4 种情况：

（1）一种材料生产一种产品。

$$原材料消耗定额指数 = \frac{单位产品的某种原材料实际消耗量}{某种原材料消耗定额} \times 100\%$$

由于原材料消耗定额属于最高限额类的计划指标，因而原材料消耗定额指数小于 100％ 才是超额完成定额，也说明节约了原材料；原材料消耗定额指数若大于 100％，则意味着未完成定额，说明浪费了原材料。

下面举例说明原材料消耗的计算与分析方法。

例 6-14 某企业 2012 年 4 月份生产电动机 1000 台，矽钢片的总消耗量为 20 吨，矽钢片消耗定额为 22 千克，则：

$$矽钢片实际单耗 = \frac{20000}{1000} = 20（千克）$$

$$矽钢片消耗定额指数 = \frac{20}{22} \times 100\% = 90.9\%$$

以上结果说明，该企业 4 月份矽钢片的单耗比定额节约了 9.1％，其影响效果是：

$$由于原材料单耗降低\atop 而节约的原材料数量 = \left({消耗\atop 定额} - {实际\atop 单耗}\right) \times {实际\atop 产量} = (22-20) \times 1000 = 2000（千克）$$

$$节约的原材料数量\atop 可增加的产品产量 = \frac{由于原材料单耗节约的原材料数量}{实际单耗} = \frac{2000}{20} = 100（台）$$

（2）一种材料生产多种产品。

$$原材料消耗\\定额指数=\frac{\sum 某种产品实际单耗\times 某种产品产量}{某种产品消耗定额\times 某种产品产量}\times 100\%$$

$$=\frac{某种原材料实际总消耗量}{某种原材料定额总消耗量}\times 100\%$$

$$由于原材料单耗降低\\而节约的原材料数量=\frac{某种原材料定}{额总消耗量}-\frac{某种原材料实}{际总消耗量}$$

例6-15 某企业生产甲、乙、丙3种产品，3种产品共同耗用A材料，本期产量、消耗定额及实际消耗资料见表6-21。

表6-21 某企业一种材料A生产多种产品产量、材料消耗情况

产品名称	产　　量	定额单耗千克	定额消耗量千克	实际单耗千克	实际总消耗量千克	消耗定额指数%
甲	1000	7.5	7500	8	8000	106.7
乙	2000	10	20000	9	18000	90.0
丙	3000	15	45000	14	42000	93.3
合计	—	—	72500	—	68000	93.8

根据表6-21资料计算：

$$A材料消耗定额指数=\frac{68000}{72500}\times 100\%=93.8\%$$

$$由于原材料单耗降低\\而节约的A材料数量=72500-68000=4500（千克）$$

以上结果表明，与定额相比，该企业本期A材料的实际消耗水平降低了6.2%，节约A材料4500千克。但从各产品的具体消耗（表6-21）来看，甲产品的单耗水平仍高出定额6.7%，对此还应做进一步的调查，充分挖掘其降低的潜力。

（3）多种材料生产一种产品。

$$原材料消耗\\定额指数=\frac{\sum（原材料实际单耗\times 某种原材料单价）}{\sum（某种原材料消耗定额\times 某种原材料单价）}\times 100\%$$

$$=\frac{单位产品的各种原材料实际费用}{单位产品的各种原材料定额费用}\times 100\%$$

$$由于原材料单耗降低\\而节约的原材料费用=\left(\frac{单位产品的各种}{原材料定额费用}-\frac{单位产品的各种}{原材料实际费用}\right)\times\frac{产品}{产量}$$

例6-16 某企业生产甲产品需用A、B、C 3种原材料。报告期共生产甲产品800吨，各种原材料消耗资料见表6-22。

表6-22 某企业多种材料只生产一种产品甲的材料消耗情况

材料名称	材料单价元/吨	消耗定额吨	实际总耗用量吨	实际单耗吨	单位产品的材料费用，元	
					定　　额	实　　际
A	50	2.5	2080	2.6	125	130
B	24	1.8	1200	1.5	43.2	36
C	35	0.8	560	0.8	28	24.5
合计	—	—	—	—	196.2	190.5

根据表 6-22 资料计算：

$$原材料消耗定额指数 = \frac{190.5}{196.2} \times 100\% = 97.1\%$$

$$\begin{matrix}由于原材料消耗水平降\\低而节约的原材料费用\end{matrix} = (196.2 - 190.5) \times 800$$

$$= 4560（元）$$

以上结果表明，与定额相比，报告期该企业 A、B、C 3 种原材料的综合单耗降低了 2.9%，节约原材料费用 4560 元。但从表 6-22 可以看出，A 材料的消耗超过了定额，所以应对此作进一步分析。

（4）多种原材料生产多种产品。

$$\begin{matrix}原材料消耗\\定 \quad 额 \quad 指 \quad 数\end{matrix} = \frac{\sum 某单位产品消耗不同原材料的实际费用}{\sum 某单位产品消耗不同原材料的定额费用} \times 100\%$$

$$\begin{matrix}由于原材料单耗降低\\而节约的原材料费用\end{matrix} = \sum \left(\begin{matrix}某单位产品消耗不同\\原材料的定额费用\end{matrix} - \begin{matrix}某单位产品消耗不同\\原材料的实际费用\end{matrix} \right) \times \begin{matrix}某产品\\产 \quad 量\end{matrix}$$

例 6-17 某企业生产甲、乙 2 种产品，共同耗用 A、B 2 种不同原材料，本期生产甲产品 200 台，乙产品 100 台，单位产品消耗定额和实际消耗资料见表 6-23。

表 6-23 某企业多种材料生产多种产品材料消耗情况

项 目		单 价 元/吨	消耗定额 千克/台	实际耗用量 千克	实际单耗 千克/台	单位产品的材料费用，元	
						定 额	实 际
甲产品	A材料	60	20	3900	19.5	1200	1170
	B材料	50	32	6000	30	1600	1500
	小计	—	—	—	—	2800	2670
乙产品	A材料	60	28	2900	29	1680	1740
	B材料	50	20	1800	18	1000	900
	小计	—	—	—	—	2680	2640
合计		—	—	—	—	5480	5310

根据表 6-23 资料计算：

$$\begin{matrix}原材料消耗\\定 \quad 额 \quad 指 \quad 数\end{matrix} = \frac{2670 + 2640}{2800 + 2680} \times 100\%$$

$$= \frac{5310}{5480} \times 100\%$$

$$= 96.9\%$$

$$\begin{matrix}由于原材料单耗降低\\而节约的原材料费用额\end{matrix} = (2800 - 2670) \times 200 + (2860 - 2640) \times 100$$

$$= 26000 + 4000$$

$$= 30000（元）$$

以上结果表明，该企业本期的原材料综合单耗水平比定额降低了 3.1 个百分点，节约原材料费用 30000 元。但从表 6-23 可以看出，乙产品的 A 材料消耗超出了定额，对此应作进一步分析。

2）单耗水平的纵向和横向对比分析

为研究企业单位产品原材料消耗水平的变动方向、程度及其影响结果，可通过计算单位产品原材料消耗量的动态指数和因原材料单耗变动而节约的原材料费用（或实物量）来反映。其计算与分析方法与原材料消耗定额执行情况分析基本相同，只要将前述方法中的"定额"换成"基期实际"即可。为了发现本企业在原材料利用方面的问题，还可以和同类企业或同行业先进水平进行对比分析。对比分析的具体方法也与原材料消耗定额执行情况分析基本相同，只不过是把对比的对象由消耗定额换为同类企业平均水平或同行业先进水平。

3）影响单位产品原材料消耗量的因素分析

影响原材料单耗的因素一般有：原材料（包括附件）的质量和规格；工艺和操作方法；生产工作质量；生产过程对领入材料的管理；原材料的综合利用和代用；产品设计。

在实际分析时，应依据企业报告期的实际生产经营情况，找出其中主要的影响条件，进一步降低原材料消耗，提高企业的经济效益。

2. 原材料利用率的分析

有些企业利用原材料利用率指标来考核原材料的利用程度。所谓原材料利用率，是指企业生产中投入的原材料数量与已构成产品实体的材料数量之间的比率。具体分析可从以下两个方面进行：

1）原材料利用率的计算与分析

原材料利用率计算公式的基本形式为：

$$\text{原材料利用率} = \frac{\text{产品中所含原材料的数量}}{\text{投入原材料的数量}} \times 100\%$$

原材料利用率在不同行业有不同的名称，如加工业中的"钢材利用率"、"木材利用率"，冶金工业的"回收率"，纺织工业的"制成率"，轧钢工业的"成材率"，化学工业的"提取率"等。它们的名称虽然不同，但反映的都是原材料在生产中被利用的程度。该指标数值越大，说明原材料在生产中被利用的程度越大。

2）原材料利用率的变动及其影响效果分析

利用不同时期的原材料利用率进行对比，了解企业原材料利用率的变化过程和趋势，并具体测算其变动的影响效果。

（1）原材料利用率指数的计算与分析。要反映原材料利用率的变动趋势和变动幅度，可以通过计算原材料利用率指数：

$$\text{原材料利用率指数} = \frac{\text{报告期原材料利用率}}{\text{基期原材料利用率}} \times 100\%$$

该指标值若大于100%，说明企业报告期的原材料利用率有所提高，对企业经济效益将起到促进作用；若小于100%，则说明企业报告期的原材料利用率下降了，原材料的利用有一定的浪费，将阻碍企业经济效益的增长。

（2）材料利用率变动的影响效果。企业的经济效益受原材料利用率变动的直接影响，其具体影响可以从以下两个方面来分析：

第一，从节约方面来分析：

$$\text{由于原材料利用率提高而节约的原材料数量} = \frac{\text{报告期产品中所含原材料数量}}{\text{基期原材料利用率}} - \text{报告期实际投入原材料总量}$$

第二，从增产方面来分析：

$$\text{由于原材料利用率提高而增加的产品产量} = \frac{(\text{报告期原材料利用率} - \text{基期原材料利用率}) \times \text{报告期实际投入原材料总量}}{\text{报告期单位产品所含原材料数量}}$$

$$= \frac{\text{由于原材料利用率提高}}{\text{报告期单位产品所含原材料数量}} \times \frac{\text{基期原材}}{\text{料利用率}}$$

例 6-18 某加工企业原材料投入数量和生产的产品产量资料见表 6-24。

表 6-24 某企业原材料投入及产品产量资料

项 目	上 年	本 年
原材料投入数量，千克	10000	12048
合格产品数量，件	20000	30000
单件产品质量，千克	0.4	0.35
合格产品总质量，千克	8000	10500
原材料利用率，%	80	87.15

根据表 6-24 计算：

$$\frac{\text{原材料利}}{\text{用率指数}} = \frac{87.15\%}{80\%} \times 100\% = 108.96\%$$

$$\frac{\text{由于原材料利用率提高}}{\text{而节约的原材料数量}} = \frac{10500}{80\%} - 12048 = 13125 - 12048 = 1077 \text{（千克）}$$

$$\frac{\text{由于原材料利用率提}}{\text{高可增加的产品产量}} = \frac{(87.15\% - 80\%) \times 12048}{0.35} = 2461 \text{（件）}$$

或

$$= \frac{1077 \times 80\%}{0.35} = 2461 \text{（件）}$$

以上结果表明，与上年相比，该企业本年的原材料利用率提高了 8.96 个百分点，节约原材料 1077 千克，相当于多生产 2461 件产品。

（二）能源利用分析

能源包括各种燃料和电力。从宏观来看，能源是人类生存和社会发展的重要物质基础；从微观来看，能源是企业生产经营的动力来源，是企业最重要的生产要素之一。因此，对企业生产经营中的能源消耗情况及时进行分析，尽力做到节约能源，既是企业物力资源利用分析的一项重要内容，也是企业经济分析的一项长期任务。

1. 能源利用的综合分析

综合分析企业各种能源的利用情况，可利用综合能耗指标。具体分析包括以下两个方面的内容。

1）综合能耗指标的计算与分析

通常使用的综合能耗指标有以下 2 个：

（1）单位产品综合能源消耗量。单位产品综合能源消耗量是指企业在报告期内生产单位产品平均消耗的各种能源数量，其计算公式为：

$$\frac{\text{单位产品产量综}}{\text{合能源消耗量}} = \frac{\text{某种产品综合能源消耗总量（标准煤：吨）}}{\text{某种合格产品产量}}$$

该指标全面体现了企业投入的能源与产出的产品之间的比例关系，综合反映了企业的能源利用水平。该指标数值越大，说明企业能源的利用效率越低，能源消耗的经济效益越差；反之，则说明企业能源利用效率越高，能源消耗的经济效益越好。该指标可比性较强，但只能反映某一种产品的综合能耗水平。

（2）万元产值综合能源消耗量指标。对于生产多样产品的企业，要全面反映每种产品的综合能耗情况，可使用万元产值综合能源消耗量指标。其计算公式为：

$$\frac{万元产值综合}{能源消耗量}=\frac{各种产品综合能源消耗量（标准煤：吨）}{总产值（万元）}$$

该指标与单位产品产量综合能源消耗量指标相比，具有更强的综合性，其经济意义与单位产品产量综合能源消耗量指标基本相同。但使用时应注意：该指标在不同时期之间对比时受产品价格变化的影响；在不同企业之间对比时受产品结构不同的影响。因此，进行动态对比分析时，要采用不变价格或价格指数把不同时期产品价格变动的影响消除；进行横向对比分析时，选择产品结构相同或相近的企业作为比较对象。

2）综合能源消耗量变动及其影响效果分析

要反映企业综合能耗的变动及其影响效果，可通过计算综合能耗指数、综合能耗变动增加或节约的能源数量以及可增加的产品产量来表示。具体可分以下 2 项内容。

（1）单位产品综合能源消耗量变动分析。

$$\frac{单位产品综合能}{源消耗量指数}=\frac{报告期单位产品综合能源消耗量}{基期单位产品综合能源消耗量}\times100\%$$

$$\begin{matrix}由于单位产品能耗变动而增\\加（＋）或节约（－）的能源数量\end{matrix}=\left(\begin{matrix}报告期单位产品\\综合能源消耗量\end{matrix}-\begin{matrix}基期单位产品综\\合能源消耗量\end{matrix}\right)\times\begin{matrix}报告期产\\品产量\end{matrix}$$

$$\begin{matrix}由于单位产品能耗变动\\损失或增加的产品产量\end{matrix}=\frac{由于单位产品能耗变动增加或节约能源数量}{报告期单位产品综合能源消耗量}$$

（2）万元产值综合能源消耗量变动分析。

$$\frac{万元产值综合能}{源消耗量指数}=\frac{报告期万元产值综合能源消耗量}{基期万元产值综合能源消耗量}\times100\%$$

$$\begin{matrix}由于万元产值能耗变动增加\\（＋）或节约（－）的能源数量\end{matrix}=\left(\begin{matrix}报告期万元产值\\综合能源消耗量\end{matrix}-\begin{matrix}基期万元产值综\\合能源消耗量\end{matrix}\right)\times\begin{matrix}报告期总\\产值（万元）\end{matrix}$$

$$\begin{matrix}由于万元产值能耗变动损\\失或增加的产值（万元）\end{matrix}=\frac{由于万元产值能耗变动增加或节约的能源数量}{报告期万元产值综合能源消耗量}$$

上述综合能耗指数可以反映综合能耗的变动趋势和幅度。如果指数值大于 100％，表明企业报告期的综合能耗得到提升，能源的利用效率下降了；反之，则说明企业报告期的综合能耗下降了，能源的利用效率得到提高。指数值与 100％相差越远，说明企业报告期的综合能耗变动越大，对企业经济效益的影响也越大。上述测算的能耗变动的实际影响效果表明了降低能源消耗对企业经济效益的具体影响。

（3）综合能耗的静态对比分析。为了正确分析和评价企业报告期的综合能耗水平，除进行上述动态对比分析以外，还可和计划指标、同行业先进水平进行对比分析。对比分析的方法与上述动态分析基本相同，具体分析时只需把"基期"换为"计划"或"先进水平"即可。

2. 燃料和电力利用的分析

要具体、全面地反映各种燃料和电力的消耗水平与利用效果，可根据企业生产经营的特点，分别利用燃料（或某一种燃料）、电力计算单位产品消耗量和万元产值消耗量指标来反映。计算和分析的方法与"能源利用的综合分析"基本相同，只不过是把前述的"综合能源"换为"专项能源"，这里不再重述。

（1）企业必须定期分析单位产品能耗指标的变动状况，以便考核企业各部门节能效果。

单位产品耗电量计算公式为：

$$\text{单位产品耗电量} = \frac{\text{收入电量} - \text{转供电量} - \text{非生产用电}}{\text{本期产品产量}}$$

例 6-19　某化肥厂本期生产合成氨 10000 吨，收入电量 20500000 度，转供电量 1000000 度，非生产用电 1200000 度，则本期实际单位产品耗电量为：

$$\frac{20500000 - 1000000 - 1200000}{10000} = 1830 \text{（度/吨）}$$

如果该企业上期实际电力单耗为 1920 度/吨，消耗定额为 1775 度/吨，历史最好水平为 1740 度/吨，同类企业先进水平为 1720 度/吨，则：

$$\text{消耗定额完成情况} = \frac{1830}{1775} \times 100\% = 103.10\%$$

$$\text{单耗动态发展速度} = \frac{1830}{1920} \times 100\% = 95.31\%$$

$$\text{实际单耗与历史先进水平比} = \frac{1830}{1740} \times 100\% = 105.17\%$$

$$\text{实际单耗与同行先进水平比} = \frac{1830}{1720} \times 100\% = 106.40\%$$

上述对比分析表明，本期每吨合成氨电力消耗比消耗定额多耗 3.1 个百分点，与上期相比降低了 4.69 个百分点，与该企业历史最好水平相比多耗 5.17 个百分点，超过同行业先进水平 6.4 个百分点。说明该企业本期电力消耗偏高，与同行业先进水平相比相差甚远。

（2）节约电能经济效果的计算公式为：

$$\text{本期电力消耗节约（超支）额（元）} = \left[\text{报告期单位产品耗电量（度）} - \text{基期单位产品耗电量（度）}\right] \times \text{报告期产品产量} \times \text{每度电价}$$

例如，现行电价为 0.45 元/度，该企业本期与上期相比，节约额如下：

$$(1920 - 1830) \times 10000 \times 0.45 = 40500 \text{（元）}$$

企业应当定期分析电力利用情况，强化计划用电，实施定额管理，同时要狠抓产品质量，努力降低单位产品耗能。这是提高能源利用经济效果的关键。

复习思考题

1. 分析企业人力资源配置状况应从哪些方面着手进行？
2. 进行劳动时间利用情况分析时应当注意哪些问题？
3. 企业如何提高劳动生产率？
4. 怎样分析和挖掘企业人力资源利用的潜力？
5. 物质总消耗包括哪些方面？
6. 影响企业生产设备数量利用的主要因素有哪些？
7. 分析生产设备的时间利用情况的指标有哪些？
8. 如何分析和挖掘企业设备利用的潜力？
9. 进行企业原材料利用分析时主要采用哪些指标？如何充分利用企业的原材料？
10. 进行企业能源利用分析时主要采用哪些指标？如何充分提高企业的能源利用率？
11. 假设某公司 2013 年 2 月份的工时统计资料如下：

生产工人人数及劳动时间		缺勤、停工和非生产时间		
项 目	数 量	项 目	工 时	占总数,%
生产工人人数	875	缺勤总工时	5305	100
制度工日总数	22750	其中:病假	3452	65.07
制度工时总数	182000	产假	825	15.55
出勤总工时	176695	工伤	16	0.30
生产工时数	169872	事假	435	8.20
有效工时总数	166986	探亲假	356	6.71
无效工时数	2886	旷工	24	0.45
其中:废品	1679	其他	197	3.71
返修品	1117	停工总工时	5223	100
		其中:停电	2150	41.16
		待料	1358	26.00
		检修	285	5.46
		事故	752	14.40
		其他	678	12.98
		非生产工时	1600	100
		其中:军训	326	20.38
		开会	524	32.75
		出差	650	40.63
		其他	100	6.25

根据上述资料,计算与分析如下:(1)工人出勤率;(2)工时利用率;(3)有效工时率。

12. 某公司 2012 年工业总产值和职工人数资料如下:

项 目	上 年	本 年
工业总产值,万元	1800	2220
全厂职工平均人数,人	1100	1300
生产工人平均人数,人	900	935

根据资料计算分析如下:

(1)编制某公司 2012 年劳动生产率分析表;

(2)对生产工人劳动生产率变动情况进行分析。

13. 假设 2012 年某公司和同行业先进企业的有关资料对比如下:

项 目	先 进 企 业	本 公 司
工业增加值,万元	1500	1300
生产工人人数,人	810	850
生产工人年劳动生产率,元/人	18519	15294
出勤率,%	99	94
出勤工时利用率,%	99.5	95

请分析该企业人力资源的潜力。

14. 假定 2012 年某企业的产量和设备运转时间资料如下：

项　　目	上　　年	实　　际
总产量，千克	9785000	11786000
生产设备数量，台	100	105
生产设备运转时间，台时	491000	583600
平均每台设备产量，千克	98750	112247.62
平均每台设备运转时间，小时	4910	5558.1
平均每台时产量，千克	19.93	20.2

根据资料做如下分析：

(1) 分析设备生产率的变动情况；

(2) 分析平均每台设备运转时间的变动及其对设备生产率的影响；

(3) 分析平均每台时产量变动及其对设备利用率的影响。

第七章 投融资活动分析

在市场经济条件下，企业从事生产经营活动必须得拥有足够的财力资源，以保证生产经营活动的顺利进行。随着企业生产经营活动的持续进行，企业财力资源处于不断循环周转中，任何环节发生资金短缺都会影响企业的经济效益。因此，要求企业必须要合理配置各种形态的资产，保证资金周转畅通无阻，以提高财力资源的利用效率，取得最佳的经济效益。企业财力资源的获得是通过企业的融资活动实现的，而企业的财力资源的利用则是通过企业的投资活动进行的。本章将分析企业的投融资活动。

第一节 企业投融资活动的总体分析

可以利用企业的资产负债表所提供的信息对企业财力资源获得与使用情况进行分析。

一、企业财力资源利用的变动分析

分析评价企业一定时期的财力资源利用及其变动情况，主要依据企业定期编制的资产负债表（表7-1）和财务状况变动表。

表7-1 工业企业资产负债表

编制单位： ×××公司 2012年12月31日　　　　　　　　　　　　　　　　　元

资　产	年初数	期末数	负债及所有者权益	年初数	期末数
流动资产：			流动负债：		
货币资金	21000	8000	短期借款	38000	44500
短期投资	10000	15000	应付票据	28000	31000
应收票据	12000	23000	应付账款	25200	23600
应收账款	19600	24120	预收账款	2800	2400
减：坏账准备	100	120	其他应付款	5000	7000
应收账款净额	19500	24000	应付工资	14500	16900
预付账款			应付福利费	2000	2200
其他应收款	7500	10000	应交税金	4900	5000
存货	137000	156000	应付利润	5000	6400
待摊费用	13000	12000	其他应交款	300	400
待处理流动资产净损失	—	—	预交费用	7300	4600
一年内到期的长期投资			一年内到期的长期负债		
其他流动资产	—	—	其他流动负债	—	—
流动资产合计	220000	248000	流动负债合计	133000	144000
非流动资产：			长期负债：		
长期投资	10000	13000	长期借款	25000	34000

资　产	年　初　数	期　末　数	负债及所有者权益	年　初　数	期　末　数
			应付债券	18500	46200
固定资产原价	52400	576400	长期应付款	14500	11000
减：累计折旧	153000	198000	其他长期负债	—	—
固定资产净值	371000	378400	长期负债合计	58000	91200
固定资产清理	—	—	所有者权益：		
在建工程	147000	164200	实收资本	500000	500000
待处理固定资产净损失	—	—	资本公积	80000	80000
固定资产合计	518000	542600	盈余公积	27000	39000
无形资产	53000	50600	未分配利润	20000	22000
递延资产	17000	22000	所有者权益合计	327000	641000
其他长期资产	—	—			
非流动资产合计	598000	628200			
资产总计	818000	876200	负债及所有者权益总计	818000	876200

根据表7-1资料，要对企业财力资源的利用状况进行总体评价，就需同本企业前期、上年同期、本期计划、历史最好水平或同行业先进水平等相应资料进行对比分析。现分别举例说明如下。

（一）资产、权益增减的变动分析

为全面反映企业资产和权益在不同时期的增减变动情况，判断企业资金实力的增长状况及其变动方向，可编制比较资产负债表来进行横向对比分析。

例7-1　以表7-1资产负债表中年末数同年初数对比，分析企业各项资产、权益比上年的增减变化，对比结果见表7-2。

2012年12月31日　　　　　**表7-2　比较资产负债表**　　　　　元

项　　目	本　年　度	上　年　度	增减金额	增减百分数,%	变动比率
资产					
流动资产：					
货币资金	8000	21000	-1300	-61.9	0.38
短期投资	15000	10000	5000	50.00	1.50
应收票据	23000	12000	11000	91.67	1.23
应收账款	24120	19600	4520	23.06	1.23
减：坏账准备	120	100	20	20.00	1.20
应收账款净额	24000	195000	4500	23.08	1.23
其他应收款	10000	7500	2500	33.33	1.33
存货	156000	137000	19000	13.87	1.14
待摊费用	12000	13000	-1000	-7.77	0.92
流动资产合计	248000	220000	28000	12.73	1.13

项　目	本　年　度	上　年　度	增减金额	增减百分数,%	变动比率
非流动资产:					
长期投资	13000	10000	3000	30.00	1.30
固定资产原价	576400	524000	52400	10.00	1.10
减:累计折旧	198000	153000	45000	29.41	1.29
固定资产净值	378400	371000	7400	1.99	1.02
在建工程	164200	147000	17200	11.70	1.12
固定资产小计	542600	518000	24600	4.75	1.05
无形资产	50600	53000	—2400	—4.53	0.95
递延资产	22000	17000	5000	29.41	1.29
非流动资产合计	628200	598000	58200	7.11	1.07
资产总计	876200	818000	58200	7.11	1.07
负债及所有者权益					
流动负债:					
短期借款	44500	38000	6500	17.11	1.17
应付票据	31000	28000	6500	10.71	1.17
应付账款	23600	25200	—1600	6.35	0.94
预收账款	2400	2800	—400	14.29	0.86
其他应付款	7000	5000	2000	40.00	1.40
应付工资	16900	14500	2400	16.55	1.17
应付福利费	2200	2000	200	10.00	1.10
应付税金	5000	4900	100	2.04	1.02
应付利润	6400	5000	1400	28.00	1.28
其他应交款	400	300	100	33.33	1.33
预提费用	4600	7300	—2700	—36.99	0.63
流动负债合计	144000	133000	11000	8.28	1.08
长期负债:					
长期借款	34000	25000	9000	36.00	1.36
应付债券	46200	18500	27700	149.73	2.50
长期应付款	11000	14500	—3500	—24.14	0.76
长期负债合计	91200	58000	33200	57.24	1.57
所有者权益:					
实收资本	500000	500000	—	—	1.00
资本公积	80000	80000	—	—	1.00
盈余公积	39000	27000	12000	44.44	1.44
未分配利润	22000	2000	10	1.10	
所有者权益合计	641000	627000	14000	2.23	1.02
负债及所有者权益总计	876200	818000	58200	7011	1.07

由表 7-2 可见，报告期企业资产、负债和所有者权益的各个项目都发生了不同方向、不同程度的变化。为了突出地反映企业资产和权益的增减变动情况，可进一步编制资产权益变动分析表。

例 7-2 仍以表 7-1 资产负债表的资料为例，编制资产权益变动分析表见表 7-3。

表 7-3 资产、权益变动分析表　　　　　　　　　　　元

项　　目	年　初　数	期　末　数	增减金额	增减,%	变动比率
流动资产	220000	248000	28000	12.73	1.13
长期投资	10000	13000	3000	30.00	1.30
固定资产	518000	542600	24600	4.75	1.05
无形资产	53000	50600	−2400	−4.53	0.95
递延资产	17000	22000	5000	29.41	1.29
非流动资产合计	598000	628200	30200	5.06	1.05
资产总计	818000	876200	58200	7.11	1.07
流动负债	133000	144000	11000	8.27	1.08
长期负债	58000	91200	33200	57.24	1.57
负债合计	191000	235200	44200	23.14	1.23
所有者权益	627000	641000	14000	2.23	1.02
负债及所有者权益	818000	876200	58200	7.11	1.07

根据表 7-3 中的对比，可作出以下基本判断：

(1) 与上年相比，企业资产、权益总额本年增加 58200 元，增长 7.11%，说明从总体上来看本年企业资金实力有所增长。但从各项资产、权益看，它们有增有减，增减程度也各不相同。

(2) 资产项目中流动资产增长幅度超过了非流动资产。这种情形在一般情况下应该是合理的，但还需要结合企业的生产经营状况作进一步分析。非流动资产中的长期投资、递延资产虽然增长较快，但由于其数额小，对非流动资产的增长影响也较小，所以固定资产增幅较小和无形资产的减少才是影响非流动资产增长速度的主要原因。

(3) 企业的负债与上年相比有较大增幅，增长率达到 23.14%，特别是长期负债的增长率高达 57.24%。所有者权益的增长率仅为 2.23%。这种情况表明，企业本期资金实力的增长主要是由于负债的增加，在一定程度上也导致了财务风险的增长。

根据资产、权益变动状况评价企业的财务状况时，需要注意以下几个方面的问题：

(1) 应当根据企业生产经营发展的特定情况和财务管理目标要求，评价资产、权益增减变化所显示的财务状况及其变动趋势，详见表 7-4。

表 7-4 财务状况变动类型表

类　型	财务状况优化			财务状况恶化		
变化种类	1	2	3	4	5	6
资产	+	+		+	−	−
负债	−	+		+	+	−
所有者权益	+	+	+	−	−	−

如果一个企业生产经营一段时期后资产和所有者权益都减少了，而负债却增加了（如上述第 6 种情况），企业一般是发生了亏损。如果任这种亏损发展，就会发生资产偿还不了到期负债的可能，导致倒闭破产的危险，所以这种情况表明企业财务状况在恶化；反之，则表明企业自有资金实力增加，财务状况良好。以上举例的企业，其资产、权益变化显然是第 2种情况。虽然资产、负债都增加了，但是资产总额增加 58200 元，超过了负债的增加额44200 元，使得所有者权益（净资产）增加了 14000 元。这种变化则表明该企业财务状况良好。

（2）应当联系该期间生产经营活动成果的增减变化，判断资产和权益总额变动的合理性和效益性。例如，将企业资产、资本总额的增减程度同该期间的销售收入、利润相比较，分析增资后是否取得了相应的效益。假定上例企业销售收入比上年同期增长 10.4%，明显地超过了 7.11% 的资产总额增长率，这一结果表明企业增资少，增收多，企业提高了经济效益。

在进行上述对比分析时，应当注意资产总额中既要包括随着生产经营成果增减而变动的资产项目，又要包括不随着企业生产经营成果变动而增减的资产项目。据此，资产按照与生产经营成果变动的关系可分为变动性资产和固定性资产。假定上例表 7 - 4 中流动资产为变动性资产，与上期相比增长了 12.73%，同时假定上例企业的销售收入增长率为 10.4%，则表明流动资产增速过快，流动资金的使用效益相对降低了。

在对企业资产、权益变动分析时，还应考虑到反映生产经营成果的各项指标增减的原由及其对资产、权益增减的影响。如产品销售收入增幅较大，其中可能有销售价格变动的影响。当扣除销售价格的影响后，也可能会出现增资减收的情况。又如，当企业调整产品结构，开发新产品，淘汰名产品时，就会出现减产的情况；与此同时，为了保证新产品顺利投产，就会增加存货储备，原来为名产品储备的原材料等存货还未来得及处理，这样就会出现减产增资的情况。因此，在评价资产、权益增减变动的合理性时，应密切结合企业生产经营的特定情况，全面、系统地分析，最终作出符合实际的判断。

（3）应当结合现代企业经营目标要求，把重点放在考察资本保值、增值的变动情况上。企业在经营期间是否实现了资本保值、增值的目标，是衡量企业资金利用情况好坏，考察企业有无发展前景的重要标志。为分析企业资本保值、增值的变动情况，需对比所有者权益各项目的增减变化，具体查明实收资本和盈余公积等项目变动的原因。为了综合评价资本保值、增值变化的幅度，可以利用资产负债表中的资料计算资本保值增值率指标。

资本保值增值率是企业期末所有者权益总额与期初所有者权益总额的比率，综合反映企业投入资本的保值和增值程度。其计算公式为：

$$资本保值增值率 = \frac{期末所有者权益总额}{期初所有者权益总额} \times 100\%$$

资本保值增值率等于 100%，为资本保值；资本保值增值率大于 100%，为资本增值；资本保值增值率小于 100%，为资本减值。

利用表 7 - 3 中有关资料计算该企业的资本保值增值率为：

$$资本保值增值率 = \frac{641000}{627000} \times 100\% = 102\%$$

由此可见，该企业本年度实现了资本增值，但必须要知道，资本保值增值率超过 100%，除了有企业经营效益好，盈余公积增加的原因外，还会受新增投入资本的影响。因此，只有对所有者权益各构成项目的变动状况作深入充分的分析，才能对企业资本保值增值目标的实现情况作出正确的评价。

（4）应先对资产、权益构成项目的变动进行具体分析，接着才能对企业财务状况的变化作出综合评价。要依据资产、权益的变动对企业财力资源的利用情况作出正确合理的评价，还需按照各构成项目的特征，细致地分析它们增减变动的原因及影响。为了提高分析的精确度，应当选择一些主要项目，如存货、应收账款、固定资产等进行重点深入的分析。

（二）资产、权益结构的变动分析

资产和权益结构是反映企业财力资源配置状况的主要标准。资产结构的变动是指各项资产数额占企业资产总额比重的变动；权益结构的变动则是指各项负债、所有者权益数额占企业负债及所有者权益总额比重的变动。企业资产、权益各项目数量的增减变动必将引起资产、权益结构的变动。分析资产、权益结构变动的情况，可以考察企业资产的分布与配置情况以及负债构成与资本结构的变化情况及其合理性，判断企业财力资源利用状况的变化趋势及其优劣程度。

由于企业资产、权益可以按照不同的标志分类，所以有不同的结构变动分析。一般可根据资产负债表上的分类，将各项目金额与资产（或权益）总额进行纵向对比，计算结构比率（或称共同比）；然后将不同期间的结构比率进行对比，或与同行业的结构比率相比，编制比较资产负债表，据以评价其结构变动情况。

根据表 7-3 资产负债表资料，计算结构比率，编制比较资产负债表，详见表 7-5。

表 7-5 比较资产负债表

2012 年 12 月 31 日 元

项　　目	本 年 度	上 年 度	结构比率,%		
			本 年 度	上 年 度	增 减 数
资产					
流动资产：					
货币资金	8000	21000	0.91	2.57	-1.66
短期投资	15000	10000	1.71	1.22	0.49
应收票据	23000	12000	2.63	1.47	1.22
应收账款	24120	19600	2.75	2.39	0.36
减：坏账准备	120	100	0.01	0.01	—
应收账款净额	24000	19500	2.74	2.38	0.36
其他应收款	10000	7500	1.14	0.92	0.22
存货	156000	137000	17.80	16.75	1.05
待摊费用	12000	13000	1.37	1.59	-0.22
流动资产合计	248000	220000	28.30	26.90	1.40
非流动资产：					
长期投资	13000	10000	1.48	1.22	0.26
固定资产原价	576400	524000	65.78	64.06	1.72
减：累计折旧	198000	153000	22.60	18.71	3.89
固定资产净值	378400	371000	43.19	45.35	-2.16

项　　目	本　年　度	上　年　度	结构比率,%		
			本　年　度	上　年　度	增　减　数
在建工程	164200	147000	18.74	17.97	0.77
固定资产合计	542600	518000	61.93	63.32	-1.39
无形资产	50600	53000	5.78	6.48	-0.07
递延资产	22000	17000	2.51	2.08	0.43
非流动资产合计	628200	598000	71.70	73.10	-1.40
资产总计	876200	818000	100	100	
负债及所有者权益:					
短期借款	44500	38000	5.08	4.65	0.43
应付票据	31000	28000	3.54	3.42	0.12
应付账款	23600	25200	2.69	3.08	-0.39
预收账款	2400	2800	0.27	0.34	-0.07
其他应付款	7000	5000	0.80	0.61	0.19
应付工资	16900	14500	1.93	1.77	0.16
应付福利费	2200	2000	0.25	0.25	—
应交税金	5000	49000	0.27	0.60	-0.03
应付利润	6400	5000	0.73	0.61	0.12
其他应交款	400	300	0.04	0.04	—
预提费用	4600	7300	0.53	0.89	-0.36
流动负债合计	144000	133000	16.43	16.36	0.17
长期负债					
长期借款	34000	25000	3.88	3.06	0.82
应付债券	46200	18500	5.27	2.26	3.01
长期应付款	11000	14500	1.26	1.77	-0.51
长期负债合计	91200	58000	10.41	7.09	3.32
所有者权益:					
实收资本	500000	500000	57.07	61.12	-4.05
资本公积	80000	80000	9.13	9.78	-0.65
盈余公积	39000	27000	4.45	3.30	1.15
未分配利润	22000	20000	2.51	2.45	0.06
所有者权益合计	641000	627000	73.16	76.65	-3.49
负债及所有者权益总计	876200	818000	100	100	—

表 7 - 5 所显示的比较资产负债表系统详细地反映了企业报告期资产、权益结构比率的变动趋势。为了集中反映企业在报告期资产、权益结构的变动情况，也可进一步编制资产、权益结构变动分析表，见表 7 - 6。

表 7 - 6　资产、权益结构变动分析表　　　　　　　　　　元

项　　目	年 初 数	年 末 数	结构比率，%		
			年 初 数	年 末 数	增 减 数
流动资产	220000	248000	26.90	28.30	1.40
长期投资	10000	13000	1.22	1.48	0.25
固定资产	518000	542600	63.32	61.93	−1.39
无形资产	53000	50600	6.48	5.78	−0.79
递延资产	17000	22000	2.08	2.51	0.43
非流动资产合计	598000	628200	73.10	71.70	−1.40
资产总计	818000	876200	100	100	
流动负债	133000	144000	16.25	16.43	0.17
长期负债	58000	91200	7.09	10.41	3.32
负债合计	191000	235200	23.35	26.84	3.49
实收资本	500000	500000	61.12	57.07	−4.05
留存收益	127000	141000	15.53	16.09	0.56
所有者权益合计	627000	641000	76.65	73.16	−3.49
负债及所有者权益总计	818000	876200	100	100	—

表 7 - 5 和表 7 - 6 各项资产结构比率是各项资产占资产总额的比例；权益结构比率分别是各项负债和各项所有者权益占负债及所有者权益总额的比例；表 7 - 6 中留存收益是盈余公积和未分配利润的合计。

流动资产是企业从事常规性生产经营所需要的资产，也是偿还企业债务，尤其是偿还流动负债的重要资金保证。但这并不是说流动资产比重越高越好，应具体根据行业和企业类型、经营规模和经营特征，考察流动资产结构比率是否符合正常比率。在一般情况下，要求企业加快流动资产的周转速度，防止积压、浪费资产，所以流动资产的比重不宜过大。然而，在高新技术不断发展，现代化生产经营设备日益增多的情况下，固定资产结构比率、无形资产结构比率不断高升，因此非流动资产结构比率便有上升的趋势。

为了保证企业持续、稳定的发展，减少财务风险，通常要求企业所有者权益结构比率大于负债结构比率。但在企业经济效益较好的情况下，增加负债以扩大经营，可以充分发挥财务杠杆作用，提高投资效益并增强盈利能力。因此，要结合企业的具体情况判断权益结构变动的合理性。

从表 7 - 5 或表 7 - 6 的对比结果可见，企业资产结构和权益结构的变化集中表现在以下两个方面：

（1）在资产结构方面，流动资产结构比率增加，说明企业在经营周转过程中的财力增强了；非流动资产结构比率略有下降，但仍在资产总额中占有很大的比重。

（2）在权益结构方面，负债比率大幅上升，但它占全部权益比重却仅为 26.84%，说明企业依靠负债来从事经营的程度并不太高，企业以自有资本偿还债务有足够的保证。企业所

有者权益总额的结构比率下降，并不是减少投入资本或发生亏损的原因，而是由于它们的增幅小于负债增幅。因此仍可表明企业有较充足的自有资本，有较稳固的财务状况。

以上分析只能大致反映资产、权益结构的变动趋势，为了具体查明各项资产、负债及所有者权益构成的变动情况及其原因，还需根据有关资料作深入分析。

二、企业财力资源利用状况变动的原因分析

影响企业财力资源利用状况变动的原因多种多样。从企业生产经营管理方面来看，主要是企业的生产经营活动、投资、筹资及收益分配等活动对资产、负债和所有者权益变动的影响。为了概括地分析财务状况变动的原因，通常是运用企业的财务状况变动表提供的数据，从营业、投资和筹资活动3个方面分析它们对资产、负债与所有者权益变动的影响。

目前，我国企业的财务状况变动表是以揭示企业流动资金（或称营运资金）增减变动原由为基础按年编报的。财务状况变动表详见表7-7。

表7-7　财务状况变动表

编制单位：　×××　2012年度　　　　　　　　　　　　　　　　　　元

流动资金来源和运用	金额	流动资金各项目的变动	金额
一、流动资金来源：		一、流动资产本年增加数：	
1. 本年净利润	134080	1. 货币资金	−13000
加：不减少流动资金的费用和损失：		2. 短期投资	5000
(1) 固定资产折旧	82000	3. 应收票据	11000
(2) 无形资产、递延资产及其他资产摊销	16000	4. 应收账款净额	4500
(3) 固定资产盘亏（减盘盈）	4800	5. 应付账款	—
(4) 清理固定资产损失（减收益）	1200	6. 其他应收款	2500
(5) 其他不减少流动资金的费用和损失	—	7. 存货	19000
小计	238080	8. 待摊费用	−1000
2. 其他来源：		9. 待处理流动资产净损失	
(1) 固定资产清理收入（减清理费用）	5800	10. 一年内到期的长期投资	—
(2) 增加长期负债	48200	11. 其他流动资产	
(3) 收回长期投资	13000	流动资产增加净额	28000
(4) 对外投资转出固定资产	16000		
(5) 对外投资转出无形资产	—		
(6) 无偿调出固定资产净损失	—		
(7) 资本净增加额	12000		
小计	95000		
流动资金来源合计	333080		
二、流动资金运用：		二、流动负债本年增加数：	
1. 利润分配：		1. 短期借款	6500
(1) 提取盈余公积（用盈余公积补亏以"—"表示）	12000	2. 应付票据	3000

流动资金来源和运用	金额	流动资金各项目的变动	金额
（2）应付利润	120080	3. 应付账款	−1600
（3）应交特种基金	—	4. 预收账款	−400
小计	132080	5. 其他应付款	2000
2. 其他运用：		6. 应付工资	2400
（1）固定资产和在建工程净增加额	134400	7. 应付福利费	200
（2）增加无形资产、递延资产及其他资产	18600	8. 应交税金	100
（3）偿还长期负债	15000	9. 应付利润留成	1400
（4）增加长期投资	16000	10. 其他应交款	100
小计	184000	11. 预提费用	−2700
		12. 一年内到期的长期负债	—
		13. 其他流动负债	—
流动资金运用合计	316080	流动负债增加净额	11000
流动资金增加净额	17000	流动资金增加净额	17000

　　财务状况变动表突出表现了流动资金增加净额形成的原因。表右方（表7-7中的下半部分）的流动资金增加净额是流动资产增加净额与流动负债增加净额的差额。通过表的右方各项流动资产和流动负债的本期增减金额，可了解流动资金净额形成的原因。从表7-7中可见，本期流动资产的大部分项目与上期相比都有所增加，流动资产净额增加28000元。同一时期的流动负债虽然大多数项目也增加了，但其总额（净额）只增加了11000元。由于流动资产增加额高于流动负债增加额，所以最终流动资金净额增加了17000元。这种情况表明，企业在营运过程中增加短期内不需偿付的流动资金，有利于扩大生产经营，也提高了短期偿债能力。经过对流动资产和流动负债变动形势的总体分析，可了解致使流动资金净额增加或减少的初步原因。流动资金增减净额变动的原因可以归纳为以下几种，详见表7-8。

表7-8　流动资金增减净额变动的原因

项目 \ 类型	1	2	3	4	5	6	7	8
流动资产净额	增加	增加	增加	增加	减少	减少	减少	减少
比较	∨	‖	∧		∨	‖	∧	
流动负债净额	增加	增加	增加	减少	减少	减少	减少	增加
流动资金净额	增加	不变	减少	增加	减少	不变	增加	减少

　　财务状况变动表只能揭示各流动资产和流动负债项目的增减差额，要深入了解流动资产净额和流动负债净额增加或减少的具体原因，还需要做详细的分析。

　　财务状况变动表的左方（在表7-7中的上半部分）向我们展示了本期流动资金的来源和运用情况，表的左方是利用非流动资产、非流动负债和所有者权益项目来表示流动资金来源和运用情况。表的左、右两方的流动资金增加净额相等。这是由于财务状况变动表是根据下列平衡原理编制的，即

$$资产＝负债＋所有者权益 \qquad (7-1)$$

　　将资产、负债划分为流动和非流动两类，即可将式（7-1）变换为：

$$流动资产＋非流动资产＝流动负债＋非流动负债＋所有者权益 \quad (7-2)$$

根据式（7-2）和式（7-1）可确定流动资金额为：

$$流动资金＝流动资产－流动负债 \quad (7-3)$$

$$流动资金＝非流动负债＋所有者权益－非流动资产 \quad (7-4)$$

财务状况变动表按上述式（7-4）列示了非流动负债与所有者权益各项的增加额以及非流动资产的减少额，表现了流动资金增加的来源；同时也列示了非流动负债与所有者权益各项目的减少额以及非流动资产的增加额，表现了使流动资金减少的各项目运用。

例7-3 现根据表7-7财务状况变动表所显示的流动资金来源和运用的各项资料，按影响流动资金变动原因编制分析表，详见表7-9。

从表7-9所列示的分析结果可以看出，由于受营业、投资和筹资活动的影响，使得在报告期内企业的资产、负债和所有者权益以及流动资金都发生了变动，集中表现为流动资金增加了17000元。虽然本期获得的净利润比较多，但由于大部分已对外分配，实际用于增资的只有2000元，所以增资主要是由于本期减少利润但不减少本期流动资金的费用或损失等项目的存在。值得肯定的是企业在报告期内依靠内部资金进行了很多投资，并使流动资金有所增加，这不仅增强了企业的生产经营实力，也提高了企业的偿债能力。同时在这一分析中需要注意的是，固定资产和流动资金增长的比例是否相容，若流动资金增加不能和固定资产增长相适应，增加的流动资金也不能在生产经营中充分发挥作用。

表7-9　财务状况变动分析表　　　　　　　　　　　　　　元

项　　目	资　金　来　源	资　金　运　用	资金增减净额
营业活动			
本年净利润	134080		
利润分配		132080	
不减少流动资金的费用和损失	104000		
营业活动增（减）资金	238080	132080	106000
投资活动			
固定资产清理收入	5800		
收回长期投资	13000		
对外投资转出固定资产	16000		
固定资产和在建工程净增加额		134400	
增加无形资产、递延资产及其他资产		18600	
增加长期投资		16000	
投资活动增（减）资金	34800	169000	－134200
筹资活动			
增加长期负债	48200		
资本净增加额	12000		
偿还长期负债		15000	
筹资活动增（减）资金	60200	15000	45200
流动资金增加（减少）净额			－17000
流动资金：期初 期末			87000 104000

第二节　企业融资分析

一、企业融资概述

（一）企业融资的目的

企业融资是指企业向外部单位、个人或者从企业内部筹集和集中生产经营所需资金的财务活动。资金是企业进行生产活动的必备条件，融资是企业资金运动的起点。企业融资主要有 3 个目的：满足企业生产经营活动的需要；满足企业对内对外投资发展的需要；满足企业对资金结构调整和优化的需要。

（二）企业融资的要求

企业融资的具体要求如下：

(1) 确定合理的资金需求量，控制资金投放时间。

(2) 选择恰当的融资渠道和方式，力求降低资金成本。

(3) 研究可行性较高的投资方向，大力增强投资效果。

(4) 优化资金结构，正确进行负债经营。

（三）企业融资的渠道和方式

融资渠道是指企业筹措资金的来源。融资方式是指企业筹措资金时所采取的具体形式。同一渠道的资金可以采用不同的方式取得，而同一融资方式又可适用于不同的资金渠道。

1. 企业融资的渠道

当前，我国企业的资金来源渠道主要有以下几项：国家财政资金；金融机构资金；其他单位资金；职工和民间的资金；企业自留资金；外商资金。企业可以根据自己生产经营活动的项目及其在国民经济中的地位，选择适当的资金供应渠道。

2. 企业融资的方式

目前，我国企业的融资方式主要有发行股票、发行债券、财政拨（贷）款、金融机构贷款、企业内部积累、租赁、吸收联营投资和商业信用等。

根据企业与资金提供者即投资者关系的不同，企业融资可以分为直接融资和间接融资。直接融资模式下企业直接从资金提供者手中取得资金，不需要金融机构作为中介；间接融资是指企业通过如银行等金融中介机构取得资金的融资活动，投资者并不直接与融资企业发生关系，投资者将资金交给金融机构，由金融机构将资金投入企业。

（四）企业资金需求量预测

企业资金的需求量是确定企业融资数量规模的依据，因此，科学准确地预测企业资金需求量是企业融资的必要前提。资金需求包括营业活动资金需求和投资活动资金需求。营业活动资金需求是满足正常生产经营活动所需的资金，随业务量的变动而变动，如购买原材料、应收账款、低值易耗品等所需的资金。营业活动资金需求量的预测方法有定性预测法、趋势预测法、销售百分比法、预计资产负债法及资本习性法等。投资资金需求量是指企业进行投资所需的资金，包括固定资产、无形资产的购置和股票等对外长期投资的资金需求，其资金需求要根据投资预算来测算。下面简单介绍销售百分比法。

销售百分比法预测资金需求就是依据各项资产和部分负债与销售收入的比重，结合销售收入的变动预测企业经营活动对外部资金的需求量。销售百分比法要满足以下两项假定：一是各项资产和部分负债与销售收入的比例保持不变；二是企业目前的资产和权益结构是最优组合。

下面以得胜公司为例说明销售百分比法的一般运用。

例 7-4　2012 年该公司年度资产负债表和利润表见表 7-10 和表 7-11。

经过预测，该公司 2013 年度销售收入将增长 30%，达到 1300 万元。随着销售收入的增加，预计各项资产将同时增加 30%，达到表 7-10 第三列所示水平，资产总计将达到 910 万元。在各项负债中，有些负债会随着销售收入的增加而自动增加，如应付账款、应付工资和应交税金等，这些负债在营业活动中自然存在，可以称为自然负债。该公司销售收入增加 30%，各项自然负债也会同比例增加，正如表 7-10 负债及所有者权益第三列有关项目所列，应付账款增加 30 万元，应付工资增加 6 万元，应交税金增加 3 万元。在表 7-11 中，销售收入增长，产品销售成本等也会增长，使得企业留存收益增加 76.1 万元。综上所述，该公司预计 2013 年销售收入增长 30%，所需资产将会由 700 万元增长到 910 万元，需增资金 210 万元。所需资金中，通过自然负债和留存收益增长能够筹到资金 115.1 万元（30+6+3+76.1）。说明企业还需从外部筹集资金 94.9 万元。

表 7-10　得胜公司 2012 年资产负债表　　　　　　　　万元

资　　产			负债及所有者权益		
项　　目	2012 年 12 月 31 日	2013 年预计	项　　目	2012 年 12 月 31 日	2013 年预计
流动资产			流动负债		
现金	20	26	银行贷款	20	20
应收账款	175	227.5	应付账款	100	130
存货	200	260	应付票据	20	20
			应付工资	20	26
			应付税金	10	13
流动资产合计	395	513.5	流动负债合计	170	200
固定资产净值	305	396.5	长期债券	140	140
			普通股	300	300
			留存收益	90	166.1
			股东权益合计	390	466.1
资产总计	700	910	负债及所有者权益合计	700	815.1
					94.9

表 7-11　得胜公司利润表　　　　　　　　万元

项　　目	2012 年	2013 年预计
产品销售收入	1000	1300
减：产品销售成本	750	975
期间费用	125	156.5
利润总额	125	168.5

项　目	2012 年	2013 年预计
减：所得税	50	67.4
净利润	75	101.1
股利支出	25	25
当年新增留存收益	50	76.1

二、企业融资的资金成本

(一) 资金成本的含义和作用

资金成本就是企业由于取得和使用资金而需要支付的各种费用。就企业而言，资金来源有短期和长期之分、借入资金与自有资金之分，相应的资金成本有短期资金成本、长期资金成本、借入资金成本和自有资金成本等。由于负债中的短期负债和企业日常经营活动紧密联系，其资金成本较低，而且大部分是免费的，所以现在只分析长期资金来源的资金成本。

资金成本包括资金占用费和筹资费用两个部分。资金占用费是指占用资金支付的费用，如股票的股息、银行借款和发行债券的利息等。筹资费用是指在资金筹集过程中支付的各种费用，如发行股票、债券支付的印刷费、发行手续费、律师费、资信评估费、公证费、担保费、广告费。资金占用费与融资金额大小、使用时间长短有直接关系，在融资企业经常发生，属于变动费用；而资金筹集费通常在融资时一次性发生，与融资金额、使用时间一般无直接联系，可视作固定费用。

对于企业融资来说，资金成本是选择资金来源、确定融资方案的重要参考依据。企业应选择资金成本较低、融资效果较好的融资方式。对于企业投资来说，资金成本是评价投资项目、取舍投资方案的重要标准，投资项目只有在其预期投资收益率高于资金成本时才可接受。此外，资金成本还可以作为衡量企业经营成果的标准，若企业经营利润高于资金成本，则表明经营业绩较好。

(二) 资金成本的决定因素

资金成本的决定因素包括资金市场的资金供需、企业状况、投资项目及投资环境等，具体有如下几项：

(1) 投资机会成本。

投资机会成本是指投资人因将资金投资于某一项目而放弃其他投资机会所丧失的最大投资收益，一般用无风险的时间价值即无风险利率来表示。在我国通常把国债利率当做投资机会成本。

(2) 投资风险。

投资风险是指投资活动中不确定因素给投资者带来损失的可能性，主要风险有经营风险、市场风险、财务风险、利率风险、外汇风险等。

(三) 资金成本的计算

1. 个别资金成本

为了便于分析比较，资金成本通常不用绝对数表示，而往往采用资金成本率这一相对数表示。资金成本率就是企业资金占用费与实际融资的比率，计算公式可表示如下：

$$资金成本率 = \frac{资金占用费}{筹资总额 - 资金筹集费用}$$

在实际运用中，资金成本有多种形式。下面简要说明主要融资方式的资金成本。

（1）长期借款，是企业向银行借入的偿还期限超过一年的借款。其资金成本计算公式为：

$$长期资金成本率 = \frac{长期借款年利息 \times (1 - 所得税率)}{长期借款筹资额 \times (1 - 长期借款筹资费率)}$$

（2）债券资金，是企业重要的融资途径。发行债券时，应考虑债券的票面价值、票面利率、市场利率和债券到期日等因素。其资金成本计算公式为：

$$债券资金成本率 = \frac{债券年利息 \times (1 - 所得税率)}{债券筹资额 \times (1 - 债券筹资费率)}$$

（3）优先股，是较普通股有某些优先权的股票，其资金成本计算公式为：

$$优先股资金成本率 = \frac{优先股年股利额}{优先股筹资额 \times (1 - 优先股筹资费率)}$$

由于优先股股票持有人投资风险高于债券投资人而低于普通股投资人，故优先股资金成本高于债券资金成本而低于普通股资金成本。优先股资金可供企业长期使用，这一点优于债券，资金成本低于普通股又不分散控制权，这一点又优于普通股，但优先股股利不能抵扣税金。

（4）普通股资金或实收资本是企业资本中最基本的部分，其资金成本计算公式为：

$$普通股资金成本率 = \frac{预期第一年股利额}{普通股筹资额 \times (1 - 筹资费率)} + 普通股股利年增长率$$

普通股投资风险最大，资金成本也最高，并且发行普通股还会分散控制权。但普通股是自有资本，可以供企业长期使用，同时普通股资金的增加会提高企业的信用。

（5）留存收益是企业内部形成的资金来源，性质同普通股一样，只是不需要融资费用。留存收益资金风险等同于普通股，其成本高于债券和优先股，略低于普通股资金成本。

2. 综合资金成本

由于受多种因素的影响，企业往往需要通过多种方式筹集所需资金。为进行融资决策，就要计算确定企业全部长期资金的总成本——综合资金成本率。

综合资金成本一般是以各种资金占全部长期资金的比重为权数，对个别资金成本进行加权平均确定的，故又称加权平均资金成本。综合资金成本率的计算公式为：

$$综合资金成本率 = \sum 某种个别资金成本率 \times 该资金占全部资金的比重$$

例 7-5 A 企业长期资金来源见表 7-12。

表 7-12 A 企业资本构成及成本情况

长期资金来源	资金额，万元	比重，%	资本成本率，%	加权资金成本率，%
长期债券	400	40	3	1.2
优先股	200	20	8	1.6
普通股	300	30	16	4.8
留用利润	100	10	15	1.5
合计	1000	100	—	9.1

这些资料计算表明该企业综合资金成本率为 9.1%。

3. 边际资金成本

边际资金成本是指增加单位资金所增加的资金成本。某一融资方式的融资成本并不是一成不变的，当该种融资方式的融资金额超过某一确定额度时，在其他资本不变的情况下，融资结构就会发生变动造成，融资风险变动，从而带来单位资金成本的增加。因此，企业只有保持较好的融资结构，才能保持较低的综合资金成本。

例 7-6 上述 A 企业由于业务所需，决定增发债券 200 万元，年利率为 5%，其他条件不变。该债券的成本 5% 即为边际资金成本。边际资金成本对综合资金成本有着直接的影响。A 企业增发债券后综合资金成本为：

综合资金成本率＝0.33＋0.03＋0.17×0.08＋0.25×0.16＋0.08×0.15＋0.17×0.05
＝8.4%

由计算结果说明增发债券前综合资金成本率为 9.1%，增发债券后综合资金成本率有所降低。但从资料可以发现，增发的债券利率比原有债券的利率高出 2%，如果企业继续增发债券，债券利率仍会提高，最终使得综合资金成本率反而上升。

三、融资综合分析

融资分析主要利用资金成本率、资金利润率、融资无差别点及财务杠杆系数等指标进行综合分析。

（一）财务杠杆系数分析

财务杠杆作用是指那些仅支付固定性资金成本的融资方式（如债券、优先股，租赁等）对增加所有者权益（普通股持有者）收益所起的作用。普通股每股利润的变动率对息税前利润的变动率的比率，称为财务杠杆系数。其计算公式如下：

财务杠杆系数＝息税前利润/（息税前利润－利息－租金）

财务杠杆系数体现了债务资本对所有者权益收益率的影响。由于债务资本需要偿付的资金成本是相对固定的，而其收益率是变化的，当这部分资金的收益大于资金成本时，投资者收益率增加；相反，当债务资本资金成本率高于这部分资金的收益率时，收益不足以弥补成本，这就使得自有资本收益率低于全部资金收益率。同时，财务杠杆系数也说明不同的资本结构存在着不同的财务风险。负债越多，财务杠杆系数越大，企业面临的财务风险就越高；负债越少，财务杠杆系数越小，财务风险也就越低。一般而言，盈利能力较强的行业可适当提高财务杠杆系数，以达到更高的投资报酬率。当然，判断标准因行业而异。

（二）融资无差别点

融资无差别点又称每股利润无差别点，是指两种融资方案下自有资金利润率相等时的经营利润。当经营利润等于融资无差别点经营利润时，无论如何融资，对所有者权益都无影响；当经营利润大于融资无差别点经营利润时，可加大债务资本比率，从而使所有者权益收益率有所提高；当经营利润小于融资无差别点经营利润时，应适当减少债务资本，降低财务风险。

融资无差别点经营利润计算公式为：

融资无差别点经营利润＝（自有资本＋借入资本）×借入资本成本率

（三）最佳资本结构

最佳资本结构是指能够使资金成本最低、企业价值最大的融资结构，也就是使所有者权益最大化的融资结构，一般用每股收益或自有资金利润率最大化来表示。下面以华德公司为例应用财务杠杆、融资无差别点进行综合分析：

例 7-7 华德公司现有资金 400 万元，有发行股票和发行债券两种融资方式，债券利息率为 8%。预计销售税率为 5%，销售成本率为 85%，所得税率为 40%，则融资无差别点经营收入和无差别点经营利润分别为：

$$融资无差别点经营收入 = \frac{400 \times 8\%}{(1 - 8\% - 5\%)} = 320（万元）$$

$$融资无差别点经营利润 = 320 \times (1 - 8\% - 5\%) = 32（万元）$$

也就是说，在销售收入为 320 万元或经营利润为 32 万元的情况下，公司所需的 400 万元资金无论采用何种融资方式，对所有者权益收益率都无影响。

如该公司有两种融资方案可供选择，方案 A：发行普通股股票筹集全部资金，每股 100 元，共 40000 股；方案 B：发行普通股股票和债券各一半，债券年利率为 8%，股票每股 100 元，发行 20000 股。

A 方案普通股每股收益为：

$$普通股每股收益 = \frac{32 \times (1 - 40\%)}{4} = 4.8（元）$$

B 方案普通股每股收益为：

$$普通股每股收益 = \frac{(32 - 200 \times 8\%) \times (1 - 40\%)}{2} = 4.8（元）$$

可以发现，在融资无差别点上 A 方案和 B 方案每股收益都是 4.8 元。但是，在融资无差别点以外，不同融资方案下普通股每股收益是不等的。

例如，该公司利润有 3 种可能性，市场行情较好时可实现经营利润 60 万元，正常情况下为 32 万元，行情不好时为 20 万元，则每股收益见表 7-13。

表 7-13　华德公司投资收益分析表

市 场 情 况	经营利润，万元	每股收益	
		A 方案	B 方案
较好	60	9	13.2
正常	32	4.8	4.8
不好	20	3	1.2

由计算结果可以看出，在经营利润（如 60 万元）大于融资无差别点利润（32 万元）时 B 方案（有负债）每股收益为 13.2 元，高于 A 方案（无负债）的 9 元。在经营利润（20 万元）低于融资无差别点利润（32 万元）时，B 方案（有负债）每股收益为 1.2 元，低于 A 方案（无负债）的每股收益 3 元。而在经营利润为 32 万元时，两种方案每股收益均为 4.8 元，是没有差异的。

由此，可以分析以下 3 种可能情况：

（1）在融资无差别点上，公司无论采用何种融资方式，每股收益或自有资金利润率均为 4.8 元，融资是无差别的。

（2）当经营利润（如 60 万元）高于融资无差别点时，公司资金利润率为 15%，高于

8%的债券利率。在 B 方案中，债券资金带来的经营利润偿还债券利息后，还有 7%即 14 万元的剩余归普通股股东即投资者所有，这使得每股收益增长到 13.2 元；而 A 方案因没有债券，全部为普通股股本，每股收益仅为 9 元，与 B 方案相比降低了 4.2 元。因此，在这种情况下，公司可以增加借入资金的比例，提高投资者的收益率。

（3）当经营利润（20 万元）低于筹资无差别点时，公司资金利润率为 5%，低于债券利率（8%）。在 B 方案下，200 万元的债券资金创利仅 10 万元，而公司要为此支付 16 万元的利息，6 万元的缺口就得从普通股股本创收的 10 万元利润中拨出，使得每股收益仅剩下 1.2 元；而在 A 方案下，400 万元资金均为普通股股本，经营利润 20 万元在缴纳所得税以后全为普通股股东所有，每股收益达到 3 元，远高于 B 方案的 1.2 元。因此，在这种情况下，公司应减少借入资金量，多筹集自有资金。

例 7-8 上述华德公司选择了 B 方案筹集资金，产品畅销，实现经营利润 60 万元、现经经调查分析，产品市场前景良好，若适当增资，经营利润有望达到 90 万元。该公司决定增资 200 万元，并提出甲、乙、丙 3 种增资方案，甲方案 200 万元全部由发行普通股筹集，每股 100 元，发行 20000 股；乙方案发行长期债券 200 元，年利率为 10%；丙方案发行债券 100 万元，年利率为 9%，发行普通股 10000 股，每股 100 元，筹集股本 100 万元。

现在分析 3 种方案的财务杠杆系数和每股收益。

甲方案：

$$财务杠杆系数 = \frac{90}{90-200\times0.08} = 1.23$$

$$每股收益 = \frac{(90-200\times0.08)\times(1+40\%)}{4} = 11.1（元）$$

乙方案：

$$财务杠杆系数 = \frac{90}{90-200\times0.08-200\times0.1} = 1.67$$

$$每股收益 = \frac{(90-200\times0.08-200\times0.1)\times(1+40\%)}{2} = 16.21（元）$$

丙方案：

$$财务杠杆系数 = \frac{90}{90-200\times0.06-100\times0.09} = 1.38$$

$$每股收益 = \frac{(90-200\times0.08-100\times0.09)\times(1+40\%)}{3} = 13（元）$$

结合原公司资金结构（B 方案）的财务杠杆系数和每股收益来看，B 方案：

$$财务杠杆系数 = \frac{60}{60-200\times0.08} = 1.36$$

$$每股收益 = \frac{(60-200\times0.08)\times(1+40\%)}{2} = 13.2（元）$$

由以上计算分析可知，甲方案全部发行普通股筹集 200 万元资金，筹资后，财务杠杆系数为 1.23，是 3 种增资方案中最低的，同时也比增资前有所降低，所以说甲方案财务风险最小。但甲方案每股收益是最低的，仅为 11.1 元，还低于增资前的 13.2 元。乙方案中 200 万元全部由发行债券筹集，这使得总资金中债务资金比重加大，财务杠杆系数达到 1.67，是 3 种增资方案中最高的，虽然财务风险加大了，但收益率也在提高，每股收益达到 16.21 元。丙方案两种资金来源各占一半，增资后的财务杠杆系数为 1.38，每股收益为 13 元，财务风险和每股收益均介于甲方案与乙方案之间。综合来看，与增资前相比，甲方案财务风险降低的同时收益率也在降低，乙方案财务风险加大的同时收益率也有较大幅度提高，而丙方案不仅财务杠杆系数有所提高，而且每股收益也在下降。因此，假设公司对市场前景的预测是可靠的，那么乙方案对投资者就最有利，但公司必须承担较高的风险。

第三节　流动资产投资活动分析

一、流动资产规模和结构变动分析

流动资产在企业生产经营过程中不停地循环周转，其构成项目各自发挥着不同的作用。分析流动资产变动情形时，不仅要利用资产负债表反映的流动资产资料全面地分析流动资产增减和结构的变动情况，还要联系企业的生产经营情况，按照流动资产的具体项目，重点考察各项流动资产构成的合理性，找出进一步有效利用流动资产的具体方法。例如，工业企业的流动资产中存货项目占有较大的比例，它又是进行经营活动的重要物质基础，因此有必要进一步按照存货的构成项目仔细分析其结构变动状况。下面通过举例说明流动资产各主要项目变动情况的具体分析方法。

例 7 - 9　根据表 7 - 1 及有关会计核算资料，从动态上考察流动资产各主要项目的增减和结构变动情况，具体资料及计算的分析指标见表 7 - 14。

表 7 - 14　流动资产增减和结构变动分析表

项　　目	年初数，元	期末数，元	增　　减		结构比率，%		
			金额，元	增(减)幅，%	年　初	期　末	增　　减
货币资金	21000	8000	−13000	−61.90	9.55	3.23	−6.32
其中：银行存款	20000	7000	−13000	−65.00	9.09	2.82	−6.27
短期投资	10000	15000	5000	50.00	4.54	6.05	1.51
应收款项	39000	57000	18000	46.15	17.73	22.98	5.25
其中：应收票据	12000	23000	11000	91.67	5.45	9.27	3.28
应收账款	195000	24000	4500	23.08	8.86	9.72	0.86
存货	137000	156000	19000	13.687	62.27	62.90	0.63
其中：原材料	79000	85000	6000	7.59	35.91	34.27	−1.64
在产品	22000	25000	3000	13.64	10.00	10.08	0.08
产成品	36000	46000	40000	27.78	16.36	18.55	2.19
待摊费用	13000	12000	−1000	−7.77	5.91	4.84	−107
流动资产合计	220000	248000	28000	12.73	100	100	—

根据表 7 - 14 所显示的结果，可进行以下分析。

（一）流动资产主要项目总额增减情况的分析

从表 7 - 14 可见，企业流动资产年末总额比年初增长了 12.73%，流动资产的多数项目变动幅度较大。如短期投资、应收票据、应收账款、产成品等项目均大幅增长，但货币资金减少较多。为了分析流动资产各项目数量变动的合理性，需根据各个流动资产项目的特点，结合企业生产经营的具体情况来分析。

（1）货币资金项目。货币资金项目主要包括银行存款、库存现金和其他货币资金等，它是可以随时支付的资金。为了保证日常开支，所有企业都必须持有一定数量的货币资金。原则上，货币资金持有量既要能保持日常开支的需要，又不造成超储损失。因此，这就要求结合企业未来货币资金收入与付出的金额、时间和近期周转的需要量来判明货币资金的变动是否合理。

（2）短期投资项目。短期投资项目主要是有价证券的投资。一些可上市转让的有价证券易于变现，且可以赚取一定的收益。因此，将剩余的货币资金投资于有价证券，需要时再换回货币资金是现代理财观念提倡的一种方式。但是必须要考虑到两个问题：一是投资的上市股票具有一定的风险；二是短期投资如果投资过多，在某种程度上也会影响企业的资金供应。在分析短期投资项目增减变动时，首先要分析有价证券的组成成分，充分考虑投资的风险性；然后要分析是否先满足了主营业务的资金需要。

（3）应收票据项目。应收票据项目主要是指应收的商业汇票。随着我国商业汇票结算办法的实施和推广，在一般情况下应收票据的增长是合理的。

（4）应收账款项目。应收账款项目主要是应收销售货款。它的变化应和赊销业务联系起来。在通常情况下，若应收账款的增长率不超过赊销收入的增长率，即认为是合理的；反之，则必然会影响企业资金的周转使用。

（5）产成品项目。产成品项目就是指库存待销的产成品。它的变化应联系市场的需求、企业的推销和生产计划的安排，才能评价其合理性。一般而言，产成品项目的增加是不利于企业资金周转速度及其总体经济效益的，因此要对其形成的特定原因作进一步的分析。

此外，在对上述项目变动的分析中，对其中的一些流动资产项目还要彼此结合起来才能判明它们的变动是否合理。例如，货币资金和短期投资都很容易变现，要考察其合计数额的变化，才能查明企业近期的支付能力如何。从表7-14中这两个项目的增减看，尽管短期投资增加了50%，但货币资金减少很多，特别是银行存款减幅更大，因此这种易变现资产的合计金额减少了。在企业生产规模扩增、销售收入提高的情况下，易变现资产的减少将会使企业短期的支付能力变弱，甚至出现短期偿债资金短缺，最终影响企业生产经营活动的正常进行。

（二）流动资产结构变动的分析

各项流动资产数量的不均衡变化必然会引起流动资产结构变动。各个企业要应对其生产经营的特征并满足偿付债务的需要，都需有一个客观合理的流动资产结构。分析流动资产结构变动时，要根据流动资产变化的历史数据或同行业的可比数据，找出流动资产结构变动的一般规律，才能据此评价企业流动资产结构变动是否合理。

对流动资产结构中的重要项目需深入分析其内部构成的变动情况，以理解变动的具体原因。以存货项目为例说明如下。

存货项目从整体上看，其结构比率虽只提高了0.63个百分点，但由存货组成中的产成品结构比率提高了2.19个百分点，这说明企业生产的产成品库存增长较快。这种结构变化对加快流动资产周转率、提高企业的经济效益是不利的。为了减少不合理的资金积压，使财力资源得到进一步的有效利用，应对增长过快的产成品进行系统的分类分析，以便找出不合理增长的原由。

例7-10 假定表7-14中产成品项目的具体构成及变动情况见表7-15。

表 7 - 15 产成品结构分析表 元

项　　　目	年　初　数	期　末　数	结构比率,%		
			年　　初	期　　末	增　　减
正常储备产成品	29570	32200	82.14	70.00	−12.14
滞销产成品	3860	6570	10.72	14.28	3.56
降价待售产成品	2570	1315	7.14	2.86	−4.28
缺配套件待售产成品	—	2625	—	5.71	5.71
缺铁路货车待售产成品	—	1970	—	4.28	4.28
购货方退回待处理产成品		1320		2.87	2.87
产成品合计	36000	46000	100	100	—

由表 7 - 15 列示的结果可见，与年初相比，产成品中正常储备的期末金额有了较大幅度的下降，而不正常储备金额所占比率由 17.86% 上升到 30%，而且其中由于企业内部管理存在问题造成的不合理储备占很重的比例。这说明企业需要加强内部管理，采取措施减少产成品积压，以提高流动资产的使用效率。

可见，该企业流动资产结构从整体看变动幅度不大，但是其中货币资金比例下滑较多，而应收款项和积压待售的产成品比例明显增加。这表明企业生产的产成品不能及时售出，应收账款又不能及时回收。这种结构变化显然对企业高效利用流动资产、提升短期偿债能力是不利的。为此，应着重分析产品销售和贷款结算业务管理情况，努力寻找保持合理结构的途径。

二、流动资产周转情况分析

合理配置流动资产并不断提高其周转率，这是提升流动资产使用率，增强企业偿债能力的先决性条件。流动资产周转情况分析是考察流动资产变动情况的重要途径。分析流动资产周转情况，要从整体上考察流动资产总的周转速度及其变化趋势，又要系统分析流动资产主要构成项目的周转情况，揭示流动资产周转中具体存在哪些问题，从而找出加速流动资产周转的方法，提升流动资产的使用效益。在分析时，一般要先计算反映流动资产周转速度的各项指标，然后结合企业生产经营的特定情况分析影响流动资产周转速度的重要因素。

展现企业流动资产周转速度的指标主要包括流动资产周转率、存货周转率和应收账款周转率。存货周转率又具体包括原材料周转率、在产品周转率和产成品周转率。

（一）流动资产周转率的分析

流动资产周转率是综合评价流动资产周转速度的指标，具体有两种表示方法：

（1）流动资产周转次数。流动资产周转次数是流动资产周转额（一般为销售收入）与流动资产平均余额之比，它反映企业现有的流动资产在一定时间（年、季、月）内完成循环周转的次数。流动资产周转次数的计算公式如下：

$$\text{流动资产周转次数} = \frac{\text{流动资产周转额（产品销售收入）}}{\text{流动资产平均余额}}$$

式中的流动资产平均余额是指企业在一定时期内经常持有的流动资产总额，通常按某一时期期初和期末流动资产余额平均计算。在一定时期内流动资产周转次数越多，表明流动资产周转速度越快，利用效率越高。

（2）流动资产周转天数。该指标是以逆指标形式反映的流动资产周转率，其计算公式为：

$$流动资产周转天数 = \frac{计算期天数}{流动资产周转次数}$$

$$= \frac{流动资产平均余额 \times 计算期天数}{流动资产周转额（如产品销售收入）}$$

计算期天数一般是每个月按 30 天计算，一年按 360 天计算。

流动资产每周转一次需要的天数越少，说明在生产经营中资产形式转换得越快，流动性越强，也可以说在相同期间（如一年）内的周转次数越多，即完成一次周转所需的时间越短，说明流动资产使用效率越高。

要评价企业流动资产使用效益的高低及其改进的状况，可计算企业在报告期的流动资产周转率指标，并同上期实际、本期计划、行业平均先进水平相比较。

例 7 - 11　某企业流动资产周转情况详见表 7 - 16。

表 7 - 16　流动资产周转率分析表

项　　目	上 年 实 际	本 年 实 际	比上年增加
产品销售收入，元	762300	841600	79300
流动资产平均余额，元	216000	234000	18000
流动资产周转次数	3.53	3.60	0.07
流动资产周转天数	102	100	—2

从表 7 - 16 中可以看出，本年该企业的流动资产周转次数比上年提高了 0.07 次，完成一次周转节省了 2 天的时间，说明流动资产周转速度变快了。流动资产周转速度加快意味着完成相同的产品销售收入可以节约一定的资金；反之，则形成资金的相对浪费。因此，为了评价流动资产周转速度变动对流动资金占用额的影响，可按下列公式计算相对节约（或浪费）的资金额。

$$\begin{matrix}资金节约\\（或浪费）额\end{matrix} = \left[\begin{matrix}上期（或计划）流\\动资产周转天数\end{matrix} - \begin{matrix}本期（或实际）流\\动资产周转天数\end{matrix}\right] \times \frac{本期（或实际）产品销售收入}{计算期天数}$$

根据表 7 - 16 资料，由于本期流动资产周转速度提高而相对节约的资金额为：

$$(102 - 100) \times \frac{841600}{360} = 4675（元）$$

在分析流动资产周转率变化情况时，还应深入分析流动资产周转速度变化的原因。由于流动资产周转率是一个综合性指标，所以流动资产平均余额和产品销售收入的变动都会影响周转率的变动，因此可从两个方面分别进行分析。其中，对产品销售收入增减变动原因的分析可以参阅销售分析中的变动原因分析。分析流动资产余额增减变动的原由应抓住构成流动资产的主要项目，具体地分析影响它们周转快慢的原因。下面重点说明影响流动资产周转的主要构成项目，即存货和应收账款周转变动情况及变动原因的分析。

（二）存货周转率的分析

存货周转率是综合评价存货资产周转速度的指标，是企业持有的存货平均余额与它在一定时期内所完成的周转额的比率。由于在工业企业中存货资产是为企业耗用或准备销售而持有的，因此它的周转额通常用产品销售成本计算，其计算公式如下：

$$存货周转率（次数）=\frac{产品销售成本}{存货平均余额}$$

$$存货周转率（天数）=\frac{存货平均余额\times计算期天数}{产品销售成本}$$

在实际工作中，周转率指标也可用百分率表达，即按以下公式计算：

$$存货周转率=\frac{产品销售成本}{存货平均余额}\times100\%$$

其中：　　　　存货平均余额＝（期初存货余额＋期末存货余额）/2

存货资产是企业在报告期持有的具有实物形态的流动资产。存货平均余额是指企业经常持有的存货资产金额，它在一定时期内达到的周转额越多，存货周转速度越快，存货资产的有效利用水平越高，使用效益越好；反之，周转速度越慢，使用效益越差。

企业利用存货周转率指标可以总括地评价存货资产周转速度的快慢，但不能清楚地表明造成存货周转变化的具体原因和责任部门。因此，还须结合行业特征，按照存货的构成项目与周转阶段具体分析。

在工业企业中，构成存货资产的主要项目有原料及主要材料，包装物，低值易耗品（简称原材料），在产品及自制半成品（以下简称在产品）和产成品等。这些存货随着材料供应与消耗、产品投产与完工、产品入库与销售等经济活动的连续进行而不断地周转。这些不同阶段经济活动的周转速度制约着整个存货周转速度。同时，各项存货的周转速度展示出各个责任部门对资产运用的成果。因此，在工业企业中，为了分析存货周转率变动的原因，评价各个责任部门对流动资产运用的好坏，还需要具体分析存货中原材料、在产品、产成品等项目的周转变动情况及其对存货周转速度的影响。

分析存货各项目周转变动时，需要计算出各周转阶段存货主要项目的周转率，即局部周转率，据以衡量各存货项目的周转速度。计算原材料等项目的周转率，不是把产品销售成本作为周转额，而是利用各周转阶段的周转额，即把各存货项目从本阶段到下一阶段积累的数额作为局部周转额。各存货项目的周转率可用一定时期的周转次数或每次周转天数表示，其计算公式如下：

$$原材料周转次数=\frac{原材料消耗总额}{原材料平均余额}$$

$$原材料周转天数=\frac{原材料平均余额\times计算期天数}{原材料消耗总额}$$

$$在产品周转次数=\frac{制成产品生产成本}{在产品平均余额}$$

$$在产品周转天数=\frac{在产品平均余额\times计算期天数}{制成产品生产成本}$$

$$产成品周转次数=\frac{发出产品成本}{产成品平均余额}$$

$$产成品周转天数=\frac{产成品平均余额\times计算期天数}{发出产品成本}$$

或　　　　　　　$$产成品周转次数=\frac{产品销售成本}{产成品平均余额}$$

$$产成品周转天数=\frac{产成品平均余额\times计算期天数}{产品销售成本}$$

需指出的是，虽然各存货项目的周转速度都影响着整个存货周转率，但是它们各自的周转额之和不等于整个存货周转额（产品销售成本），各存货项目周转率之和不等于存货周转率，各存货项目周转率的变动额之和也不等于存货周转率的变动。因此，在考察各存货项目周转率变动对整个存货周转率的影响时，需要根据存货周转率与各存货项目周转率之间的有机联系作出判断，它们之间的有机联系可通过分解存货周转率进行分析。

由于存货周转率可按下列公式分解：

$$存货周转率 = \frac{存货平均余额 \times 计算期天数}{产品销售成本}$$

又由于各存货项目的平均余额可以用下列各公式表示：

$$原材料平均余额 = \frac{原材料周转率 \times 原材料消耗总额}{计算期天数}$$

$$在产品平均余额 = \frac{在产品周转率 \times 制成产品生产成本}{计算期天数}$$

$$产成品平均余额 = 产成品周转率 \times \frac{发出产品生产成本（或产品销售成本）}{计算期天数}$$

因此，可将存货周转率与各存货项目周转率联系起来，即将以上各存货项目的平均余额的计算公式之和代替存货周转率计算公式中的存货平均余额。替换后的存货周转率计算公式如下：

$$存货周转率 = \frac{原材料}{周转率} \times \frac{原材料消耗总额}{产品销售成本} + \frac{在产品}{周转率} \times \frac{制成产品生产成本}{产品销售成本} + \frac{产成品}{周转率} \times \frac{发出产品成本}{产品销售成本}$$

例 7 - 12 根据表 7 - 1 的资料和有关明细核算资料计算各存货项目的周转率，并和上期相比较，结果见表 7 - 17。

表 7 - 17　存货周转率分析表

项　　目	单　位	上 年 实 际	本 年 实 际	比上年增减
存货平均余额	元	134000	146500	12500
其中：原材料	元	77000	82000	5000
在产品	元	23000	23500	500
产成品	元	34000	41000	7000
存货周转额：				
原材料消耗额	元	315000	345000	30000
制成产品生产成本	元	472500	592000	119500
发出产品成本	元	468500	582000	113500
产品销售成本	元	525000	580000	55000
存货周转率	天数	91.89	90.93	-0.96
原材料周转率	天数	88	85.59	-2.41
在产品周转率	天数	17.52	14.29	-3.23
产成品周转率	天数	26.13	25.36	-0.77
原材料消耗比率	%	60	59.48	0.52
制成产品生产成本比率	%	90	102.07	12.07
发出产品成本比率	%	89.23	100.34	11.11

表 7-17 中，原材料消耗比率是原材料消耗额与产品销售成本的比率；制成产品生产成本比率是制成产品生产成本与产品销售成本的比率；发出产品成本比率是发出产品成本与产品销售成本的比率。

根据表 7-17 中资料，计算存货周转率如下：

上年实际：

$$存货周转率（天数）=\frac{存货平均余额\times360}{产品销售成本}=\frac{134000\times360}{525000}=91.89（天）$$

按上述存货周转率的分解公式计算如下：

$$存货周转率（天数）=88\times60\%+17.52\times90\%+26.13\times89.24\%$$
$$=52.8+15.77+23.32$$
$$=91.89（天）$$

本年实际：

$$存货周转率（天数）=\frac{存货平均余额\times360}{产品销售成本}$$
$$=\frac{146500\times360}{580000}$$
$$=90.93（天）$$

按上述存货周转率的分解公式计算如下：

$$存货周转率（天数）=85.59\times59.48\%+14.29\times102.07\%+25.36\times100.34\%$$
$$=50.90+14.59+25.44$$
$$=90.93（天）$$

通过以上结果的对比，可以查出存货各组成项目周转速度变动对存货周转率变动的影响。本年与上年相比，存货周转率节省 0.96 天，这是由于原材料存货周转节约 1.9 天，在产品存货周转节约 1.18 天和产成品存货周转延长 2.12 天的原因。通过分析可以看出，企业原材料库存的增长低于原材料消耗增加的速度，使得原材料存货周转速度大幅提高，这是促使存货周转率总体加快的主要动因。但还应看到，由于企业本期产大于销，造成产成品存货增幅过大，致使产成品周转减慢，对提高存货周转产生了不利影响。总的来说，要进一步加快存货周转，提高流动资产的使用效率，必须要采取措施加速各存货项目的周转，全面提升存货项目的局部周转率。在本例中要尤其重视对产成品的促销，尽量减少库存积压，提高产成品的周转率。

为深入分析存货各主要组成项目周转变化的原因，同样可以从周转额和平均余额两方面具体查清影响各存货项目周转率变动的原因。分析时，应依据日常核算资料，着重分析各项存货期末余额变动的成因，找到提高存货资产使用效益的途径。有关存货主要组成项目的分析说明如下。

1. 原料及主要材料

原料及主要材料期末余额的变化直接受材料采购与生产中材料消耗变化的影响。它们之间的关系可用以下公式表示：

$$期末原材料余额=期初原材料余额+原材料采购金额-原材料消耗金额$$

$$=\sum\left(期初原材料储存量\times库存单价\right)+\sum\left(本期原材料采购量\times采购单价\right)-$$

$$\Sigma\left(\begin{matrix}本期产\\品产量\end{matrix}\times\begin{matrix}单位产品\\消\ 耗\ 量\end{matrix}\times\begin{matrix}库存\\单价\end{matrix}\right)$$

由上式可见，影响期末原材料余额的主要因素有：期初原材料储存量的变动；原材料采购量的变动；产品产量的变动；单位产品材料消耗量的变动；采购单价和库存单价的变动；原材料结构和产品结构的变动等。由于原材料种类多，分析时应尽量选择主要原材料进行分析。

例 7 - 13 假定原材料存货变动有关分析结果见表 7 - 18。

表 7 - 18　原材料存货变动分析表

项　　目	上　年　实　际	本　年　实　际	增　减　数
期初原材料余额，元	75000	79000	4000
加：原材料采购金额，元	319000	351000	32000
合计，元	394000	430000	36000
减：原材料消耗金额，元	315000	345000	30000
期末原材料余额，元	79000	85000	6000
原材料平均余额，元	77000	82000	5000

由表 7 - 18 可见，本期期末原材料库存余额的增长是致使原材料平均余额提高的主要因素，而期末原材料余额的增多又主要是本期原材料采购金额较上年大幅度增加的结果。因此，需要进一步分析原材料购入超过耗用需求的原因，以减少资金积压。

一般说来，影响原材料存货余额变动的具体原因有：

(1) 产品生产情况的变动。由于市场需求结构和供求关系变化，企业调整产品结构和产品产量，使原材料消耗的品种、数量发生变化，以致引起原材料储存增减。

(2) 原材料供应情况的变动。如盲目采购、原材料供应时间提前形成提前到货或集中到货，未积极处理积压材料或利用废料，都会使原材料储存量增多或积压。相反，改进采购工作，按合同、实际需求购进原材料，积极清仓利库；或者因资金短缺未及时采购、削减采购数量，供应单位延期发货、运输迟缓等，都会使原材料存货余额减少。

(3) 原材料消耗情况的变动。如生产工艺、操作技术水平的改变，企业管理制度与管理水平的变化，增加或减少生产设备的维护修理，都会使原材料消耗增加或减少。从而会影响原材料储存量的增减。

(4) 采购和库存材料成本的升降。如原材料购进价格的升降，采购、运输费用的增减，以及原材料计价方法的改变，都会影响原材料的存货余额。

2. 在产品

在产品（包括自制半成品）期末余额的变动直接受在产品数量及其成本变动的影响，并且期末在产品余额的确定又同企业应用的在产品成本计算方法有密切联系。如果在产品成本按比例法分配计算，期末在产品的计算公式为：

$$\begin{matrix}期末在产\\品\ 余\ 额\end{matrix}=\begin{matrix}期初在产\\品\ 余\ 额\end{matrix}+\begin{matrix}本期产品\\生产费用\end{matrix}-\begin{matrix}本期制成产\\品生产成本\end{matrix}$$

影响期末在产品余额变动的主要因素有：期初在产品余额的变动；本期产品生产费用的变动；本期制成产品生产成本的变动；在产品品种结构的变动。

在生产多种产品的企业，需要分产品、车间具体分析在产品数量及其成本的变动，以判断它们对在产品期末余额的影响。

例7-14 假定在产品存货变动有关分析结果见表7-19。

表7-19 在产品存货变动分析表

项 目	上 年 实 际	本 年 实 际	增 减 数
期初在产品余额，元	24000	22000	—20000
加：本期产品生产费用，元	470500	595000	12400
合计，元	494500	617000	122500
减：本期制成产品生产成本，元	472500	592000	119500
期末在产品余额，元	22000	25000	3000
在产品平均余额，元	23000	23500	500

由表7-19可见，本期期末在产品余额的增长是使在产品平均余额提高的决定因素，而期末在产品余额的增多又主要是由于本期投入的产品生产费用增加额超过本期制成产品生产成本增加额的结果。从与上期比较的情况看，上期投入少、产出多，使得期末在产品余额减少，而本期是投入多、产出少，使较多的生产资料滞留在生产过程。为了具体查明期末在产品余额增多的原因，还需要深入分析本期产品投入与其制成情况，同时要查明生产费用变动的原因。

可能引起在产品存货余额增多或减少的具体原因有：

（1）产品生产情况的变动。产品投入量与产出量比例关系的变化，取消订货或暂停生产，生产不均衡不配套等情况的发生都会造成在产品的多余或减少。

（2）生产周期的变动。由于生产组织或技术的原因延长或缩短生产周期，提前或延迟供应半成品，都会影响在产品储存量的增减变动。

（3）费用消耗情况的变动。生产制造过程中消耗费用的增减会直接影响在产品成本，从而使期末在产品余额发生增减变化。

（4）外购半成品情况的变动。由于企业资金短缺未能及时购入配套的半成品或购入半成品质量略差，使得产成品不能如期制成，都会造成在产品期末余额增加。

3. 产成品

产成品期末余额的变动直接受到产成品储存量和产成品生产成本的影响。产成品储存数量的变动同产成品制成入库数量和发出（销售）数量的变动有紧密联系，期末产成品余额同它们之间的关系可用下式表示：

$$\text{期末产成品余额} = \sum\left(\text{期初产成品储存量} \times \text{单位库存产品成本}\right) + \sum\left(\text{本期制成产品量} \times \text{单位产品生产成本}\right) - \sum\left(\text{本期产品发出（销售）数量} \times \text{单位库存产品成本}\right)$$

$$= \text{期初产成品余额} + \text{本期制成产品生产成本} - \text{本期发出（销售）产品成本}$$

由以上公式可以看出，影响期末产成品余额变动的主要因素有：期初产成品储存量的变动；本期制成产品的数量变动；本期发出（销售）产成品数量的变动；库存产成品单位成本和本期制成产成品单位成本的变动；产成品品种结构的变动等。在系统分析时，可以根据产成品生产和发出销售的资料，详细考察各种主要产成品期末余额的变动及其原由。

例7－15　假定产成品存货变动有关分析结果见表7－20。

表7－20　产成品存货变动分析表

项　目	上 年 实 际	本 年 实 际	增 减 数
期初产成品余额，元	32000	36000	4000
加：本期制成产品生产成本，元	472500	592000	119500
合计，元	504500	328000	123500
减：本期发出产品成本，元	468500	582000	113500
期末产成品余额，元	36000	46000	10000
产成品平均余额，元	34000	41000	7000

由表7－20可见，本期期末产成品余额的增长是使产成品平均余额增加的主要原因，同时期末产成品余额的增多又是本期制成产品生产成本超出本期发出产品成本的结果。因此，需要进一步查明产品发出（销售）落后于生产制造的原因，减少产成品的库存积压。

引起产成品存货余额变动的具体原因有：

（1）产品生产情况的变动。如产品质量差、品种不对路、生产不配套不均衡都会造成产成品积压。减少产品生产量会减少产成品存货余额。

（2）产品销售情况的变动。产品推销任务完成情况和产销协调情况的变化、价格的升降以及仓库发货能力和运输条件、购货单位提货时间、合同单位停止购货或退货、市场需求或供给关系发生变化均会影响产品销售量和期末库存量，从而使产成品存货余额发生变化。

（3）制成产品入库成本和出库成本的高低直接影响库存产成品成本的变化，从而使产成品存货余额发生变动。

在评价各主要存货项目期末余额变动情况时，应当重点分析呆滞、积压存货的具体项目及其形成的原因。例如，由于企业进行产品改型、转产、改变工艺等原因，以前储备的不符合改产后需要的材料、物资或在产品、半成品等都会成为积压存货。分析时，应按照存货分管的部门和具体的责任人员查明形成积压存货的主、客观原因，进而考核各分管部门和责任人员的业绩，促使有关部门或责任人员及时采取有效措施，使这一部分呆滞、积压的存货尽快得到有效利用。

（三）应收账款周转率的分析

应收账款周转率是综合衡量应收账款周转速度的指标，是企业应收账款平均余额同一定时期的赊销净额的比率，其计算公式如下：

$$\text{应收账款周转率（次数）} = \frac{\text{赊销净额}}{\text{应收账款平均余额}}$$

$$\text{应收账款周转率（天数）} = \frac{\text{应收账款平均余额} \times \text{计算期天数}}{\text{赊销净额}}$$

上式中计算期天数年度按360天或365天计算。

赊销净额应按下式计算：

$$\text{赊销净额} = \text{销售收入} - \text{现销收入} - \text{销售退回} - \text{销售折扣与折让}$$

在实际工作中，一般企业的赊销净额资料不对外公布，企业外部在计算应收账款周转率时，可以利用利润表中列示的销售净收入，即赊销和现销收入总额，并且以百分率表示，即按下式计算：

$$应收账款周转率 = \frac{销售收入净额}{应收账款平均余额} \times 100\%$$

其中：

$$应收账款平均余额 = \frac{期初应收账款余额 + 期末应收账款余额}{2}$$

应收账款周转率又称收账比率，在一定时期内，周转次数越多，周转天数越少，表明应收账款收回的速度越快，流动性越强；反之，则表明应收账款收回的速度越慢，流动性越弱。通过对不同时期应收账款周转率的比较分析，可以衡量应收账款的回收速度，同时也可判断应收账款的质量是否得到改善。因为应收账款的质量与客户的信用有关，客户信用越高，发生坏账损失的可能性就越小，应收账款的质量也就越高；否则，则说明客户有意拖欠货款，发生坏账损失的可能性加大，应收账款的质量降低。

例 7 - 16 某企业应收账款周转情况见表 7 - 21。

表 7 - 21 中的应收账款余额是利用表 7 - 1 中应收账款与应收票据余额汇总计算的，赊销收入净额是假定的。由表 7 - 21 可见，本年应收账款周转次数为 9 次，比上年减少 1.22 次，每次回收的时间比上年平均延长 4.77 天，说明与上年相比，本年度应收账款周转速度变慢了，应收账款的质量也略有下降。

表 7 - 21　应收账款周转率分析表

元

项 目	上 年 实 际	本 年 实 际	增 减 数
赊销收入净额	322000	354300	32300
期初应收账款余额	31400	31600	200
期末应收账款余额	31600	47120	15520
应收账款平均余额	31500	39360	7860
应收账款周转次数	10.22	9	−1.22
应收账款周转天数	35.23	40	4.77

因不同行业有不同的生产经营特点，其应收账款的周转率也各有不同。评价企业应收账款的周转速度通常是以实际应收账款周转率同企业规定的正常回收次数或回收期限相比较。若发现应收账款回收期延长，则一定要查明延时的原因。例如，要查明是因企业产品质量问题或发生合同纠纷影响货款结算，还是因企业间形成相互拖欠的"三角债"而影响及时结算等。同时也要分析企业是否及时催收货款以及影响催收效果的各种原因。另外，分析时还应了解企业有无为了推销新产品或提高市场竞争力而主动将赊账期限延长的情况等。

第四节　固定资产投资活动分析

一、固定资产规模变动分析

在资产负债表中，固定资产包括已投入企业生产经营的固定资产以及正在建造或清理的固定资产等。现在主要介绍生产经营中固定资产变动情况的分析。固定资产的变动情况分析要根据固定资产原价明确实物量的增减和重估价值的变化，又要根据累计折旧额和固定资产净值明确其价值量的增减变化。这些都需要利用各个时期的资产负债表和有关固定资产明细分类核算资料。

例 7 - 17 利用表7-1资产负债表及有关固定资产的核算资料进行对比分析，具体见表7 - 22。

表 7 - 22　固定资产变动分析表　　　　　　　　　元

项　　　目	年 初 数	期 末 数	增　减 金额	增（减）幅，%
固定资产原价	524000	576400	52400	10
其中：生产经营用固定资产	440000	523400	83400	18.95
非生产经营用固定资产	18000	34000	16000	88.89
未使用固定资产	35000	19000	−16000	−45.71
不需用固定资产	31000	—	−31000	−100
固定资产累计折旧	153000	198000	45000	29.41
固定资产净值	371000	378400	7400	1.99

由表7 - 22可见，与年初相比，以固定资产原价表示的固定资产实物量增加了52400元，增长率为10%。但是由于固定资产累计折旧增幅较大，因而固定资产净值只增加了7400元，增长率仅为1.99%。如果固定资产原值增幅超过折旧额的增幅，则会使固定资产净值增长超过固定资产原值的增幅。从表7 - 22中还可看到，生产经营用固定资产有较大的增长，而未使用和不需用固定资产都减少了。此外，企业非生产经营用固定资产也出现了大幅增长，需具体查明增长的原因。

为了弄清各类固定资产增减变动的原因，需要利用固定资产的日常核算资料，按照固定资产增加的来源和减少的去向进行具体分析。

例 7 - 18 某企业固定资产的有关核算资料见表7 - 23。

由表7 - 23可见，与上期相比，本期固定资产原价净增52400元，这表明企业年度内固定资产的数量规模有所扩增。从增减的来源和去向分析，本期固定资产增加的主要原因是企业购置和建造生产经营用固定资产；本期固定资产减少的主要原因是对外投资和及时处理不需用的固定资产。这种变化表明企业固定资产的使用逐渐趋于合理，财务状况也有所改善。

表 7 - 23　固定资产增减变动表　　　　　　　　　元

项　　　目	固 定 资 产 借方	贷方	累 计 折 旧 借方	贷方	固定资产清理 借方	贷方	在 建 工 程 借方	贷方
期初余额	52400			153000	—		147000	
购置固定资产	106000			4000				15200
建成固定资产	15200							
拨出固定资产	—	16000						
报废固定资产	—	46000	39000		7000			
盘亏固定资产	6800	2000						
提取折旧				82000				
收回变价收入						6000		

项 目	固 定 资 产		累 计 折 旧		固定资产清理		在 建 工 程	
	借方	贷方	借方	贷方	借方	贷方	借方	贷方
清理费用					200			
清理固定资产损失						1200		
增加在建工程支出							32400	
期末余额	576400	—	—	198000			164200	

根据表 7 - 23 所列资料可编制反映固定资产原价、固定资产净值增减原因分析表，见表 7 - 24。

表 7 - 24 固定资产变动原因分析表　　　　　　　　　　　　万元

项 目	增 加 额				减 少 额					净增加额
	购入	建造	盘盈	合计	售出	对外投资	盘亏	报废	合计	
生产经营用固定资产	9.00	1.52		10.52			0.68	1.50	2.18	8.34
非生产经营用固定资产	1.60			1.60	1.60					1.60
未使用固定资产						1.60			1.60	—1.60
不需用固定资产								3.10	3.10	—3.10
固定资产原价	10.60	1.52		12.12	1.60	0.68		4.60	6.88	5.24
减：累计折旧	0.40			0.40			0.20	3.90	4.10	—3.70
固定资产净值	10.20	1.52		11.72	1.60	0.48		0.70	2.78	8.94
减：本期提取折旧										8.20
固定资产净值（比年初）										0.74

由表 7 - 24 还可以看出，与上期相比，本期固定资产净值净增加 7400 元，一方面是由于本期固定资产实物量的增加使得固定资产净值增加 89400 元；另一方面是由于本期提取折旧使企业拥有的固定资产价值量减少 82000 元，即两者增减相抵的结果。同时也表明企业拥有的固定资产不仅数量增多，而且有所更新，质量上也有了一定程度的提升。

为了深入分析固定资产增减变动后对固定资产使用状况的影响，还可以根据以上反映固定资产增减变化的资料，计算、比较以下各种分析指标，并据以作出判断。

（一）固定资产更新率

它是指本期增加的固定资产原值与现有（期末）固定资产原值之间的比率。如依据表 7 - 23 资料，假定购置、建造的新固定资产原值为 110000 元，计算固定资产更新率为：

$$固定资产更新率 = \frac{本期新增固定资产总额（原值）}{期末固定资产总额（原值）} \times 100\%$$

$$= \frac{110000}{576400} \times 100\%$$

$$= 19.08\%$$

计算结果表明，在该企业期末拥有的固定资产总值中，本期新更新的固定资产占近 1/5。

（二）固定资产退废率

它是指本期退废的固定资产原值与原有的（期初）固定资产原值之间的比率。退废的固定资产是指本期报废的，不包括拨出、调出的固定资产。依据表7-23资料计算，固定资产退废率为：

$$固定资产退废率=\frac{本期退废固定资产总额（原值）}{期初固定资产总额（原值）}\times100\%$$

$$=\frac{46000}{52400}\times100\%$$

$$=7.78\%$$

这一结果说明该企业期初所持有的固定资产中有7.78%的固定资产在本年报废并退出了生产过程。

（三）固定资产净值率

它是指固定资产净值与固定资产原值之间的比率，全面反映固定资产新旧程度的水平。依据表7-23资料计算，固定资产净值率为：

$$固定资产净值率=\frac{固定资产净值}{固定资产原值}\times100\%$$

上期期末

$$固定资产净值率=\frac{371000}{524000}\times100\%=70.8\%$$

本期期末

$$固定资产净值率=\frac{378400}{576400}\times100\%=65.65\%$$

这一结果表明，与上年相比，该企业本年度的固定资产净值率下降了5.15个百分点，说明固定资产的陈旧磨损程度更大。

（四）固定资产损耗率

它是指固定资产累计折旧额与固定资产原值之间的比率，全面反映固定资产损耗的程度。依据表7-23资料计算，固定资产损耗率为：

$$固定资产损耗率=\frac{累计折旧额}{固定资产原值}\times100\%$$

上期期末

$$固定资产损耗率=\frac{153000}{524000}\times100\%=29.2\%$$

本期期末

$$固定资产损耗率=\frac{198000}{576400}\times100\%=34.35\%$$

这一结果具体表明，该企业期末固定资产的损耗程度比期初增加了5.15个百分点，与固定资产净值率所反映的新旧程度变化趋势是相同的。此外，还可将盘亏和毁损固定资产原值与期初固定资产原值相比较，计算固定资产损失率，以展示固定资产的盘亏毁损情况。

利用上述固定资产更新率等指标，可以分析评价企业对固定资产使用的改善状况。一般而言，固定资产更新率较高，意味着企业技术更新速度较快；退废率较低，说明企业本期淘汰的固定资产较少。固定资产损耗率和固定资产净值率是此消彼长的，在通常情况下，随着固定资产使用时间变长，固定资产损耗率逐渐升高，而固定资产净值率则会降低。但在固定资产更新率或退废率较大的情况下，也不排除会有固定资产损耗率降低或者说固定资产净值率上升的情况。

在分析、揭示固定资产增减变动的基础上，还应进一步抓住其中的重点问题，深入分析各类固定资产增减变动的合理性、有效性。一般来说，既不能盲目投资建造、购置没有发展前途的产品所需的生产设备，造成资金的浪费；又不能为了节约资金一味地修理那些过时陈旧的生产设备，阻碍生产水平的提高。因此，对新增固定资产要分析其与企业发展生产、改善经营条件、提高市场竞争能力的需要是否相符。对于减少的固定资产，特别是对于盘亏报废和毁损的固定资产，应按照有关规定着重查清无违反处置规定使企业资产流失的情况。总之，对固定资产增减原因的分析有助于加强固定资产管理，改善固定资产的使用状况；也有利于改进投资决策，实现良好的财务状况。

二、固定资产结构变动分析

固定资产结构是指各类固定资产占全部固定资产的比重，一般按原值计算，反映固定资产的配置状况。企业应根据生产经营的特征和发展的要求合理配置必要的固定资产，才能保证充分有效地利用固定资产，从而减少资金的占用；否则，固定资产结构配置不当，既会造成资金的积压浪费，又会影响生产经营活动的正常运行。

研究固定资产结构的变化，需将企业固定资产按照一定的标准进行分类，计算各类固定资产的结构比例，然后进行相关的对比分析。通过固定资产结构变化的分析，可以为合理配置固定资产和有效使用固定资产提供依据。

例 7 - 19 根据表 7 - 22 的资料和该企业固定资产的核算资料，按固定资产的使用情况和用途分类，并分析固定资产结构变动，相关资料见表 7 - 25。

表 7 - 25　固定资产结构变动分析表

类　别	固定资产原值，元		结构比率，%		
	年 初 数	期 末 数	年 初 数	期 末 数	增 减 数
生产经营用固定资产	44000	523400	83.97	90.80	6.38
其中：房屋建筑物	94000	109200	17.94	18.94	1.00
生产设备	293000	346000	55.92	60.03	4.11
动力设备	31000	41000	5.91	7.11	1.20
管理用具及其他	22000	27200	4.20	4.72	0.52
非生产经营用固定资产	18000	34000	3.44	5.90	2.46
未使用固定资产	35000	19000	6.68	3.30	−3.38
不需用固定资产	31000	—	5.91	—	−5.91
固定资产总值	524000	576400	100	100	—

根据表 7 - 25 中资料对比的结果可以总体分析固定资产结构的变动，考察未使用、不需用固定资产占全部固定资产比例的变动；权衡生产经营用和非生产经营用固定资产之间的比例，以及生产经营用各类固定资产之间配备比例的合理性。从表 7 - 25 可见，本期随着该企业各类固定资产及其总值的不断变化，固定资产的结构比率也发生了不同程度的变化，从总体情况看，结构变动趋势是正常的。该企业生产经营用固定资产主要是与产品生产有直接联系的房屋建筑物、生产设备、动力设备、管理用具及其他，结构比率都得到不同幅度的提

高，尤其是作为企业主要物质技术手段的生产设备，其比例提高的程度最大（4.11个百分点）。一般来说，这种变化有助于企业生产经营水平的提高和财务状况的改善。非生产经营用固定资产在本期增长较快，使其结构比率略有提高，但在全部固定资产中仍占有较低的成分。该企业未使用、不需用固定资产结构比例下降，符合未使用和不需用固定资产的比重应逐步缩减、避免闲置的原则要求。这一结构变动表明该企业在挖掘内部潜力，将未使用设备积极投入使用，清理闲置设备，力求充分发挥全部资产的利用效益方面取得了一定的成绩。很显然，固定资产使用状况的改善势必使企业的资金利用更加充分，财务状况也将得到进一步改善。

三、固定资产使用效益分析

企业增加固定资产，改善固定资产的配置条件，可以为企业扩大生产经营，提高市场竞争力创造极好的物质技术条件。但是从提高企业经济效益的目的出发，还必须充分利用现有的固定资产，尽力做到少增资或不增资而达到增产增收的效果。可以把企业固定资产的变动同生产经营成果的变动联系起来分析固定资产的使用效益。为了总括评价固定资产使用效益的高低，一般可使用以下各项使用效益指标。

（一）固定资产利用率

固定资产利用率是指企业在一定时期（如一年）内占用与使用的固定资产总值同所生产的产品总值之间的比率，也称固定资产产值率、固定资产生产率。一定时期内占用与使用的固定资产一般用全部固定资产的平均余额代表；生产的产品总值通常用工业总产值表示。因此，固定资产利用率可按以下公式计算：

$$固定资产利用率 = \frac{工业总产值}{固定资产平均余额} \times 100\%$$

固定资产利用率也可以每百元固定资产所生产的产品价值表示，即将上式的100%改为100，单位为"元/百元"。

固定资产利用率一般按年计算，如果根据月份或季度的工业总产值计算，则需将月度工业总产值乘以12，季度工业总产值乘以4。固定资产利用率越高，表明固定资产在生产经营过程中利用程度越大，越能促进企业总体经济效益的提升；相反，则说明利用效率越低，越阻碍企业的总体经济效益的提升。

（二）固定资产周转率

固定资产周转率就是企业在一定时间内占用与使用的固定资产和所取得的产品销售收入（或营业收入）之间的比率，其计算公式如下：

$$固定资产周转率 = \frac{产品销售收入（营业收入）}{固定资产平均余额}$$

固定资产周转率一般以一定时期内的周转次数表示。周转次数越多，表明固定资产的使用效益越好；反之，则说明固定资产的使用效益越差。

（三）固定资产利润率

固定资产利润率就是指企业一定时期（如一年）内占用与使用的固定资产和所获得的利润额之间的比率，其计算公式如下：

$$固定资产利润率 = \frac{利润总额（或营业利润）}{固定资产平均余额} \times 100\%$$

固定资产利润率也可以每百元的固定资产所获得的利润额表示。固定资产利润率越高，表明固定资产使用效益越好；反之，则表明固定资产使用效益越差。

为了动态考察固定资产使用效益的变动，需将不同时期的固定资产使用效益指标进行比较。在进行对比分析时，应尤其重视固定资产利润率在衡量使用效益方面的作用。由于固定资产利润率与固定资产利用率和周转率相比更具有综合性，它整体反映了固定资产使用的综合效益，因此，分析它的变动情况，找到主要影响因素，可以更全面地提升固定资产的使用效益。为满足因素分析的要求，可将固定资产利润率指标做下列分解：

$$\begin{aligned}
固定资产利润率 &= \frac{利润总额}{固定资产平均余额} \times 100\% \\
&= \frac{工业总产值}{固定资产平均余额} \times \frac{商品价值}{工业总产值} \times \frac{产品销售收入}{商品产值} \times \\
&\quad \frac{利润总额}{产品销售收入} \times 100\% \\
&= \frac{固定资产}{利\ 用\ 率} \times \frac{产\ 品}{商品率} \times \frac{产\ \ 品}{销售率} \times \frac{产品销售}{利\ 润\ 率} \\
&= \frac{固定资产}{周\ 转\ 率} \times \frac{产品销售}{利\ 润\ 率}
\end{aligned}$$

在上式中，固定资产利用率表明固定资产的利用效率；产品商品率表现本期生产的产品中可用作商品销售的比率；产品销售率表现生产的产品已经实现销售的比率；产品销售利润率则表明产品销售的获利程度。由上式可见，企业要提高固定资产利润率，除了要提升固定资产使用效率外，还需要提升产品生产的商品率以及所生产商品的销售率。同时，还要通过节约生产消耗、降低产品成本、提高产品质量、改善销售环境等途径，提高产品销售的获利水平。由于固定资产利润率与固定资产利用率、周转率反映固定资产使用效益的综合程度不一样，所以三者的变动不尽一致，在分析评价固定资产使用效益时需要注意这种情况。

例 7-20 根据某企业的有关资料，固定资产使用效益计算与分析的结果见表 7-26。

从表 7-26 的比较结果来看，表明固定资产使用效益的各项指标呈现变动不一致的情况：与上年相比，该企业本年的固定资产利用率提高了 1 个百分点，然而固定资产利润率却降低了 1.19 个百分点，大概比上年降低了 3.31%。现将固定资产利润率进行分解，来揭示各项使用效益指标变化不一致的原因。

上期固定资产利润率 = 1.65 × 0.94 × 0.96 × 24.18% = 36%

本期固定资产利润率 = 1.66 × 0.95 × 0.97 × 22.75% = 34.81%

或

上期固定资产利润率 = 1.489 × 24.18% = 36%

本期固定资产利润率 = 1.53 × 22.75% = 34.81%

由以上计算结果可以看出，尽管本期固定资产利用率提高，产品商品率和产品销售率也都比上年有不同程度的提高，但由于成本费用上升等原因导致产品销售利润率下降了 5.91%，从而使得固定资产利润率比上期降低了 1.19 个百分点。因此，为了全面提高固定资产的使用效益，企业不仅要扩大生产，增加销售，还应努力降低成本，提高产品销售的获利能力，这样才能最终确保企业固定资产使用效益的提高。

表 7-26　固定资产使用效益分析表

项　目	单位	上年实际	本年实际	增　减	
				数　额	增（减）幅,%
固定资产平均余额	元	512000	550200	38200	7.46
工业总产值	元	844800	913300	68500	8.11
商品产值	元	794100	867600	73500	9.26
产品销售收入	元	762300	841600	79300	10.40
利润总额	元	184300	191500	7200	3.91
固定资产利用率	%	165	166	1	0.61
固定资产周转率	次数	1.489	1.53	0.041	2.75
固定资产利润率	%	36	34.81	-1.19	-3.31
产品商品率	%	94	95	1	1.05
产品销售率	%	96	97	1	1.04
销售利润率	%	24.18	22.75	-1.43	-5.91

四、总资产周转率分析

总资产周转率是销售收入与平均资产总额的比值，其计算公式是：

$$总资产周转率 = \frac{销售收入净额}{平均资产总额}$$

该指标反映全部资产的周转状况，指明所有资产一年周转的次数。该指标综合反映总资产的运用效果，速度越快，资金利用效果越好，财务状况越佳；反之，则表明企业的经营能力差，效率低。

若企业总资产周转率长期处于较低状态，企业应采取措施对资产结构给予调整，合理处置多余、闲置的资产，及时催收应收账款，加快资金周转。

总资产周转率也可用周转天数表示：

$$总资产周转天数 = 360 \div 周转次数$$

例 7-21　某公司 2012 年年初资产总额为 16000 万元，年末资产总额为 20000 元，全年销售收入净额为 72000 万元，则有：

$$总资产周转率 = 72000 \div （16000 + 20000） \times 2 = 4（次）$$
$$总资产周转天数 = 360 \div 4 = 90（天）$$

计算表明，该公司总资产一年周转 4 次，即平均 3 个月周转一次，这是否能说明公司资产管理的好坏，还应联系该公司的行业特征、企业历史数据来判断。在周转额不变或增加的情况下，周转速度加快，表明公司占用资金减少，资金利用效率得到提高。

第五节　证券投资活动分析

一、有价证券投资的特性

证券一般指有价证券，就是具有一定面额、代表财产所有权或债权的凭证。目前国内市场上流通的有价证券已有七大类十几个品种。第一类：国家债券，包括国库券、国家重点建设债券、国家建设债券、财政债券、保值公债、特种国债等；第二类：投资债券和基本建设债券；第三类：企业债券；第四类：金融债券；第五类：大额可转让存单；第六类：股票，包括 A 股、B 股、H 股；第七类：各类型基金等。

有价证券具有如下特点：载有一定的人民币面值；表示股权、债权、债务关系；由具有法人资格的单位发行；经有关机关审查批准；经法人代表签署，按规定承担义务；在规定的范围内进行转让，不能当货币流通。

有价证券按其性质划分，有以下几类：非上市证券，如存款证（简称 CD）；货币证券，如商业票据、银行承兑票据、短期国库券等；资本证券，分为两种：一种是固定收入证券如中长期国库券、公司债券、优先股等，另一种是权益证券如普通股等；其他证券，如期票、期货等。

有价证券投资有 3 个重要特性：

（1）它是一种直接融资活动，具有较大的风险。

（2）它存在双重获利机会，不仅可以获得利息或红利收益，而且可以从市场转让买卖差价中获得收益。

（3）认购股票是一种永久性投资，只要公司持续经营，就不会偿还本金。

二、证券投资报酬与投资风险关系的分析

证券投资的三要素包括证券投资报酬、证券投资风险和证券投资时间。证券投资报酬给证券投资者带来利益，证券投资风险给证券投资者带来损失，两者之代数和就是证券投资的净效用。证券投资的目标就是实现证券投资净效用最大化。

证券投资报酬因证券不同而有所不同。债券的投资报酬主要包括债券利息收入与出售债券的价差收入。股票的投资报酬主要包括股利收入与买卖股票价差。衡量证券投资报酬大小的指标主要是投资报酬率。

证券投资报酬率一般按下列公式计算：

$$证券投资报酬率 = \frac{证券出售价格 - 证券购入价格 + 证券投资收益（股利、债息等）}{证券购入价格} \times 100\%$$

例如，某公司购入债券 100 张，每张面值 10 元，购入价格每张 9 元，面值年利率 10%，每年付息一次，一年后每张以 9.50 元售出，计算一年后到期的证券投资报酬率如下：

$$证券投资报酬率 = \frac{(950 - 900) + 100 \times 10 \times 10\%}{900} \times 100\%$$

$$= \frac{150}{900} \times 100\%$$

$$= 16.67\%$$

债券、股票的投资报酬率按期间划分，可以分为本期证券投资报酬率、持有期证券投资报酬率与到期证券投资报酬率。到期证券投资报酬率就是债券面值与每年债券利息的现值之和同该债券目前市价相等时的折现率。由于现值计算和分析比较复杂，在实际工作中，可用下列公式求出其近似值后加以分析比较。

$$到期证券报酬率 = \frac{每年平均资本利得（损失） + 每年债券利息}{平均投资额} \times 100\%$$

例如，某公司本年以 90 元价格购入面值 100 元的债券 10 张，期限 5 年，票面利率为年

利率10％，每年付息一次，到期证券投资报酬率分析计算如下：

$$到期证券投资报酬率 = \frac{\frac{1000-900}{5}+1000\times10\%}{\frac{900+1000}{2}}\times100\%$$

$$= \frac{120}{950}\times100\%$$

$$= 12.63\%$$

假定某公司于2012年3月5日以110元价格购进面值为100元2009年发行的国库券10张，面值年利率12.5％，期限3年，2012年7月1日到期，尚差2年零117天到期。如果到期日一次还本付息，计算到期证券投资报酬率如下：

$$到期证券投资报酬率 = \frac{100\times10-110\times10+100\times10\times12.5\%\times3}{(110\times10)\times\left(2+\frac{117}{360}\right)}\times100\%$$

$$= \frac{275}{2557.5}\times100\%$$

$$= 10.75\%$$

证券投资风险是指证券投资实际收益偏离投资者所期望的收益即投资者遭受损失的可能性。影响证券投资收益的因素比较复杂，证券投资风险的种类较多，按其性质不同，可以分为证券投资的系统性风险与证券投资的非系统性风险两类。

（一）证券投资的系统性风险

系统性风险是指证券市场上由一些共同性因素引起所有投资者都将承担的风险，引发系统性风险的主要因素有：

（1）宏观经济发展的不确定性。

①利率风险。利率风险是指由于金融市场利率水平的变化而引起证券投资实际收益水平偏离预期收益水平的可能性。市场利率上升时，原有证券的收益水平就会低于现行证券的收益水平，原有证券吸引力就会下降，从而引发证券价格下跌；反之，证券价格上扬。

②违约风险，也称为财务风险或信用风险，是资本风险和收益风险的总和。资本风险是指由于宏观经济形势发生重大变化、政府的禁令、自然灾害的发生以及公司财务状况恶化等情况的出现，致使投资者无法收回或无法全部收回证券投资的可能性；收益风险是指公司无力支付证券投资的期间收益的可能性。

③购买力风险。购买力风险是指由于通货膨胀造成货币贬值，使证券投资的实际收益水平低于预期收益水平的可能性。

（2）意外变故的发生。

如国内政局动荡、发生战争等，导致整个经济秩序混乱和金融市场波动，致使证券投资者蒙受损失。

（3）市场条件变化。

如果国内外证券市场行情势头发生变化，不管市场总趋势如何，必将波及所有证券的价格。

（二）证券投资的非系统性风险

证券投资的非系统性风险是指个别投资者在投资中可能承受的风险，即可以有效控制的风险。非系统性风险表现的形式有很多，凡是不属于共同因素引发的投资结果的不确定性，都可称为非系统性风险。引发非系统性风险的主要因素有：

（1）行业的差别。不同行业在国民经济发展中的作用不同、地位不一，其发展前景也会有所不同。因此，认购不同行业的证券，其投资收益水平自然会存在差别。

（2）市场组织和运作条件不同。证券市场发育程度越高，就越有保证获得证券投资收益。此外，市场交易中的具体操作技术性因素也决定着证券价格变动的方向和幅度。

（3）公司素质的差异。证券投资的收益水平不仅取决于发行证券的经营管理水平和盈利能力。各发行证券的公司素质不同，盈利水平就会不同，证券投资的收益高低自然也会存在差别。

（4）证券投资形式不同。债券和股票是风险程度不同的两类金融工具。若证券投资者对证券形式选择不当，证券投资收益水平的不确定性便会增加。

（5）证券投资者心理因素的差异。证券投资人的主观判断和决策往往受市场心理变化左右。因此，投资者心理素质的好坏是决定证券投资成败的重要因素。

分析证券投资风险与报酬两者关系的方法可以借助"资本资产定价模型"加以分析。

资本资产定价模型可用下列公式表示：

$$K = R_F - \beta(K_m - R_F) \qquad\qquad (7-5)$$

式中　K——某证券的必要报酬率；

　　　R_F——无风险证券报酬率（如国库券利率）；

　　　β——衡量证券风险大小的系数；

　　　K_m——证券投资的平均报酬率。

衡量证券风险大小的系数 β 由专门投资服务机构加以确定。$\beta=0$ 表示证券没有风险；$\beta=1$ 表示证券风险与平均风险一致；$\beta>1$ 表示证券风险大于平均风险；$\beta<1$ 表示证券风险小于平均风险。

证券投资的平均报酬率 K_m 由金融机构定期计算加以公布。式中 (K_m-R_F) 为市场风险报酬。$\beta(K_m-R_F)$ 表示在特定风险的情况下某一证券的风险报酬率。因此，无风险报酬率与特定风险情况下的风险报酬率之和即为某一证券的必要报酬率。

例如，某一证券的无风险报酬率（R_F）为年利率 10%，证券平均报酬率为年利率 12%，试分别计算：$\beta=0$、$\beta=0.55$、$\beta=2$ 的证券必要报酬率。

$\beta=0$，$K=10\%+0\times(12\%-10\%)=10\%$

$\beta=0.5$，$K=10\%+0.5\times(12\%-10\%)=11\%$

$\beta=1$，$K=10\%+1\times(12\%-10\%)=12\%$

$\beta=2$，$K=10\%+2\times(12\%-10\%)=14\%$

当 β 为 $0\sim2$ 时，证券必要报酬率为 $10\%\sim14\%$，较好地揭示了风险与报酬的关系，为证券投资提供科学的依据。

复习思考题

1. 分析评价企业的财务状况时需要注意哪些问题？
2. 影响企业财力资源利用状况变动的原因是什么？
3. 简述企业融资的目的、原则与渠道。
4. 简述企业融资的资金成本及其决定因素。

5. 分析流动资产周转情况指标有哪些？

6. 如何评价企业固定资产新旧程度？

7. 怎样进行固定资产使用效益分析？

8. 简述有价证券投资的特性。

9. 简述证券投资报酬与投资风险的关系。

10. 某公司现有资金 600 万元，有发行股票和发行债券两种融资方式，债券利息率为 10%。预计销售税率为 7%，销售成本率为 65%，所得税率为 25%。请计算：该公司的融资无差别点经营收入和无差别点经营利润。

11. 某企业流动资产与产品销售变动情况如下：

项　目	上 年 实 际	本 年 实 际	比上年增加
产品销售收入，元	872500	946700	
流动资产平均余额，元	231500	294980	

请计算：

(1) 该企业流动资产周转次数；

(2) 该企业流动资产周转天数；

(3) 流动资产周转速度变动对流动资金占用额的影响。

第八章 企业产品成本分析

企业资源使用的最终效果可以通过企业成本的变化表现出来。产品成本是企业所有资源综合利用程度的集中表现，概括地反映了企业生产经营管理工作的质量。企业产品成本的高低直接影响和决定着企业的经济效益与竞争能力。因此，企业产品成本分析是企业经济分析的一项核心任务。本章将重点分析企业产品成本的变化。

第一节 成本费用的概念及内容

一、产品成本的经济内容

产品成本是企业所有资源综合利用程度的集中表现，概括地反映了企业生产经营管理工作的质量。企业产品成本的高低直接影响和决定着企业的经济效益与竞争能力。因此，企业产品成本分析是企业经济分析的一项核心任务。对于成本的理解，必须注意以下几点：第一，产品成本是企业在一定时期内为生产和销售一定产品所发生的生产耗费的货币表现。第二，产品成本作为生产耗费的综合表现，可以反映企业生产经营活动的经济效果。第三，产品成本是一个客观的经济范畴，表现为多种多样的具体形态。第四，产品成本是一个价值范畴，不能脱离产品价值来谈论成本。

产品成本是企业为生产产品而发生的各种生产费用的综合表现。它包括生产过程中所消耗和占用的人、财、物的各项费用支出，如工资、利息、固定资产折旧、原材料和能源费用等。凡是以产品作为计算对象所归集和分配的费用，都构成产品成本的内容。按经济用途对费用可划分为：

（1）直接材料，指企业在生产产品和提供劳务过程中所消耗的，直接用于产品生产，构成产品实体的原料与主要材料、外购半成品、修理用备件、包装物以及有助于产品形成的辅助材料和其他直接材料。

（2）直接人工，指企业在生产产品和提供劳务过程中，直接从事产品生产的工人工资以及按工人工资总额和规定比例计算提取的职工福利费。

（3）其他直接费用，指企业发生的除直接材料费用和直接人工费用以外的与生产产品、提供劳务有直接关系的费用。

（4）制造费用，指企业为生产产品和提供劳务而发生的各项间接费用，包括工资和福利费、折旧费、修理费、办公费、水电费、劳动保护费等。制造费用应通过一定的方法分配计入产品成本。

对于成本的理解，必须注意以下几点：第一，产品成本是企业在一定时期内为生产和销售一定产品所发生的生产耗费的货币表现；第二，产品成本作为生产耗费的综合表现，可以反映企业生产经营活动的经济效果；第三，产品成本是一个客观的经济范畴，表现为多种多样的具体形态；第四，产品成本是一个价值范畴，不能脱离产品价值来谈论成本。

二、影响产品成本变动的基本因素

产品成本的升降既有外部的属于经营环境的宏观因素的影响，也有内部的属于企业经营管理工作质量的微观因素的影响。这两类因素既相互联系，又相互制约。因此，在进行产品成本分析时，必须对影响产品成本的因素加以区分，以便分清责任，正确评价企业的工作质量，为挖掘降低成本潜力指明方向。

影响产品成本升降的客观经济因素有：

(1) 企业设置的地点和资源条件。企业的地理位置对产品成本水平会有多方面影响。如企业距离原材料、能源供应的地点远近不同，则购运价格、协作条件、运输方式、在途损耗以及综合利用的效果会有所不同。对于采掘工业来说，由于自然资源条件不同，不仅矿石有品位高低的差别，而且开采也有难易之分。这些明显都会对企业的成本水平发生影响。

(2) 企业的规模和技术装备水平。企业生产规模扩大，单位产品成本中的固定费用就会相对节约，从而促进产品成本水平降低。同样规模的企业，由于技术装备水平和由此决定的机械化、自动化程度的不同，成本水平也会高低不同。

(3) 企业专业化和协作的水平。实行生产专业化和协作，可以利用新的科学技术成果，推广和采用先进的专业设备与加工工艺，造就技术熟练的工人和干部，会大大提高劳动生产率，降低产品成本。

(4) 劳动者的技术水平和操作熟练程度。各企业新老工人比例不同，平均技术等级和操作熟练程度便有所差别，从而对产品成本水平的高低也必然产生一定的影响。

此外，市场的需求和宏观调控的力度以及金融、财政、税收、物价的改革，对企业产品成本水平也有影响。但是应该看到，对企业产品成本水平经常起作用的还是企业内部的因素。这些因素主要有：

(1) 劳动生产率的大小。劳动生产率，直接影响单位产品的工时消耗、产品产量的增长以及单位产品成本中固定费用的分摊。因此，提高劳动生产率，既是不断降低产品成本的重要途径，也是增加企业盈利的重要源泉。

(2) 材料、能源利用的效果。材料、能源消耗在大多数企业的产品成本中占有较大的比重。降低单位产品的材料、能源消耗，就意味着增产的可能性。

(3) 生产设备的利用效果。提高生产设备的利用率，即提高单位设备时间的生产效率，就会提高一定时间内原材料加工量和产品产量。而产品产量的增长就会使单位产品成本中的相对固定费用（如固定资产的折旧费以及维修费用、计时工资和一般管理费用等）相应降低。

(4) 生产工作质量水平。反映生产工作质量水平的常用指标有合格率指标、返修率指标和废品率指标。提高产品合格率和平均等级，减少修复费用的发生，减少生产过程中的废品损失和停工损失，就意味着有效产品产量的增加，使企业耗费同样多的物质资源和劳动资源都能为社会提供比较多的有用产品。

(5) 工资水平和管理费用水平。严格控制工资总额，提高工时利用率，合理简化管理机构，提高工作效率，贯彻勤俭办企业的方针，就能使期间成本相应地降低。

(6) 科学的经营决策。科学的经营决策是企业经济活动的先导，对降低成本、提高企业经济效益起着决定性的作用。以科学的经营决策指导企业各项管理工作，就能促进企业提高产品质量，降低产品成本，全面提升企业经济效益。

企业要降低产品成本，首先应从分析内部因素着手，从主观方面努力。但也应注意产业结构和投资结构以及生产资料涨价等宏观经济因素对企业成本的影响。这就要求政府部门必须加强宏观调控，深化企业改革，建立产权明晰、权责明确、政企分开、管理科学的现代企业制度，为企业从战略上降低产品成本创造条件。

三、产品成本分析的主要任务

产品成本分析的主要任务是：按照社会主义市场经济规律的要求，对各种影响因素进行科学分析；查明和测定各种因素对成本升降的影响程度；挖掘降低成本的潜力，制订降低成本的措施和方案。

产品成本分析的具体内容是：

（1）分析产品成本计划的完成情况；

（2）分析产品成本的动态，提供产品成本升降的有关数据；

（3）分析厂际成本，明确企业的成本优势和差距；

（4）分析影响产品成本的主要因素及其影响，揭示其中存在的主要问题；

（5）提出对策措施，充分挖掘进一步降低产品成本的潜力。

第二节　成本计划完成情况分析

在激烈的市场竞争中，企业要想取得优势和主动，不仅要生产出符合市场需求的高质量产品，而且要不断降低产品成本。为此，企业要对成本进行计划管理和控制，而该成本计划也是分析、评价企业产品成本完成情况的一项重要依据。

一、全部商品产品成本计划完成情况分析

企业全部商品产品包括可比产品和不可比产品两大部分。分析全部商品产品成本计划完成情况，可以具体计算成本计划完成程度及影响，从而说明企业完成成本计划的一般情况。下面举例说明其具体分析方法。

例 8-1　某企业 2012 年全部商品产品产量及产品成本完成情况见表 8-1。

表 8-1　某企业 2012 年全部商品产品成本计划完成情况分析表

产品	实际产量 Q_1	单位成本，元		总成本，元		成本完成情况		
		计划 Z_n	实际 Z_1	按计划单位成本计算 Z_nQ_1	按实际单位成本计算 Z_1Q_1	比计划降低率，%	比计划降低额 $Z_nQ_1 - Z_1Q_1$，元	对全部成本计划完成的影响
A	200	150	140	30000	28000	6.67	2000	3.25
B	100	90	85	9000	8500	5.56	500	0.81
C	50	450	460	22500	23000	-2.22	-500	-0.81
合计	—	—	—	61500	59500	3.25	2000	3.25

表中数据计算所使用的公式为：

$$产品成本比计划降低率 = 1 - \frac{\sum Z_1 Q_1}{\sum Z_n Q_1} \times 100\%$$

式中，Z_1 为报告期实际单位成本，Z_n 为计划单位成本，Q_1 为报告期实际产量。

$$产品成本比计划降低额 = \sum Z_n Q_1 - \sum Z_1 Q_1$$

$$\frac{某产品成本计划完成情况对全}{部产品成本计划完成率的影响} = \frac{Z_{ni}Q_{1i} - Z_{1i}Q_{1i}}{\sum Z_n Q_1} \times 100\%$$

式中，i 为某产品，此例中 i 为 A、B、C。

按上例计算：

$$全部商品产品成本比计划降低率 = \left(1 - \frac{59500}{61500}\right) \times 100\% = 3.25\%$$

$$全部商品产品成本比计划降低额 = 61500 - 59500 = 2000（元）$$

$$\frac{B产品成本计划完成情况对全}{部产品成本计划完成率的影响} = \frac{500}{61500} \times 100\% = 0.81\%$$

$$\frac{全部商品产品成本比}{计划降低率（降低额）} = A影响 + B影响 + C影响$$

即

$$3.25\% = 3.25\% + 0.81\% + (-0.81\%)$$

$$2000\,元 = 2000\,元 + 500\,元 + (-500)\,元$$

上述结果表明，与计划相比，全部商品产品的实际成本降低了 3.25%，减少总成本支出 2000 元，其中主要是 A 产品单位成本降低 10 元的作用。而 C 产品单位成本比计划增加了 2.22%，对此应根据企业的实际生产经营情况作深入分析，充分挖掘出进一步降低产品成本的潜力。

二、可比产品成本降低计划完成情况分析

可比产品是本企业以前正式生产过的产品，具有可比较的成本数据。分析可比产品成本降低计划完成情况，就是通过计算可比产品成本实际降低率或降低额与计划降低率和降低额相比较，以说明其差距，并进一步阐述形成原因。

（一）可比产品成本降低计划完成情况分析的方法

（1）企业只生产某一种产品，或只想对某一种可比产品成本的降低计划完成情况进行分析，可按如下方法进行计算与分析：

$$单位成本计划降低率 = \left(1 - \frac{Z_n}{Z_0}\right) \times 100\% = \frac{Z_0 - Z_n}{Z_0} \times 100\%$$

$$单位成本计划降低额 = Z_0 - Z_n$$

$$单位成本实际降低率 = \left(1 - \frac{Z_1}{Z_0}\right) \times 100\% = \frac{Z_0 - Z_1}{Z_0} \times 100\%$$

$$单位成本实际降低额 = Z_0 - Z_1$$

$$单位成本降低计划完成程度 = \frac{1 - \dfrac{Z_0 - Z_1}{Z_0}}{1 - \dfrac{Z_0 - Z_n}{Z_0}} \times 100\%$$

该指标数值越高，说明成本降低计划完成程度越低；该数值越低，则说明成本降低计划完成程度越高。数值大于 100%，说明没完成计划；数值小于 100%，说明超额完成计划。

$$单位成本实际比计划多降低额 = (Z_0 - Z_1) - (Z_0 - Z_n) = Z_n - Z_1$$

$$由于单位成本降低计划超额完成而节约的总成本支出额 = (Z_n - Z_1)Q_1$$

例 8 - 2 某企业生产 A 产品，2012 年 10 月份的产量及单位成本计划完成情况见表 8 - 2。

表 8-2　某企业 2012 年 10 月份产量及成本计划完成情况分析表

产品名称	本年实际产量，台	单位成本，元			计划降低任务	
		上年实际	本年计划	本年实际	降低率，%	降低额，元
	Q_1	Z_0	Z_n	Z_1	$1-Z_n/Z_0$	Z_0-Z_n
A	10000	1200	1100	1050	8.33	100

$$单位成本实际降低率 = \left(1-\frac{1050}{1200}\right) \times 100\% = 12.5\%$$

$$单位成本实际降低额 = 1200 - 1050 = 150(元)$$

$$\begin{matrix}单位成本降低\\计划完成程度\end{matrix} = \frac{1-12.5\%}{1-8.33\%} \times 100\% = \frac{87.5\%}{91.67\%} \times 100\% = 95.45\%$$

$$单位成本实际比计划多降低额 = 150 - 100 = 50(元)$$

$$\begin{matrix}由于单位成本降低计划超额\\完成而节约的总成本支出额\end{matrix} = 50 \times 10000 = 500000(元)$$

以上结果表明，该企业本月超额完成成本降低计划 4.55 个百分点，单位成本实际比计划多降低了 50 元，由此而节约总成本支出 50 万元。在其他因素不变的条件下，相当于增加盈利 50 万元。

（2）企业如果生产两种以上的产品，要综合分析全部可比产品成本降低计划的完成情况，可按如下方法进行计算与分析：

$$计划成本降低额 = \sum (Z_0 - Z_n)Q_n = \sum Z_0 Q_n - \sum Z_n Q_n$$

$$计划成本降低率 = \frac{\sum Z_0 Q_n - \sum Z_n Q_n}{\sum Z_0 Q_n} \times 100\%$$

$$实际成本降低额 = \sum (Z_0 - Z_1)Q_1 = \sum Z_0 Q_1 - \sum Z_1 Q_1$$

$$实际成本降低率 = \frac{\sum Z_0 Q_1 - \sum Z_1 Q_1}{\sum Z_0 Q_1} \times 100\%$$

$$\begin{matrix}可比产品成本降\\低计划完成程度\end{matrix} = \frac{1 - \dfrac{\sum Z_0 Q_1 - \sum Z_1 Q_1}{\sum Z_0 Q_1}}{1 - \dfrac{\sum Z_0 Q_n - \sum Z_n Q_n}{\sum Z_0 Q_n}} \times 100\%$$

$$\begin{matrix}可比产品成本降低\\额实际比计划多降低\end{matrix} = \left(\frac{\sum Z_0 Q_1 - \sum Z_1 Q_1}{\sum Z_0 Q_1} - \frac{\sum Z_0 Q_n - \sum Z_n Q_n}{\sum Z_0 Q_n} \right)$$

$$\begin{matrix}可比产品成本降低\\率实际比计划多降低\end{matrix} = \left(\sum Z_0 Q_1 - \sum Z_1 Q_1 \right) - \left(\sum Z_0 Q_n - \sum Z_n Q_n \right)$$

通过计算上述指标，即可对企业本期可比产品成本计划降低的完成情况作出基本评价。下面举例说明这种分析方法的具体应用。

例 8-3　某企业 2012 年 8 月份可比产品成本计划及实际完成资料整理见表 8-3。

表 8-3　某企业 2012 年 8 月份产量及成本计划完成情况

产品	产量，台		单位成本，元			按实际产量计算的总成本，千元			按计划产量计算的总成本，千元		
	实际 Q_1	计划 Q_n	上期 Z_0	计划 Z_n	实际 Z_1	按上期单位成本计算 Z_0Q_1	按计划单位成本计算 Z_nQ_1	按实际单位成本计算 Z_1Q_1	按上期单位成本计算 Z_0Q_n	按计划单位成本计算 Z_nQ_n	按实际单位成本计算 Z_1Q_n
A	1000	1100	250	220	225	250	220	225	275	242	247.5
B	2000	1500	550	500	495	1100	1000	990	825	750	742.5
合计	—	—	—	—	—	1350	1220	1215	1100	992	990

$$计划成本降低额 = 1100000 - 992000 = 108000（元）$$

$$计划成本降低率 = \frac{108000}{1100000} \times 100\% = 9.82\%$$

$$实际成本降低额 = 1350000 - 1215000 = 135000（元）$$

$$实际成本降低率 = \frac{135000}{1350000} \times 100\% = 10\%$$

$$可比产品成本降低计划完成程度 = \frac{1-10\%}{1-9.82\%} \times 100\% = 99.8\%$$

$$可比产品成本降低率实际比计划多降低 = 10\% - 9.82\% = 0.18\%$$

$$可比产品成本降低额实际比计划多降低 = 135000 - 108000 = 27000（元）$$

以上结果表明，该企业报告期可比产品成本超额 0.2% 完成了计划降低任务，实际降低率比计划降低率多降低了 0.18 个百分点，由此多节约总成本 27000 元。说明该企业可比产品成本计划完成情况比较好，有利于提高企业的经济效益；但也要看到 A 产品的单位成本没有达到计划目标，对此还应系统分析其原因，以进一步挖掘降低成本的潜力。

（二）可比产品成本降低计划完成情况的影响因素分析

企业若生产多种产品，则影响企业可比产品成本降低计划完成情况的因素主要有产量、单位成本和品种结构。这里需要明确的是：第一，任何事物的内部结构发生变化，都是由于构成事物的各个组成部分发生了不均衡变化。产品总成本中的品种结构变动同样也是由于各种产品产量不均衡变动引起的，它是与产量变动交织在一起的。因此，要单独测定产品产量和品种结构变动各自对成本降低计划完成情况的影响，必须以各种产品产量等比例变化为前提。第二，产品产量等比例发生变化，即单纯产量发生变化，而品种结构不变，只会影响成本降低额计划的完成情况，不会影响成本降低率计划的完成。各因素的具体影响可按如下方法进行分析。

1. 产量变动对成本降低计划的影响

若分析单纯产量变动的影响，则需假定单位成本不变、产品品种结构不变。在上述假定条件下，单纯产量变动对成本降低率的完成情况不产生影响，只对成本降低额产生影响。具体可按下式计算：

$$\begin{aligned}
产量变动对成本降低额的影响额 &= 按产量综合变动系数计算的计划成本降低额 - 计划成本降低额 \\
&= \sum[(Z_0 - Z_n)Q_nK_Q] - \sum[(Z_0 - Z_n)Q_n]
\end{aligned}$$

从以上公式可以看出：等式右边的第一项只反映产量和单位成本变动的影响；等式右边的第二项则只反映单位成本变动的影响，二者两项的差额刚好为产量变动的影响。式中 K_Q 为产品综合变动系数，其计算公式为：

$$K_Q = \frac{按实际产量上期单位成本计算的总成本}{按计划产量上期单位成本计算的总成本} = \frac{\sum Z_0 Q_1}{\sum Z_0 Q_n}$$

2. 品种结构变动对成本降低计划的影响

产品结构变动对成本降低额的影响，就是按产量综合变动系数计算的计划成本降低额与按实际产量计算的计划成本降低额之间的差额，即

$$\begin{array}{c}品种结构变动对成 \\ 本降低额的影响额\end{array} = \begin{array}{c}按实际产量计算的 \\ 计划成本降低额\end{array} - \begin{array}{c}按产量综合变动系数计 \\ 算的计划成本降低额\end{array}$$

$$= \sum [(Z_0 - Z_n) Q_1] - \sum [(Z_0 - Z_1) Q_n K_Q]$$

式中，按实际产量计算的计划成本降低额包含了产量、品种结构、单位成本三者变动的综合影响，按产量综合变动系数计算的计划成本降低额只包含产量和单位成本变动的影响，所以该两项降低额的差额即为品种结构变动的影响额。

品种结构变动对计划成本降低率的影响可按下式计算：

$$\begin{array}{c}单位成本变动对 \\ 成本降低率的影响\end{array} = \frac{\sum [(Z_0 - Z_n) Q_1] - \sum [(Z_0 - Z_1) Q_n K_Q]}{\sum Z_0 Q_1} \times 100\%$$

3. 产品单位成本变动对成本降低计划的影响

产品单位成本变动对成本降低额的影响就是实际成本降低额与按实际产量计算的计划成本降低额的差额，即

$$\begin{array}{c}单位成本变动对成 \\ 本降低额的影响额\end{array} = \sum [(Z_0 - Z_1) Q_1] - \sum [(Z_0 - Z_n) Q_1]$$

式中，等号右边的第一项和第一项都包含有产量和品种结构的变动，所不同的是这两项单位成本的变动额，前者是实际降低额，后者是计划降低额，实际上之所以产生差异就是因为实际单位成本和计划单位成本的不同。所以前后两项的差额即为单位成本变动（由计划到实际的变动）对计划成本降低额的影响额。上式可以简化如下：

$$单位成本变动对计划成本降低额的影响额 = \sum [(Z_n - Z_1) Q_1]$$

单位成本变动对成本降低率的影响可按下式计算：

$$单位成本变动对成本降低率的影响 = \frac{\sum [(Z_n - Z_1) Q_1]}{\sum Z_0 Q_1}$$

按表 8-3 资料计算：

$$产量综合变动系数 = \frac{1350000}{1100000} = 1.2273$$

$$\begin{array}{c}产量变动对总成本 \\ 降低额的影响额\end{array} = [1100 \times 1.2273 \times (250 - 220) + 1500 \times 1.2273 \times (550 - 500)]$$

$$- [1100 \times (250 - 220) + 1500 \times (550 - 500)]$$

$$= 132548 - 108000 = 24548(元)$$

$$\begin{array}{c}品种结构变动对总成 \\ 本降低额的影响额\end{array} = (1350000 - 1220000) - 132548 = -2548(元)$$

$$品种结构变动对成本降低率的影响 = -2548/1350000 = -0.19\%$$
$$单位成本变动对总成本降低额的影响额 = (1220000 - 1215000) = 5000(元)$$
$$单位成本变动对成本降低率的影响 = 5000/1350000 = 0.37\%$$

以上结果表明，该企业本年可比产品总成本比计划多降低了 27000 元，其中，由于产量变动使总成本比计划多节约 24548 元；由于品种结构改变使总成本比计划少节约 2548 元；由于单位成本变动，使总成本比计划多节约 5000 元。可比产品成本降低率实际比计划多降低了 0.18 个百分点，其中，品种结构变动的影响使实际成本降低率比计划少降低了 0.19 个百分点，单位成本变动的影响使实际成本降低率比计划多降低了 0.37 个百分点，即

$$27000 元 = 24548 元 + (-2548) 元 + 5000 元$$
$$0.18\% = 0 + (-0.19\%) + 0.37\%$$

显然，该企业本年实际总成本比计划多降低 27000 元，主要是由于产量变动的影响，其次是品种结构变动的影响，而单位成本的变动则在一定程度上增加了总成本。实际成本降低率比计划多降低了 0.18 个百分点，则主要是调整品种结构的贡献，而单位成本的变动在一定程度上则提高了成本水平。因此，对于单位成本（主要是 A 产品）的逆向变化应作进一步的因素分析，以找出主要矛盾，提出进一步降低成本的有效途径。

第三节　成本变动因素分析

企业的产品成本受到企业生产经营、产品制造等有关的所有经济活动的影响。成本因素分析的目的是找出影响单位产品成本的相关因素，提出有效的解决措施，降低成本，以便提高企业的经济效益。

一、单位产品成本项目的完成情况分析

分析单位产品成本项目完成情况，一般用实际的单位成本和计划单位成本相比，或者与上期实际的单位成本相比，也可与企业或行业的最好水平相比，以与计划单位成本相比为例，具体分析方法如下：

例 8-4　假定某企业 2012 年 11 月甲产品的单位产品成本与计划对比情况见表 8-4。

表 8-4　某企业 2012 年 11 月份单位产品成本项目完成情况分析表

成 本 项 目	计划成本 Z_n，元	实际成本 Z_1，元	实际比计划		各项目变动对单位成本的影响程度,%
			降低额，元	降低率,%	
原材料	180	174	6.0	3.33	2.20
燃料和动力	14	13.5	0.5	3.57	0.18
生产工人工资	50	50.4	−0.4	−0.8	−0.15
制造费用	29	32.1	−3.1	−10.69	−1.13
单位产品成本合计	273	270	3.0	1.10	1.10

从表 8-4 可以看出，该企业的实际单位产品成本比计划的降低了 1.1%，绝对额降低了 3 元，计划总体完成情况比较好。但从各成本项目看，项目成本计划完成很不平衡，其中，差异和影响最大的是原材料成本和制造费用，前者比计划降低了 3.33%，绝对额降低了 6 元，可使整个单位产品成本比计划降低 2.2%，是降低成本的主要贡献因素；后者比计

划提高了 10.69%，绝对额上升了 3.1 元，致使整个单位产品成本上升 1.13%，这是阻碍成本进一步降低的主要因素，也是需要进一步分析的主要目标和线索。

二、影响单位产品成本的主要因素分析

（一）原材料成本完成情况分析

原材料的单位产品成本由单位产品的原材料消耗量和价格构成，所以原材料成本完成情况分析的内容主要就是分析单位产品原材料的消耗量及其价格的变化以及引起这些因素变化的原因，进而对原材料成本的完成情况进行评价，从中提出有效的对策。

单位产品的原材料消耗量及其价格对单位产品成本的影响可按下式计算：

$$原材料消耗量变动对单位产品成本的影响 = \sum (Q_1 - Q_n)P_n$$

$$原材料价格变动对单位成本的影响额 = \sum (P_1 - P_n)Q_1$$

式中，Q_1 为某种原材料实际单耗，Q_n 为该种原材料计划单耗，P_1 为某种原材料实际价格，P_n 为该种原材料计划价格。

如果影响额为正值，则使单位产品成本增加；如果影响额为负值，则使单位产品成本降低。

现以例 8-4 为例，来具体分析原材料消耗比计划降低 3.33%，绝对额减少 6 元的原因。

例 8-5　补充例 8-4 中有关单位产品原材料消耗的具体资料见表 8-5。

表 8-5　某企业单位产品原材料消耗情况

材料名称	计　　划			实　　际		
	耗用量 Q_n，千克	单价 P_n，元	总费用 Q_nP_n，元	耗用量 Q_1，千克	单价 P_1，元	总费用 Q_1P_1，元
A 材料	157	1.0	157	150	1.04	156
B 材料	46	0.5	23	40	0.45	18
合计	—	—	180	—	—	174

根据表 8-5 资料计算：

$$原材料消耗量变动对原材料成本的影响额 = (150 - 157) \times 1.0 + (40 - 46) \times 0.5 = -10(元)$$

$$原材料价格变动对原材料成本的影响额 = (1.04 - 1.00) \times 150 + (0.45 - 0.5) \times 40 = 4(元)$$

两者的综合影响，即：　　　　　　　$(-10) + 4 = -6$（元）

以上结果表明，该企业生产该种产品的原材料成本比计划降低了 3.33%，绝对额减少了 6 元，是由于原材料消耗水平降低和原材料价格水平上升两个因素综合影响的结果。其中，由于原材料单耗降低使成本降低了 10 元；由于原材料价格上升，使成本增加了 4 元。原材料单耗降低是主要原因，而原材料价格上升则是重要因素。为此，对原材料价格变动的原因需作进一步分析。

影响原材料价格变动的主要因素有：

（1）采购价格。包括国家调拨价、供应商的供应价格变化以及采购价格变化等。

（2）运输费用。影响运输费用的主要原因有运价的变化、运输方式的变化以及运输距离

的变化等。

（3）运输损耗。运输途中原材料损耗的减少或增加会使按实收数量的平均价格降低或提高。

（4）原料成分和比例。企业的产品生产一般都是使用多种原料。不同原料的价格不同，原料成分和比例发生变化，必使其产品价格发生变化。

影响原材料消耗量及价格变化的因素中，既有企业内部的主观因素，也有企业外部的客观因素。分析时应区分企业内部因素和企业外部因素，找出主要原因，以采取有效措施，进一步挖掘出降低成本的潜力。

（二）工资成本完成情况分析

在单位产品成本中，工资成本的完成情况需要按照不同的工资制度来分析。

1. 在计时工资制度下对工资成本完成情况的分析

1）企业生产多种产品的工资成本完成情况分析

企业执行计时工资制度时，若企业生产多种产品，产品成本中工资费用的高低取决于计算成本时工资分配的标准和工资分配率。因此，单位成本中工资成本的高低一般取决于单位产品的工时消耗和小时工资率，即

$$\text{单位产品成本中的工资费用} = \text{单位产品工时消耗} \times \frac{\text{工资总额}}{\text{生产工时消耗总额}} = \text{单位产品工时消耗} \times \text{小时工资率}$$

单位产品工时消耗和小时工资率变动对工资成本的影响可按下式分别计算：

$$\text{单位产品工时消耗变动对工资成本的影响额} = \left(\text{单位产品实际工时消耗} - \text{单位产品计划工时消耗}\right) \times \text{计划小时工资率}$$

$$\text{小时工资率变动对工资成本的影响额} = \left(\text{实际小时工资率} - \text{计划小时工资率}\right) \times \text{单位产品实际工时消耗}$$

例 8 - 6 假定某企业 2012 年 11 月生产甲产品的工时消耗和小时工资率资料见表 8 - 6。

表 8 - 6 某企业 2012 年 11 月份单位产品工时消耗和小时工资率

项　　目	计　　划	实　　际	实际一计划
单位产品成本中工资费用，元	50	50.4	-0.4
单位产品工时消耗，小时	200	210	+10
小时工资率，元/小时	0.25	0.24	-0.01

根据表 8-6 中资料计算：

$$\text{单位产品工时消耗变动对工资成本的影响额} = (210 - 200) \times 0.25 = 2.5（元）$$

$$\text{小时工资率变动对工资成本的影响额} = (0.24 - 0.25) \times 210 = -2.1（元）$$

$$\text{两者的综合影响，即} \quad 2.5 + (-2.1) = 0.4 （元）$$

以上结果表明，该产品单位成本中的工资成本比计划超出了 0.4 元，这是工时消耗增加和小时工资率降低两个因素共同影响的结果。其中，因为单位产品工时消耗比计划增加了 10 小时，所以单位产品的工资成本增加 2.5 元；因为小时工资率比计划降低了 0.01 元，所以单位产品的工资成本减少了 2.1 元。综上，单位产品工时消耗增加是造成工资成本提高的主要原因。

单位产品工时消耗增加，说明企业工人劳动生产率下降，因此，应进一步分析其原因。主要影响因素有：生产计划和组织调度工作的变化；生产工艺和操作方法的改变；不合格品和废品数量的增减；材料、半成品的规格及结构等变化；车间管理工作质量的变化；设备性能的下降；产品设计的变化等。

应区分主观因素和客观因素，采取有效措施，不断提高工人的劳动生产率，从而降低工资成本，提高企业的经济效益。

企业的小时工资率的变动取决于企业工资总额和生产工时总量的变动。工时总量表现为对工时利用的情况；对工资总额的分析，应通过比较企业劳动生产率的增长速度与工资总额的增长速度来分析工资总额增长的合理性。一般情况下，工人的工资水平会逐步提高，而且随着企业规模的扩大，工人人数也必然会增加，所以工人工资总额的增长是必然的。但企业劳动生产率的增长应该高于工资总额的增长，这样才能保证在工人工资水平提高的情况下，工资成本水平才会降低，企业产品经济效益才能不断改善，企业才能持续发展。

2）企业生产单一产品的工资成本完成情况分析

执行计时工资制度的企业，如果只生产一种产品，就不存在工资总额的分配问题。那么，工资成本的完成情况就直接取决于生产工人的工资总额与产品产量。因为在这种情况下：

$$单位产品工资成本 = \frac{工资总额}{产品产量}$$

其中，工资总额变动和产品产量变动对工资成本的影响可分别按以下公式计算：

$$工资总额增长对工资成本的影响额 = \frac{实际工资总额 - 计划工资总额}{计划产量}$$

$$产量变动对工资成本的影响额 = \frac{实际工资总额}{实际产量} - \frac{实际工资总额}{计划产量}$$

例 8 - 7 某企业 2012 年 11 月份的产品产量、工资总额及工资成本资料见表 8 - 7。

表 8 - 7　某企业 2012 年 11 月份产品产量、工资总额及工资成本情况

项　　目	计　划	实　际	实际－计划
单位产品工资成本，元/件	70	80	10
工资总额，元	140000	176000	36000
产品产量，件	2000	2200	200

根据表 8 - 7 资料计算：

$$工资总额增长对工资成本的影响额 = \frac{176000 - 140000}{2000} = 18（元）$$

$$产量变动对工资成本的影响额 = \frac{176000}{2200} - \frac{176000}{2000} = 80 - 88 = -8（元）$$

两者的综合影响，即　　　　　　$18 + （-8） = 10$（元）

以上结果表明，该企业单位产品的工资成本比计划增加了 10 元，这是工资总额增加 3.6 万元和产品产量增加 200 件综合影响的结果。其中，由于工资总额增长使工资成本增加 18 元，由于产量增长使工资成本减少 8 元。显然，导致工资成本上升的主要原因是工资总额的过快增长。

工资总额增长是否合理，可从职工人数增加与工资水平提高两方面来进行分析。对工资总额增长的合理性，可根据工资总额增长率和产品产量增长率的比较作出评价：如果工资总

额的增长率低于产品产量的增长率，一般则可认为工资总额的增长在合理的范围之内。在这种情况下，工资总额的增长不会导致单位产品工资成本的提高。

2. 在计件工资制度下对工资成本完成情况的分析

在采用计件工资制度时，单位产品成本的工资成本就是每件产品的计件单价（工资定额）。因此，在计件单价不变时，劳动生产率不影响单位产品的工资成本，即工资成本与计划成本不会发生差异。但在现实中，由于工作条件、加工过程的变化等因素，也会引起工资费用的变动。对此，应根据具体情况具体分析。

（三）制造费用完成情况分析

这里的制造费用是指车间的制造费用，一般包括以下 3 类：生产车间耗用的一般性消耗材料费用；人工费用，主要是指车间管理人员、辅助工人的工资、福利费等；其他制造费用，包括车间发生的不属于材料和人工费用的所有各种与产品制造有关的费用。

1. 企业生产单一产品的单位产品制造费用完成情况分析

企业生产单一产品，发生的制造费用不存在费用分配问题。因此，单位产品应负担的制造费用取决于制造费用总额和产品产量，其关系是：

$$单位产品制造费用 = \frac{制造费用总额}{产品产量}$$

其中：

$$\frac{产量变动对单位产品}{制造费用的影响额} = \frac{实际制造费用总额}{实际产量} - \frac{实际制造费用总额}{计划产量}$$

$$\frac{制造费用总额变动对单}{位产品制造费用的影响额} = \frac{实际制造费用总额}{计划产量} - \frac{计划制造费用总额}{实际产量}$$

两者的影响即单位产品制造费用比计划的增减额，为：

$$\frac{实际制造费用总额}{实际产量} - \frac{计划制造费用总额}{计划产量} = \left(\frac{实际制造费用总额}{实际产量} - \frac{实际制造费用总额}{计划产量}\right)$$
$$+ \left(\frac{实际制造费用总额}{计划产量} - \frac{计划制造费用总额}{计划产量}\right)$$

也即

$$\frac{单位产品制造费}{用比计划增减额} = \frac{产量变动对单位产品}{制造费用的影响额} + \frac{制造费用总额变动对单位}{产品制造费用的影响额}$$

例 8-8　假设某企业 2012 年 11 月份甲产品的产量和制造费用资料见表 8-8。

表 8-8　某企业 2012 年 11 月份甲产品产量及制造费用支出情况

项　　目	计　划	实　际	实际—计划
产品产量，件	2000	2200	200
管理费用总额，元	58000	70620	12620
单位产品管理费用，元/件	29	32.1	3.1

根据表 8-8 资料计算：

$$\frac{产量变动对单位产品}{制造费用的影响额} = \frac{70620}{2200} - \frac{70620}{2000} = 32.1 - 35.3 = -3.2（元）$$

$$\frac{管理费用总额变动对单位}{产品制造费用的影响额} = \frac{70620}{2000} - \frac{58000}{2000} = 35.3 - 29.0 = 6.3（元）$$

两者的综合影响，即　　　$(-3.2)+6.3=3.1$（元）

以上结果表明，该企业单位产品的制造费用比计划超出了 3.1 元，是制造费用总额增加 12620 元和产量增加 200 件两个因素共同影响的结果。其中，因为产量的增加，单位产品制造费用减少 3.2 元；因为制造费用支出总额的增加，单位产品的制造费用增加 6.3 元，最终使实际单位产品制造费用超计划 3.1 元。很明显，单位产品制造费用上升是导致制造费用总额增长过快的主要原因。

2. 企业生产多种产品的单位产品制造费用完成情况分析

企业生产多种产品，对生产过程中发生的制造费用通常按照不同的标准（产品所耗工时比例、工资比例等）进行归集，然后在各产品之间分配，即单位产品的制造费用成本取决于单位产品费用分配率和生产耗用工时两个因素。以工时比例为分配标准，它们之间的关系是：

$$\begin{matrix}\text{单位产品}\\\text{制造费用}\end{matrix} = \begin{matrix}\text{单位产品的}\\\text{生产工时}\end{matrix} \times \begin{matrix}\text{费用分}\\\text{配率}\end{matrix} = \begin{matrix}\text{单位产品的}\\\text{生产工时}\end{matrix} \times \dfrac{\text{制造费用总额}}{\text{产品生产工时总数}}$$

或

$$\begin{matrix}\text{单位产品}\\\text{制造费用}\end{matrix} = \dfrac{\text{该种产品应负担的制造费用总额}}{\text{该种产品产量}}$$

$$= \dfrac{\dfrac{\text{该种产品耗用生产工时总数}}{\text{全部产品生产总工时}} \times \text{制造费用总额}}{\text{该种产品产量}}$$

由以上可知，某单位产品制造费用受劳动生产率和费用分配率的影响；而费用分配率又取决于制造费用总额和该产品生产总工时。因此，可以从单位产品生产工时、制造费用总额和产品生产总工时变动这 3 个因素分析着手，其计算如下：

$$\begin{matrix}\text{单位产品生产工时变动对}\\\text{单位产品制造费用的影响额}\end{matrix} = \left(\begin{matrix}\text{单位产品实}\\\text{际生产工时}\end{matrix} - \begin{matrix}\text{单位产品计}\\\text{划生产工时}\end{matrix}\right) \times \begin{matrix}\text{计划费用}\\\text{分配率}\end{matrix}$$

$$\begin{matrix}\text{费用分配率变动对单位}\\\text{产品制造费用的影响额}\end{matrix} = \left(\begin{matrix}\text{实际费用}\\\text{分配率}\end{matrix} - \begin{matrix}\text{计划费用}\\\text{分配率}\end{matrix}\right) \times \begin{matrix}\text{单位产品实}\\\text{际生产工时}\end{matrix}$$

其中：

$$\begin{matrix}\text{由于制造费用总额}\\\text{变动对单位产品制}\\\text{造费用的影响额}\end{matrix} = \left(\dfrac{\text{实际制造费用总额}}{\text{全部产品计划生产总工时}} - \dfrac{\text{计划制造费用总额}}{\text{全部产品计划生产总工时}}\right) \times \begin{matrix}\text{单位产品}\\\text{实际生}\\\text{产工时}\end{matrix}$$

$$\begin{matrix}\text{由于生产总工时}\\\text{变动对单位产品制}\\\text{造费用的影响额}\end{matrix} = \left(\dfrac{\text{实际制造费用总额}}{\text{全部产品实际生产总工时}} - \dfrac{\text{实际制造费用总额}}{\text{全部产品计划生产总工时}}\right) \times \begin{matrix}\text{单位产品}\\\text{实际生}\\\text{产工时}\end{matrix}$$

例 8-9 假设某企业 2012 年 11 月份生产甲产品的制造费用总额及生产工时资料见表 8-9 所示。

表 8-9　某企业 2012 年 11 月份甲产品的制造费用分配情况

项　　目	计　　划	实　　际	实际-计划
制造费用总额，元	69600	73295	+3695
生产工时总数，小时	480000	479500	−500
单位产品生产工时，小时	200	210	+10
每小时应负担制造费用，元	0.145	0.15286	+0.008
单位产品应负担的制造费用，元/件	29	32.1	+3.1

根据表 8-9 中资料计算：

$$\text{单位产品生产工时变动对} \atop \text{单位产品制造费用的影响额} = (210 - 200) \times 0.145 = 1.45(元)$$

$$\text{费用分配率变动对单位} \atop \text{产品制造费用的影响额} = (0.15286 - 0.145) \times 210 = 1.65(元)$$

其中：

$$\text{由于制造费用总额} \atop \text{变动的影响额} = \left(\frac{73295}{480000} - \frac{69600}{480000}\right) \times 210$$

$$= (0.15270 - 0.14500) \times 210 = 1.62(元)$$

$$\text{由于产品生产总工} \atop \text{时变动的影响额} = \left(\frac{73295}{479500} - \frac{73295}{480000}\right) \times 210$$

$$= (0.15286 - 0.15270) \times 210 = 0.03(元)$$

以上结果表明，该企业单位产品的制造费用实际比计划超出 3.1 元，是由于单位产品耗用工时增加、制造费用总额增加、生产总工时增加综合影响的结果，影响额分别为 1.45 元、1.62 元与 0.03 元。显然，主要原因是制造费用总额增长过快和单位产品的工时消耗增加。对此，还应根据实际情况进一步具体分析，以提出有效对策。

对产品成本进行动态因素分析，也可仿照上述方法，只需把计划成本换为所选用对比的基期成本（上期水平、历史最好水平等）。

第四节　质量成本分析

质量成本是 20 世纪 60 年代以后，在全面质量管理实践中逐步形成和发展起来的一个新的成本概念。我国自引进全面质量管理以来，一些企业开始重视质量成本，并随着企业质量管理实践的进展，逐步开展了质量成本的核算和分析。

一、质量成本的概念及内容

质量成本是指企业为保证和提高产品质量而支付的所有费用，以及因未达到质量标准而发生的所有损失，一般包括如下几个方面：

（1）预防成本。它是指为保证产品质量而采取的预防性措施所发生的费用。如职工培训费，为控制产品质量而增加的费用，以及技术改进费用等。

（2）鉴定成本。包括检验人员工资、检验用设备的折旧费和维修费，检验工具的购置费和维修费等。

（3）内部损失成本。或称内部故障成本，是指产品出售前，由质量缺陷所造成的损失、为弥补质量缺陷而发生的费用，以及由质量故障所发生的费用，包括返修损失、废品损失、质量故障处理费、质量故障停工造成的损失等。

（4）外部损失成本。或称外部故障成本，它是指产品出售后，在用户使用过程中，因质量问题而使企业承担的所有费用，包括保修费用、索赔费用、退货损失等。

二、质量成本核算和分析的意义

（一）市场经济发展的需要

在社会主义市场经济体制下，企业以自身的努力，以物美价廉的产品不断去开拓、占领市场，才能在激烈的竞争中生存和发展。物美价廉，就是质量和成本的最佳结合。质量成本分析是提高产品质量、降低产品成本的有效手段，也是增强企业生存发展能力的重要方法。

（二）企业实行经济责任制的要求

通过质量成本分析，企业可以使各责任单位、责任人明确质量责任，促使各类责任单位和个人积极采取措施，加强质量成本管理，才能全面促进产品质量的改善。

（三）质量保证体系的重要补充

为了强化产品质量管理，企业要建立起一套系统的质量保证体系，既能真实地反映产品质量管理工作的问题，又便于分清责任和提出对策建议，更有利于调动全体员工加强质量管理的积极性。

进行质量成本分析目的并不在于简单地追求质量成本本身的下降，而在于强化质量成本控制，在使产品质量达到最佳标准的基础上使质量成本达到最低水平，进而实现产品质量与成本的最佳配合，以创造出最佳经济效益。

三、质量成本分析的内容

（一）质量成本总额分析

质量成本总额分析可从以下两个方面进行：

（1）以本期的实际质量成本总额与计划的质量成本总额比较，分析质量成本计划的完成情况。

（2）以本期的实际质量成本总额与上期的实际质量成本总额比较，从动态方面上分析质量成本总额的变化。

在总额分析的基础上，还可按质量成本的组成内容分别分析，或与上期对比分析其变动情况，以便了解影响质量成本总额变动的具体原因，确定进一步分析的重点。

（二）质量成本构成分析

通过分析质量成本在成本总额中所占比重的变化，可以全面地评价企业全面质量管理活动的成果和存在的问题。质量成本构成分析可以使用以下分析指标：

$$预防成本率 = \frac{预防成本额}{质量成本总额} \times 100\%$$

$$鉴定成本率 = \frac{鉴定成本}{质量成本总额} \times 100\%$$

$$内部损失成本率 = \frac{内部损失成本额}{质量成本总额} \times 100\%$$

$$外部损失成本率 = \frac{外部损失成本额}{质量成本总额} \times 100\%$$

（三）质量成本水平分析

质量成本水平分析又称为质量效益对比分析，是将质量成本总额与总产值、销售收入、成本费用总额、利润总额等指标进行比较，计算百元产值的销售收入、成本费用、利润等的质量成本含量指标；通过对比分析实际与计划、本期实际与上期实际的差异，了解企业的质量成本水平变化，并对该企业的质量效益作出评价。其计算公式如下：

$$百元产值质量成本含量 = \frac{质量成本总额}{总产值} \times 100\%$$

$$百元销售收入质量成本含量 = \frac{质量成本总额}{产品销售收入} \times 100\%$$

$$百元成本费用质量成本含量 = \frac{质量成本总额}{成本费用总额} \times 100\%$$

$$百元利润质量成本含量 = \frac{质量成本总额}{利润总额} 100\%$$

为了更深入分析企业质量成本水平的变动情况，还可将上述指标继续细分，如为了分析质量故障成本、内部损失率以及外部损失率升高或降低的情况，还可计算与分析以下指标：

$$产值内部损失率 = \frac{内部损失成本}{总产值} \times 100\%$$

$$产值外部损失率 = \frac{外部损失成本}{总产值} \times 100\%$$

例 8 - 10 某企业 2011 年到 2012 年有关质量成本数据资料见表 8 - 10。

表 8 - 10 某企业质量成本构成分析表

指 标	2011 年	2012 年	增减
1. 质量管理成本率,%	43	49	＋6
预防成本率,%	14	4	－10
鉴定成本率,%	29	45	＋16
2. 质量故障成本率,%	57	51	－6
内部损失成本率,%	16	11	－5
外部损失成本率,%	41	40	－1

表 8 - 10 表明，2012 年与 2011 年相比，该企业质量管理成本率升高了 6%，质量故障成本率降低了 6%。质量管理成本率的提高主要是因为鉴定成本率提高了 16%，而预防成本率降低了 10%；质量故障成本率的降低则主要是因为内部损失成本率的降低，这是鉴定成本率提高的结果。

以上资料说明，2012 年该企业的全面质量管理活动取得了一定效果，主要表现在通过鉴定成本的投入，降低了质量故障成本率，促使内部、外部质量损失成本率都在降低。虽然质量故障成本率有所降低，而其在质量总成本中所占比重仍然非常高。

从上述分析中可以看出，按质量成本发生的性质可以将其划分为预防成本、鉴定成本、内部损失成本以及外部损失成本，这样不仅有利于明确责任和监督，而且对于探索降低质量成本的方法，找到质量和成本的最优组合，具有非常重要的意义。

如果从成本控制的角度分析，可以把预防成本和鉴定成本归类为可控成本，把内部损失成本和外部损失成本归类为结果成本。这样划分有利于更深入地分析和研究质量成本各组成部分的变化，从而达到以预防为主的全面质量管理的要求。

如果从质量成本能否得到价值补偿的角度进行分析，还可以把质量成本分为显性和隐性的质量成本。显性质量成本是指企业在生产经营活动中实际产生的成本和损失，这一部分成本必须直接从价值上得到补偿。显性质量成本包括预防成本、鉴定成本、内部损失成本和外部损失成本中的绝大部分。隐性质量成本是指不必实际支付，但应计算在质量成本内的损失（内部和外部损失），如质量原因造成的停工减产损失、产品降级降价损失等。这种损失无须直接从价值上得到补偿，但必须纳入质量成本，以达到全面反映产品质量成本的水平，从而进一步提高企业经济效益。

产品质量成本虽以独立的形态存在，但其大部分成本的内容包含于产品制造成本之中。产品质量成本和产品制造成本既有联系又相互区别，它们都是对象化的生产费用，但两者在核算对象、核算目的和方法等方面又有区别。质量成本分析的目的在于分析、考核企业各质量责任部门的工作，从而促进产品质量的不断改进。

第五节 厂际成本分析

厂际成本分析就是同类企业间的成本对比分析。产品成本分析不仅要关注企业内部，而且还应着眼于国内外的同类企业。这样才能摆正自身的位置，也有助于发现自身的潜力，进而不断降低本企业的成本水平，提高企业的经济效益。

一、厂际成本分析的内容和步骤

厂际成本分析通常以同一规格产品的单位成本、各项目成本和相关的技术经济指标作为比较对象。此外，分析对象双方必须要有一定程度的可比性。例如，成本项目构成的内容是否可比，费用的归集和分配方法是否一致，价格是否相同等。对于不可比因素，应采取相应的方法进行调整或剔除。

产品成本的厂际对比分析主要包括以下内容和步骤：

（1）分析单位产品成本以及相应的各成本项目，计算出成本水平的差异，找出存在差异的主要项目。

（2）对比分析同成本水平有关的差异情况，找出成本项目存在差异的主要原因。

（3）提出相应的措施，进一步降低成本。

二、厂际成本分析的具体方法

现举例说明厂际成本分析的具体方法。

例 8-11 假定甲厂生产的钢锭中有 4 种与乙厂相同。2012 年 3 月份甲、乙两厂的有关单位成本资料见表 8-11。

由表 8-11 资料表明，A、D 两种产品的单位成本甲厂低于乙厂，但 B、C 两种产品的单位成本甲厂高于乙厂。其中重点关注 B 产品，单位成本比乙厂高 19.3 个百分点，绝对额高出 170 元。但还要进一步分析其成本项目的具体构成，找出主要原因。

表 8-11 甲、乙两厂 2012 年 3 月份钢锭成本对比情况　　　　　　　　元

钢锭种类	甲 厂	乙 厂	差　异（甲比乙）	
			绝对额	差率,%
A	900	1000	−100	−10.0
B	1050	880	+170	+19.3
C	1100	1060	+40	+3.8
D	1200	1250	−50	−4.0

（一）成本项目分析

例 8-12　假设两厂 B 产品单位成本构成情况见表 8-12。

由表 8-12 资料表明,甲厂除了辅助材料、动力成本略低于乙厂外,其他成本项目均高于乙厂。其中,原材料及主要材料成本高于乙厂 150 元,差异程度为 25 个百分点,占总差额的 88.2 个百分点;其次是工人工资,绝对额比乙厂高 20 元,差异程度为 1/3,占总差额的 11.8 个百分点。这两个项目是导致甲厂 B 种钢锭的单位成本高于乙厂的主要原因。

表 8-12　甲、乙两厂 B 种钢锭成本项目的对比情况　　　　　　　　元

成 本 项 目	甲 厂	乙 厂	差　异（甲比乙）	
			绝对额	差率,%
原材料及主要材料	750	600	+150	+25.0
辅助材料	65	72	−7	−9.7
燃料	80	70	+10	+14.3
动力	60	65	−5	−7.7
生产工人工资	80	60	+20	+33.3
制造费用	15	13	+2	+15.4
单位产品成本合计	1050	880	+170	+19.3

（二）对成本项目差异的影响因素分析

在上述基础上,还要找出主要的差异项目,进一步分析其形成差异的主要原因。

1. 对原材料及主要材料成本的影响因素分析

假设甲、乙两厂有关原材料成本的资料见表 8-13。

表 8-13　甲、乙两厂的原材料利用率及价格对比情况

项　　　目	甲 厂	乙 厂	差　异
合格钢锭收合率,%	90	95	−5
每千克金属的平均价格,元	0.675	0.57	+0.105

注:合格钢锭收合率 $= \dfrac{\text{合格钢锭重量}}{\text{投入金属材料重量}} \times 100\%$

单位钢锭的原材料成本受合格钢锭收合率和金属材料价格差异的影响。

1) 合格钢锭收合率的影响

合格钢锭收合率反映金属料的利用率,其水平的高低直接影响单位钢锭消耗金属料的重

量，即

$$单位钢锭消耗金属料重量 = \frac{合格钢锭重量}{合格钢锭收合率}$$

因此，合格钢锭收合率低，即意味着单位钢锭消耗金属料高，在金属料价格不变的条件下，对单位钢锭成本的影响额为：

$$\begin{aligned}合格钢锭收合率差异对\\每吨钢锭成本的影响额\end{aligned} = \left(\frac{单位合格钢锭重量}{甲厂合格钢锭收合率} - \frac{单位合格钢锭重量}{乙厂合格钢锭收合率}\right) \times \begin{aligned}乙厂金属料\\平均价格\end{aligned}$$

$$= \left(\begin{aligned}甲厂单位合格钢\\锭平均耗料量\end{aligned} - \begin{aligned}乙厂单位合格钢\\锭平均耗料量\end{aligned}\right) \times \begin{aligned}乙厂金属料\\平均价格\end{aligned}$$

据表 8-13 资料计算：

$$\begin{aligned}甲厂合格钢锭收合率低对\\每吨钢锭成本的影响额\end{aligned} = \left(\frac{1000}{90\%} - \frac{1000}{95\%}\right) \times 0.57 = 33(元)$$

即由于甲厂合格钢锭收合率比乙厂低 5 个百分点，即使所消耗金属料价格水平与乙厂相同，也要使每吨钢锭成本提高 33 元。

2）金属料平均价格的影响

金属料平均价格对单位钢锭成本的影响额可按下式计算：

$$\begin{aligned}金属料平均价格差异对\\每吨钢锭成本的影响额\end{aligned} = \left(\begin{aligned}甲厂金属料\\平均价格\end{aligned} - \begin{aligned}乙厂金属料\\平均价格\end{aligned}\right) \times \begin{aligned}甲厂单位合格钢\\锭平均耗料量\end{aligned}$$

根据表 8-13 资料计算：

$$\begin{aligned}甲厂金属料平均价格高对\\每吨钢锭成本的影响额\end{aligned} = (0.675 - 0.57) \times \frac{1000}{90\%} = 117(元)$$

即由于甲厂每千克的金属料平均价格高于乙厂 0.105 元，在甲厂现实的消耗水平下，要使每吨钢锭成本提高 117 元。

上述两因素的综合影响，即： 33+117=150（元）

以上结果表明，甲厂 B 产品原材料成本高于乙厂 150 元。是因为原材料利用率低和原材料价格高两个因素综合影响的结果。其中，原材料价格高是主要的影响因素，其影响额占总差异的 78%。对造成原材料利用率低和原材料价格高的具体原因还应进行深入分析。具体方法可参阅第八章第三节的有关内容。

2. 对工资成本的因素分析

在采用计时工资制度的情形下，单位产品成本中的工资费用主要取决于劳动生产率和工资水平；在采用计件工资制度的情形下，工资费用不受工人劳动生产率的影响，主要取决于每件产品的计件工资标准。

例 8-13 甲、乙两企业均实行计时工资制，有关资料见表 8-14。

表 8-14 甲、乙两厂 2012 年 3 月份单位产品的工资成本对比情况表

项　　　目	甲　厂	乙　厂	差　异	
			绝对额	差率,%
每名生产工人平均工资,元	115.50	126	-10.5	-8.7
每名生产工人的平均钢产量,吨	0.825	1.05	-0.225	-21.4
每吨钢锭的平均工资成本,元	140	120	+20	+16.7

由表 8-14 可知，甲厂生产工人的平均工资水平比乙厂低 8.7%，绝对额少 10.5 元；工人劳动生产率比乙厂低 21.4%，绝对额少 0.225 吨。这两个因素对单位钢锭成本的影响额分别为：

$$\begin{array}{l}\text{工资水平差异对每吨}\\\text{钢锭成本的影响额}\end{array} = \frac{\text{甲厂生产工人平均工资}}{\text{乙厂生产工人劳动生产率}} - \frac{\text{乙厂生产工人平均工资}}{\text{乙厂生产工人劳动生产率}}$$

按表 8-14 资料计算：

$$\begin{array}{l}\text{甲厂生产工人工资水平低 10.5}\\\text{元对每吨钢锭成本的影响额}\end{array} = \frac{115.50}{1.05} - \frac{126}{1.05} = 110 - 120 = -10（元）$$

$$\begin{array}{l}\text{工人劳动生产率差异对}\\\text{单位钢锭成本的影响额}\end{array} = \frac{\text{甲厂生产工人平均工资}}{\text{甲厂生产工人劳动生产率}} - \frac{\text{甲厂生产工人平均工资}}{\text{乙厂生产工人劳动生产率}}$$

按表 8-14 资料计算：

$$\begin{array}{l}\text{甲厂工人劳动生产率低 0.225}\\\text{吨对每吨钢锭成本的影响额}\end{array} = \frac{115.5}{0.825} - \frac{115.5}{1.05} = 30（元）$$

上述两因素的综合影响，即：（-10）元 + 30 元 = 20 元

以上说明，甲厂每吨钢锭的平均工资成本要比乙厂的高 16.7%，绝对额高 20 元，是因为甲厂生产工人的工资水平和劳动生产率均低于乙厂。其中，甲厂工人的工资水平低，造成每吨钢锭工资成本减少约 10 元；工人劳动生产率低，造成每吨钢锭工资成本增加了 30 元。因此，工人劳动生产率偏低是导致甲厂工资成本高的主要因素。

对其他成本项目分析也可依此方法。

第六节　成本预测分析

产品成本不仅要进行事后分析，还要进行事前预测分析。成本预测分析就是一种事前的预测分析。通过预测，可以估算未来可能的成本水平，进而为企业制订计划和战略提供依据。进行成本预测分析有很多方法，以下介绍几种简单、实用的方法。

一、因素分析法

因素分析法是通过逐一分析各构成要素变动对成本的影响，来预测计划期的成本水平的一种预测分析方法，具体的步骤如下。

（一）预测成本各构成要素变动对产品成本影响程度的预测分析

企业的产品成本受诸多因素的影响。这些因素主要表现为原材料、人工工资和制造费用等。预测这些因素变动对计划期的产品成本的影响程度，可采用以下两种方法：

（1）分析预测原材料、燃料动力消耗水平和价格变动对产品成本的影响程度，可采用如下方法：

$$\begin{array}{l}\text{各因素变动使}\\\text{成本降低率}\end{array} = \sum\left[1-\left(1-\begin{array}{l}\text{消耗定额}\\\text{降低率}\end{array}\right)\left(1-\begin{array}{l}\text{价格降}\\\text{低率}\end{array}\right)\right] \times \begin{array}{l}\text{基期该项费用占单位}\\\text{产品成本的比重}\end{array}$$

（2）分析预测原材料、燃料动力消耗水平和价格变动对产品成本的影响程度，还可采用如下方法：

$$\begin{array}{l}\text{各因素变动使}\\\text{成本降低率}\end{array} = \sum\left(1-\frac{1\pm\text{某项费用额的升降率}}{1\pm\text{产品产量增减率}}\right) \times \begin{array}{l}\text{基期该项费用占单位}\\\text{产品成本的比重}\end{array}$$

（二）计划期成本水平的预测分析

在逐一测算各成本因素变动影响的基础上，可以分别计算出计划期的预计单位产品成本、预计产品总成本和预计成本降低率。

（1）计算计划期预计成本降低率，其计算公式为：

$$预计成本降低率 = \sum 某因素变动使成本降低率$$

（2）计算计划期预计单位产品成本，其计算公式为：

$$预计单位产品成本 = 基期实际单位产品成本 \times (1 - 预计成本降低率)$$

（3）计算计划期预计产品总成本，其计算公式为：

$$预计产品总成本 = 计划期预计单位产品成本 \times 计划期预计总产量$$

例 8 - 14　假设某企业生产甲产品，2012 年 6 月份的产品产量为 1000 台，预计 7 月份可增产 5%。经过调查研究，预计 7 月份影响产品成本的主要因素将会发生如下变动：

（1）原材料消耗水平降低 5%，原材料价格降低 2%；

（2）燃料和动力消耗水平降低 1%，价格水平不变；

（3）生产工人平均工资提高 2.9%；

（4）制造费用增加 1.2%。

6 月份的实际单位产品成本为每台 240 元。各成本项目的比重是：原材料为 55%，燃料、动力为 10%，生产工人工资为 20%，制造费用为 15%。

根据上述资料和前述公式计算：

$$\begin{aligned}
原材料、燃料、动力消耗水平及价格变动使成本降低率 &= [1 - (1 - 5\%)(1 - 2\%)] \times 55\% \\
&+ [1 - (1 - 1\%)(1 - 0)] \times 10\% \\
&= (1 - 0.931) \times 55\% + 1\% \times 10\% \\
&= 3.8\% + 0.1\% = 3.9\%
\end{aligned}$$

$$\begin{aligned}
生产工人工资、制造费用变动使成本降低率 &= \left(1 - \frac{1 + 2.9\%}{1 + 5\%}\right) \times 20\% + \left(1 - \frac{1 + 1.2\%}{1 + 5\%}\right) \times 15\% \\
&= 0.02 \times 20\% + 0.036 \times 15\% = 0.94\%
\end{aligned}$$

$$7 月份预计成本降低率 = 3.9\% + 0.94\% = 4.84\%$$

$$7 月份预计单位产品成本 = 240 \times (1 - 4.84\%) = 228.38(元)$$

$$7 月份预计产品总成本 = 228.38 \times 1000 \times (1 + 5\%) = 239799(元)$$

上述结果表明，该企业 2012 年 7 月份的单位产品成本预计会比 6 月份降低 4.84%，每台单位成本可降至 228.38 元，产品总成本将达到 239799 元。

二、高低点法

高低点法是根据产品成本与产品产量的线性相关关系，利用历史数据中的最高和最低 2 个点建立成本预测模型（直线方程），并依此预测计划期产品总成本和单位产品成本的一种方法。其方法程序如下：

（1）设直线方程 $y = a + bx$，x 为产品产量，y 为相应的产品总成本，a 为固定费用，b 为单位产品的变动费用（也称变动费用率）。

（2）利用历史数据中的产量最高和最低两个产量与总成本数据，计算出变动费用率 b。

（3）求 a 值。在求得 b 值的基础上，从历史数据中任取一组代入方程 $y=a+bx$，即可得到 a 值。

（4）计算成本预测值。把计算出的 a、b 值代入方程，得成本预测模型。然后把计划期的预计产量代入预测模型，就可求出成本预测值。

例 8-15 某公司近 4 年的产品产量和成本资料见表 8-15。

表 8-15 某公司 2009—2012 年的产量及总成本资料

年　　度	产量，万台	总成本，万元
2009	3.55	331.4
2010	4.50	415.0
2011	4.3	400.6
2012	4.85	425.0

假设该公司 2013 年计划将该产品产量扩大到 5.2 万台，预测总成本和单位成本如下：

设 $y=a+bx$，根据所给资料，最高点为 2012 年，最低点为 2009 年，所以有：

$$b=\frac{最高总成本-最低总成本}{最高产量-最低产量}=\frac{425.0-331.4}{4.85-3.55}=72$$

将 b 值和 2012 年（也可以是表 8-15 中的任意一年）的产量和总成本数据代入所设方程，有：

$$425=a+72\times4.85$$

得

$$a=75.8$$

将 a、b 值代入所设方程，即得如下预测模型：

$$y=75.8+72x$$

将 2013 年的预计产量代入上述模型，即可求得 2013 年的预计总成本：

$$y=75.8+72\times5.2=450.2（万元）$$

$$每台预计成本=450.2\div5.2=86.58（元）$$

三、最小二乘法

最小二乘法也称最小平方法。它是根据产量和成本的线性相关关系，运用微积分中的极值定理建立起总成本预测模型（直线方程），并依此预测出计划期产品总成本和单位产品成本的一种预测方法。其计算步骤如下：

（1）设直线方程 $y=a+bx$，各符号意义与高低点法相同。

（2）根据极值定理，建立如下标准方程组：

$$\begin{cases}\sum y=na+b\sum x\\\sum xy=na\sum x+b\sum x^2\end{cases}\text{（}n\text{ 为资料项数,亦即时期数）}$$

联立求解，可求出 a、b 值估计式：

$$b=\frac{n\sum xy-\sum x\cdot\sum y}{n\sum x^2-(\sum x)^2}$$

$$a=\frac{\sum y}{n}-b\cdot\frac{\sum x}{n}$$

根据所给资料，利用标准方程组或 a、b 估计式可求出 a、b 值。

（3）计算成本预测值。把已得的 a、b 值代入所设方程，即得预测模型。然后把计划期的预计产量代入预测模型，即可求出成本预测值。

例 8-16 仍以例 8-15 资料为例，将有关数据计算整理见表 8-16。

表 8-16　某厂 2013 年成本预测计算

年　度	总成本 y，万元	产量 x，万台	x^2	xy
2009	331.4	3.55	12.60	1176.47
2010	514.0	4.5	20.25	4867.50
2011	400.6	4.30	18.49	1722.58
2012	425.0	4.85	23.52	2061.25
合计	1572.0	17.2	74.86	6827.80

将表 8-16 中数据代入 a、b 估计式：

$$b = \frac{4 \times 6827.8 - 17.2 \times 1572}{4 \times 74.86 - (17.2)^2} = \frac{272.8}{3.6} = 75.78$$

$$a = \frac{1572}{4} - 75.78 \times \frac{17.2}{4} = 393 - 325.85 = 67.15$$

将 a、b 值代入所设方程，得：

$$y = 67.15 + 75.78x$$

将 2013 年的预计产量代入上述预测模型，得 2013 年预计总成本：

$$y = 67.15 + 75.78 \times 5.2 = 461.21 (万元)$$

2013 年预计每台成本 $= 461.21 \div 5.2 = 88.69$（万元）

复习思考题

1. 影响产品成本变动有哪些基本因素？
2. 怎样预测计划期主要产品单位制造成本的降低或升高幅度？
3. 怎样预测产品产量变动对成本水平的影响？
4. 成本—功能预测分析有哪些要点？怎样选择产品功能与成本最优结合方案？
5. 怎样鉴别成本指标的真实性？
6. 怎样分析废品率指标变动对成本的影响？
7. 试述质量成本的经济内容及其与产品质量的关系。
8. 产品质量成本与产品成本有何关系？
9. 应用质量成本分析法的目的是什么？
10. 怎样分析产品品种对成本的影响？
11. 影响材料消耗量变动的主要因素有哪些？
12. 某企业本年实际生产甲产品 10000 件，预计下一年度生产 11000 件，产量增长 10%；预测计划年度劳动生产率提高 10%。根据企业经营目标的要求，甲产品本年实际成本资料以及计划年度各成本项目增减变化情况（如下表），试预测计划年度单位产品制造成本降低的幅度。

成本项目	本年实际制造成本	成本构成	预测计划年度成本变动幅度
直接材料	150000	60%	预计原材料涨价20%，材料消耗定额降低5%
直接工资	50000	20%	预计计划年度劳动生产率提高10%；直接工资增长5%
制造费用	50000	20%	预计制造费用可望降低5%
制造成本合计	250000	100%	

13. 根据如下资料，分析技术经济指标——成品率指标变化对产品成本的影响。

指　　标	上月实际数	本月实际数	比　　较
投入材料，千克	2000	2000	
制成产成品，千克	1900	1950	+2.6%
成品率，%	95	97	
单位产品材料消耗，千克	1053	1026	
材料固定价格，元/千克	100	100	
单位产品直接材料成本，元	105.30	102.60	-2.6

注：假定直接材料成本为变动成本，在成本构成中占60%；直接工资、制造费用均为固定成本，在成本构成中占40%。

试分析成品率指标变动对产品成本的影响程度。

14. 某企业已确定下一计划年度目标利润总额为2000000元，期间固定费用为800000元；下年度计划生产甲、乙、丙3种产品，各种产品提供利润额的比例为6：2：2。现假定计划年度生产和销售甲产品10000件，每件预计售价为1000元，增值税率为17%；甲产品期间变动成本占销售收入的5%。

试预测分析甲产品计划年度单位目标制造成本。

第九章 利 润 分 析

在市场经济活动中，企业一方面必须努力地进行生产经营活动，生产符合社会需要的优质产品，以满足人民日益增长的物质文化需要；另一方面，在生产满足社会需要的物质产品的同时，用最小的资源消耗，取得最大的收益，实现利润最大化。

第一节 利润及其影响因素

一、利润分析的意义和任务

利润是企业在一定时期内的经营成果，是衡量企业生产经营管理的重要综合性指标。企业利润是企业生产经营活动的最终财务成果。实现利润是企业生产经营活动的首要目标。

企业多实现利润，既能使企业扩大再生产具有坚实的财力基础，也能使职工增加收入，投资者多得红利，国家取得更多的财政收入，从而加速社会主义现代化建设的进程。为了多实现利润，就必须加强利润管理，深入地进行利润分析。

利润分析的任务是：企业在生产经营活动中，在遵守党和国家的方针、政策、财经纪律的基础上，进行利润预测，分析企业利润计划的完成情况，揭示影响利润变化的各种因素，查明原因，采取措施，改进经营管理，提高生产经营活动的经济效益，为社会主义现代化建设提供更多的资金。

二、影响利润变化的基本因素

企业通过生产经营活动在一定期间内实现了多少利润，应在期末编制的"利润表"（月报）中加以反映，见表9-1。

利润表主要反映企业一定时期内企业经营活动的全面收益及其分配的情况。该表主要内容：净营业收入额；包括营业税在内的各种成本、费用和资产减值损失；公允价值变动收益和投资收益；营业外收支；实现的利润总额；所得税费用；可供分配的净利润；基本每股收益和稀释每股收益等。

新准则规定的利润不仅包括收入减去费用后的净额，还包括直接计入当期利润的利得和损失，体现了全面收益的内涵。它不仅包含了已确认并实现的利润，也包含了已确认未实现的损益，即公允价值市场价格变动的内容。公允价值变动的损益反映企业在确认利润时，以公允价值计量且其变动计入当期损益的金融资产或金融负债，以及采用公允价值计量的投资性房地产、衍生金融工具套期业务中公允价值变动形成的利得和损失。这一做法保证了会计信息的可靠性。目前在我国由于公允价值难以确定，在实务中容易形成利润操纵，成为分析中的难点。

企业编制的利润表实例见表9-1。

表 9-1 利 润 表

编制单位：××公司　2012年1月　　　　　　　　　　　　　　　　　　　　　　元

项　目	本 月 数	本年累计数
一、营业收入	2468780	2468780
减：营业成本	1200500	1200500
营业税金及附加	80280	80280
销售费用	445000	445000
管理费用	343000	343000
财务费用	170000	170000
资产减值损失		
加：公允价值变动收益（损失以"－"号填列）		
投资收益（损失以"－"号填列）	30000	30000
其中：对联营企业和合营企业的投资收益		
二、营业利润（亏损以"－"号填列）	260000	260000
加：营业外收入	15000	15000
减：营业外支出	30000	30000
其中：非流动资产处置损失		
三、利润总额（亏损总额以"－"号填列）	245000	245000
减：所得税费用	80850	80850
四、净利润（净亏损以"－"号填列）	164150	164150
五、每股收益：		
（一）基本每股收益	0.20	0.20
（二）稀释每股收益		

补充资料：

项　目	本年累计数	上年实际数
1. 出售、处置部门或投资单位所得的收益		
2. 自然灾害发生的损失		
3. 会计政策变更增加（或减少）利润总额		
4. 会计估计变更增加（或减少）利润总额		
5. 公允价值变动对利润的影响		

分析利润表的目的在于：

（1）观察企业当期的经营业绩和成果，区别已实现的收益和未实现的收益，区分核心收益和综合收益，区分经常性收益和偶然性收益，分析收益构成，评价收益质量，确定比上期增长情况。

（2）分析企业是否存在利润操纵、报表粉饰，以及利用盈余管理扩大自主权调整会计政策。

（3）分析企业在当前经营环境下如何充分利用企业现有的经济资源与智力资源来提高企业的盈利能力。

（4）分析企业未来的获利能力，评价所有者权益获得的报酬水平及其对社会责任的履行情况等。

从表 9-1 的利润表可以看出：企业一定时期内实现的利润是由营业利润、营业外收支净额两部分之和形成的。

从个别产品分析，影响利润总额的基本因素可从下列计算公式中表现出来：

$$净利润额 = 利润总额 - 所得税费用$$

$$利润总额 = 营业利润 + 营业外收入 - 营业外支出$$

$$营业利润 = 营业收入 - 营业成本 - 营业税金及附加 - 销售费用 - 管理费用 - 财务费用 - 资产减值损失 + 公允价值变动收益 + 投资收益$$

$$营业收入 = 主营业务收入 - 销售退回 - 销售折让 - 销售折扣 + 其他业务净收入$$

$$营业利润 = 产品销售利润 - 销售费用 - 财务费用 - 资产减值损失 + 公允价值变动收益 + 投资收益 + 其他业务利润$$

$$产品销售利润 = \sum\left\{各种产品销售数量 \times \left[单位产品销售价格 \times \left(1 - 营业附加税率\right) - 单位产品销售成本\right]\right\} - 销售费用$$

由此可见，产品销售利润的多少受下列几个因素变动的影响：产品销售数量变化；产品销售结构变化；单位产品售价变化；单位产品销售成本变化；销售及附加税费率的变化；一定时期销售费用总额的变化等。而企业一定时期利润总额的多少，除受产品销售利润上述 6 个因素变动影响外，还要受：其他业务利润的变化；一定时期管理费用总额的变化；一定时期财务费用总额的变化；投资收益减投资损失的变化；营业外收支净额的变化等影响。

产品销售数量和产品售价同产品销售利润成正比例变动。产品销售数量越多，产品售价越高，销售利润越多；反之，产品销售利润越少。因此，企业必须在市场竞争十分激烈的情况下实行薄利多销政策，扩大销售量，增加生产量。

产品销售成本、销售及附加税费率、销售费用同产品销售利润成反比例变动。销售成本、销售税率、销售费用越低，产品销售利润越高；反之，销售利润越少。销售及附加税费率由国家规定，不受企业工作好坏的影响。销售成本和销售费用则直接由企业经营管理的好坏决定。因此，企业在激烈的市场竞争下，必须要改善经营管理，提高产品质量，降低产品生产成本和销售费用。

销售品种结构是指销售的各种产品的金额占总销售额中的比重。这项指标同产品销售利润之间没有一定的比例关系。当企业提高了利润率较高的产品在全部销售产品中所占的比重时，而其他因素不变，就会使产品销售利润增加；反之，产品销售利润就会减少。但是，在市场竞争的条件下，销售品种结构不可能一成不变。销售品种结构的变化对企业面向市场往往起着导向的作用。因此，企业一定要多生产和多销售一些市场需要的产品，以满足社会和人民的需要，而不能一味以利润率高低作为追求的目标。

产品销售利润是构成利润总额的基础。营业外收支的变动同利润总额呈同方向变动；管理费用、财务费用、营业外支出的变动与利润总额呈反方向变动。增加前者因素的收入，减少后者因素的支出，无疑是增加企业利润总额的有效途径。

第二节　利润的预测分析

一、产品销售利润预测分析的方法

产品销售利润计划是用来确定企业在计划期内销售自制产品和工业性作业所获得的利

润，也是构成企业利润计划的基本部分。企业一般先要测算产品销售利润，并根据产品出厂价格测算目标成本，以便在生产经营活动中对产品成本进行控制，从而保证目标利润的实现。

（一）保本点分析法

保本点分析法是通过分析产品销售量、成本和利润之间的关系，预测获得一定的产品销售利润额所必须达到的产品生产量。所谓保本点，则是企业生产经营处于不盈不亏状态下，企业产品销售收入恰好与产品总经营成本相等的临界点❶。

应用保本点分析法进行利润预测分析，至少应具备以下几个条件：

（1）产品品种单一，组织大批量生产，或品种虽多，但销售品种结构无大变化；

（2）产品销售价格基本固定；

（3）产品成本可以区分为固定成本和变动成本，各自对销售收入的比例一般不变；

（4）计划期内生产出来的产品必须全部售出，虽有产成品库存，但各期库存数量基本保持均衡。

1. 按实物单位计算

$$保本点的销售量（实物单位） = \frac{总固定成本}{单位产品创利额}$$

单位产品创利额 = 单位产品销售收入 × （1 - 销售税率） - 单位产品变动成本

例如，某轻工机械企业单位产品销售收入为 540540 元，单位产品变动成本为 250000 元，全厂固定成本为 1500000 元，销售税率为 7.5%。

$$保本点的销售量 = \frac{1500000}{540540 × （1 - 7.5\%） - 250000} = 6（台）$$

企业根据计划期生产能力、材料、能源供应的情况以及应达到的润目标，即可按下列公式预测计划期的生产水平：

$$预测计划期产品产量 = \frac{总固定成本 + 目标利润}{单位产品创利额}$$

假设该轻工机械企业的计划期目标利润为 4000000 元，则：

预测计划期产品产量 = （1500000 + 4000000）÷ 250000 = 22 （台）

2. 按金额综合计算

$$保本点的销售量（价值量） = \frac{固定成本}{创利率}$$

创利额 = 销售收入 × （1 - 销售税率） - 变动成本

$$创利率 = \frac{创利额}{销售收入 × （1 - 销售税率）} × 100\%$$

假设该轻工机械企业的销售收入为 3243240 元，总变动成本为 1500000 元，全厂固定成本为 1500000 元。

---

❶变动成本法是核算产品的变动成本，而将固定成本作为期间成本全部计入当期损益的一种成本核算方法。在采用制造成本法条件下，销售费用、管理费用、财务费用作为期间成本不计入产品生产成本。《企业财务通则》和《企业会计准则》从核算纳税利润和应缴所得税出发，也要求核算产品的实际完全成本，而不要求核算产品变动成本或标准成本。为了预测目标利润，测算产品价格，西方把产品成本期间成本加在一起，称为总经营成本。

$$\text{创利率} = \frac{3243240 \times (1-7.5\%) - 1500000}{3243240 \times (1-7.5\%)} \times 100\% = 50\%$$

$$\text{保本点的销售量} = \frac{1500000}{50\%} = 3000000(\text{元})$$

保本点的作业率等于保本点的销售量除以企业正常生产经营完成的销售量。企业如要获得利润，作业率必须达到这个数额以上，否则就会发生亏损。

$$\text{达到保本点的作业率} = \frac{\text{保本点的销售收入}}{\text{正常生产经营的销售收入}}$$

假设该轻工机械企业的税后销售收入为 4000000 元，则达到保本点的作业率可计算如下：

$$\text{达到保本点的作业率} = \frac{3000000}{4000000} \times 100\% = 75\%$$

影响企业利润的有关因素同保本点的相互关系可以通过绘制保本图，预测分析各因素变动对利润的影响，从而有助于提高预见性和主动性。

保本图的绘制方法是：

（1）以横轴表示销售量（实物或金额）；

（2）以纵轴表示成本水平；

（3）在图上画出反映产品税后销售总收入、销售总成本递增情况的两条直线，这两条线的相交点就是保本点，如图 9-1 所示。

应用保本点预测分析的原理还可以测算实现目标利润和企业净利水平的产量或价值量，其计算公式如下：

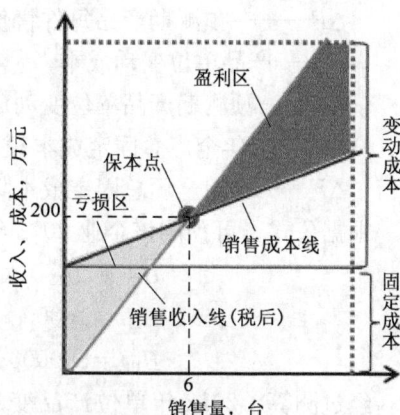

图 9-1　保本图

$$\text{实现目标利润产量（价值量）} = \frac{\text{总固定成本} + \text{目标利润}}{\text{单位产品售价} \times \left(1 - \frac{\text{销售及附加税费率}}{}\right) - \text{单位产品变动成本}}$$

$$\text{实现企业净利水平产量（价值量）} = \frac{\text{总固定成本} + \dfrac{\text{目标利润}}{1 - \text{所得税率}}}{\text{单位产品售价} \times \left(1 - \frac{\text{销售及附加税费率}}{}\right) - \text{单位产品变动成本}}$$

$$\text{产销不平衡条件下损益平衡点销售量} = \frac{\substack{\text{生产成本中}\\\text{总固定成本}} + \substack{\text{销售与管理费}\\\text{用中变动成本}} - \substack{\text{期末产品中应}\\\text{负担固定成本}} + \substack{\text{期初产品中应}\\\text{负担固定成本}}}{1 - \dfrac{\substack{\text{生产成本中}\\\text{变动成本}} + \substack{\text{销售与管理费用}\\\text{中变动成本}} - \substack{\text{期末产品中应}\\\text{负担变动成本}} + \substack{\text{期初产品中应}\\\text{负担变动成本}}}{\text{销售收入} \times (1 - \text{销售税率})}}$$

$$R(\text{销售收入}) = P(1 - TaxR)x$$

$$T(\text{总经营成本}) = F + V \cdot x$$

$$M(\text{创利额或临界收益额、边际贡献额}) = P(1 - TaxR) - V$$

$$VR(\text{变动成本率}) = \frac{V}{P(1 - TaxR)}$$

$$MR(\text{边际收效率}) = \frac{P(1 - TaxR) - V}{P(1 - TaxR)} = 1 - \frac{V}{P(1 - TaxR)} = 1 - VR$$

$$MR = 1 - VR$$

例如，某企业 2011 年全年生产和销售甲产品 10000 件（X），每件售价 300 元（P），经批准免缴销售税及附加税，单位产品变动成本 200 元（V），全年总固定成本 500000 元（F）。2012 年增加利润 20%（Π），试分析采取哪些综合措施可以达到。

企业应从实际情况出发，考虑市场需求情况、生产能力、材料和能源供应来源以及技术措施的实施情况，按下列公式进行测算：

$$\Pi = (X \times \Delta X)(P - \Delta P) - (V - \Delta V) - (F - \Delta F) \tag{9-1}$$

式中　Π——利润总额；

　　　　X——产品生产和销售量；

　　　　ΔX——预测期产品产量比上期增加量；

　　　　P——产品每件售价；

　　　　ΔP——预测期产品每件售价比上期降低额；

　　　　V——产品单位变动成本；

　　　　ΔV——预测期产品单位变动成本比上期降低额；

　　　　F——上年全厂总固定成本额；

　　　　ΔF——本期全厂总固定成本降低额。

根据公式，可预测该企业 2012 年利润总额为：

$$\Pi_{12} = \Pi_{11} \times (1 + 20\%)$$
$$\Pi_{11} = 10000 \times (300 - 200) - 500000 = 500000（元）$$
$$\Pi_{12} = 500000 \times 120\% = 600000（元）$$

经过测算：2012 年单位产品变动成本可望降低 2%；甲产品产量 2012 年可增加 5%；2012 年度全厂总固定成本可望减少 12%，2012 年度甲产品每件售价可望降低 1%。

将上述数字代入公式，测算结果如下：

$$\Pi_{12} = (10000 \times 105\%) \times [300(1 - 1\%) - 200(1 - 2\%)]$$
$$- 500000 \times (1 - 12\%) = 570000（元）$$

3. 多品种生产企业预测

在多品种生产企业同样可以应用不同产品的创利率，综合预测企业计划期的利润水平。

例如，某企业根据预测的某年产品销售量、销售价格、税率以及预测的成本水平，测定各种产品的创利率，见表 9-2。

表 9-2　各种产品的创利率

产　品	销售收入（产品税后）S，元	创利额 M，元	创利率 M_i，%	固定成本
甲（A）	6000000	3000000	50	
乙（B）	4000000	1800000	45	
丙（C）	5000000	2000000	40	
丁（D）	5000000	1500000	30	
合计	20000000	8300000		5000000

根据上述资料，按创利率高低顺序排列，并计算累计销售收入（产品税后）和累计创利额，见表 9-3。

表 9-3 各种产品创利额与累积创利额

产　品	创利率 M_i,%	累计销售收入 ΣS	累计创利额 ΣM
甲（A）	50	6000000	3000000
乙（B）	45	10000000	4800000
丙（C）	40	15000000	6800000
丁（D）	30	20000000	8300000

根据上述资料，按下列步骤绘图：

（1）用纵坐标表示创利额和固定成本，横坐标表示销售收入（销售税后），并标明到度。

（2）取甲产品的销售收入（销售税后）6000000 元和创利额 3000000 元的交点为 G 点，作 OG 线。

（3）取甲、乙两产品销售收入（销售税后）之和 10000000 元与甲、乙两产品创利额之和 4800000 元的交点为 H 点，作 GH 直线。

（4）余类推，完成 OGHIJ 折线，此线为 4 种产品的累计创利额折线。

（5）确定固定成本 5000000 元之点为 E，作与 x 轴平行线 EF，即为固定成本线。

（6）确定 OGHIJ 折线与 EF 线的交点为 a，此点即为保本点，对应 a 点的销售收入（销售税后）为 10500000 元，如图 9-2 所示。

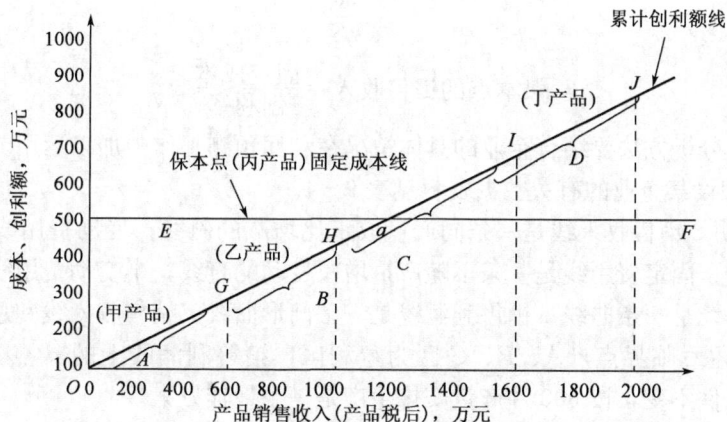

图 9-2　保本点确定图

通过创利额确定保本点，实际上就是确定利润为零时的销售收入（销售税后）。其预测步骤如下：

（1）确定保本点所在产品区。

首先，按各产品的创利率 M_i 由高到低排列，计算累计创利额。然后按顺序用 M 累计数与 F 比较。在比较过程中，当 M 累计数等于或大于 F 时，则新计入 M 值的产品就是保本点 a 所在的产品区。

（2）计算与 a 对应的销售收入（销售税后）。

设 a 所在产品区的产品序号为 N，则：

$$S_0 = \sum_{i=1}^{n-1} S_i + \frac{F - \sum_{i=1}^{n-1}(S_i M_i)}{M_N}$$

按上例计算，a 点在丙产品区，则：

$$S_0 = S_A + S_B + \frac{F - (S_A M_{iA} + S_B M_{iB})}{M_{iC}}$$

$$= 6000000 + 4000000 + \frac{5000000 - (6000000 \times 50\% + 4000000 \times 45\%)}{40\%}$$

$$= 10500000 (\text{元})$$

利用创利额计算单品种生产保本点的销售收入也可以用多品种生产的计算公式。在单一品种生产企业，保本点 a 所在产品区的序号 N 等于 1，公式中 $N-1=1-1=0$，因而有：

$$\sum_{i=1}^{n-1} S_i = 0 \qquad \sum_{i=1}^{n-1} (S_i M_i) = 0$$

$$S_0 = \sum_{i=1}^{n-1} S_i + \frac{F - \sum_{i=1}^{n-1} (S_i M_i)}{M_i} = \frac{F}{M_i}$$

又因为：

$$M_i = \frac{M}{S}$$

所以有：

$$S_0 = \frac{F}{\dfrac{M}{S}}$$

即 保本点的销售收入 $= \dfrac{\text{固定成本}}{\text{创利率}}$

上述保本点分析方法要结合企业的具体情况在利润预测工作中加以运用。

例 9-1 假设某企业的有关数据资料见表 9-4。

图 9-2 表明，销售收入线是一条同产量成正比增减的斜线；变动费用线是一条随产量增减一致的斜线；固定费用线是一条不随产量增减变动的直线；半变动费用线是一条凹形曲线，因而总成本线是一条曲线；销售利润线是一条凸形曲线。销售收入线和总成本线相交的 A、C 两点均为盈亏临界点，A、B、C 区为盈利区，销售利润线上的 d 点为利润最大点。如果企业其他条件不变，按 600 件产量安排生产是一个最佳方案。

表 9-4 某企业的有关数据资料

项 目	1 月	2 月	3 月	4 月	5 月	6 月	7 月	8 月	9 月	10 月
产量，件	100	200	300	400	500	600	700	800	900	1000
固定费用，元	200	200	200	200	200	200	200	200	200	200
变动费用，元	100	200	300	400	500	600	700	800	900	1000
半变动费用，元	50	100	150	200	250	300	500	700	1100	1500
全部成本，元	350	500	650	800	950	1100	1400	1700	2200	2700
销售收入，元	200	400	600	800	1000	1200	1400	1600	1800	200
销售利润，元	-150	-100	-50	0	50	100	0	-100	-400	-700

根据表 9-4 所列资料，绘制利润曲线图如图 9-3 所示。

例如，某企业 2012 年 12 月预计生产和销售甲产品为 80 件，乙产品为 60 件。全厂 12 月总固定成本为 85000 元，甲产品每件售价为 450 元，创利率为 35%；乙产品每件售价 6000 元，创利率为 30.05%。经批准两种产品免纳流转税。

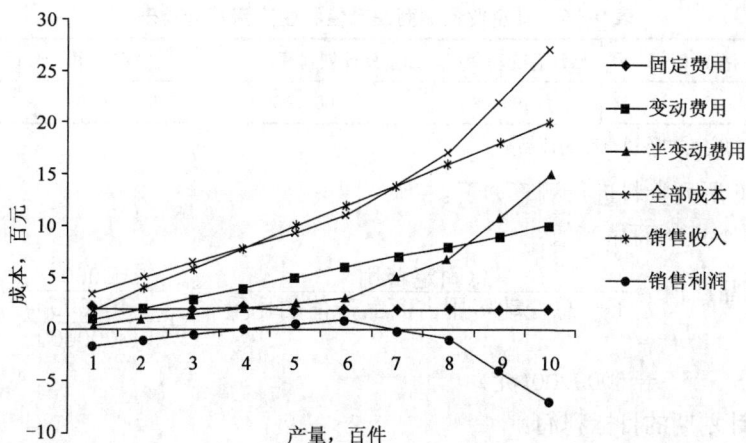

图 9-3 利润曲线图

（1）计算保本点销售收入：

$$甲、乙产品平均创利率 = \frac{450 \times 80 \times 35\% + 6000 \times 60 \times 30.05\%}{450 \times 80 + 6000 \times 60} \times 100\% = 30.5\%$$

$$甲、乙产品保本点销售收入 = \frac{85000}{30.5\%} = 278688.52(元)$$

（2）计算保本点的甲、乙两产品的销售额、销售量：

$$甲产品比重：\frac{450 \times 80}{450 \times 80 + 6000 \times 60} \times 100\% = 9.09\%$$

$$乙产品比重：\frac{6000 \times 60}{450 \times 80 + 6000 \times 60} \times 100\% = 90.91\%$$

$$甲产品销售额 = 278688.52 \times 9.09\% = 25332.79（元）$$

$$乙产品销售额 = 278688.52 \times 90.91\% = 253355.73（元）$$

$$甲产品销售量 = \frac{25332.79}{450} = 56.29 \approx 57（件）$$

$$乙产品销售量 = \frac{253355.73}{6000} 42.23 \approx 43（件）$$

（3）预测 12 月实现的利润额见表 9-5。

表 9-5　某企业 12 月实现利润预测表

项　　　目	（甲）	（乙）	合　　计
销售收入，元	80×450＝36000（元）	60×6000＝360000（元）	396000
变动成本，元	（1−35%）×36000＝23400（元）	（1−30.05%）×360000＝251820（元）	275220
总固定资本，元			85000
利润额，元			35780

4. 运用商品产值指标预测企业利润水平

生产品种较多的企业如按每种产品的单位成本划分为变动成本和固定成本，从而预测计划期的成本和利润成本，那是一项十分复杂的工作。不少企业就运用商品产值和生产费用等指标预测计划期的成本和利润水平。

例 9-2　假设某企业提供的有关资料见表 9-6。

表9-6　某企业预测商品产值和生产费用分析表

预测计划期×月份商品产值①，元	预计总变动费用，元	预计创利额，元	预计总固定费用，元	预测利润额，元
8000000	4000000	4000000	3000000	1000000

①表列商品产值假定为扣除税金后的商品产值。

根据表9-6所列资料进行测算如下：

（1）预测保本点的商品产值：

$$保本点的商品产值 = \frac{总固定费用}{1-总变动费用占商品产值的比重} = \frac{3000000}{1-\frac{4000000}{3000000}} = \frac{3000000}{1-50\%}$$

$$= 6000000（元）$$

（2）预测计划期的目标利润：

$$目标利润 = 商品产值 - 总变动费用 - 总固定费用$$
$$= 8000000 - 4000000 - 3000000 = 1000000（元）$$

（3）据销售利润率（如按12.5%计算）预测计划期商品产值：

$$计划期商品产值 = \frac{总固定费用}{1-总变动费用占商品产值的比重 - 销售利润率}$$
$$= \frac{3000000}{1-50\% - 12.5\%}$$
$$= 8000000（元）$$

（4）预测计划期保证实现的商品产值：

$$保证一定目标利润的商品产值 = \frac{总固定费用 + 目标利润}{1-变动费用占商品产值的比重}$$
$$= \frac{3000000 + 1000000}{1-50\%}$$
$$= 8000000（元）$$

（二）建立多因素数量关系的数学模型预测企业利润水平

由于产品成本中固定费用和变动费用因素的变化以及产品销售量、税率等多种因素的变化，在实际成本预测工作中，一般首先建立多因素数量关系的数学模型，再预测期末成本和利润水平。

预测常用的多因素数学模型如下：

设：x 为产品销售量，a 为总固定费用，b 为单位产品变动成本，p 为单位产品售价，$STax$ 为销售税率，$Itax$ 为所得税率，Π 为缴纳所得税后的目标利润。

因为

$$xp(1-STax) - xb - a = \frac{\Pi}{(1-ITax)}$$

所以

$$x = \frac{a + \frac{\Pi}{1-ITax}}{p(1-STax) - b}$$

如果按规定免征某项税款，则式中该项税率为零。例如，免征销售税时，式中的 $STax = 0$，则：

$$x = \frac{a + \frac{\Pi}{1-ITax}}{p - b}$$

— 248 —

根据上述数学模型可以预测：不同销售水平下的总成本水平；为达到一定目标利润，产品应销售多少；成本结构变动后的利润变化；售价变动后对总成本和利润水平的影响；一定利润水平下的产品出厂价格等。

例如，某企业销售部门根据市场调查预测，甲产品售价如从原来每台 10000 元下调到原价的 90%，则销售量可比本年的 500 台增加 20%~50%。生产部门认为，增加产量，必须进行设备技术改造，因而将使总固定成本增加到 1480000 元；单位产品变动成本预计比原来的 5000 元下降 15%，销售税率为 5%，所得税率为 33%。现要求计划年度在缴纳所得税后的目标利润比本年的 450000 元增加 10%，即达到 495000 元。那么，甲产品销售量预计应达到什么水平，才能实现计划年度的目标利润。

现将有关数据代入上述模型：

$$甲产品销售量 = \frac{1480000 + \dfrac{495000}{1-33\%}}{10000 \times 90\% \times (1-5\%) - 5000 \times (1-15\%)}$$

$$= \frac{2218805}{4300} = 516（台）$$

即甲产品销售量必须比本年增加 20%，即达到 516 台，才可实现目标利润。验证结果见表 9-7。

表 9-7　多因素数量关系模型预测目标利润　　　　　　　　　　　　　　　　　元

销售收入（516×1000×90%）	4644000
减：销售税金（4644000×5%）	232200
总变动成本［516×5000×（1-15%）］	2103000
创利额	2218800
减：总固定成本	1480000
应纳税所得额	738800
减：所得税（738800×33%）	243800
缴纳所得税后的目标利润	495000

（三）用参数修正法预测下年度实现的利润额

产品品种、规格不多的企业，其产品销售收入一般按合同或计划指标确定，因而销售收入比较稳定，可用下列参数修正法预测企业下年度实现的利润。

设：P_1 为今年实现的利润额，P_2 为预测下年度实现的利润额，S_1 为今年产品销售收入实际数，S_2 为预测下年度产品销售收入数，u 为修正参数值。

预测下年度实现利润数的公式如下：

$$P_2 = \frac{P_1}{S_1} S_2 u \qquad\qquad (9-2)$$

在公式中，P_1、S_1 为已知数，S_2、u 为未知数，因此应分别预测 S_2 和 u 值。

第一，先求 S_2 值。

设：Q_i 为各种产品下年度合同订货量，q_i 为今年各种产品市场销售量，p_i 为预测下年度各种产品销售价格，则：

$$S_2 = \sum Q_i P_i + \sum q_i P_i P \qquad\qquad (9-3)$$

第二，在测算参数 u 值时，要确定各单位产品各成本项目下年度预计增减变动的数额。

设：ΔM_i 为单位产品中材料、能源节约或超支数，C_i 为产品预计单位成本，n 为生产的产品品种数，则有：

$$u = 1 - \frac{\sum\limits_{i=1}^{n} \dfrac{\sum\limits_{i=1}^{n} \Delta M_i}{C_i}}{n} \qquad (9-4)$$

将式 (9-3)、式 (9-4) 代入式 (9-2)，即可得出预测企业下年度利润数的数学模型如下：

$$P_2 = \frac{P_1}{S_1} \left(\sum Q_i P_i + \sum q_i P_i \right) \times \frac{\left[1 - \sum\limits_{i=1}^{n} \dfrac{\sum\limits_{i=1}^{n} \Delta M_i}{C_i} \right]}{n} \qquad (9-5)$$

（四）预测成本变化后仍维持原利润水平的方法

企业根据实际情况，预测计划期产品成本将会发生变动，但是产品的售价不能相应提高，如果仍要维持企业计划期预计达到的利润水平或利润计划指标，那么安排生产多少产量，才能实现计划利润数额？

设：预测单位产品售价 $P=500000$ 元；

全厂总固定费用 $a=1500000$ 元；

单位产品变动费用 $b=250000$ 元；

产品计划产量（销售量）$x=10$ 台；

保本点产量 $x_{BE}=6$ 台；

原计划盈利额 $=1000000$ 元；

预测总固定费用增长额 $\Delta a=140000$ 元；

预测单位变动费用增长额 $\Delta b=30000$ 元；

成本变动后仍维持的盈利额 $\Pi_1=1000000$ 元；

成本变动后维持原利润水平的产量 x_1。

成本变动后预测利润额的数学模型如下：

$$\Pi = x \cdot P - (a + \Delta a) - x_1(b + \Delta b)$$
$$= x_1 \cdot P - a - \Delta a - x_1 \cdot b - x_1 \cdot \Delta b$$

预测在新的条件下，如保持原有利润水平，即 $\Pi_1 = \Pi$，则：

$$x \cdot P - a - xb = x_1 \cdot P - a - \Delta a - x_1 \cdot b - x_1$$

上式消去 a，两边均除以 x，则：

$$P - b = \frac{x_1}{x} \cdot P - \frac{x_1}{x} \cdot b - \frac{x_1}{x} \cdot \Delta b - \frac{\Delta a}{x}$$

$$\frac{x_1}{x}(P - b - \Delta b) - \frac{\Delta a}{x} = P - b + \frac{\Delta a}{x}$$

$$\frac{x_1}{x} = \frac{P - b + \dfrac{\Delta a}{x}}{P - b - \Delta b} = \frac{x \cdot P - x \cdot b + \Delta a}{x \cdot P - x \cdot b - x \cdot \Delta b}$$

由于 $\qquad\qquad\qquad\qquad \Pi + a = x \cdot P$

所以 $\qquad\qquad \dfrac{x_1}{x} = \dfrac{\Pi + a + \Delta a}{\Pi + a - x \cdot b} \qquad x_1 = \dfrac{x \cdot (\Pi + a + \Delta a)}{\Pi + a - xb}$

将上列数值代入上式：

$$x_1 = \frac{10 \times (1000000 + 1500000 + 140000)}{1000000 + 1500000 - 10 \times 30000} = 12(台)$$

预测计划期成本变动后仍维持原计划的利润水平或利润目标指标，则必须生产和销售甲产品 12 台，即比原计划多生产 2 台，才能达到既定的目标。

二、利润率指标的预测分析

在实际工作中，企业一般用劳动消耗和取得成果之比、劳动占用和取得成果之比说明企业劳动消耗或劳动占用的经济效果。如总资产报酬率，就是反映 1 元资产的占用可以实现多少利润的指标，在评价企业生产经营活动经济效益的指标体系中占有重要的地位。在规划企业利润时，对各种经营方案必须进行比较，而最主要的是对利润率指标进行分析测算，以便确定最优化方案。一般说来，劳动消耗越低，资金占用越少，则企业获得的经济效益越好。

设：R 为总资产报酬率，P 为利润总额（或净利润额），A 为总资产，则有：

$$R = \frac{P}{A}$$

设：ΔP 为增加的利润额，ΔA 为总资产占用额的减少数。

例 9-3 假定第 1 个、第 2 个两个方案的资料见表 9-8。

表 9-8　两个方案的资料数据

指　标	方　案　1	方　案　2
总资产报酬率，%	$R_1 = 10$	$R_2 = 12$
利润总额，万元	$P_1 = 100$	$P_2 = 130$
总资产，万元	$A_1 = 1200$	$A_2 = 1000$

以方案 2 和方案 1 对比，有下列一种情况，见表 9-9。

表 9-9　方案 1 与方案 2 对比分析

①	劳动占用相等 劳动消耗较少	$P_2 > P_1$ $A_2 = A_1 \quad R_2 > R_1$	$\Delta P = \frac{R_2}{R_1} \times P_1 - P_1$	$= \frac{12\%}{10\%} \times 100 - 100 = 20$（万元）
②	劳动消耗相等 劳动占用较少	$P_2 = P_1$ $A_2 < A_1 \quad R_2 > R_1$	$\Delta A = A_1 \left(1 - \frac{R_2}{R_1}\right)$	$= 1200 \times \left(1 - \frac{12\%}{10\%}\right) = 200$（万元）
③	劳动消耗较少 劳动占用较少	$P_2 > P_1, \ A_2 < A_1$	$\Delta A = \frac{P_2}{P_1} \times A_1 - A_2$	$= \frac{130}{100} \times 1200 - 1000$ $= 560$（万元）
④	劳动消耗较少 劳动占用较多	$P_2 > P_1$ $A_2 > A_1, \ \frac{P_2}{P_1} < \frac{A_2}{A_1}$	$\Delta A = \frac{P_2}{P_1} \times A_1 - A_2$	$= \frac{130}{100} \times 1200 - 1000$ $= 560$（万元）
⑤	劳动消耗较多 劳动占用较少	$P_2 > P_1, \ A_2 < A_1$	$\Delta A = \frac{P_2}{P_1} \times A_1 - A_2$	$= \frac{130}{100} \times 1200 - 1000$ $= 560$（万元）

总资产报酬率是企业在一定时期所获得的利润总额同企业全部垫支资产总额的比率。通过预测总资产报酬率指标，可以把劳动消耗和劳动占用结合起来考察。从表 9-9 列示的 5 种情况可以看出：利润总额的增长（ΔP）和减少资产的占用（ΔA）是提高总资产报酬率（R）的主要途径。

第三节 利润计划完成情况分析

一、利润计划完成情况的总括分析

产品销售利润在企业利润总额中占最大的比重，因此，分析企业利润计划的完成情况，应以产品销售利润计划的完成情况为重点。为了便于具体说明各因素变动对产品销售利润的影响程度，以"利润计算表"为基础，编制总括的分析表，见表 9 - 10。

表 9 - 10 利润完成总括分析表

2012 年 6 月   元

项　　　目	计划	实际	比较
一、营业收入	3520000	3567000	＋47000
减：营业成本	1128500	1168500	＋40000
营业税金及附加	56100	61500	＋5400
销售费用	121000	131600	＋10600
管理费用	100000	118440	＋18440
财务费用	200000	205000	＋5000
资产减值损失	15000	15000	
加：公允价值变动收益（损失以"－"号填列）			
投资收益（损失以"－"号填列）	30000	40000	＋10000
其中：对联营企业和合营企业的投资收益			
二、营业利润（亏损以"－"号填列）	1929400	1906960	－22440
加：营业外收入	10000	13000	＋3000
减：营业外支出	30000	33100	＋3100
其中：非流动资产处置损失			
三、利润总额（亏损总额以"－"号填列）	1909400	1886860	－22540
减：所得税费用	630000	566000	－64000
四、净利润（净亏损以"－"号填列）	1279400	1320860	＋41460
五、每股收益：			
（一）基本每股收益	0.1937	0.2	＋0.0063
（二）稀释每股收益			

上述对比资料表明：计划利润总额为 1909400 元，实际只完成 1886860 元，比计划少实现 22540 元，只完成计划的 98.8%。其中：营业利润比计划减少了 22440 元；营业外收支净额影响利润减少 100 元。在实际分析工作中，仍应区分主营业务利润与其他业务利润进行评价。

二、产品销售计划完成情况的分析

分析全部产品销售计划的完成情况，必须重点分析企业主要产品销售计划的完成情况。

在实际工作中，通常根据产品销售数量及销售合同执行情况等有关记录资料进行。以实物量计算的产品销售量计划的完成情况见表9-11。

表9-11 以实物量分析产品销售量计划的完成情况

产品	计量单位	期初结存		本期生产量		本期销售量		期末结存		完成计划销售量的比重,%	销售量为生产量的比重,%
		计划	实际	计划	实际	计划	实际	计划	实际		
甲	台	10	10	2000	1800	2000	1780	10	30	89.0	98.8
乙	台	100	120	1000	1000	980	100	140	98.0	98.0	
丙	台	100	300	2000	2200	2000	2400	100	100	120.0	109.0
丁	台	—	—	1600	1600	1600	1600	—	—	100.0	100.0

以销售收入分析产品销售计划的完成情况见表9-12。

表9-12 以销售收入分析产品销售计划完成情况   元

产品	计划每台售价	实际每台售价	计划销售收入	按实际销售量和计划售价计算的销售收入	实际销售收入
甲	550	550	1100000	979000	979000
乙	450	450	450000	441000	441000
丙	350	350	700000	840000	840000
丁	125	125	200000	200000	200000
合计			2450000	2460000	2460000

上述分析资料表明：本期产品计划销售收入为2450000元，本期产品实际销售收入为2460000元，实际比计划多收入10000元。其原因主要是在价格没有变动的情况下，甲、乙两种产品没有完成销售量计划，而丙产品却超额完成销售计划，两者相抵后，销售收入净增加10000元，企业产品实际销售收入比计划超额完成0.4%。因此，应进一步分析各种主要产品销售计划的完成情况及其主要原因，并联系生产计划的完成情况，考察其对销售计划完成的影响。在一般情况下，产品如果能够按品种、按质、按量均衡地入库，那就表明生产进度不致影响销售的正常进行；反之，销售计划的完成必然会受到影响。

三、影响产品销售利润变动的因素分析

为了具体说明影响产品销售利润的各个因素对利润的影响，有关产品销售利润的计划资料和实际资料见表9-13和表9-14。

表9-13 某产品销售利润的计划资料

产品	计量单位	销售数量	销售收入		销售税金及附加	
			单价,元	金额,元	税率,%	金额,元
甲	台	2000	550	1100000	5	55000
乙	台	1000	450	450000	5	22500
丙	台	2000	350	700000	5	35000
丁	台	1600	125	200000	5	10000
				2450000		122500

产品	生产成本		销售费用		销售利润	
	单位成本，元	总金额，元	单位费用，元	总金额，元	单位利润，元	总金额，元
甲	275	550000	11	22000	236.50	473000
乙	250	250000	11	11000	166.50	166500
丙	140	280000	7	15000	185	370000
丁	45.46	72750	7	12000	65.78	105250
		1152750		60000		1114750

表 9-14　某产品销售利润的实际资料

产品	计量单位	销售数量	销售收入		销售税金及附加	
			单价，元	金额，元	税率，%	金额，元
甲	台	1780	550	979000	5	48950
乙	台	980	450	441000	5	22050
丙	台	2400	350	840000	5	42000
丁	台	1600	125	200000	5	10000
				2460000	—	123000

产品	生产成本		销售费用		销售利润	
	单位成本，元	总金额，元	单位费用，元	总金额，元	单位利润，元	总金额，元
甲	280	498400	10	17800	232.50	413850
乙	260	254800	10	9800	157.50	154350
丙	142	340800	8.475	20340	182.03	436860
丁	46.56	74500	8.475	13560	63.71	101940
		1168500		61500		1107000

应用因素分析法，测定各因素对产品销售利润未完成计划的影响程度如下：

$$\text{销售数量变动影响数} = \text{计划产品销售利润} \times \left(\frac{\text{各产品实际销售数量} \times \text{计划销售单价}}{\text{各产品计划销售数量} \times \text{计划销售单价}} \right)$$

$$= 1114750 \times \left(\frac{2460000}{2450000} - 1 \right) = 1114750 \times 0.408\% = 4548(\text{元})$$

销售数量增加，使销售利润增加数。

$$\text{销售价格变动影响数} = \sum \left[\text{各产品实际销售量} \times \left(\text{各产品实际销售单价} - \text{各产品计划销售单价} \right) \right] \times \left(1 - \text{计划税率} \right)$$

$$= 0 \times (1 - 5) = 0$$

销售单价实际与计划没有变动，不影响销售利润变动。

$$\text{销售税率变动影响数} = \sum \left(\text{各产品实际销售量} \times \text{各产品实际销售价格} \right) \times \left(\text{计划税率} - \text{实际税率} \right)$$

$$= 2460000 \times 0 = 0(\text{元})$$

销售税率没有变动，不影响销售利润变动。

$$\text{销售成本变动影响数} = \sum \left[\text{各产品实际销售量} \times \left(\text{实际单位销售成本} - \text{计划单位销售成本} \right) \right]$$

$$= 1168500 - 1143250 = 25250(\text{元})$$

销售成本升高，使销售利润减少。

$$\begin{array}{c}销售费用变\\动影响数\end{array} = \sum \left[\begin{array}{c}各产品实\\际销售量\end{array} \times \left(\begin{array}{c}实际单位\\销售费用\end{array} - \begin{array}{c}计划单位\\销售费用\end{array} \right) \right]$$

$$= 61500 - 60360 = 1140(元)$$

销售费用升高，使销售利润减少。

$$\begin{array}{c}销售品种结构\\变动影响数\end{array} = \sum \left(\begin{array}{c}各产品实\\际销售量\end{array} \times \begin{array}{c}各 产 品 计\\划单位利润\end{array} \right)$$

$$- \left[\sum \left(\begin{array}{c}各产品计\\划销售量\end{array} \times \begin{array}{c}各 产 品 计\\划单位利润\end{array} \right) \times \begin{array}{c}销售完\\成率\end{array} \right]$$

$$= 1133390 - 1114750 \times 1.00408 = 14092(元)$$

产品销售品种结构变动，使销售利润增加。

上述 6 个因素对产品销售利润的影响程度可综合归纳见表 9 - 15。

表 9 - 15　6 个因素对产品销售利润的影响情况

影响销售利润增加数		影响销售利润减少数	
产品销售数量增加	4548	销售生产成本升高	25250
销售品种结构变动	14092	销售费用升高	1140
	18640		26390
销售利润比计划减少数	7750		
合计	26390	合计	26390

上述分析表明：企业产品销售利润比计划减少 7750 元。主要原因是产品成本和销售费用升高，均没有完成计划，使产品销售利润减少 26390 元；企业由于改变销售品种结构，使甲、乙两种产品未按计划交货，却超额完成了利润水平较高的丙产品和企业自己安排的利润水平更高的丁产品，使产品销售利润增加了 18640 元，掩盖了一部分由于成本升高而使利润减少的数额，实际上该企业产品品种计划和销货合同交货率指标计划均未完成。因此，利润分析必须与销售和生产成果的分析结合起来，才能作出正确的分析和评价。

四、产品质量变动对销售利润影响的分析

在一般情况下，产品质量的变动是通过价格的变动来表现的。产品质量提高，可以升级提价；产品质量不好，应予降级降价；产品质量不合格，但还有一定的使用价值，可以列为等外品削价处理。可见，产品质量的变动也是影响销售利润的一个重要因素。

在一定总量的各种产品中，一等品所占的比重越大，产品平均销售价格越高，因而实现的利润就越多；反之，一等品所占比重越小，产品平均售价降低，实现的利润就越小。在产品区分等级的情况下，产品质量水平的变动对销售利润的影响可通过表 9 - 16、表 9 - 17 所列资料加以说明。

表 9 - 16　产品质量变动统计表

产品	计量单位	销售量		出厂价格元	单位成本元	税率，%
		计划	实际			
甲产品一等品	件	50	70	10	5	10
甲产品二等品	件	50	30	7	5	10
合计		100	100			

表 9-17　产品质量变动对销售利润影响分析

产　品	销售收入，元		销售成本，元		销售税金，元		销售利润，元	
	计划	实际	计划	实际	计划	实际	计划	实际
甲产品一等品	500	700	250	350	50	70	200	280
甲产品二等品	350	210	250	150	35	21	65	39
合计	850	910	500	500	85	91	265	319

$$\begin{matrix}\text{产品质量变动对}\\\text{销售利润的影响}\end{matrix}=\sum\begin{matrix}\text{各产品实}\\\text{际销售量}\end{matrix}\times\left(\begin{matrix}\text{按实际比重计算}\\\text{的计划平均单价}\end{matrix}-\begin{matrix}\text{按计划比重计算}\\\text{的计划平均单价}\end{matrix}\right)\times\left(1-\text{税率}\right)$$

$$=(70+30)\times(9.10-8.50)\times(1-10\%)=54\text{（元）}$$

上述资料表明：甲产品一等品率从 50% 提高到 70%，每件产品平均价格从 8.50 元（850 元/100 件）提高到 9.10 元（910 元/100 件），增加产品销售利润 54 元（319-265）。由此可见，提高产品质量能够增加利润。

在实际工作中，不少企业通过分析产品质量变动对销售利润的影响，预测提高产品质量水平后会增加多少利润，然后进一步采取措施以加强产品质量管理和日常成本控制。

例 9-4　某日用搪瓷厂利润预测分析资料见表 9-18、表 9-19。

表 9-18　某日用搪瓷厂利润预测分析资料

项　目	1~7 月产量件	品种结构	年度计划品种结构	比较（+、-）	影响产量（+、-）	影响利润（+、-），元
面盆						
一级品	709857	53.4%	72.5%	-19.1%	-253915	-539243
二级品	526977	39.64%	22.5%	+17.14%	+227859	+444528
次品	92563	6.96%	5%	+1.96%	626056	+41629
小计	1329397					-53086
口杯						
一级品	852699	60.2%	63%	-2.8%	-39662	-24651
二级品	278959	19.69%	32%	-12.31%	-174370	-100368
次品	284830	20.11%	5%	+15.11%	+214032	+101109
小计	1416488					-23910
杂件						
一级品	222200	42.65%	60%	-17.35%	-90387	-101234
二级品	192879	37.02%	35%	+2.02%	+10523	+10839
次品	105883	20.33%	5%	15.33	+79864	+67087
小计	520962					-23308
灯伞						
正品	296752	85.24%	95%	-9.76%	-33976	-64215
副品	51366	14.76%	5%	+9.76%	+33976	+35675
小计	348118					-28540
合计						-128844

表 9 - 19 2012 年 8 月产品质量计划预测表

项　　　目	8～12 月计划产量，件	如完成年计划一级率指标比 1～7 月实际利润水平增加，元
面盆	970630	38758
口杯	983512	16601
杂件	343038	15348
灯伞	227882	18682
合计		89389

产品质量变动对销售利润影响的分析举例：

从表 9 - 18 看出，面盆一级品产量减少 253915，每件计划利润 2.1237146 元，共减少利润 539243 元。

利润水平预测分析举例：

从表 9 - 19 看出，面盆 8～12 月计划产量 970630 件，如按计划等级结构生产，则 1～7 月利润可增加 38758 元。

五、资产减值损失、期间费用、投资收益和营业外收支的分析

（一）资产减值损失的分析

资产减值损失分析的主要内容是逐项分析企业的应收款项、存货、长期股权投资、持有至到期投资、固定资产、无形资产、贷款等资产发生的减值损失是否合理和真实，是否存在利润操纵现象。

（二）期间费用的分析

期间费用是指不能直接归属于某个特定对象的各种费用。这些费用的高低直接影响着企业利润的变化，企业必须加强控制，实行预算管理。期间费用一般指销售费用、管理费用、财务费用而言，是构成企业总经营成本的内容，是影响经营利润实现的重要因素之一。这些期间费用的内容及其分析要求和分析方法已在产品成本分析中论述。

（三）投资收益的分析

投资收益包括长期投资和短期投资项目的收益，如股票的股利收入、债券的利息收入，等等。分析企业投资收益时，要注意：

（1）股利收入是否在实际收到时及时入账；

（2）债券利息收入是否按权责发生制原则处理，只要归属本期的收益，则不管是否收到，均应入账；

（3）两个付息日之间购得的债券，债息是否从购进之日起计算；

（4）企业出售的证券由于市价波动而发生的收益或损失核算是否正确；

（5）对期末实存的有价证券，采用的计价方法是否正确；

（6）折价或溢价购入的债券，债券的调换业务、证券组合的调整在账务处理上是否得当；

（7）长期股票的股利收入是按成本法核算还是按权益法处理，核算是否正确；

（8）企业联营投资的项目是否符合国家产业政策，投资的经济效益和社会效益是否结合，其他长期投资的收回、结转业务核算是否正确，处理是否得当；

（9）计提的短期投资跌价准备、长期投资减值准备、委托贷款减值准备等损失核算是否正确，处理是否得当；

（10）以非现金资产抵偿债务方式取得的短期投资、长期投资，以非货币性交易换入的短期投资、长期投资核算是否正确，结转投资损益的数额是否正确，等等。

（四）营业外收支的分析

营业外收入是指与企业生产经营无直接关系的各项收入，如固定资产盘盈、处理固定资产净收益、确定无法支付而应转作营业外收入的应付款项、教育费附加返还款等。营业外支出是指与企业生产经营无直接关系的各项支出，如固定资产盘亏、处理固定资产净损失、非常损失、非正常停工损失等。营业外收入的分析主要是检查收入的来源是否正当；营业外支出的分析主要是检查支出是否严格按国家规定的项目和范围列支。

六、收益分配的分析

分析收益分配时，不能仅关注净利润指标，还应对净利润进行分解，依据不同指标所反映的信息对企业不同方面的获利能力进行评价，并注意区分已实现、未实现收益，经常的、偶然的收益等。企业年度决算后实现的利润应按国家的有关规定进行分配。利润分配关系到国家、企业、职工及所有者各方面利益，是一项政策性较强的工作，必须严格按照国家的法令、制度执行。企业利润分配一般按下列程序进行。

（一）税前利润调整

（1）亏损企业应用缴纳所得税税前利润进行调整。

（2）调整投资收益中已纳所得税项目或只需补缴所得税的项目。

（3）实现利润总额中调整企业向非金融机构借款的利息支出高于国家商业银行规定利息部分。

（4）企业实际支出的职工薪酬，包括职工工资、奖金、津贴和补贴；职工福利费；医疗保险费、养老保险费、失业保险费、工伤保险费和生育保险费等社会保险费；住房公积金；工会经费和职工教育经费；非货币性福利；因解除与职工的劳动关系给予的补偿；其他与获得职工提供的服务相关的支出等超过计税工资标准部分应予纳税调整。

（5）未经税务主管机关批准，企业改变存货计价方法、计提坏账准备比例、规定支付佣金超过标准部分应予纳税调整。

（6）企业违法经营的罚款和被没收财物的损失；各项税收的滞纳金、罚款和罚金；遭受自然灾害或意外事故而由保险公司给予的赔偿；超过国家规定允许扣除的公益、救济性捐赠，以及非公益性、救济性的捐赠部分等，均应予纳税调整。

（7）各项赞助支出指各种非广告性质的赞助支出，超过允许税前列支的业务招待费部分，均应予纳税调整。

总之，应计算应纳税所得额，正确、及时缴纳所得税。

（二）净利润分配顺序

（1）弥补以前年度亏损。

（2）按规定提取法定盈余公积、公益金。

（3）按规定提取公益金。

（4）向投资者分配利润（以前年度转来的未分配利润一并转入）。向投资者分配利润的顺序：支付优先股股息；提取任意盈余公积；支付普通股股息。

分析时应注意以下政策界限：

（1）企业以前年度亏损和未弥补完的，不得提取法定盈余公积金和公益金。

（2）企业实现的利润在未按规定提取法定盈余公积金和公益金以前，不能先向投资者分配利润。

（3）法定盈余公积金按企业税后利润的 10％ 提取，如该公积金已超过注册资本 50％，就不再提取。企业用盈余公积金弥补企业亏损后，在企业当年未实现利润应不分配股利的情况下，为维持信誉，可用盈余公积金支付不超过股票面值 6％ 的股利，但支付后法定盈余公积金不应低于注册资本额的 25％。

（4）以前年度未分配利润是否并入本年度一起分配。

（5）任意盈余公积金的提取、使用是否符合公司章程的规定。

（6）企业按规定提取的公益金是否专门用于企业职工集体福利设施。

（7）企业因资本公积转增资本以及无偿调出固定资产净损失等是否均按国家规定办理。

（8）当年未实现利润不应向投资者分配利润。

（9）企业经营者和其他职工的管理、技术等要素参与企业收益分配的，应按照国家有关规定和企业章程规定处理。

收益分配的分析应注意本年比上年利润分配水平的变化；企业股利政策、利润分配结构的变化是否合理，以及结合"利润表"的分析，把企业盈利能力的分析同利润分配的分析结合起来。

第四节　企业利润指标的分析

企业除分析产品销售利润计划的完成情况外，一般还要根据分析的目的和要求，进一步分析和评价利润指标的完成情况，以便与上期、去年同期、同行业平均水平、同行业先进水平以及本企业历史最先进水平进行对比，揭示差距，挖掘潜力。分析和评价利润指标的完成情况见表 9-20。

表 9-20　利 润 指 标

指　标	计　算　公　式	分　析　目　的
销售毛利率	$\dfrac{销售净收入-销售成本}{销售净收入}\times100\%$	它是销售毛利与销售净收入之比，反映了企业产品商品销售的初始获利能力。从营销策略考察，企业没有足够大的毛利率便不可能实现较大盈利
销售（营业）净利率	$\dfrac{净利润额}{销售净收入}\times100\%$	它是指净利润额占销售净收入的百分比，是企业销售的最终获利能力指标。它受行业特点的影响较大，资本密集型的企业，其销售净利率高
总资产收益率	$\dfrac{净利润额}{总资产年平均余额}\times100\%$	又称总资产报酬率，反映企业一定时期利用全部经济资源的获利能力，表明企业资产利用的综合效果。企业的总资产来源于服东投入资本与举债，利润多少与资产规模、结构、使用效率、经营管理水平有关，它是一项综合性指标

指　标	计　算　公　式	分　析　目　的
长期资本报酬率	$\dfrac{\text{利润总额}+\text{利息费用}}{\text{长期负债平均数}+\text{股东权益平均数}}\times100\%$	它是指企业一定时期利润总额与企业长期资本之间的比例关系，反映企业运用长期资本赚取利润的能力，式中利润总额＋利息费用即为息税前利润
资本金（股本）净利率	$\dfrac{\text{净利润}}{\text{资本金（股本）总额}}\times100\%$	又称资本金收益率，它是指企业一定时期的净利润与投入股本的对比关系，用以表明企业股东投入股本赚取利润的能力
流动资产净利率	$\dfrac{\text{净利润}}{\text{流动资产平均余额}}\times100\%$	它是指企业一定时期的净利润与流动资产平均占用的比例，用以表明企业每1元流动资产赚取利润的能力
固定资产净利率	$\dfrac{\text{净利润}}{\text{固定资产平均净额}}\times100\%$	它是指企业一定时期的净利润与固定资产平均净额占用的比例，用以表明企业每1元固定资产净额赚取利润的能力
流动资产周转获利率	$\dfrac{\text{流动资产净利率}}{\text{流动资产周转率（次数）}}$	它是指企业一定时期的流动资产净利率与流动资产周转率的比例，用以表明企业流动资金周转1次的获利能力
成本费用利润率	$\dfrac{\text{利润总额}}{\text{成本费用总额}}\times100\%\text{（或）}$ $\dfrac{\text{营业利润}}{\text{营业成本}+\text{营业费用}+\text{管理费用}+\text{财务费用}}\times100\%$	它是指企业一定时期的利润总额（或营业利润、净利润）与成本费用总额的比例，表明企业为取得利润而付出的代价，从企业耗费方面补充评价企业的盈利能力以及企业对成本的控制能力和管理水平
营业利润率	$\dfrac{\text{营业利润}}{\text{主营业务净收入}}\times100\%$	它是企业一定时期实现的营业利润与营业销售净额之比，反映企业营业本身的获利能力和核心竞争能力
内部资产利润率	$\dfrac{\text{营业利润}}{\text{资产总额}-\text{长期投资}}\times100\%$	它是企业一定时期的营业利润和内部资产（资产总额减去对外投资额）的比例，反映企业所控制的经营业务的盈利能力
对外投资收益率	$\dfrac{\text{投资收益}}{\text{对外投资总额}}\times100\%$	它是企业一定时期的投资收益和长期投资合计数的比例，反映企业对外投资业务的获利能力
投入资本获得能力	$\dfrac{\text{净利润}}{\text{股东权益}+\text{长期负债}}\times100\%$	它是企业一定时期实现的净利润与投入资本（自有与借入）的比例，反映企业投入资本的获利能力
净收益与销售额比率	$\dfrac{\text{净利润}+\text{利息费用}}{\text{主营业务（销售）收入净额}}\times100\%$	它是企业一定时期的净收益与营业收入的比例，反映每销售1元获得的收益额
股东权益与销售额比率	$\dfrac{\text{股东权益合计数}}{\text{主营业务（销售）收入净额}}\times100\%$	它是企业一定时期股东权益与主营业务净收入的比例，借以观察每一销售单位的资本实力是多少
期间费用水平变动速度	$\dfrac{\text{报告期间费用}-\text{基期期间费用}}{\text{基期期间费用}}\times100\%$	它是企业一定时期的期间费用（营业费用＋管理费用＋财务费用）与基期期间费用比较，借以考察企业期间费用水平变动的趋势

指　　标	计　算　公　式	分　析　目　的
销售成本费用率	$\dfrac{成本费用总额}{营业（销售）收入净额}\times100\%$	它是企业一定时期的营业成本、期间费用之和与主营业务（销售）收入净额之比，借以考察每1元销售（营业）收入耗费多少成本费用
销售收入与销售成本比率	$\dfrac{营业（销售）收入净额}{成本费用总额}\times100\%$	它是企业一定时期的营业（销售）收入净额与营业成本、期间费用之和的比例，借以考察企业的收入是否足以抵付成本费用。比率超过100%，说明抵付后仍有剩余（利润），比率超过100%越多，企业的销售毛利率越大，企业越有能力支付成本

复习思考题

1. 影响企业一定时期净利润额变动的基本因素有哪些？

2. 怎样应用保本点分析法预测企业计划年度实现目标利润的某种产品产量？

3. 怎样应用保本点分析法预测企业计划年度实现目标利润的多种产品的销售量、销售收入？

4. 用什么方法预测企业计划年度成本发生变化后仍维持原目标利润水平？

5. 影响产品销售利润变动的因素有哪些？销售数量变动与销售品种结构变动有什么区别？怎样计算这两个因素变动对销售利润额的影响？

6. 企业常用的利润率指标有哪些？各种利润率指标的作用以及运用的局限性如何？

7. 影响销售净利率指标变动有哪些因素？为什么它与销售数量没有直接的关系？

8. 分析其他业务利润指标应注意哪些问题？

9. 分析企业的期间费用要贯彻什么原则？应用什么方法？

10. 企业实现利润总额后，在交纳所得税前要经过纳税调整，计算应纳所得额，纳税调整有哪些内容？

11. 简述企业年度税后利润分配的程序。分析利润分配时有哪些政策性问题？

12. 试述分析下列利润指标的目的和意义：

  （1）销售（营业）净利率   （2）总资产收益率

  （3）投入资本获利能力   （4）净收益与销售（营业）额比率

13. 某企业生产甲、乙两种产品，有关资料如下：

产品名称	销售数量，件		销售单价，万元		单位销售成本，万元		销售税率，%	
	计划	实际	计划	实际	计划	实际	计划	实际
甲	2000	2200	5	5.5	3.5	3.8	5	5
乙	2000	1800	3	3.5	2	2.5	8	8

试运用因素分析法分析各因素变动对销售利润计划完成的影响。

14. 某企业本年度12月份预计生产和销售甲产品80件，乙产品60件。全厂12月份总固定成本为85000元，甲产品每件售价为450元，创利率为35%；乙产品每件售价为6000元，创利率为30.05%。为简化起见，假定不计算销售税金。

试计算甲、乙产品保本点的销售额、销售量；预测12月份实现的利润额。

15. 某企业 200×年×月有关资料如下：

产 品	销售量，件		单位产品出厂价格，千元	单位产品总经营成本，千元	销售税率，%
	计划	实际			
甲产品一等品	100	160	5	2.5	5
甲产品二等品	100	40	3	2.5	5
合计	200	200			

试分析甲产品质量变动对产品销售利润的影响。

第十章 企业经济效益的综合分析和评价

前面各章从企业的产供销运行过程和人财物资源的利用情况等单项内容对企业的生产经营活动进行了分析。但是，这些分析只能反映企业生产经营活动的一个侧面、一个局部，不能全面综合地反映企业生产经营活动的整体和全貌。为全面反映企业的生产经营成果，需要采用适当的方法，对企业生产经营活动的效益进行综合分析。本章将介绍对企业整体经营活动进行全面评价与分析的原理与方法。

第一节 经济效益的内涵、分类和评价标准

一、经济效益的内涵

经济效益可以简单地理解为人们进行经济活动所获得的物质效用和经济收益。

所谓物质效用，即对社会的效用，它通过产量、劳务、品种、质量、服务年限等满足社会生产和人民生活的某种需要。物质效用着重从使用价值形态方面进行考察。

所谓经济收益，即人们在经济方面得到的利益，它通过资金、成本、利税等价值形式反映。经济收益着重从价值形态方面进行考察。

任何一项经济活动都要消耗或占用一定的自然资源或劳动资源。其中所消耗或占用的物质和劳动资源称为"投入"；其中所产生的物质效用和经济收益称为"产出"。"投入"与"产出"的差额，即称为经济效益。

企业经济效益可用下列公式表示：

$$\frac{\text{企业经}}{\text{济效益}} = \frac{\text{产品效用}}{\text{(物质效用)}} + \frac{\text{经济收益}}{\text{(企业净收益)}}$$

这里的产品效用是指产品的客观效用和消费者主观效用的结合，具有相对性。企业净收益和产品效用不能简单相加。产品效用可以换算成足以反映消费者所乐于购买和使用的商品适销率和反映产品客观效用的优质品率来综合评价，据以反映供应与需求的适应程度。

因此，经济效益还可以用下列公式表示：

$$\text{经济效益} = \text{商品适销率} \times \text{产品优质品率} \times \text{企业净收益}$$

其中：

（1）企业净收益＝销售收入－（产品生产成本＋销售、管理及财务费用＋销售税金＋预计保修成本）。

（2）商品适销率是指考核期内同批产品的销售量同实际产量之比。产销量相等，适销率取最大值。商品销售量可采用抽样调查或由商业部门提供。

（3）商品优质品率以商业部门对企业反馈的成批商品优质率为根据，并联系用户的返修和退货数量推算。

二、经济效益的分类与评价标准

(一) 经济效益的分类

经济效益是指社会生产和再生产过程中劳动耗费与占用同劳动成果的对比,表现社会再生产各环节、各层次对人力、物力、财力利用的效果。因此,按社会再生产各环节、各层次划分,经济效益有下列几种分类:

(1) 宏观经济效益和微观经济效益。

经济效益按体现效益的范围划分,可以分为宏观经济效益和微观经济效益。宏观经济效益是全社会的经济效益;微观经济效益则是企业、单位的经济效益。

全社会的经济效益同企业的经济效益是对立统一的。只有全社会经济效益实现得以确保,企业才能有一个正常的外部条件以实现经济效益。但是企业的经济效益是全社会经济效益的基础,没有企业的经济效益,全社会的经济效益就无从谈起。

(2) 内部的经济效益和外部的经济效益。

按确定效益的范围划分,经济效益可以分为内部的经济效益和外部的经济效益。在一个企业、单位经济实体范围内体现的经济效益,称为内部的经济效益;与该企业、单位有关的经济实体得到的经济效益,称为外部的经济效益。内部经济效益和外部经济效益之间有着极为密切的关系,两者之间的关系体现了企业经济效益和全社会经济效益之间的关系。

(3) 直接的经济效益和间接的经济效益。

按能否计量,经济效益可划分为直接的经济效益和间接的经济效益。直接的经济效益是指一项经济活动自身直接表现出来的经济效益;间接的经济效益是指通过某一经济活动间接反映在其他方面的经济效益。目前有不少人在考虑企业经济效益时,往往只关注直接的经济效益,对间接的经济效益考虑过少或根本不予考虑。企业经营承包中会出现各种短期行为,就是因为很少考虑间接经济效益。

(4) 经济效益和社会效益。

社会主义企业从事生产经营活动,要求提高经营效益,更要求给社会带来更多的非经济效益,即社会效益。企业的生产经营活动要能够做到经济效益和社会效益的统一,即企业不光追求经济效益,还必须讲求自然生态效益、环境效益、社会责任等方面的社会效益。经济效益构成如图 10-1 所示。

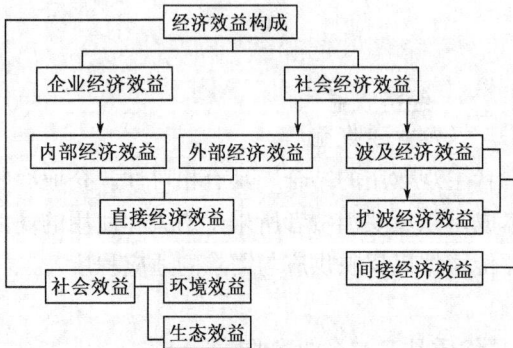

图 10-1 经济效益构成图

(二) 经济效益的评价标准

在社会主义条件下,评价企业经济效益的标准有两个:一是充分利用确定的人、财、物,使其发挥最大的效用,用最大值的优值去衡量;二是在既定的目标条件下,充分利用现有的人、财、物,使其完成既定的任务耗费最少,用最小值的优值去衡量。

评价企业经济效益的标准有质和量的规定性。

所谓质的规定性,即企业生产的产品要适销对路,满足社会的需要;所谓量的规定性,有以下 5 种评价标准:

（1）计划标准，以能够完成国家计划指标作为评价标准。但是计划指标不一定就是最优标准，企业完成国家计划是最起码的要求。

（2）历史标准，用本企业实际完成的指标同上年实际水平或历史先进水平比较，作为评价标准。但是即使超过本企业历史先进水平，也不能说是同行业的先进水平，只是表明企业的经济效益有所提高。

（3）社会标准，即以本行业的社会平均水平作为评价标准。若超越同行业的社会平均水平，则表明企业经济效益在国内已开始进入先进行列。

（4）同行业先进标准，即以本行业上年实际达到的先进水平作为评价标准。若超过同行业先进水平，则表明企业经济效益有所提高。

（5）国际先进标准，即以国际上工业发达国家已达到的先进水平作为评价标准。

上述由低到高共有 5 个档次的评价标准，在实际工作中应结合起来进行评价。

第二节　现代企业经济效益指标体系

一、现代企业通用的经济效益指标

工业企业通用的经济效益指标一般可分为下列 4 类。

（一）企业生产与销售成果满足社会需要效果的指标

考察企业一定时期生产与销售成果满足社会需要的效果，第一，看企业生产活动的净成果，即净产值，因为它反映了企业的物耗水平、管理水平和经济效益的高低。第二，看企业生产活动的社会最终成果，即工业增加值。第三，看一定时期内产品销售的数量，因为它涉及产品产量（总产值）、发出商品数量（发出商品产值）、取得销售收入的产品数量（销售商品产值）多因素的变化以及在产品数量和库存产成品余额的变动。

各有关指标的关系如下：

$$\begin{array}{l} 销售商品产值 \\ （产品销售收入）\end{array} = \begin{array}{l} 按现行批发价格 \\ 计算的总产品产量 \end{array} \pm \begin{array}{l} 期初、期末在产 \\ 品余额变动差额 \end{array}$$
$$\pm \begin{array}{l} 期初、期末库存产 \\ 成品余额变动差额 \end{array} \pm \begin{array}{l} 期初、期末发出商 \\ 品余额变动差额 \end{array}$$

销货合同完成率指标连同价值形态的净产值率、商品系数、发出商品系数、销售系数、产品适销率等指标，能完整地评价企业有用的生产成果满足人民和社会需要的程度。

$$\frac{销货合同}{完成率} = \frac{\sum 本期合同内各产品实际销售额（超定额不计入）}{\sum 本期合同订货的各产品订货额} \times 100\%$$

$$销售系数 = \frac{销售商品的价值}{发出商品产值（或商品产值）} \times 100\%$$

$$产品适销率 = \frac{本期销售产品的价值}{本期完工入库的产品价值} \times 100\%$$

上述指标的数值越大，表明经济效益越好；反之，则相反。

（二）企业人力、物力、财力利用效果指标

通常用人均增加值、全员劳动生产率和人均利润额等指标表现人力利用的效果；用百元固定资产产值、百元材料费用生产产值（物化产值率）等指标表现物力利用效果；用存货周

转率、总资产周转率等指标表现财力利用效果。

各有关指标的关系如下：

$$\genfrac{}{}{0pt}{}{\text{工业总产值}}{\text{（按固定价格计算）}} = \genfrac{}{}{0pt}{}{\text{全员劳动生产率}}{\text{（每名职工提供的产值）}} \times \genfrac{}{}{0pt}{}{\text{职工平}}{\text{均人数}}$$

$$= \genfrac{}{}{0pt}{}{\text{百元固定资产产值}}{\text{（固定资产产值率）}} \times \frac{\text{工业固定资产原值}}{100}$$

$$= \genfrac{}{}{0pt}{}{\text{百元材料费用生产产值}}{\text{（物化产值率）}} \times \frac{\text{本期耗用材料费用}}{100}$$

$$= \frac{\text{流动资产平均占用额}}{\text{产值资金率}} \times 100$$

$$\text{产值资金率} = \frac{\text{流动资产平均占用额}}{\text{工业总产值}} \times 100\%$$

$$\text{总资产周转率（次）} = \frac{\text{销售商品产值（产品销售收入）}}{\text{总资产平均占用额（元）}}$$

$$\text{人均增加值} = \frac{\text{工业增加值（元）}}{\text{职工平均人数}}$$

（三）企业生产耗费效果指标

企业一定时期内生产经营的经济效益可利用成本与收入、劳动耗费与生产成果进行比较，从生产耗费方面来集中体现企业的经济效益，一般用销售成本率、成本费用利润率等指标来反映。

（四）企业财务成果指标

工业企业利润是职工创造物质财富的一部分，是生产成果补偿生产耗费并扣除应纳销售税金以后的盈余部分，是企业广大职工"为社会劳动"创造的产品。工业企业利润综合反映企业的财务成果，是实现社会主义现代化建设的主要资金来源。

利润指标是衡量和评价企业生产经营活动总效益的一项综合性指标。在通常情况下，企业生产经营活动的总效果如何，可以通过利润额的高低来衡量。然而在实际工作中，则用销售利润率指标表示企业一定时期每百元产品销售收入可以获得利润的多少。同时，还用总资产报酬率指标表明企业一定时期每百元资产获得利润的多少，反映总额资产与利润的比率关系。另外，企业还应考察权益报酬率指标，以反映利润与投资者权益的比例关系。

企业一定时期生产经营活动总效果指标如图 10-2 所示。

二、现代企业专用经济效益指标

现代企业除设置通用的经济效益指标外，还需考虑设置体现工业生产特点的专用经济效益指标。这是由于各工业企业所生产的产品不同，装备不同，工艺过程不同，耗用原材料也不同，所以企业有必要制定专用的经济效益考评指标。

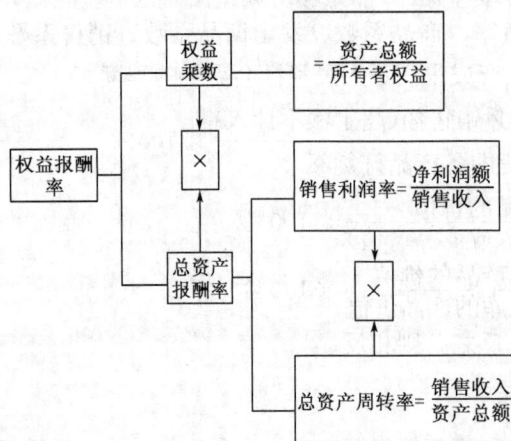

图 10-2　企业生产经营活动总效果指标体系图

（一）投入产出效益指标

1. 销售新品率

销售新品率指标是指新产品销售收入占产品销售收入的比例，其计算公式如下：

$$\frac{产品}{销售率} = \frac{新产品销售收入}{产品销售收入} \times 100\%$$

在社会主义市场经济条件下，工业企业必须不断开发适销对路的新产品来扩增市场占有率。通过该项指标数值，可以表明企业新产品更新换代的规模和速度，以及新产品投入市场后是否受社会欢迎，同时还可以衡量企业的技术开发、经营能力和管理水平。

2. 产品质量系数

根据电子、仪表工业的特征，企业产品质量浮动幅度在 0～2 之间。可用产品质量系数指标判断企业产品质量的好坏。若产品质量系数靠近"0"，说明产品质量好；若产品质量系数靠近"2"，说明产品质量差。其计算公式如下：

$$\frac{产品质}{量系数} = \frac{(优质品数 \times 0) + (合格品数 \times 1) + (不合格品数 \times 2)}{优质品数 + 合格品数 + 不合格品数}$$

3. 产值销售收入率

为了揭示产品符合社会需要程度的效益，除通常采用产品适销率指标进行评判外，有的工业企业还利用产值销售收入率指标评判企业生产成果符合社会需求的程度。企业生产的产品只有销售出去，才能实现使用价值和价值的统一，才能使企业再生产过程中的物化劳动和活劳动消耗得到价值上的补偿，才能实现企业的经济效益。产值销售收入率的计算公式为：

$$\frac{产值销售}{收入率} = \frac{一定时期产品销售收入}{一定时期现行价格计算的工业总产值} \times 100\%$$

产值销售收入率指标越接近 100%，表明企业生产的产品越符合社会需要。

4. 销售退货率

为表明企业提供的产品质量因不符合用户要求而发生退货的情形，电子、日用消费品、轻纺工业专门设置销售退货率指标来考察企业成果的经济效益。其计算公式如下：

$$\frac{销售}{退货率} = \frac{一定时期退货金额}{一定时期产品销售收入} \times 100\%$$

上式计算结果表明：在产品销售价格不变的情况下，销售退货率越小，企业的经济效益和社会经济效益越高。

（二）人力、物力、财力投入产出综合效益指标

1. 活劳动投入产出综合效益指标

通过评价现代企业生产经营投入的活劳动与生产成果之间的比例关系，可以促使企业尽力节约活劳动消耗，增加投入活劳动的产出效益。因此，现代企业除设置全员劳动生产率指标考评外，在成本构成中工资比重较大的重型机械、船舶、车辆制造、采煤等工业企业还专门设置了工资利税率指标，以考评投入活劳动产出的效益。其计算公式如下：

$$\frac{工资利税率}{(元／百元)} = \frac{一定时期企业实现利润、销售税金总额}{一定时期职工工资总额} \times 100$$

2. 物化劳动投入产出综合效益指标

材料、能源等物化劳动的投入和利用程度如何，以及单位产品的物耗多少，在很大程度上决定着企业的经济效益。通过反映企业物化劳动消耗与所得的关系，有利于加强技术改造，降低消耗，提升材料和能源的综合利用水平。除此之外，冶金、化工等耗能大户的工业企业还专门设置了能源产出系数指标，其计算公式如下：

$$\frac{能源产出系数}{（元／吨）} = \frac{一定时期工业增加值（总产值、商品产值）}{一定时期生产能源消耗量（折合标准煤）}$$

上式计算结果表明：能源产出系数越高，说明能源消耗所取得的效益越高。

3. 企业财力投入产出综合效益指标

考察企业资产占用的效果，可以综合了解企业在生产经营活动中财力的利用情况。除一般设置总资产周转率、存货周转率、总资产报酬率等考评经济效益指标外，现代企业还专门设置下列 3 项指标：

（1）资金产出率。

资金产出率指标是指一定时期内每百元资产提供的产值，该值越大，说明企业经济效益越好，其计算公式如下：

$$\frac{资金产出率}{（元／百元）} = \frac{一定时期工业增加值（总产值）}{一定时期总资产} \times 100$$

（2）资产利税率。

资产利税率指标是指一定时期内每百元资产提供的税利，该值越大，说明企业经济效益越好，其计算公式如下：

$$\frac{资产利税率}{（元／百元）} = \frac{一定时期企业实现利润与缴税金总额}{一定时期总资产} \times 100$$

（3）投入收益率。

为了真正揭示投入产出情况，反映企业的经济效益，除一般采用资产报酬率、资本金利润率等综合经济效益指标外，仪表、电子、机械等工业企业还设置了专用的投入收益率指标，表示一定时期企业利税总额同资金成本和全部经营总成本之和的比，其计算公式如下：

$$\frac{投入}{收益率} = \frac{一定时期利润、销售税金总额}{一定时期资金成本 + 全部经营总成本} \times 100\%$$

一定时期的资金成本包括一定时期发行短期融通资金债券的利息以及股票红利等，其计算公式如下：

$$\frac{投入}{收益率} = \frac{工业总产值（现行价格）}{资金成本 + 全部经营总成本} \times \frac{商品产值}{工业总产值（现行价格）}$$

$$\times \frac{销售收入}{商品产值} \times \frac{利润、税金总额}{销售收入} \times 100\%$$

$$= \frac{投入}{产值率} \times \frac{商品}{系数} \times \frac{销售}{系数} \times \frac{销售}{利税率}$$

投入收益率指标可以比较全面地反映企业的经营能力和管理水平。为有效地提高投入收益率，企业必须提高投入利用率，提高商品产值在生产总量中的比重，提高销售量在商品产值中的比重，提高销售利税率。

（三）新技术推广应用效果指标

新技术的开发应用及现代管理方法的推行对提高企业经济效益起着决定性作用。考评新技术推广应用的经济效果可按下列公式计算：

$$\frac{\text{新技术推广应用}}{\text{经济效果系数}} = \frac{\text{一定时期内新技术推广应用带来的经济效益}}{\text{一定时期新技术推广应用费用}}$$

在实际工作中，推广新技术的现代企业可采用下列专用的经济效益考评指标：

$$\frac{\text{新技术开发应用新产品}}{\text{（优质品）率}} = \frac{\text{一定时期新产品（优质品）产值}}{\text{一定时期新技术开发费用总额}} \times 100\%$$

新技术开发费用包括直接用于生产过程的新技术开发费用、实施现代管理方法对各类人员的培训费用等。

一定时期每百元新技术开发费用取得的新产品产值越大，说明新技术应用的经济效果越好。应当指出：新产品（优质品）产值的产出滞后于新技术开发费用的投入，但从长远来看，仍具有较强的可比性。

（四）环境保护效益指标

众所周知，工业"三废"的排放会造成环境污染，破坏生态平衡，从而给全社会的经济生活带来损害。因此，有治理环境任务的工业企业除采用一般的环境污染降低率指标外，还要设立专用指标，以表明环境保护的经济效益。

$$\frac{\text{环境保护效益比率}}{\text{（元／m}^3\text{）}} = \frac{\text{一定时期工业增加值}}{\text{一定时期工业生产"三废"排放量}}$$

每立方米"三废"排放量产生的净产值越高，表明企业环境保护的效益越高。

第三节　企业经济效益综合分析的原则和评价方法

一、企业经济效益综合分析的原则

企业经济效益综合分析必须体现下列 5 项原则：

（1）实物形态指标与价值形态指标相结合。

考核企业经济效益，不仅同使用价值相联系，而且同商品价值相联系。劳动耗费、劳动占用与劳动成果的比较主要通过价值形式来表示。因此，综合分析企业的经济效益，一般要应用销售产值、收入、成本、资金、利润等价值指标。在运用价值指标时，应注意两个问题：

①由于价值指标的曲折、迂回性，往往不能直接反映当期生产经营成果，因此就不能只从价值形态的指标完成方面作出经济效益好坏的评价，还必须结合实物形态的指标完成情况作出符合实际的评价。

②我国经济建设总的奋斗目标是以提高经济效益为中心，在调整经济结构、转换企业经营机制、实现现代企业制度、开展企业技术改造的过程中，必须十分注意单项价值指标的作用和弊病。因此，必须把成本与利润指标结合起来，综合分析和评价企业的经济效益。

（2）技术、经济、政治各方面相结合。

经济效益的综合分析应当以国民经济的整体经济效益为出发点，把技术、经济、政治各方面结合起来研究。例如，在综合分析不同的施工方案、设计工艺方案、技术措施方案时，既要从经济方面进行可行性分析，竭尽全力节约人、财、物，又要从技术方面要求先进、安全、可靠、耐用，还要从社会方面保护生态、环境等。

（3）直接经济效益与间接经济效益相结合。

企业经济效益的综合分析必须注重直接经济效益和间接经济效益的密切联系。例如，企业经济效益提高，使有关受益单位业务量增加，就业机会增加，从而取得间接经济效益。间接经济效益计算过程较复杂，但应尽力将较难定量分析的间接经济效益转化为可以定量计算或估算的因素。

（4）企业经济效益与全社会经济效益相结合。

社会物质资料再生产过程与企业再生产过程以及全社会经济效益与企业的经济效益一般是统一的，但有时也存在矛盾。因此，企业不能仅仅按自己的利益来决定自己的经济活动，而要从大局出发，使自己的活动服从全局的经济效益。经济效益的综合分析强调的就是把企业的经济效益与全社会的经济效益正确地结合起来。

（5）经济效益与社会效益相结合。

企业从事生产经营活动，不仅要从经济上提高效益，而且要带给社会多方面非经济的效益，即社会效益，在进行综合分析时，要把两方面结合起来加以考察。

总之，经济效益的综合分析是一个相当复杂的问题，从不同角度分析往往会得出不同的结论，但必须体现 5 个方面的正确结合，即实物形态指标与价值形态指标相结合；技术、经济、政治各方面相结合；直接经济效益与间接经济效益相结合；企业经济效益与社会经济效益相结合；经济效益与社会效益相结合。这样才能作出正确的分析和评价。

二、经济效益的综合评价方法

现行企业经济效益综合评价方法有待进一步完善和改进。现将较为科学的企业经济效益综合评价方法简单介绍如下。

（一）企业经济效益综合指数法

企业经济效益综合指数法就是以各项经济效益指标分别除以该项指标的全国标准值，乘以各自的权数，加总后除以总权数求得。计算企业经济效益综合指数，可以使全国有一个统一的指标体系和评价标准，以便考核企业的经济效益。

考核企业经济效益的指标应具有宏观导向性、科学合理性以及可操作性。现设置能反映企业盈利能力、发展能力、偿债能力、营运能力、产出效率、产销衔接情况 6 个方面 7 项指标体系。

（1）总资产贡献率。

该指标揭示全部资产获利能力，集中反映企业管理水平和经营业绩，是评价、考核企业盈利能力的重要指标。其计算公式如下：

$$\frac{总资产}{贡献率} = \frac{利润总额+税金总额+利息支出}{总额产平均额} \times \frac{12}{累计月数} \times 100\%$$

式中，税金总额指主营业务税金及附加和应交增值税之和。

（2）资本保值增值率。

该指标反映企业净资产的变动情况，集中体现企业发展能力的大小。其计算公式如下：

$$资本保值增值率 = \frac{期末所有者权益合计数}{期初所有者权益合计数} \times 100\%$$

（3）资产负债率。

该指标反映企业的经营风险如何，还能表现企业利用债权人提供的资金从事经营活动的能力。其计算公式如下：

$$资产负债率 = \frac{负债总额（报告期末）}{资产总额（报告期末）}$$

（4）流动资产周转率。

该指标是指一定时期内流动资产的周转次数，反映企业流动资金的周转速度。其计算公式如下：

$$\frac{流动资产}{周转率} = \frac{一定时期销售收入}{流动资产平均余额} \times \frac{12}{累计月数} \times 100\%$$

（5）成本费用净利率。

该指标反映工业投入生产成本及期间费用所产出的经济效益。其计算公式如下：

$$成本费用净利率 = \frac{净利润}{成本费用总额} \times 100\%$$

（6）全员劳动生产率。

该指标表示企业的生产效率与劳动投入的经济效益。其计算公式如下：

$$\frac{全员劳动}{生产率} = \frac{一定时期工业增加值}{全部职工平均人数} \times \frac{12}{累计月数}$$

（7）产品销售率。

该指标反映工业产品生产已实现销售的程度，是分析工业产销衔接情况、研究工业产品是否满足社会需求的指标。其计算公式如下：

$$产品销售率 = \frac{工业销售产值}{工业总产值} \times 100\%$$

企业经济效益综合指数计算公式如下：

$$\frac{企业经济效益}{综合指数} = \frac{\sum\left[\left(\dfrac{某项经济效益指标报告期数值}{该项经济效益指标标准值}\right) \times 权数\right]}{总权数}$$

上式中分母总数为100，按照各项企业经济效益指标在综合经济效益中的重要程度，由专家调查法确定。其中：总资产贡献率为20；资本保值增值率为16；资产负债率为12；流动资产周转率为16；成本费用净利率为14；全员劳动生产率为10；产品销售率为12。

公式中的标准值往往根据我国近期工业企业经济指标的实际水平及一般标准确定。必须指出：资产负债率是逆指标，在计算经济效益综合指数时，应尤其注意该指标的计算结果。如果该指标值小于或等于60%，即按确定的权数12计算；如果该指标值大于60%，则应按下列公式计算：

$$\frac{经济效益指标}{标准值} = \frac{指标值 - 不允许值（100）}{标准值（60） - 不允许值（100）} \times 权数（12）$$

（二）综合经济效益系数分析方法

在实际工作中，有的部门、企业通过评分来比较经济效益的优劣，也有采用综合经济效益系数法进行评价。

1. 代表性指标分析法

代表性指标分析法强调筛选出有代表性的指标来考核和评价企业的经济效益。常用的代表性指标有：工业增加值增长率；工业增加值全员劳动生产率；权益报酬率、总资产报酬率；存货周转率；资本金利润率；工业产品销售率。

2. 经济效益系数分析法

经济效益系数分析法是利用经济效益的相关指标，以相对数的形式来表现企业经济效益的指标。通常采用纯收入率和投入产出系数两种指标。

（1）纯收入率，可利用下列公式分析计算：

$$纯收入率 = \frac{利润总额}{年平均总资产占用额 \times 折算费率 + 总经营成本} \times 100\%$$

式中：

$$年平均总资产占用额 = \frac{固定资产年}{平均净值额} + \frac{流动资产年}{平均占用额} + \frac{长期投资年}{平均占用额} + \frac{无形资产}{年平均占用额} + \frac{递延资产}{平均占用额}$$

$$折算费率 = 国际平均贷款利息率$$

纯收入率涵盖了纯收入额、资产占用额和成本费用总额等项因素，因而可综合地反映企业经济效益。

（2）投入产出系数，可利用下列公式分析计算：

$$投入产出系数 = \frac{工业增加值}{经营总成本额 + 资产总额} \times 产品销售率$$

投入产出系数涵盖了工业增加值、产品销售率、成本费用总额等项因素，可综合反映企业在资金方面的投入产出效益。

3. 综合效益系数分析法

综合效益系数分析法通过考察流通过程中产品销售价值实现的状况，综合展示企业的物质消耗和活劳动消耗水平。其计算公式如下：

$$综合效益系数 = \frac{工业增加值}{产品总经营成本} \times \frac{销售产值}{商品产值}$$

$$综合效益系数 = 成本产值率 \times 产品销售率$$

很明显，综合效益系数与成本产值率和产品销售率成正比。成本产值率是衡量企业经济活动水平的标准。成本产值率高，表明新创造成本低，经济效益好；产品销售率可反映企业生产的产品满足社会需求的程度，产品销售率高，说明企业产品适销对路，资金周转快，企业经济效益好。

第四节　现代企业资本运营增值效益的分析

一、企业增值效益分析法

企业通常利用总资产报酬率、销售净利率、权益报酬率、每股收益等指标评价企业资本运营效益。但这些指标往往没有考虑资本成本要素，不能充分反映企业资本净收益的状况和资本运营的增值效益。

为了考核企业全部投入资本的净收益状况，需在资本收益中扣除资本成本，评价企业当前已实现的效益，人们开始更多地用全部投入资本净收益指标来评价企业资本运营的增值效益。

全部投入资本净收益指标又称经济增加值、附加经济价值，简称 EVA，或称经济利润

（Economic Profit）。这种评价分析方法[1]于 20 世纪 90 年代初流行于美国股份制企业，后传至欧洲，它是一种衡量股份制企业资本运营增值效益的新方法。

企业全部投入资本包括股权资本和债务资本。计算全部投入资本是用企业一定时期的总资产减去不承担利息的流动负债，因为这部分负债的成本已包含在销货成本的费用项目中，并在利息税前利润（EBIT）中扣除。

经济增加值指标按下列公式计算：

$$\text{经济增加值} = \text{税后净营业利润} - \left(\text{投入资本} \times \text{加权平均资本成本率}\right)$$

或：

$$\text{经济增加值} = \text{企业年度经营利润} - \text{所得税} - \text{加权平均的资本成本}$$

经济增加值指标集中反映了企业投入资本的规模、税后加权平均的资本成本以及资本收益，更直接真实地反映了企业资本运营的增值状况。从上述计算公式可以看出：

（1）考虑了股市波动，确定了企业的最低经营利润目标；

（2）考虑了全部投入资本对企业资本运营增值效益的影响；

（3）事先考虑了普通股的股利水平，把分红派息和升值的份额计算到资本成本中去，并列入整个目标经营利润中。

经济增加值指标按下列步骤计算：

（1）计算税后净营业利润指标。其计算公式如下：

$$\text{税后净营业利润} = \text{税后净利润} + \text{利息费用} + \text{少数股东损益} + \text{本年商誉摊销额} + \text{递延税项贷方余额的增加}$$
$$+ \text{其他准备金余额的增加} + \text{资本化研究开发费用} - \text{资本化研究开发费用在本年的摊销额}$$

（2）计算投入资本指标。其计算公式如下：

$$\text{投入资本} = \text{普通股权益} + \text{少数股东权益} + \text{递延税项贷方余额（借方余额为负值）} + \text{累计商誉摊销额}$$
$$+ \text{各种坏账准备、存贷跌价准备等} + \text{研究开发费用资本化金额} + \text{短期借款} + \text{一年内到期长期借款}$$

（3）计算加权平均资本成本指标。其计算公式如下：

$$\text{加权平均资本成本率} = \text{股本和债务加权平均资本成本率} = \frac{\left(\text{股本权数} \times \text{股本平均资本成本率}\right) + \left(\text{债务权数} \times \text{债务平均资本成本率}\right)}{\text{股本权数} + \text{债务权数}}$$

$$\text{加权平均资本成本} = \text{投入资本} \times \text{加权平均资本成本率}$$

在实际工作中，加权平均资本成本（WACC）的计算依据如下：

①债务资本成本率，一般采用我国现行的 2～5 年期中长期银行贷款基准利率。

②股本资本成本率，一般按下列公式计算：

$$\text{股本资本成本率} = \text{无风险收益率} \times \text{Beta 系数} \times \text{市场风险溢价}$$

[1]附加经济价值又称济增加值（EVA），是由 Stewart 于 1991 年提出的。而以资产的市场价值为基础对企业资本运营效益进行衡量的修正经济增加值（REVA）法是由 Jeffrey 等人于 1997 年提出的。

无风险收益率采用：

A 股——取上海证券交易所交易的当年期限最长的国债年收益率。

B 股、H 股、S 股、N 股——取财政部在海外发行的全球美元债券的名义收益率。

Beta 系数采用：

A 股、B 股——若公司当年没有 100 周的行情数据，则用该股票周收益率与相应股票指数周收益率进行线性回归统计得出。

H 股、S 股、N 股——采用彭博资讯公司提供的 Beta 值计算。

市场风险溢价采用：

$$\text{美国市场}\atop\text{风险溢价} \times \dfrac{\dfrac{\text{我国股市月收益标准差}}{\text{我国股市月平均收益额}}}{\dfrac{\text{美国股市月收益标准差}}{\text{美国股市月平均收益额}}}$$

（4）计算经济增加值指标。其计算公式如下：

$$\text{经济增加值（EVA）} = \text{税后净营业利润} - \text{加权平均资本成本}$$

计算所得的经济增加值如为正值并且数值大，则表明企业资本运营增值效益好，企业股票价格上扬，资本经营水平高，有利于企业生存和发展；反之，则表明企业资本运营增值效益差，企业股票价格疲软，资本经营处于亏损的局势，企业难于生存和发展。

例 10-1 现根据某公司 2010 年度下列资料（表 10-1），计算经济增加值。

表 10-1 某公司 2010 年度基础数据

项　　目	单　位	金　额
（1）经营利润	万元	24757.00
（2）所得税额	万元	4221.80
（3）资产总额	万元	292798.40
（4）股东权益	万元	902522.00
①股东权益比重	%	30.82
②股本平均成本率	%	20.00
（5）负债总额	万元	202546.20
①负债比率	%	69.18
②财务费用	万元	10757.60

（1）计算债务平均成本率、股本和债务加权平均资本成本率。

$$\begin{aligned}\text{债务平均}\atop\text{成本率} &= \frac{\text{财务费用}}{\text{债务总额}}\left(\frac{\text{经营利润}-\text{所得税}}{\text{经营利润}}\right)\times 100\% \\ &= \frac{10757.60}{202546.20}\times\left(\frac{24757.00-4221.80}{24757.00}\right)\times 100\% \\ &= 0.0531\times 0.082947 = 4.4\%\end{aligned}$$

$$\begin{aligned}\text{股本和债务加权}\atop\text{平均资本成本率} &= \frac{\text{股本}\atop\text{权数}\times{\text{股本平均资}\atop\text{本成本率}}+{\text{债务}\atop\text{权数}}\times{\text{债务平均资}\atop\text{本成本率}}}{\text{股本权数}+\text{债务权数}} \\ &= \frac{30.82\%\times 20\%+69.18\%\times 4.4\%}{30.82\%+69.18\%} \\ &= \frac{0.06164+0.0304392}{100\%} = 9.2\%\end{aligned}$$

（2）计算加权平均资本成本指标：

$$\frac{加权平均}{资本成本}=\frac{股东权益}{合计数}\times\frac{股东和债务加权}{平均资本成本率}=292798.40\times9.2\%=26937.452（万元）$$

（3）计算经济增加值指标：

$$\frac{经\quad济}{增加值}=\frac{企业年度}{经营利润}-所得税-\frac{加权平均}{资本成本}=24757-4221.80-26937.452$$

$$=-6402.252（万元）$$

计算结果表明，该企业资本运营增值效益为负值，处于亏损状态，企业经营困难，股票价格一度疲弱。

评价企业资本运营增值效益不仅要用经济增加值指标表现企业当前已经实现的效益，而且还要用市场增加值指标反映企业当前的资本运营带来多少预期的增值效益。前者是以经营利润为计算基础；后者是以企业未来预期的现金流量为计算基础。前者用于衡量企业某一年度的资本运营增值效益，而后者用于衡量企业中长期资本运营的增长能力。由此可见，市场增加值指标更适用于现代资本运营的效益分析，然而其应用的有效性由证券市场的有效程度决定，只有上市公司披露的信息真实、完备，企业市场增加值指标才能如实反映企业未来预期的现金流量及其风险程度。

二、沃尔评分法

20 世纪初，美国亚历山大·沃尔在出版的《信用晴雨表研究》、《财务报表比率分析》书中选择 7 项财务分析指标，分别给各项指标以权重，总评为 100 分，确定行业的标准值，然后与实际值比较，评出每项指标的得分，最后加总求出该企业的总评分数，并在同行业中排序。

例 10 - 2　某企业会计报表提供的实际数据是：该企业 2012 年流动资产为 301927.68 万元，其中存货 112860.12 万元，应收账款为 33157.82 万元；固定资产净额为 395112.38 万元；总资产为 869039.59 万元。全年负债与权益情况是：负债总额为 246224.38 万元；流动负债 194698.25 万元；净资产为 622869.2 万元；全年销售收入为 585668.43 万元；销售成本为 482909.35 万元。现以企业会计报表提供的实际数据进行评价，其评价结果见表 10 - 2。

表 10 - 2　某企业沃尔评分计算表

指　　标	权重	标准值	实际值	相对比值	评分
	(1)	(2)	(3)	(4) = (3) ÷ (2)	(5) = (1) × (4)
流动比率	25	2.00	1.5508	0.7754	19.385
资本负债率	25	1.50	2.5297	1.6865	42.1625
固定资产比率	15	2.50	2.1995	0.8798	13.197
存货周转率（次数）	10	8	4.2788	0.5348	5.348
应收账款周转率（次数）	10	6	17.663	2.9438	29.438
固定资产周转率（次数）	10	4	1.4822	0.3705	3.705
净资产周转率（次数）	5	3	0.94	0.3133	1.566
合计					117.805

具体计算过程如下：

$$流动比率=\frac{流动资产}{流动负债}\times100\%=\frac{301927.68}{194698.25}\times100\%=155.08\%$$

$$资本负债比率=\frac{净资产}{负债总额}\times100\%=\frac{622869.2}{246224.38}\times100\%=2.5297\%$$

$$固定资产比率=\frac{总资产}{固定资产净额}\times100\%=\frac{869039.59}{395112.38}\times100\%=2.1995\%$$

$$存货周转率=\frac{销售成本}{存货}=\frac{482909.35}{112860.12}=4.2788（次）$$

$$应收账款周转率=\frac{销售收入}{应收账款}=\frac{585668.43}{33157.82}=17.663（次）$$

$$固定资产周转率=\frac{销售收入}{固定资产净额}=\frac{585668.43}{395112.38}=1.4822（次）$$

$$净资产周转率=\frac{销售收入}{净资产}=\frac{585668.43}{622869.2}=0.94（次）$$

沃尔评分法选用的指标以及指标在整体评价中的权重往往从经验统计分析的数据中选取，其选取指标的企业经营环境及其所处的社会经济发展阶段明显与我国不同。因此，在综合评价企业经营业绩时，可参考沃尔评分法的做法，探索适用于我国实际的指标体系与各指标的权重。

三、综合评分法

综合评分法是西方发达国家对现代企业综合评价的方法。一般选用 3 个方面的财务评价指标：

（1）企业的盈利能力，包括总资产净利率、销售净利率、权益报酬率等。

（2）企业的偿债能力，包括自有资本比率、流动比率、应收账款周转率、存货周转率等。

（3）企业的成长能力，包括销售增长率、净利润增长率、人均净利润增长率等。

这 3 方面指标大致可按 5：3：2 的比例来分配比重。在盈利能力方面的 3 个指标按 2：2：1 比例分配。如果仍以 100 分为总分，则综合评分的标准分配见表 10-3。

表 10-3 综合评分法的标准分配情况

指　　标	评分值	标准值,%	行业最高值,%	最高评分	最低评分	每分比率的差,%
	(1)	(2)	(3)	(4)	(5)	$(6)=\frac{(3)-(2)}{(4)-(1)}$
（一）盈利能力：						
(1) 总资产净利率	20	10	20	30	10	1
(2) 销售净利率	20	4	20	30	10	1.6
(3) 权益报酬率	10	16	20	15	5	0.8
（二）偿债能力：						
(1) 自有资本比率	8	40	100	12	4	15
(2) 流动比率	8	150	450	12	4	75
(3) 应收账款周转率	8	600	1200	12	4	150
(4) 存货周转率	8	800	1200	12	4	100

指 标	评分值	标准值,%	行业最高值,%	最高评分	最低评分	每分比率的差,%
	(1)	(2)	(3)	(4)	(5)	$(6)=\dfrac{(3)-(2)}{(4)-(1)}$
(三)成长能力:						
(1)销售增长率	6	15	30	9	3	5
(2)净利润增长率	6	10	20	9	3	3.3
(3)人均净利润增长率	6	10	20	9	3	3.3
合计	100			150	50	

上表第(6)栏,"每分比率差(%)"计算公式如下:

$$总资产净利率=\frac{20\%-10\%}{30-20}=\frac{10\%}{10}=1\%$$

$$销售净利率=\frac{20\%-4\%}{30-20}=\frac{16\%}{10}=1.6\%$$

$$权益报酬率=\frac{20\%-16\%}{15-20}=\frac{4\%}{-5}=-0.8\%$$

$$自有资本比率=\frac{100\%-16\%}{12-8}=\frac{60\%}{4}=15\%$$

$$流动比率=\frac{450\%-150\%}{12-8}=\frac{300\%}{4}=75\%$$

$$应收账款周转率=\frac{1200\%-600\%}{12-8}=\frac{600\%}{4}=150\%$$

$$存货周转率=\frac{1200\%-800\%}{12-8}=\frac{400\%}{4}=100\%$$

$$销售增长率=\frac{30\%-15\%}{9-6}=\frac{15\%}{3}=5\%$$

$$净利润增长率=\frac{20\%-10\%}{9-6}=\frac{10\%}{3}=3.3\%$$

$$人均净利润增长率(20\%-10\%)(9-6)=10\%/3=3.3\%$$

综合评分法对每一项指标评分时,限定了最高评分上限和最低评分下限,以防止个别指标异常对总分造成影响。最高评分为正常值的1.5倍,最低评分为正常值的一半。评分时采用加减关系处理,不用沃尔评分的乘法关系计算。

如果仍用沃尔评分法的实例企业资料以综合评分法计算,该企业综合评价得91.9162分,属中等偏上水平,见表10-4;而应用沃尔评分法,则该企业得分为117.805,属上游水平。这是评价指标的多少有所不同所致。

表10-4 综合评分法示例

指 标	实际值	标准值	差异	每分比率的差%	调整分	标准评分值	评价得分
	(1)	(2)	(3)=(1)-(2)	(4)	(5)=(3)/(4)	(6)	(7)=(5)+(6)
(一)盈利能力:							
(1)总资产净利率	7.6423	10	-2.3577	1	-2.3577	20	17.6423

指标	实际值	标准值	差异	每分比率的差%	调整分	标准评分值	评价得分
（2）销售净利率	11.34	4	7.34	1.6	4.5875	20	24.5875
（3）权益报酬率	10.6634	6	−5.3366	0.8	−6.6701	10	3.3299
（二）偿债能力：							
（1）自有资本比率	71.6688	40	31.6688	15	2.1113	8	10.1113
（2）流动比率	155.08	150	5.08	75	0.0677	8	8.0677
（3）应收账款周转率（天数）	653.868	600	35.868	150	0.2391	8	8.2391
（4）存货周转率（天数）	1540.368	800	740.368	100	7.4037	8	15.4037
（三）成长能力：							
（1）销售增长率	（−）19.0748	15	−34.0748	5	−6.815	6	−0.815
（2）净利润增长率	（−）0.9736	10	−10.9736	3.3	−3.3253	6	2.6747
（3）人均净利润增长率	（−）0.9725	10	−10.9725	3.3	−3.325	6	2.675
合计							91.9162

四、企业效绩评价法

企业效绩评价法是运用科学、规范的评价方法，对企业一定期间的资产运营、财务效益等经营成果进行定量、定性分析，作出客观公正的综合评价。企业效绩评价是以政府为主体的评价行为，由政府有关部门直接组织实施，也可委托社会中介机构实施。

企业效绩评价的对象主要是国有独资企业和国家控股企业。

评价的指标体系分为工商企业和金融企业两类，工商企业又分为竞争性工商企业和非竞争性工商企业。企业效绩评价指标由反映企业财务效益状况、资产营运状况、偿债能力状况和发展能力状况四方面内容的基本指标、修正指标和评议指标构成。

企业效绩评价实行百分制，指标权数采取专家意见法——德尔菲法确定。其中：计量指标权重为80%，非计量指标（评议指标）权重为20%。现将竞争性工商企业绩效评价指标体系及其权重列表10-5。

（一）基本指标的评价

基本指标是对企业效绩的初步评价。基本指标的评价标准由财政部定期公布。评价标准值以国民经济行业基本分类为基础，共分为3个层次140类，即第一层次按国民经济部门划分，为10类；第二层次按国民经济行业类别分类，为37类；第三层次按国民经济具体产业分类，为93类。在每类中，又分为行业合计和大、中、小规模4种不同范围。在每个范围内又分为优秀值、良好值、平均值、较低值和较差值5个档次。

表 10-5 竞争性工商企业效绩评价指标体系及其权重

计量指标（权重80%）			非计量指标（权重20%）
指标类别（100分）	基本指标（100分）	修正指标（100分）	评议指标（100分）
（一）财务效益状况（38分）	(1) 净资产收益率（25分）； (2) 总资产报酬率（13分）	(1) 资本保值增值率（12分）； (2) 营业利润率（8分）； (3) 盈余现金保障倍数（8分）； (4) 成本费用利润率（10分）	(1) 经营者基本素质（18分）； (2) 产品市场占有能力（服务满意度）（16分）； (3) 基础管理水平（12分）； (4) 发展创新能力（14分）； (5) 经营发展战略（12分）； (6) 在岗员工素质（10分）； (7) 技术装备新水平（服务硬环境）（10分）； (8) 综合社会贡献（8分）
（二）资产营运状况（18分）	(3) 总资产周转率（次）（9分）； (4) 流动资产周转率（次）（9分）	(5) 存货周转率（次）（5分）； (6) 应收账款周转率（次）（5分）； (7) 不良资产比率（8分）	
（三）偿债能力状况（20分）	(5) 资产负债率（12分）； (6) 已获利息倍数（8分）	(8) 现金流量负债比率（10分）； (9) 速动比率（10分）	
（四）发展状况（24分）	(7) 销售（营业）增长率（12分）； (8) 资本积累率（12分）	(10) 三年资本平均增长率（9分）； (11) 三年销售平均增长率（8分）； (12) 技术投入比率（7分）	

例如，大型普通机械制造业的标准值见表10-6（模拟）。

1. 单项基本指标得分的计算

单项基本指标得分＝本档基础分＋本档调整分

本档基础分＝指标权数×本档标准系数

$$本档调整分 = \frac{指标实际值 - 本档标准值}{上档标准值 - 本档标准值} \times \left(上档基础分 - 本档基础分 \right)$$

式中，上档基础分等于指标权数×上档标准系数。

表 10-6 大型普通机械制造业基本指标评价标准值

档次（标准系数） 指标	优秀值（1）	良好值（0.8）	平均值（0.6）	较低值（0.4）	较差值（0.2）
(1) 净资产收益率	16.5	9.5	1.7	−3.6	−20.0
(2) 总资产报酬率	9.4	5.6	2.1	−1.4	−6.6
(3) 总资产周转率	0.7	0.5	0.3	0.1	0
(4) 流动资产周转率	1.2	1.0	0.6	0.3	0.2
(5) 资产负债率	45	52	70	98	99
(6) 已获利息倍数	6	2.5	1.0	−1	−4
(7) 销售（营业）增长率	38	10	−9	−20	−30
(8) 资本积累率	30	20	5	−5	−15

现仍以该企业为例（假定为大型机械制造业），假定 200×年净资产收益率为 10.6634%，已达到平均值（标准值）1.7%水平，介于优良水平 16.5% 和良好水平 9.5% 之间。因此有：

$$本档基础分 = 25(指标权数) \times 0.6(本档标准系数) = 15(分)$$

$$本档调整分 = \frac{10.6634\% - 1.7\%}{16.5\% - 1.7\%} \times (25 \times 1 - 25 \times 0.6)$$

$$= \frac{8.9634}{14.8} \times 10 = 6.05(分)$$

$$净资产收益率指标得分 = 15 + 6.05 = 21.05(分)$$

其他各项基本指标得分的计算方法与净资产收益率指标得分的计算方法基本相同。

2. 基本指标总得分的计算

$$分类指标得分 = \sum 类内各单项基本指标得分$$

$$基本指数总得分 = \sum 各类基本指标得分$$

假设各单项基本指标得分计算结果见表 10-7。

表 10-7　各单项基本指标得分

指标类别	基本指标（权重）	单项指标得分	各部分基本指标分析系数
财务效益	(1) 净资产收益率（25%） (2) 总资产报酬率（13%）	21.05 10.889	12.1368 (31.939×0.38)
资产营运	(3) 总资产周转率（9%） (4) 流动资产周转率（9%）	5.784 17.6	4.2091 (23.384×0.18)
偿债能力	(5) 资产负债率（12%） (6) 已获利息倍数（8%）	11.2 8.0	3.84 (19.2×0.2)
发展能力	(7) 销售（营业）增长率（12%） (8) 资本积累率（12%）	7.5 8.5	3.84 (16×0.24)
基本指标总得分	100%	90.523	

基本指标中的净资产收益率、资本积累率，其分母为 0 或小于 0 时，指标应得 0 分。已获利息倍数指标分母为 0 时，则指标得满分；若分母小于或等于 0，则指标得 0 分。

每一部分指标评价分数计算出来后，都要计算该部分指标分析系数。基本指标分析系数计算公式如下：

$$某部分基本指标分析系数 = 该部分指标得分 \times 该部分权数$$

3. 修正后定量指标总得分的计算

基本指标还不够全面，为了更全面地评价企业的经营业绩，另增加了 4 部分 12 项修正指标。根据修正指标的值计算修正系数，据以修正基本指标的得分。计算修正系数的修正指标的标准值区段等级表见表 10-8（模拟）。

对基本指标得分的修正主要是对四部分得分的修正，应计算各部分的综合修正系数。各部分的综合修正系数由单项指标的修正系数加权平均求得，而单项指标修正系数仍应用功效系数法原理确定。

表 10 - 8　修正指标的标准值区段等级表（模拟）

区段（基本分） 修正指标	(5) (100~80分)	(4) (80~60分)	(3) (60~40分)	(2) (40~20分)	(1) (20分以下)
（一）财务效益部分					
（1）资本保值增值率	118	106	100	90	65
（2）营业利润率	30	25	18	11	4
（3）盈余现金保障倍数	22	10	5	4	3
（4）成本费用利润率	20	12	4	−3.5	−17
（二）资产营运部分					
（5）存货周转率	4.5	2.8	1.5	0.7	0.4
（6）应收账款周转率	5.8	3.4	1.9	1.1	0.7
（7）不良资产比率	0	0.2	1.7	5.5	9.5
（三）偿债能力部分					
（8）现金流量负债比率	22	9	0	−10	−30
（9）速动比率	150	116	75	50	33
（四）发展能力部分					
（10）三年资本平均增长率	40	20	6	−7	−30
（11）三年销售平均增长率	40	16	−4.5	−30	−50
（12）技术投入比率	20	10	5	3	2

1）指标新时期修正系数

$$\text{某指标单项修正系数}=1.0+\text{本档标准系数}+\text{功效系数}\times 0.2-\text{该部分基本指标分析系数}$$

$$=1.0+\text{本档标准系数}+\frac{\text{指标实际值}-\text{本档标准值}}{\text{上档标准值}-\text{本档标准值}}\times 0.2-\frac{\text{该部分基本指标得分}}{\text{该部分权数}}$$

仍以表 10 - 6 所列企业为例，该企业的 4 部分 8 项基本指标初步评价得分为 90.523 分（表 10 - 9）。在表 10 - 8 中，各修正指标应处第 5 区段（100~80 分）。以修正指标资本保值增值率为例，该企业 200× 年度实际值为 107.74%，处于该表的第 5 和第 4 区段之间，只达到第 4 区段的水平（本档标准值为 106%）。

$$\text{资本保值增值率修正系数（单项指标）}=1.0+\left(1+\frac{107.74\%-106\%}{110\%-106\%}\times 0.2\right)-$$
$$31.939\times 0.38=-10.0498$$

其中，财务效益部分两项指标：净资产收益率得分 21.05，总资产报酬率得分 10.889，共得分 31.939，该部分权重 38%。

2）指标加权修正系数

$$\text{指标加权修正系数}=\text{该单项修正系数}\times\frac{\text{该修正指标的权数}}{\text{该修正指标所在部分的权数}}$$

现仍以该企业修正指标资本保值增值率指标为例，该指标单项修正系数为 −10.0498，资本保值增值率指标的权数为 12，该指标在财务效益部分权数为 38。

$$\text{该指标加权修正系数} = -10.0498 \times \frac{12}{38} = -3.727$$

3) 部分综合修正系数

$$\text{部分综合修正系数} = \sum \left(\text{该部分内各指标加权修正系数} \right)$$

现仍以该企业财务效益部分的修正指标为例。假定：（1）资本保值增值率加权修正系数为 -3.727；

（2）主营业务利润率加权修正系数为 1.9695；

（3）盈余现金保障倍数加权修正系数为 0.9505；

（4）成本费用利润率加权修正系数为 1.843。

$$\text{财务效益部分综合修正系数} = -3.727 + 1.9695 + 0.9505 + 1.843 = 0.923$$

4) 计量指标（定量）修正后总得分

$$\text{各部分基本指标修正后得分} = \text{该部分基本指标得分} \times \text{该部分综合修正系数}$$

$$\text{计量指标（定量）修正后总得分} = \sum \left(\text{四个部分修正后得分} \right)$$

现仍以该企业为例，假定资产营运部分综合修正系数为 90.5%，偿债能力部分综合修正系数为 90%，发展能力部分综合修正系数为 87.2%。根据表 10-7 资料，计算计量指标（定量）修正后的总得分见表 10-9。

表 10-9 计量指标（定量）修正后得分表

指 标	各部分修正系数,%	基本指标得分	修正后得分
（一）财务效益部分	92.3	31.939	29.4796
（二）资产营运部分	90.5	23.384	21.1625
（三）偿债能力部分	90	19.2	17.28
（四）发展能力部分	87.2	16	13.952

在计算修正指标的修正系数时，对有关指标的单项修正系数作了如下特殊规定：

（1）当盈余现金保障倍数的分母为 0 或负数时，若分子为正数，则其单项修正系数为 1.0；若分子为负数，则确定为 0.9。

（2）如果资本保值增值率和三年资本平均增长率指标的分子、分母出现负数或分母为 0，则按下列方法确定其单项修正系数：

①若分母为负，分子为正，则其单项修正系数确定为 1.1。

②若分母、分子均为负数，但分子绝对值小于分母绝对值，则其单项修正系数确定为 1.0；反之，分子的绝对值大于分母的绝对值，则其单项修正系数确定为 0.8。

③若分母为正，分子为负，则其单项修正系数确定为 0.9。

④当分母为 0，分子为正数，则其单项修正系数确定为 1；若分子为负数，则确定为 0.9。

（3）如果不良资产比率指标实际值低于或等于行业平均值，其单项修正系数确定为 1.0；如高于行业平均值，则用公式计算确定。

（4）如果技术投入比率指标无行业标准，则该指标单项修正系数确定为1.0。

（二）评议指标计分方法（非计量指标）

评议指标计分方法是依据评价工作需要，运用评议指标对影响企业经营效绩的相关非计量因素作深入分析，最终得出企业经营状况的定性分析判断。

1. 评议指标的内容

单项评议指标有8项，评议时分为5个等级，每个等级指定有相应的参数；评议人员不少于5人，依据评价参考标准判明指标达到的等级，然后计算评议指标得分。表10-10的评议指标等级表是一个评议员打分的实例。

表10-10　评议指标等级表

评议指标	权数	等级（参数）				
		优（1.0）	良（0.8）	中（0.6）	低（0.4）	差（0.2）
（1）经营者基本素质	18		√			
（2）产品市场占有能力（服务满意度）	16		√			
（3）基础管理水平	12	√				
（4）发展创新能力	14		√			
（5）经营发展战略	12		√			
（6）在岗员工素质	10		√			
（7）技术装备更新水平（服务硬环境）	10				√	
（8）综合社会贡献	8				√	

2. 单项评议指标得分

$$单项指标分数 = \sum \left(单项指标权数 \times 每位评议人员选定的等级参数 \right) \div 评议人员总数$$

假定评议人员有5人，对"发展创新能力"的评议结果为：优等1人，良等4人。

$$发展创新能力指标得分 = \frac{14 \times 1 + (14 \times 0.8) \times 4}{5} = 11.75$$

其他评议指标单项得分的计算方法相同，不再举例。

3. 评议指标（定性）总分的计算

$$评议指标总分 = \sum 单项指标分数$$

根据评议人员对8项评议指标判分结果，假定：经营者基本素质14.4分；产品市场占有能力12.8分；基础管理水平9.8分；发展创新能力11.76分；经营发展战略9.6分；在岗员工素质8分；技术装备更新水平6分；综合社会贡献6分。

评议指标总分=14.4+12.8+9.8+11.76+9.6+8+6+6=78.36（分）

如被评议的企业会计信息有严重失真、丢失或无法提供真实、合法会计数据资料等异常情况，以及受国家政策、市场环境等因素的重大影响，利用该企业的会计数据已无法作出客观、公正的评价结论时，经相关的评价组织机构批准，可单独运用评议指标进行定性评价。

（三）定量与定性结合计分方法

定量与定性结合计分方法是将定量指标评价分数和定性指标评议分数按照一定的权重组

合形成综合评价结果，即根据评议指标得分对定量评价结果进行修正，计算综合评价得分，据以判定综合评价结果的评价等级。

1. 综合评价计分的方法

定量与定性结合评价得分＝定量指标分数×80％＋定性指标分数×20％

根据上述计算结果，假定该企业定量指标修正后得分为81.874，定性指标评议得分为78.36，则：

综合评价得分＝81.874×80％＋78.36×20％＝81.17（分）

2. 定量与定性结合评分结果的分级

定量与定性结合评分结果用5等10级制表示，见表10-11。

表10-11　企业效绩评级表

等　　级	级　　别	定量与定性结合得分
A	A^{++}	100～95
	A^{+}	94～90
	A	89～85
B	B^{+}	84～80
	B	79～75
	B^{-}	74～70
C	C	69～60
	C^{-}	59～50
D	D	49～40
E	E	39分以下

如上例，该企业定量与定性结合评分结果为81.17，其企业效绩等级属于B^{+}级。

（四）评价报告

评价报告是企业经营效绩的综合评述文件，参照评价文本格式的规定编写，具体要求如下：

（1）报告内容应包括被评价企业的基本概况及财务效益、资产运营、偿债能力、发展能力等状况的文字描述。

（2）评价报告应明确评价年度、工作范围及其所采用的评价标准值，评价结论要重点突出有说服力。

（3）表述语言要简洁、规范，字数在2000字左右。

（4）评语表达应意思明确，尽量避免产生误解。

（5）对影响企业经营效绩评价结果的相关重要事项，如企业重组、关联交易、会计政策变动、或有负债、重大承诺、社会负担、历史遗留问题、清产核资损失核销、执行新《企业会计制度》的影响等均应披露。

（6）评价报告应注明评价时间，评价实施单位及评价负责人需签名盖章。

综上所述，在不干涉企业的具体经营管理的前提下，通过实施企业效绩评价，实现政府对企业监管的职能，并把企业效绩结果公诸于众，强化社会监督力度，促进企业改善经营管理，提高企业的竞争能力。此外，开展效绩评价，推动经营者的业绩考核，还需要建立激励与约束机制，形成科学的选人、用人机制，改善企业的法人治理结构。

五、综合记分卡评价方法

综合记分卡（Balanced Scorecard）或称平衡记分卡，是由美国哈佛商学院教授罗伯特·卡普兰（Robert S. Kaplan）和诺顿（D. P. Norton）提出并用于企业战略管理水平衡量与评价的指标体系（《The Balanced Scorecard：Translating Strategy Into Action》）[1]。

（一）新经济时代企业面临的经营环境

21世纪是新经济时代，在以知识经济为主的经济运行中，企业的经营环境发生了质变。国际经济环境的急剧变化，企业的生存和发展面临外部环境的如下变化：

（1）顾客需求瞬息万变；

（2）产品寿命周期日益缩短，市场竞争日趋激烈；

（3）企业所处的经营环境在新时代发生了根本性的变化。

因此，参与国际竞争的企业必须做到，一在管理思想上革命；二在企业组织结构和内部业务流程上实行重组；三在管理控制手段上更新。这样企业才能求生存，求发展。企业的创新包括技术创新、制度创新和管理创新，它们之间相互支撑、相互促进。

1. 生产方式的变革

新的生产方式将信息技术革命和企业管理融为一体。现以制造业为例，已采用下列生产方式：

（1）在管理信息系统的基础上，采用计算机辅助设计与制造，并建立计算机集成制造系统。

（2）在开发决策支持系统的基础上，通过人机对话，实施计划与控制。同时，从物料资源规划发展到制造资源规划和企业资源规划。

（3）建立适时生产系统。新的生产系统能集开发、生产和实物分销于一体，要求供、产、销各环节实现"零存货"；材料、外购件供应和产品、半成品生产实现"零缺陷"。

2. 通讯网络改变营销方式

信息技术的飞速发展改变了企业的营销方式。从传统的营销方式：生产商→分销商→零售商→顾客，变成现代的营销方式：生产商（提供元件）→分销商（组装成产成品）→顾客。现已实现网上营销业务与网上银行结算业务，人们不用出门就可以处理营销业务和国际贸易。

3. 企业组织结构与业务流程改革

在企业组织结构方面，从"橄榄型"结构向"哑铃型"结构变化。社会化协作和合同关系使企业中间管理组织变简单，侧重向两头发展，形成"哑铃型"结构。企业的管理组织向偏平化、信息化发展，逐步削减中间层次，使企业的决策者更加靠近执行层。企业实现以业务流程再造和信息系统集为基础的企业经营过程重组。

在激烈的市场竞争条件下，应对业务流程和经营过程重新设计，力求在成本、质量、服务和速度方面实现重大突破。

---

[1] Copyright©1996by the president and Fellows of Has RardCollege，新华出版社1998年版。

4. 企业重组在更大规模和更高层次上进行

在世界企业兼并浪潮中，效益好的企业兼并效益差的企业，实现活鱼吃死鱼（或休克鱼）；市场扩张快的企业兼并市场扩张慢的企业，实现快鱼吃慢鱼；大企业集团之间通过市场实现合并和业务互补，增加竞争优势，实现鲨鱼吃鲨鱼。这股企业兼并浪潮不仅数量多、规模大、涉及行业广、方式多样，而且具有强强联合较多，速度快，呈现跨国化兼并的特点。

5. 创新的市场满足顾客的潜在需求

要实现企业生产产品的质量实现"零缺陷"，企业的服务质量实现"零抱怨"，必须做到质量、服务一体化。必须深入了解顾客的潜在需求，做到超前开发新产品，在符合社会道德规范下，合理引导顾客向更高更新的领域超前消费。

6. 实现知识网络化管理

新经济时代，人才成为根本的紧缺资源，不仅要从学校培养，更要在企业中挖掘。现代企业的经营过程成为企业领导和广大职工互动式教育的过程，形成了企业全新的运行机制和企业文化氛围。

我国企业大多数仍处于工业化进程，管理比较落后，与国际管理发展趋势相差很大。这是严峻的挑战，必须抓紧改革与创新。

(二) 一种新的战略管理方法——综合记分卡

随着国际经济环境的变化，企业竞争的加剧，企业能否在激烈的竞争中立于不败之地，主要取决于企业的核心竞争实力，即企业的产品在市场中占有的份额，而企业的竞争实力又取决于战略管理水平。企业的战略管理是指企业为增强其竞争能力制定的长期经营战略和目标。

如何衡量和评价企业的战略管理水平，直接关系到对企业的战略目标、战略计划、管理水平、控制手段乃至竞争实力的正确评价。对企业战略管理水平的评价，仅靠传统的财务业绩指标的评价方法是不能解决的。由美国哈佛商学院罗伯特·卡普兰教授发明的综合记分卡，在财务指标的基础上增加了从 3 个不同角度测评效绩的指标，弥补了单纯测评财务指标的不足。这 3 类指标是顾客、内部业务流程以及创新和发展。这样使公司在了解企业财务成果的同时，可以对企业未来发展能力和发展前景有明确的认识。

综合记分卡把企业战略置于中心地位，并根据企业的战略目标，从财务效绩、客户评价、内部业务流程和学习、创新能力 4 个方面设置 15～20 个可量化的指标对企业进行全面的评价，将员工的报酬与测评指标联系起来，把长期战略目标和短期的行动有机结合起来。因此，它不仅是企业效绩的测评体系，而且是有助于企业取得突破性竞争业绩的管理方法。

(三) 综合记分卡的评价指标体系

综合记分卡的评价指标体系主要由下列 4 个方面指标组成。

1. 财务指标体系

一般财务效益状况的评价指标有投资回报率（ROE）和经济增加值（EVA）。具体的财务指标要依企业的经营战略而定。一般来说，企业的生命周期有 3 个阶段，即成长期、维持期与收获期。

成长期是企业生命周期的最初阶段。处于成长阶段的企业须大量投资，开发和改进新产品和服务；建设生产设施；增强经营能力，开拓市场，发展与客户的关系。其财务目标是促进目标市场收入的增长率和营业增长率的不断提升以及客户和销售市场份额的不断扩增。

维持期是企业生命周期的成长阶段。企业需要对有发展前景的项目进行再投资，以期提高投资回报。这一阶段企业的主要目标是维持已有的市场份额，并力争逐年增长。

收获期是企业生命周期的成熟阶段。这一阶段企业无须扩大或增强新的生产能力。其主要目标是最大限度地回收资金，财务目标是经营活动现金净流量最大化并减少营运资金的需求。

企业生命周期 3 个阶段的财务目标明显不同。成长期重点是销售收入的增加，维持期重点是资本回报率、营业收入和毛利率的提高，收获期的重点是经营活动现金净流量的最大化。

针对企业生命周期 3 个不同阶段的战略目标，设置财务评价指标如下：

（1）销售收入的增长。

销售（营业）收入的增长是通过扩大产品和劳务的销售、提高附加值产品比重、提高产品质量等来取得的。

反映销售收入增长的指标主要有：主营业务收入增长率；三年销售平均增长率；目标市场、区域和客户的市场份额。

（2）成本的降低和生产率的提高。

成本的降低是通过降低直接和间接的产品与劳务成本来实现的；生产率的提高是通过与其他经营企业分享共需资源来实现的。

反映成本的降低和生产率提高的指标有：单位产品成本降低率；期间费用降低率；人均销售收入增长率；人均增加价值增长率。

（3）资产效率和投资战略。

提高资产利用效率是通过减少营运资本的运用而生产出相同数量的产品和劳务，或增加产品和劳务的产量而不增加营运资本而实现的。

反映资产效率和投资效果的指标有：总资产周转率；流动资产周转率；权益资本报酬率；投资回报率；经济增加值；销售净现率。

企业财务评价指标与企业经营战略之间的关系见表 10-12。

表 10-12　企业财务评价指标与企业经营战略之间的关系

财务评价指标	经营战略		
	成长阶段	维持阶段	收获阶段
销售（营业）收入增长率	新产品、新客户、新服务项目的销售（营业）收入增长	目标市场客户数、销售额；交叉销售；来自新产品收入	客户和生产线的盈利水平；非盈利客户
单位产品成本降低率、人均销售收入增长率	职工人均销售收入增长	同行业同产品竞争对手企业的成本对比；期间成本降低%	单位产品成本对比实现低成本战略

财务评价指标	经营战略		
	成长阶段	维持阶段	收获阶段
总资产周转率 投资报酬率	投资额占销售收入比例；新产品开发费占销售收入比例	营运资本比率、权益资本报酬率、资产利用率等目标值	投资回报最大化目标，经济增加值最大化目标

在实际工作中，我国各类型企业从实际情况出发设置的财务评价指标一般有下列几类，具体见表 10-13。

表 10-13　我国各类企业设置的财务评价指标

（A）	（B）	（C）	（D）	（E）
每股收益 净资产收益率 主营业务利润率 资产负债率 每股经营现金净流量	净资产收益率 总资产周转率 销售（营业）利润率 资产负债率 销售（营业）增长率	净资产收益率 营业利润率 总资产周转率 应收账款周转率 销售（营业）增长率	营业收入 营业利润 自由现金流量 经济增加值 净资产收益率	营业收入 净资产收益率 资产负债率销售（营业）增长率

2. 客户指标体系

客户指标体系主要包括客户满意程度、客户市场份额、客户留住率、客户获得率以及客户的盈利水平。

1）客户满意程度

客户满意程度指标是指企业通过一定的方法，如函询、问卷、会议等形式征询客户的意见，查明企业的产品或服务是否满足顾客的需要。调查研究表明，只有在顾客购买产品时完全满意或极为满意的情况下，顾客才会再购买产品，这才算留住客户。因此，保持客户对企业的信任才能获得相应的利润。

2）客户市场份额

客户市场份额指标是指企业在目标市场产品总销售量中企业销售产品的比例，又称市场占有率。企业提高市场占有率是增加收益、保持领先地位的一个重要途径。处于市场领先地位的企业必须时刻防备竞争者的挑战，保卫自己的市场阵地。企业的市场占有率与企业投资收益率有关，市场占有率越高，投资收益率越大。

3）客户留住率

客户留住率也称顾客保持率。该指标是指企业老客户的交易量占企业销售总量的比例。如果企业随时都能确定所有的客户来源，就可以及时地对自己客户的留住情况进行衡量，也就是用客户留住率指标测定老客户的诚信情况。

4）客户获得率

客户获得率又称客户取得率指标。该指标是指企业向新顾客销售产品的销售额占企业销售总量的比例。企业经常通过广泛的市场促销活动吸引新顾客，从而测算：促销活动吸引多少新顾客；实际成为新顾客的人数占有意成为新顾客人数的比重；吸引每位新顾客的费用、每位新顾客的销售收入、促销活动中每投入费用 100 元能带来多少销售收入等。

5）客户盈利水平

客户盈利水平指标是指企业为客户提供产品、劳务或服务后所取得的净利润。该指标表明企业不仅衡量同客户做成多少销售额，而且还反映了这项交易是否实现盈利。也就是说，既要满足客户的需要，又要使企业实现盈利。

客户指标体系中各指标之间的关系如图 10-3 所示。客户指标体系见表 10-14。

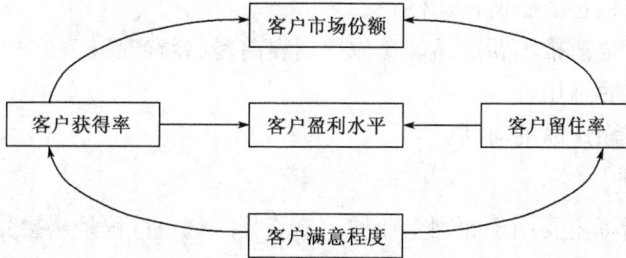

图 10-3　各客户指标间关系图

表 10-14　客户指标体系

客户市场份额	反映营销部门在销售市场销售额的比例（以客户数、单位销售费用、单位销售收入计算）
客户获得率	从绝对额或相对数反映营销部门吸引新客户数或新客户销售额所占总销售额比重
客户留住率	从绝对额或相对数反映营销部门保留或维持老客户的交易关系所实现销售额占销售总额的比重
客户满意程度	根据客户价值的具体业绩标准评价客户的满意程度
客户盈利水平	在扣除支持某一客户的特别开支后，评估每一客户或一个销售点的净利润

在实际工作中，我国各类型企业从实际情况出发设置的客户评价指标一般有下列几类，见表 10-15。

表 10-15　各企业自行设置的客户评价指标

（A）	（B）	（C）
客户投诉（次）	市场占有率（%）	客户满意率（%）
订单处理时间（分钟）	产品适销率（%）	市场占有率（%）
市场份额（%）	产品销售率（%）	产品适销率（%）
未履行承诺次数	销货合同完成率（%）	合同履约率（%）
	人均增加价值增长率（%）	售后服务履行率（%）

3. 内部业务流程指标体系

对企业内部业务流程的分析有利于企业管理层了解其业务运行情况以及自身产品和服务是否满足顾客的需要。企业内部业务流程（企业内部经营价值链）如图 10-4 所示。

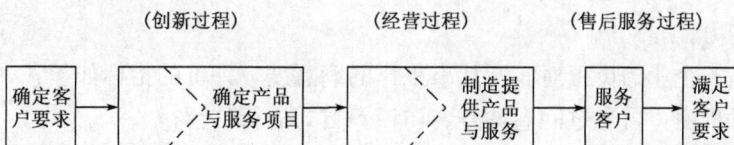

图 10-4　企业内部业务流程图

1）创新方面指标

企业创新与企业研究开发费用有关，其评价指标有：

（1）新产品在销售额中所占比例；

（2）专利产品在销售额中所占比例；

（3）在竞争对手之前推出新产品，比原计划提前提出新产品；

（4）生产流程是否适用；

（5）开发下一代新产品的时间。

2）经营方面指标

经营业绩评价指标主要用于评判企业的业务流程。这一过程是从接受客户订单开始，到将完工产品送到客户手中或产品的所有权实现转移为止的整个过程。其评价指标有：

（1）质量指标，有合格品率、次品率、废品率、产品重制次数等；

（2）成本指标；

（3）新产品推销；

（4）时间指标，有生产周期效率。

$$生产周期效率 = \frac{产品加工时间}{产品加工时间 + 检查时间 + 搬运时间 + 等待或存储时间} \times 100\%$$

3）售后服务方面指标

售后服务主要指产品质量的保证、维修服务以及对次品和退货情况的处理，包括售后服务成本、时间、质量等。

在实际工作中，我国各类型企业从实际情况出发设置的内部业务流程评价指标一般有下列几类，见表 10-16。

表 10-16　各企业自行设置的内部业务流程评价指标

（A）	（B）	（C）	（D）
新产品储备系数	新产品销售率	科技创新投资率	科技增长贡献率
无形资产比率	"三高"产品比率	新技术开发应用优质产品率	技术投入比率
产品质量损失率	优质品率	目标质量成本实现率	内部质量损失率
生产成套率	生产均衡率	返修率	"三包"损失率
单位产品成本降低率	销售成本费用率	销售成本费用率	实行成本否决权

4. 学习与成长指标体系

综合记分卡强调企业的投资重点是：面向未来，面向知识型经济时代，面向世界经济的一体化，重视科研与新产品、新技术的开发，而不是传统意义的投资领域。这就要求企业全体员工在岗位上不断学习新知识、新技术，以实现知识的网络化管理，建立强大的信息系统，建立企业有效的激励机制，进一步激发全体员工的积极性。学习与成长指标体系有下列指标组成：

（1）员工能力。

员工能力是指企业的员工对其所从事工作的满意度，评价的指标如下：

①员工满意程度，可通过问卷调查、访谈等方式进行估算；

②员工保持率，这项指标是指企业关键岗位的重要员工流动在全体员工中所占的比率；

③员工工作效率，这项指标通常是以每名员工平均销售额、每名员工增加价值或每名员

工净利润等指标来反映。

（2）信息系统能力。

信息系统能力是指企业员工取得有关客户、市场、内部业务流程、财务等信息的能力，主要用企业当前可以取得的信息来源与期望所需信息量比较来体现。

（3）激励、授权和协作指标。

激励和授权可以用每名员工所提出的合理化建议的数量以及企业采纳建议的数量进行比较而评价。企业员工协作状况通常用下列指标评价：

①企业高层管理人员实行综合记分卡的人员比率；

②企业员工实行综合记分卡的人员比率；

③使个人目标与综合记分卡结合的企业高层管理人员所占的比例；

④使个人目标与综合记分卡结合的员工所占比例；

⑤实现了个人目标的员工所占的比例。

在实际工作中，我国各类型企业从实际情况出发，设置的学习和成长方面的评价指标一般有以下几类，见表 10-17。

表 10-17　各企业自行设置的学习和成长评价指标

(A)	(B)	(C)	(D)
人均增加价值	人均销售额	人均净利润额	劳动生产率
人力资源取得成本	人力资源开发成本	人力资源使用成本	人力资源保障成本
信息取得率	信息覆盖率	信息使用率	信息取得率
每名职工合理化建议数	台理化建议采纳率	工作环境满意度	员工个人发展计划完成率
脱产学习职工比率	培训计划完成率	出国学习职工比率	职工继续教育比率

综上所述，及时和准确的财务信息是企业管理层得以有效管理企业的基础。财务目标也是企业管理当局在制定战略目标时首先考虑的目标。因此，在 4 项指标体系中，仍以财务指标体系为根本，其他 3 项指标体系为财务指标服务。这 4 项指标体系紧密联系，确立了综合记分卡的架构。如果把企业比喻为一棵果树，那么，财务是最终目标的果实，顾客是发展的树枝，内部业务流程是基础的树干，而学习与成长则是核心的树根。只有枝繁叶茂，才能硕果累累。综合记分卡的最突出的优点是：将企业的长远战略与日常行动紧密结合起来。它是把战略转化为行动的管理方式，应用综合记分卡可进行动态的战略管理。

复习思考题

1. 什么是经济效益？什么是经济效益结构？

2. 企业经济效益的分类标准有哪些？

3. 怎样区别经济效益和社会效益？

4. 简述现代企业通用的经济效益指标体系的内容。

5. 简述现代企业专用的经济效益指标体系的内容。

6. 正确地对企业经济效益进行综合分析必须注意哪些原则？

7. 企业经济效益综合分析有哪些主要方法？

8. 简述沃尔评分方法的要点。它应用哪些财务指标进行分析？

9. 如何应用经济增加值指标分析企业的增值效益？

10. 构成竞争性工商企业效绩评价指标体系的主要指标有哪些？

11. 构成综合记分卡指标体系的主要指标有哪些？

12. 简述构成综合记分卡基本动态流程的主要因素有哪些？

13. 某企业201×年度有关资料如下：

项　目	数　值
（1）营业利润，万元	2500
（2）所得税率，%	30
（3）资产总额，万元	25000
（4）股东权益，万元	15000
①股东权益比重，%	60
②股东权益平均费用率，%	20
（5）负债总额，万元	10000
①负债比率，%	40
②财务费用，万元	100

试评价该企业的资本运营增值效益。

14. 现根据某公司2010年度下列资料计算经济增加值。

指　标	数　值
税后净营业利润，万元	21000
投入资本，万元	352000
加权资本成本率，%	8.2

请用经济增加值法评价企业的经营状况。

第十一章　家庭经济行为分析

家庭是以婚姻和血缘为基础形成的社会细胞。人类并不是一开始就有家庭，但家庭是人类的第一个社会组织，是一切经济活动的起点和终点。家庭的首要功能是生育，在社会生产力不发达的时代，家庭也是生产单位。今天，尽管家庭生产仍然大量存在，但多数家庭都不是独立生产者，而是劳动、资本、技术等生产要素的所有者。因此，家庭具有劳动者、消费者、投资者三重身份。

家庭作为微观经济主体，在形成市场经济主体间利益循环关系中具有重要地位。家庭以最终消费主体、投资主体、劳动力的供给主体等身份与企业和政府结成广泛的利益交往关系，构成国民经济的整体。作为微观经济活动主体，它的消费行为、投资行为、储蓄行为、劳动力供给行为等行为方式及其变化，对国民经济运行会产生重大的影响。

第一节　家庭的收入行为

一、家庭收入及其来源

家庭的经济行为主要表现在家庭的收入行为、家庭的消费行为、家庭的储蓄和投资行为与就业行为。家庭的收入行为是家庭的消费行为、家庭的储蓄和投资行为的前提与基础。

家庭收入指家庭成员在一定时期（通常是一年）内，通过不同途径或来源获得的收入的总和。家庭获取收入的途径或收入来源受社会经济制度及经济体制的制约。在社会主义社会，个人收入分配形式以按劳分配为主，大多数家庭的收入主要是通过自己劳动获得的。在社会主义市场经济条件下，所有制结构和分配结构呈现出多元化，家庭的收入除了通过按劳分配获得外，还有了其他收入来源。具体说来，不同家庭的收入来源主要包括：

（1）劳动收入，包括工资、奖金、承包收入等；

（2）福利性收入，包括政府或企事业单位提供的多种补贴、救济金和其他福利性收入；

（3）利息收入，即因持有债券、银行存款和以其他形式贷出货币获得的收入；

（4）投资收入，包括股票投资的股息、红利和股票价格上涨获得的收入；

（5）租金收入，即向他人出租私有的房屋或其他资产获得的收入；

（6）经营收入，即因从事个体或私营经济活动获得的收入和利润；

（7）其他收入，如保险公司赔款、馈赠、遗产继承等收入。

二、家庭收入的主要决定因素

家庭收入减去个人所得税后，余下的就是家庭可支配收入。家庭可支配收入的多少，主要由以下因素决定：

（1）国民收入的总量。家庭从各种不同来源获得的收入都来自国民收入，它们是通过国民收入的分配和再分配实现的，因而国民收入的大小直接影响着家庭收入的多少。国民收入的大小取决于经济发展的快慢。经济发展越快，国民收入总量越大，家庭收入增长也越快；反之，家庭收入增长越慢，甚至可能下降。

（2）国民收入分配和再分配的方式与制度。国民收入在国家、企业和个人之间分配后，形成国家财政收入、企业收入和家庭收入。家庭收入作为国民收入的构成部分，其数量不仅取决于国民收入的总量，而且取决于国民收入各个组成部分的分配比例。在国民收入已定条件下，如国民收入分配比例向个人倾斜，家庭收入就会增加，反之就会减少。国民收入分配的比例最终取决于国民收入分配方式和制度。工资制度、税收制度、金融制度、社会保障制度等体制因素都会影响国家财政收入、企业收入和家庭收入在全部国民收入中所占的比例，从而决定着国民收入中最终分配给个人的可支配收入的数量。

（3）个人向企业和其他经济组织提供的生产要素的数量。首先是个人提供的劳动数量和质量。在其他条件不变时，个人付出的劳动数量越多，质量越高，其收入水平就越高。其次是个人拥有的劳动以外的生产要素的数量。如个人所拥有的资金或其他资产越多，通过各种方式获得的收入也越多。再次是个人对其所有的其他要素的经营利用状况。如家庭可以通过银行活期或定期存款获取利息，也可以通过股票投资取得股息、红利，还可以通过买卖股票取得价格涨跌的价差收入。在相同条件下，这些收入的水平是不相同的，这也会影响个人可支配收入的数量。

第二节　家庭消费行为

一、家庭消费行为和消费动机

家庭消费是家庭经济行为的最终目标。无论是家庭的收入行为还是储蓄行为，最终都是为了消费。家庭消费行为是指消费者评价、购买和使用商品或劳务时所作出的决策过程和采取的实际行动。作为市场需求，家庭消费同市场供求内在地联系在一起，影响着市场调节过程，也受市场机制的调节，从而构成微观经济活动的重要组成部分。

家庭消费行为是受消费动机支配的。家庭的消费动机可归纳为 3 类：一是为了满足自身生存的需要；二是为了满足自身发展的需要；三是为了满足自身享受的需要。

需要指出的是人的主观上的欲望——对某种物品既有缺乏的现实感，又有占有的愿望，二者不可或缺，否则就不会产生欲望。它是人类一切活动的原动力。

恩格斯将人的需要分为 3 个层次，即生存需要、享受需要与发展需要。1943 年美国心理学家马斯洛将人的需要分为 5 个层次，即生理需要、安全需要、感情需要、尊重需要与自我实现需要。这些不同层次的需要依次产生，由低级到高级。其实，清初胡澹庵就已经提出：温饱、情爱、财产、地位是人们 4 个不同层次的需要，并指出欲望不息，生命不止。

由需要产生具体的需求，而需求量是指家庭在可能的价格下对某商品愿意购买并且能够购买的具体数量。因此，需要并不等于需求。如果人们只有购买商品的欲望而没有购买商品的能力，或虽有购买商品的能力但没有购买商品的欲望，都不可能产生需求。

二、家庭消费的制约因素

家庭的有效需要取决于一系列的影响因素，主要有收入、价格、商品因素、偏好等方面。

（一）收入

家庭要用货币收入来购买自己所需的消费品，因而家庭可支配收入的数量是制约其消费行为的首要因素。

（1）在可支配收入的数量已定的情况下，家庭将收入分为储蓄和消费的比例也是影响消费的重要因素。

（2）家庭对未来收入的预期也会影响其当前消费。

收入可以分为以下几种：

现期收入，是指家庭当期（每周、每月或每年）的收入，如工资、薪水。

相对收入，是指同事或朋友的收入，如果别人的收入比自己的高，自己也会在消费的某些方面和他们保持一致。

持久收入，是指家庭在一定时期内的稳固收入，而不是临时性的。一个家庭不会因为意外发财而猛增自己的消费，也不会因为没有收入而停止最低消费。

终身收入，是指终身可能取得的收入。

（二）价格

从价格因素看，在家庭的收入和消费倾向一定的情况下，商品价格成为影响消费者行为的决定性因素。这里所说的价格指产品和服务的绝对价格即价格水平和相对价格，即不同商品的比价。一般说来，家庭对某种商品的购买量是与该种商品的价格高低成呈方向变动的。价格上升，家庭的购买量减少；价格下降，则购买量上升。但是商品价格水平的一定的变动程度究竟会引致多大程度的购买量的变化，要依商品的种类及性质、家庭收入水平而定。用于满足家庭生存需要的消费品或生活必需品，其购买量对价格变动的反映程度一般小于用来满足家庭发展和享受需要的消费品或非生活必需品的购买量对价格变动的反映程度；在价格发生变动时，收入水平高家庭购买量变动程度小于收入水平低的家庭。相对价格或比价对家庭的影响与不同消费品之间存在的替代性和互补性有关。有些消费品可以相互替代，例如，大米与面粉，牛肉与羊肉。在这类消费品中，若前一种商品价格上涨，后一种商品价格不变，家庭就会用后一种商品替代前一种商品，即减少前一种商品的购买量而相应增加后一种商品的购买量。这时，尽管家庭消费支出可能不变，但其消费结构即各种消费品在全部消费中所占的比重却发生了变化。除替代性之外，有些商品之间还具有互补性，例如，汽车和汽车配件，乒乓球和乒乓球拍等。在具有互补性的商品中，一种商品价格上升，不仅会使这种商品本身的购买量减少，而且会使与该种商品互补的其他相关商品的购买量减少，反之则购买量增加。

（三）商品因素

从商品因素看，商品本身的性能、质量、外观、包装等是影响家庭购买的重要因素。消费者在购买商品时，首先要看所购买的商品是否具有满足自身特定需要的功能，然后要比较同类商品的质量，而外观和包装则会增强家庭的购买欲望。此外，商品广告不仅可传递市场信息，而且可以刺激家庭的消费欲望并引导家庭的消费方向。商品的保养、维修和售后服务也是影响家庭消费的重要因素。

（四）偏好

消费者对不同商品或商品组合的偏爱和喜好，称为消费者偏好，其变化主要取决于当地的风俗习惯和当时的社会风尚。在一定的收入水平和价格水平下，消费者最终选择购买某种商品或商品组合，其偏好起着重要或决定性的作用。消费者对某种商品或商品组合的偏好程度降低，他就会减少对这种商品或商品组合的购买量；反之，就会增加其购买量。在收入、价格条件一定的情况下，每个家庭需要的构成也可能不同，因为人们的偏好不同：

（1）家庭结构。家庭的职业结构、年龄结构、人口结构会对消费需求产生重大的影响。

（2）民族文化。不同的民族，其文化、宗教、风俗都有不同。中国遇到节气喜欢红色，象征喜庆；西方则认为红色太过血腥，他们喜欢白色，象征着洁白。这些偏好都会反映在需求上。

（3）社会风尚。就某些商品来说，消费者的需要也取决于其他消费者的需要。例如，有些人喜欢赶时髦，见别人买，自己跟风，这叫攀比效应。有些人喜欢标新立异，别人都买流行款，她就偏不和别人雷同，喜欢别具一格，这叫虚荣效应。

（4）消费者对未来的预期。消费者对未来家庭收入和商品价格的预期是影响其消费行为的重要因素。如果消费者预期其收入在将来较长时期内会稳定增加，他可能会以消费信贷的形式增加当前的消费支出；反之，则会削减当前的消费支出。如果消费者预期其希望购买的商品价格会上涨，他可能现在就会购买。

家庭消费行为模型可以用图 11-1 表示。

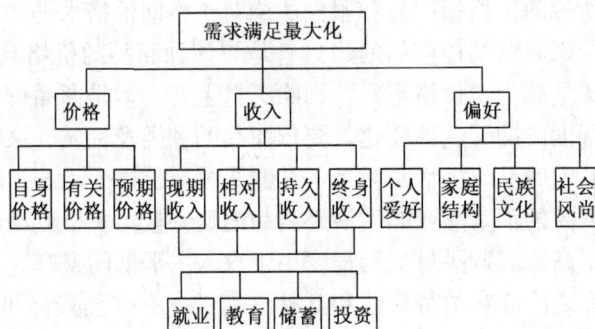

图 11-1　家庭消费行为模型

三、效用与消费者主权

（一）主观效用与客观效用

商品之所以能够满足人们的欲望，就因为有使用价值，即效用。效用可以分为客观使用价值与主观使用价值，即客观效用与主观效用，两者密不可分。

（1）客观效用。马克思劳动价值论中的使用价值是指具体劳动创造的客观使用价值。客观效用是使用价值的物质载体。产品必须具有客观效用，能够满足人们的某种需要，才能用来交换。因此，任何产品都是客观使用价值与价值的统一体。

客观效用是产品的内在属性，它是构成社会财富的物质方面。它是客观存在的，独立于人的主观意识之外。客观效用易于测定和比较。

（2）主观效用。这是指人们从消费某种产品中获得的满足度。它不等同于唯心，但由于它是人们的主观上的评价，人们只能自我比较，很难相互比较。人们可以区分不同的产品对同一个体的主观效用，却无法区分出同一产品对不同的个体的主观效用。

（3）客观效用与主观效用的统一。产品必须同时具有客观效用和主观效用。客观效用是主观效用的前提，某种产品如果没有使用价值，就不会产生主观效用。因此，客观效用是满足人们需求的必要条件；主观效用是满足人们需求的充分条件。在社会主义市场经济条件下，客观效用与主观效用应当统一起来。

微观经济学从微着手，采用个量分析法，在研究消费需求时重点介绍主观效用；而宏观经济学从宏观出发，采用总量分析法，在研究总需求时重点介绍客观效用。

（二）基数效用与序数效用

在分析主观效用时，有两种不同的理论，由此产生两种不同的方法。

（1）基数效用。基数效用分析法也称边际效用分析法，即一种产品效用的大小可以用基数（1，2，3……）测量，消费者可以说出从消费某种产品中得到的满足是多少效用单位。效用单位假设为英文效用一词的缩写 util，称尤特尔。

（2）序数效用。序数效用分析法又称无差异曲线分析法，即效用作为人的主观感受，不能用基数测量，而只能排出偏好次序，用序数（第一，第二，第三……）表示满足程度的高低。

（三）消费者主权

从效用理论出发，经济学非常重视消费者主权，也称消费者权益。消费者喜欢某种产品，就会花钱去买，生产者就会据此安排生产。换言之，消费者可以决定市场。消费者才是真正的上帝；否则，产品就没有销路，厂商就得不到利润。实质上，注重消费者主权，是实现社会资源优化配置的基础。消费者权益第一，成为我们社会经济生活中的重心。

四、效用最大化法则

（一）总效用与边际效用

根据基数效用理论，总效用是指消费者在一定时间内，消费一定数量的某种产品感到的满足度。边际效用是指消费者在一定时间内，每增加一个消费单位所增加的总效用。如果同时消费多种产品，总效用是消费这组产品而获得的效用总量，边际效用则是假定其他产品消费量不变，每增加某种产品一个消费单位所增加的总效用。

表 11-1 说明一个人吃包子的总效用和边际效用。当他非常饿时，吃第一个包子效用很大，有 12 尤特尔；吃第二个包子时，效用也不小，有 6 尤特尔；吃第三个包子时，已经半饱了，效用只有 3 尤特尔；吃第四个包子时，已经基本上饱了，效用仅为 1 尤特尔；到吃第五个包子时，吃不吃都无所谓，效用等于 0；如果再吃第六个包子，就撑得难受，产生负效用 2 尤特尔。根据表 11-1 可以给出图 11-2 中的总效用曲线和边际效用曲线，图 11-2 中 A、B、C、D、E、F 代表不同的效用等级。

表 11-1　吃包子带来的总效用和边际效用

消费数量，个	总效用，尤特尔	边际效用，尤特尔
1	12	12
2	18	6
3	21	3
4	22	1
5	22	0
6	20	−2

从表 11-1 和图 11-2 可以看出，总效用与边际效用具有如下关系：

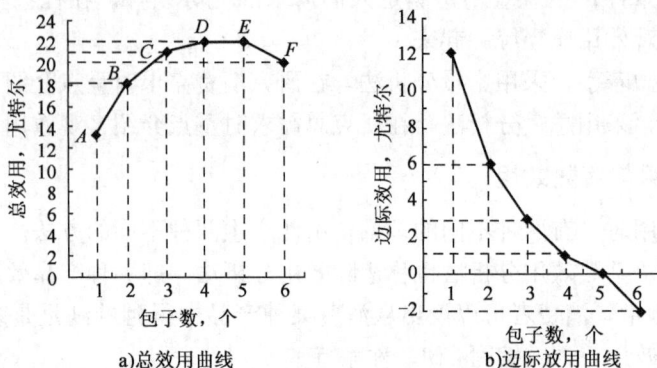

图 11-2　总效用曲线与边际效用曲线

（1）边际效用是总效用随消费量增加的变化量。

（2）总效用以递减的速度增加，边际效用以递减的速度减少。

（3）当边际效用为正时，总效用递增；当边际效用为零时，总效用最大；当边际效用为负时，总效用递减。

（二）边际效用递减法则

类似吃包子这种边际效用递减的现象，在经济生活中司空见惯。在一定时间内，一个人消费一种产品的边际效用，随其消费量的增加而减少，称为边际效用递减法则，又称戈森第一法则。

通过上述吃包子的例子，可以看到边际效用递减法则具有以下特点：

（1）边际效用的大小与欲望的强弱正向变动。当一个人非常饿的时候，第一个包子的边际效用很大；当他不那么饿的时候，第一个包子的边际效用很小，甚至为零。

（2）边际效用的大小与消费数量的多少反向变动。由于欲望强度有限，并随满足的增加而递减，因此消费数量越多，边际效用越小。就上述吃包子的人来说，吃 3 个包子的总效用必定大于吃 2 个包子，但第三个包子的边际效用必小于第二个包子。

（3）边际效用是特定时间内的效用。由于欲望具有再生性，边际效用也具有时间性。吃这一顿饭，包子的边际效用从 12 降到 0；吃下一顿饭，第一个包子的效用又恢复到 12。

（4）边际效用实际上永远是正值。在理论上有负效用，但实际上当一种产品的边际效用趋于零时，具有理性的"经济人"必然会变更其用途或消费方式，不会花钱买罪受。

（5）边际效用是决定产品价格的主观标准。产品的价格不取决于总效用，而取决于边际效用。消费数量少，边际效用高，需求价格也高；消费数量多，边际效用低，需求价格也低。

（三）边际效用均等法则

当消费者消费多种产品时，一定要使最后那个单位的边际效用彼此均等，才能取得总效用的最大化，这称为边际效用均等法则，或称戈森第二法则，也称效用最大化法则。

当一个人的消费行为不受限制时，他消费一种产品的最大效用在数学上是一个自由极值问题（无约束的最优化）。现实中，一个人的消费行为总会受到诸多限制，如收入少，商品价格过高等。有限制条件的效用最大化在数学上是条件极值问题（有约束的最优化）。

如果有人请您吃席，假如你是个不知"礼义廉耻"的"经济人"，你将怎样才能做到效用最大化？

假设你比较喜欢 4 种菜，并有效用表 11-2。假设你胃口很好，也不会将这 4 种菜全部吃光。有的边际效用为负，你只能得到总效用 120 尤特尔。按照假设，你应当将每种菜吃到边际效用为 0 为止：龙虾 9 单位，红烧肉 8 单位，炒鸡蛋 7 单位，酸黄瓜 6 单位，这样便可得到最大的总效用 130 尤特尔。

表 11-2 赴宴的效用最大化

菜 名	边 际 效 用										总效用
	一	二	三	四	五	六	七	八	九	十	
龙虾	9	8	7	6	5	4	3	2	1	0	45
红烧肉	8	7	6	5	4	3	2	1	0	−1	35
炒鸡蛋	7	6	5	4	3	2	1	0	−1	−2	25
酸黄瓜	6	5	4	3	2	1	0	−1	−2	−3	15

如果你胃口不太好，总共只能吃 10 个单位，你也不会都吃最喜欢的龙虾，那样只能得到总效用 45 尤特尔。按照理性假设，你应当按照边际效用大小，依次选择。第一单位吃龙虾，第二、三单位吃龙虾和红烧肉，第四、五、六单位吃龙虾、红烧肉、炒鸡蛋，最后再四种菜各吃一个单位，这时每种菜的边际效用彼此均等，都是 6 尤特尔，便可得到最大总效用 70 尤特尔。

如果是自己掏钱吃饭，则将边际效用除以价格，得到每元效用表，然后按每元所得效用进行选择，当每元所得效用彼此均等时，总效用最大。

（四）无异曲线分析法

1. 无异曲线

根据序数效用理论，无异曲线分析法研究有关产品消费选择之间的相互关系，据此提出无异曲线。

假设某家庭有一张水果消费表 11-3。如果橘子与苹果的不同组合 A、B、C、D、E、F 具有相等的效用，能够给这个家庭带来同样的满足，那么，这两种水果不同组合的轨迹就称为无异曲线，又称同好曲线或无差别曲线。在效用不变的条件下，每增加一单位橘子所能替代的苹果数量称为商品边际替代率。显然，图 11-3 中无异曲线 I_2 所代表的水果数量比 I_1 更多，其效用水平更高。从理论上讲，一个家庭消费这两种水果的无异曲线可以有无穷多条。

表 11-3 水果无异曲线表

组 合	橘 子	苹 果
A	1	15
B	2	11
C	3	8
D	4	6
E	5	5
F	6	4

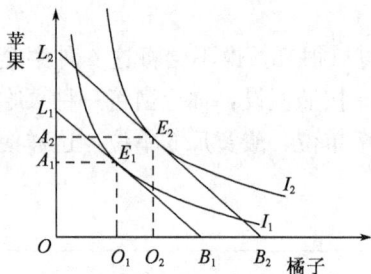

图 11-3 两种水果的最优选择

2. 预算线

假设每天按市场价格购买这两种水果的支出不变，如果全部购买其中的一种，就可有橘子 B_1 或苹果 L_1。B_1L_1 则是以一定支出能够购买的两种水果的不同组合，称为预算线。显然，预算线 B_2L_2 所代表的支出更多，能够购得的水果也更多。从理论上讲，用于购买这两种水果的预算线可以有无穷多条。

3. 最优选择

假设这个家庭成员用于这两种水果的支出是预算线 B_2L_2，那么，他们所能得到的最大满足便是无异曲线 I_2 代表的效用水平，最优选择是点 E_2：橘子 O_2，苹果 A_2。如果这个家庭决定消费这两种水果需要满足的程度是无异曲线 I_1 代表的效用水平，那么，他们的最小支出便是预算线 B_1L_1，最优选择点是 E_1：橘子 O_1，苹果 A_1。

可以证明，边际效用分析法与无异曲线分析法所得结论相同：当某两种商品的边际替代率等于其价格比时，即每元货币所得边际效用彼此均等时，总效用最大，此时消费选择最优。无异曲线分析法将消费选择理论向前推进一步，现实生活中有着更加广泛的应用。

第三节　家庭储蓄与投资

一、家庭储蓄

储蓄是个人可支配收入中用于现期消费支出后的余额，是家庭对其现期消费的节制或延期。如用 Y_d 表示个人可支配收入，C 表示消费，S 表示储蓄，则：

$$Y_d = C + S$$

个人消费支出在其可支配收入中所占的比重称为消费倾向，可分为平均消费倾向和边际消费倾向。平均消费倾向是指平均每一单位收入中消费所占的比重，即

$$APC = C/Y_d$$

边际消费倾向是指每一新增收入中新增加的消费所占的比重，即

$$MPC = \Delta C/AY_d$$

同样，储蓄在可支配收入中所占的比重称为储蓄倾向，也可分为平均储蓄倾向和边际储蓄倾向。平均储蓄倾向是指平均每一单位收入中储蓄所占的比重，即

$$APS = S/Y_d$$

边际储蓄倾向是指每一新增收入中新增加的储蓄所占的比重，即

$$MPS = \Delta S/\Delta Y_d$$

从长期看，随着收入的增加，消费也随之增加，但收入的增加所引致的消费增量小于收入增量，因而 MPC 趋于递减。由于 MPC 递减，APC 也会随之递减。同样，储蓄随收入的增加而增加，且 MPC 递减，因而 MPS 趋于递增。由于 MPS 递增，APS 也会随之递增。

由于 $Y_d=C+S$，$\Delta Y_d=\Delta C+\Delta S$，因此，$APC$ 和 APS、MPC 和 MPS 互为补数，即

$$APC+APS=1 \qquad MPC+MPS=1$$

家庭个人可支配收入对家庭的消费和储蓄具有决定性的影响。在可支配收入既定条件下，消费增加则储蓄减少，消费减少则储蓄增加，二者成相反的方向变化。但是从长期看，当年个人可支配收入的变动在影响家庭的消费与储蓄时，还要受到这种收入变动的性质和家庭过去可支配收入的积累状况等因素影响。

家庭当年的个人可支配收入是由永久性收入和临时性收入构成的。家庭的永久性收入是指家庭当年可支配收入变动后，可以在今后长期保持下去的可支配收入部分；家庭的临时性收入是指家庭当年可支配收入中无法在今后长期保持下去的那部分可支配收入。在一般情况下，家庭永久性可支配收入增加会按一定比例增加消费和储蓄。这时，家庭的 MPC 和 MPS 都会增大。家庭临时性可支配收入增加可能会将其中的大部分用于储蓄，只将其中的小部分用于消费，则 MPC 极低而 MPS 极高；也可能会将其中的大部分用于消费，只将其中的小部分用于储蓄，则 MPC 极高而 MPS 极低。

家庭过去可支配收入的积累状况不同，相同的可支配收入会有不同的消费和储蓄安排。一个在银行存有大量存款的人，他可能会将当年的可支配收入全部或大部分用于消费，不储蓄或只有少量储蓄，其 MPC 极高而 MPS 极低。一个在银行没有任何存款的人，他可能会从当年的可支配收入中挤出大部分用于储蓄，只将小部分用于消费，其 MPC 极低而 MPS 极高。

此外，不同收入水平的家庭构成和家庭之间的收入水平差距也会对家庭的消费与储蓄的总体状况产生影响。当全体家庭中收入水平较高者所占的比重较大时，家庭平均收入水平相对较高。这时，由于高收入家庭的 MPC 比低收入家庭的低，而其 MPS 比低收入家庭的高，从而使全体家庭的 MPC 趋低。MPS 趋高。反之，当全体家庭中收入水平较低者所占的比重较大时，家庭的平均收入水平相对较低。这时，由于低收入家庭的 MPC 比高收入家庭的高，而其 MPS 比高收入家庭的低，从而使全体家庭的 MPC 趋高，MPS 趋低。当全体家庭的收入水平一定时，家庭之间的收入差距越大，全体家庭的 MPC 越低，MPS 越高；反之，家庭之间的收入差距小，全体家庭的 MPC 越高，MPS 越低。

二、家庭投资行为

家庭储蓄与家庭投资是有联系的，即家庭投资来自于家庭储蓄，而家庭投资收益的一部分又会转化为家庭储蓄。因此，家庭储蓄的范围要比家庭投资宽泛，不仅包括转化为家庭投资的那一部分，而且包括未转化为家庭投资的部分，如手持现金。

（一）家庭投资的含义

储蓄不仅具有延期消费的性质，而且还是谋取未来收入的手段。家庭的储蓄不仅是对未用于现期消费的可支配收入部分的保存，而且通过储蓄中介，这部分收入将转变为生产经营者手中的资金，家庭因此而获得的利息等形式的收益则是生产经营者使用家庭提供的资金的代价。从这个意义上讲，储蓄便是一种投资。

所谓投资，就是资本的形成，是个人或机构对自己持有的货币资金的一种运用，即购买金融资产或实际资产，以期将来能获得经常性收入或本金的增值。家庭投资是指家庭运用自己的收入直接或间接地参加各种生产经营活动，并由此取得一定收入，也就是说，家庭的投资是一种通过个人支出取得一定收入的经济行为。家庭投资行为的支出表现为家庭个人直接

或间接购买生产资料。个人间接购买生产资料是指家庭个人参加社会集资，可以获得相应的利息和股息等收入；个人直接投资是指家庭个人直接购买生产资料，直接从事生产经营活动。

家庭投资可分为直接投资和间接投资。直接投资是指把货币资金直接投入到实际生产、流通、服务和部分消费（如住宅）领域以期获得收益的活动，如开工厂、办商店、建医院等；间接投资是指把货币资金用于购买金融资产以期获得收益的活动，如银行存款、外汇，购买股票、债券等有价证券。间接投资还包括购买贵金属、古董、宝石、首饰、邮票、各类艺术品等。

总之，投资就是资产选择的实际行为，它不仅是指生产领域中的投资，也不仅仅是传统经济理论中的那种固定资产投资，而是指把货币资金转化为其他形式的资产的一切行为，其目的是使货币资金保值和增值。

（二）个人资产形式的选择

在现实经济生活中，家庭面临的可供选择的资产形式主要有：参加社会集资，个人直接从事生产经营活动（包括承包经营、个人经营等），个人购买或投资房屋，个人银行存款，个人购买保值商品和个人手中的现金等。这些不同资产形式的风险大小和收益大小是有差别的。家庭选择何种资产形式取决于诸多因素，概括说来，主要有经济因素和非经济因素。影响家庭选择资产形式的经济因素包括预期个人可支配收入增量、资产和资产收入的风险程度、资产的灵活性等。影响家庭选择个人资产形式的非经济因素包括政府的政策和调节，个人对客观经济状况的预期等。

所谓预期个人可支配收入增量，是指个人预计选择某种资产形式后一定时期所能增加的家庭税后收入。如果预计某种资产形式的投资为家庭个人带来的可支配收入增量最大，家庭就倾向于选择这种资产形式，反之则不选择。

资产和资产收入风险程度的大小也影响家庭个人资产形式的选择。在商品价格不变的条件下，家庭现金持有额、家庭购买保值商品、家庭银行存款、家庭房产投资等都是风险程度小的资产选择形式。为了使自己的资产或资产收入较为稳定，家庭不一定选择预期家庭可支配收入增量较大但风险程度也较大的资产形式。

资产的灵活性也是影响家庭个人资产形式选择的一个因素。所谓资产的灵活性，是指人们所选择的某一种资产形式转移为另一种资产形式的难易和快慢程度，特别是该资产形式转化为货币资产的灵活程度。家庭现金持有额是最灵活的资产形式，家庭银行存款也有很大的灵活性，而家庭手中的债券、股票、家庭的房产都不同程度地缺乏灵活性。

除上述以外，家庭选择资产形式还受到政府政策调节的影响。政府对家庭个人资产的调节所利用的政策杠杆主要是税收政策和利率政策，通过这些政策杠杆，直接影响家庭资产形式的选择。如政府用新设税种与取消原税种、增减税率与实行差别利率、升降利息率、实行差别利息率等来直接影响家庭对于资产形式的选择。

（三）家庭的投资动机

家庭的投资动机大体上可分为 3 种：一是为了获得利息、股息和红利等收益，简称为利息动机；二是为了购买住宅、家具和其他耐用消费品，以及为婚丧嫁娶等需要大笔开支的未来消费作积累，统称为特殊消费动机；三是为了子女教育，为待业和退休等提供生活保障，一般称为个人负担动机。如果家庭的利息动机较强，其个人投资中收益率较高的金融资产可能会占较大比重；如果家庭的特殊消费动机较强，其个人投资中流动性较好的金融资产可能会占较大比重；如果家庭的个人负担动机较强，其个人投资中风险程度较小的金融资产可能会占较大比重。因此，家庭在进行个人资产形式的选择时，必须综合考虑收益、风险、期限和流动性这4个因素的影响，根据自己的实际情况作出合理的决策。

（四）个人投资风险的规避

个人资产形式的选择实际上是一种追求收益、防范风险的活动。个人资产形式选择的目标，从根本上说，就是在把风险降低到最低程度的条件下使收益达到最大化。为实现这一目标，资产分散化就成为个人资产形式选择的重要原则。所谓资产分散化，是指投资者为了尽可能地避免风险，获得最大限度的有保证的收益而采取的一种资产有效组合方式，即人们常说的"不要把所有的鸡蛋都放在一个篮子里"。

为分散风险和避免风险，获得尽可能多的收益，家庭在进行资产形式的选择时，绝不可孤注一掷，把所有的货币资金都用来购买某一种资产，而应分散投资多种经营。一是投资对象分散化，避免过度集中。各种资产的收益或价格各不相同，在资产形式组合中有的收益或价格下降，而其他的收益或价格可能上升，两相补偿，尽可能减少损失或保证收益。二是投资方向分散化，风险和收益相匹配。各种资产的风险程度和收益大小各不相同，在选择资产形式时，高风险高收益和低风险低收益的资产相互搭配，以便"进可攻，退可守"，立于不败之地。三是投资期限分散化，短、中、长期合理搭配。短期资产有较强的流动性，长期资产有较高的收益性，中期资产则两者兼顾。短、中、长期合理搭配形式的资产组合既能保证充分的流动性，同时又有较高的安全性和收益性。

三、个人资产形式的调节机制

个人资产形式并不是一成不变的，而是可以相互转化或替代的。受经济周期、利率水平、物价水平和其他经济因素的影响和调节，个人资产的形式总是不断变化的。

（一）经济周期对个人资产形式的调节

经济的周期变化对证券市场的影响很大，特别是对股市的影响非常明显。在经济衰退和危机时，商品滞销，生产锐减，公司经营状况恶化，盈利减少甚至亏损，投资者纷纷抛售手中的股票和公司债券，转向购买国债和耐用消费品等实物资产，或增加银行存款。在经济复苏和高涨时，市场需求逐渐旺盛，商品畅销，投资增加，公司经营状况改善，盈利增加，投资者争相购买公司债券和股票，减少银行存款和对国债或耐用消费品等实物资产的购买。

经济周期对个人资产形式的调节，实际上就是经济增长对个人资产形式的调节。经济增长速度加快时，公司债券和股票价格上涨，个人资产形式由银行存款和国债等形式转化为公司债券和股票；经济增长速度放慢时，公司债券和股票价格下跌，个人资产形式由公司债券和股票转化为银行存款和国债等形式。但是实践表明，有时情况并非完全如此，而是相反。因为在一定时期内，社会上的资金总量是既定的，当经济增长加快时，实际生产经营领域对资金的需求增大，资金多被吸引从事直接投资，证券市场上的流动资金减少，证券价格可能下跌；而当经济增长放慢时，从实际生产经营领域游离出来的闲置资金增加，即直接投资减少，证券（间接）投资增加，证券价格可能止跌回升。

(二) 利率水平对个人资产形式的调节

利率是资金的价格，对筹资者而言它代表筹资成本的高低，对投资者而言它代表投资收益的大小。因此，利率变动影响投资收益，从而成为调节个人资产形式的因素。

首先，利率变动影响公司成本和盈利进而影响股价。现代市场经济条件下，负债经营是公司经营的普遍现象，利率高低代表公司融资成本的高低。当利率提高时，市场资金供应趋于紧张，筹资成本增加，公司盈利相对减少，从而股价下跌；当利率下降时，市场资金供应增加，筹资成本下降，公司盈利相对增加，从而股价上升。其次，利率变动影响投资者的心理预期进而影响股价。利率是由资金市场供求关系决定的，同时又是国家调节和干预经济的重要杠杆。当国家调高利率时，投资者认为这是国家紧缩经济的利空消息，心理预期趋于悲观，抛售股票致使股价下跌；反之，当国家调低利率时，投资者则认为这是国家刺激经济的利好消息，心理预期趋于乐观，抢购股票而使股价上涨。

利率提高，股价下跌，家庭便会抛售股票，转而选择银行存款或购买国库券；利率下降，股价上涨，家庭便会抢购股票，而把银行存款或国债转化为股票。

(三) 物价水平对个人资产形式的调节

在一般情况下，物价上涨时，公司产品价格随之上涨，盈利和股息增加，股价上升，家庭便会减少银行存款或对国债的购买，增加对公司债券和股票的购买；物价下跌时，公司产品价格随之下跌，盈利和股息减少，股价下跌，家庭便会减少购买或抛售公司债券和股票，增加银行存款或购买国债和耐用消费品等实物资产。

在通货膨胀情况下，证券市场价格会由于物价猛涨而剧烈变动。在一定程度（温和）的通货膨胀时，公司产品销路旺盛，可通过提高价格而增加盈利，从而使股价上升，家庭便会减少银行存款，增加对公司债券和股票的购买。但是当通货膨胀越演越烈，发展为恶性通货膨胀时，一方面造成公司生产成本大幅度上升；另一方面造成投资者购买力的巨大损失。在这种情况下，家庭便会从银行、证券市场抽走资金，用于抢购耐用消费品和金银制品等实物资产，严重时会导致金融市场的混乱甚至崩溃。

(四) 其他因素对个人资产形式的调节

这些因素主要包括：

(1) 汇率。汇率对个人资产形式的调节主要取决于一国经济、金融对外开放的程度。一般说来，本币汇率下调，既有利于出口创汇，又有利于吸引外资，某些股票价格上涨，家庭减少银行存款和对国债的购买，增加对外汇和股票的购买；反之，本币汇率上调，出口减少，外资流失，某些股票价格下跌，家庭则会减少对外汇和股票的购买，增加银行存款和对国债的购买。

(2) 税制。国家的税收政策和税制的调整变化会对公司和投资者产生直接的影响。如调整变化有利于上市公司而不利于投资者，证券市场价格上涨，家庭便会减少银行存款，增加对债券和股票的购买；反之，则会增加银行存款，减少对债券和股票的购买。

(3) 货币供应量。当国家扩大货币发行，增加基础货币供给时，通常会带动证券市场价格上扬，家庭就会减少银行存款，增加对债券和股票的购买；相反，当国家减少货币发行和供给，证券市场价格下跌，家庭则会增加银行存款和对国债的购买，减少对公司债券和股票的购买。

第四节　家庭就业与就学行为

一、劳动供给行为

劳动是人类自身的资源，是最重要的生产要素之一。在市场经济条件下，劳动者拥有劳动的个人所有权，具有独立的经济利益。劳动者根据利益最大化原则，自主选择劳动方式和就业。他既可以把自己的劳动提供给企业或其他组织，以集体方式劳动和就业；也可以把自己的劳动与其所有的其他生产要素相结合，以个体方式劳动和就业。同样，劳动者根据利益最大化原则，自主决定是否劳动和就业、劳动多少以及从事何种劳动。劳动者的上述选择和决定受劳动需求、市场工资率、劳动技能和其他生产要素状况等的影响和制约。

如果不考虑劳动者在各种劳动机会之间的选择，假定劳动者只选择劳动和不劳动（闲暇），那么在劳动市场上，劳动供给行为主要受下列因素影响：

（1）市场工资率的高低。所谓工资率，是指一定时间内劳动量的价格，即劳动的价格，如每人每小时的工资或每人每月的工资等，也就是人们习惯上所说的工资。

市场工资率的高低是由劳动市场上的供给和需求两种力量相互作用决定的。劳动供给来源于劳动者或家庭，劳动者总是根据利益最大化原则决定提供的劳动数量。当市场工资率提高时，劳动者提供的劳动数量增加，从而使劳动市场的供给量增加；当市场工资率降低时，劳动者提供的劳动数量减少，从而使劳动市场的供给量减少。因此，一般来说，劳动供给量的大小与市场工资率的高低呈相同的方向变化。劳动的需求来源于企业，企业根据利润最大化原则决定使用的劳动数量。当市场工资率提高时，企业使用的劳动数量减少，从而使劳动市场的需求量减少；当市场工资率降低时，企业使用的劳动数量增加，从而使劳动市场的需求量增加。因此，劳动需求量的大小与市场工资率的高低呈相反的方向变化。

如果劳动的供给量大于劳动的需求量，就会使一些愿意工作的劳动者找不到工作，他们就会愿意以更低的价格提供劳动，从而使劳动市场的工资率趋于下降；反之，如果劳动的供给量小于劳动的需求量，就会使一些愿意招雇劳动者的企业招不到劳动者，它们就会愿意以更高的工资招雇劳动者，从而使劳动市场的工资率趋于提高。只有当工资率恰好使得劳动的供给等于劳动的需求时，劳动市场才会处于均衡，劳动的供给等于劳动的需求时的工资率即为均衡市场工资率。

（2）劳动者个人可支配时间。劳动者用于劳动和闲暇的时间是有限的，一天只有 24 小时，一个月只有 30 天等。因此，劳动者个人可支配的时间构成劳动者的资源约束。劳动时间增加，闲暇时间减少，反之亦然，二者此消彼长。

劳动给劳动者带来收入，收入可以作为消费支出购买商品和服务，使劳动者因消费商品和服务而得到满足。但劳动又给劳动者带来劳累和痛苦，即产生负效用，工资收入可看做是对这种负效用的补偿，即劳动的价格。闲暇使劳动者获得体力和脑力的恢复，并带来舒适和愉快的满足，即产生正效用。但闲暇又使劳动者丧失获得收入的机会，工资收入可看做是对这种正效用的代价，即闲暇的价格。劳动者在劳动市场上的收益最大化原则实际上就是在既定时间约束条件下，选择劳动时间和闲暇时间，以便最大限度地满足自身的需要。

在劳动者个人可支配时间的约束下，工资率的提高意味着闲暇变得相对昂贵，劳动者倾向于用劳动代替闲暇，从而增加闲暇时间而减少劳动时间。这被称为工资率变动的替代效应。因此，工资率提高的替代效应使得劳动的供给量增加，工资率降低的替代效应使得劳动的供给量减少。如果劳动者的劳动时间不变，工资率的提高意味着劳动者在较少的劳动时间内就能获得较多的收入，他越有能力保持和享有更多的闲暇，倾向于减少劳动时间而增加闲暇时间；工资率的降低意味着劳动者在较多的劳动时间内才能获得和原来一样多的收入，他越无能力保持和享有更多的闲暇，倾向于增加劳动时间而减少闲暇时间。这被称为工资率变动的收入效应。因此，工资率提高的收入效应使劳动的供给量减少，工资率降低的收入效应使得劳动的供给量增加。

可见，工资率提高的替代效应倾向于使劳动的供给量增加，而收入效应倾向于使劳动的供给量减少，二者的作用方向相反。如工资率提高的替代效应大于收入效应，那么工资率的提高会引起劳动供给量的增加；反之，如工资率提高的收入效应大于替代效应，那么工资率的提高会引起劳动供给量的减少。一般来说，在工资水平较低的阶段，工资率提高的替代效应大于收入效应，劳动供给量随工资率的提高而增加。但是，随着工资率的不断提高，替代效应逐渐弱化，收入效应逐渐加强，当工资率提高到某一水平后，工资率提高的替代效应就会小于收入效应，劳动供给量随工资率的提高而减少。

（3）其他方面的因素。首先，人口状况如人口规模和年龄结构对劳动供给有较大的影响。一定时期内，人口规模越大，适宜劳动年龄人口所占的比重越大，劳动市场的供给量就越大；反之亦然。其次，教育事业发展的状况如教育年限、教育的直接成本和机会成本、就业智能和技能的起点等，对劳动的供给特别是对 16～22 岁青年人口的劳动供给有重大影响。这类人的教育、培训年限越短，教育的直接成本和机会成本越大，就业的智能和技能起点越低，劳动的供给量就越大；反之，劳动的供给量就越小。再次，社会保障制度的完善程度如失业保险和养老保险等收入保障制度，对劳动的供给特别是对部分中年和老年人口的劳动供给有重要影响。保障收入越多，这类人口的劳动供给就越小。最后，宏观经济状况如经济周期波动、繁荣与衰退的交替等，经济处于衰退时期，一部分劳动者会失业；失业者长期找不到工作，可能丧失工作的意愿，退出劳动市场，使劳动的供给减少。

二、劳动力流动

劳动力流动是指劳动力在地区之间和产业之间的转移。由于各地区经济发展的不平衡，各个产业的技术经济特点不同，使得各地区、各产业的劳动需求和劳动供给不同，造成地区之间和产业之间的工资差别。劳动者根据利益最大化原则，不仅选择劳动和闲暇，而且选择在什么地区、在何种行业劳动和就业，从而导致劳动力在地区之间和产业之间的转移。

劳动力在地区之间的流动有利于缩小地区之间的工资差别。假定地区之间的其他条件都相同，唯一的差别在于同质劳动的工资率不同。如果不考虑劳动力流动成本和阻碍劳动力流动的其他因素，那么工资率低的地区劳动力就有向工资率高的地区流动的趋势。劳动力供给转移的结果是地区之间的工资率趋于缩小；只要地区之间的工资还存在差别，这种流动就不会停止，直到地区之间的工资率差别消除为止。

但是劳动力在地区之间的流动并不能最终消除地区之间的工资差别，这是因为劳动力在地区之间的流动在缩小地区之间工资差别方面存在着一系列的障碍和阻力。如果不考虑社会障碍和体制因素，这些阻力是信息偏误、信息成本和流动成本。劳动力在地区之间的流动离不开准确的职业信息，搜寻恰当的职业信息既需要时间，又需要成本。更大的阻力还在于劳动力流动的成本，这种成本既包括直接的有形迁移成本，又包括间接的无形心理成本。迁移成本可以准确计量，心理成本难以计量。心理成本包括离开熟悉的生活环境，改变习惯的生活方式，到一个新的地区可能带来的不确定性等。

信息成本和流动成本对不同年龄的劳动者有着完全不同的影响。越是年轻的人，成本相对较小，而年龄越大的人，成本越大。从收益方面看，青年人从低工资地区流动到高工资地区就业，获得高工资的年限较长；反之，年长者获得高工资的年限较短。劳动者在作出流动决策时，要对流动可能得到的收益和付出的成本进行比较。一般来说，地区之间的工资差别越大，劳动力流动的倾向越强烈。青年人的流动成本较低，获得高工资的年限较长，流动倾向较强；年长者的流动成本较高，获得高工资的年限较短，流动倾向较弱。因此，劳动力在地区之间的流动有利于地区之间工资差别的缩小，但不能最终消除地区之间的工资差别。地区之间工资差别的缩小和最终消除只能依靠地区经济的发展。

产业和企业的技术经济特点决定了不同产业和企业对高技能劳动和熟练劳动的需求不同。现代产业和资本、技术密集型企业对高技能劳动和熟练劳动的需求较大；传统产业和劳动密集型企业对高技能劳动和熟练劳动的需求较小。在劳动供给都相同的条件下，对这种劳动需求越大的产业和企业，该种行业和职业的工资率就越高；对这种劳动需求越小的产业和企业，该种行业和职业的工资率就越低。例如，科技工作者、医生等的工资水平就较高，而普通工人、一般劳动者的工资水平就较低。

同时，现代产业和资本、技术密集型企业，其产品成本中人工成本占总成本的比重相对较小，工资率的任何一种变动对总成本从而对产品价格的影响较小，因而具有支付较高工资的能力。传统产业和劳动密集型企业，其产品成本中的人工成本占总成本的比重相对较大，工资率的变动对总成本和产品价格的影响较大，工资率提高的可能性和提高的幅度也就小。这正是一些现代产业和资本、技术密集型企业，其劳动者的工资水平较高，而一些传统产业和劳动密集型企业，其劳动者的工资水平较低的原因。

从长期来看，如果劳动者的劳动能力或年资都相同，并对各种劳动的偏好都相等，那么某行业较高的工资率将会吸引更多的劳动者加入到这一行业中来，劳动力在不同产业和企业之间的流动引起的劳动者之间的竞争将会促使工资率较高的行业和职业的工资水平下降，引起工资率较低的行业和职业的工资水平上升，最终促使各种行业和职业的工资率趋于均等。

但事实上劳动者的劳动能力是不同的，他们在基本技能、健康状况、专业技术知识、特定职业技能等方面都存在着差异。劳动者劳动能力的差异可能使从事某一职业的劳动者相对稀缺，劳动供给较少，因而稀缺劳动的工资率较高，具有特殊劳动技能的劳动者就会获得高于平均水平的"超额工资"。但是大多数劳动者劳动能力的差异主要来自人力资本投资的差异，这种差异可以通过后天的教育和培训得到缩小与弥补。具有特殊劳动技能的劳动者获得的"超额工资"可以看做是人力资本投资的回报。因此，劳动者支付的教育和培训费用越大，这种职业的工资水平就越高。例如，电脑程序设计人员的工资一般就比电脑操作人员的工资高得多，博士生就比大学生的工资高得多等，就是这个道理。极少数劳动者劳动能力的差异即使进行人力资本投资也不易缩小和弥补，他们具有的特殊劳动技能，是其他人花费再多的教育和培训费用也无法获得的，从而使他们在某种特殊职业的垄断地位难以消除。当这种特殊职业的劳动供给出现稀缺时，在需求的作用下，这类劳动者的工资就会急剧上涨。演艺界和体育界一些明星的收入就是典型的例子。

通过以上分析可以看出，劳动力在不同产业、行业和职业之间的流动比较困难，而在同类产业、行业和职业内部的流动相对容易。因此，一般来说，不同产业、行业和职业之间工资率的差别要大于同类产业、行业和职业内部工资率的差别。

劳动者对职业的偏好是决定劳动力在不同产业和企业之间的流动,从而决定劳动供给的一个重要因素。人们对某种职业越喜好,该种职业的劳动供给就越大,市场工资率就越低;反之,工资率就越高。决定劳动者职业偏好的因素主要有劳动强度、危险程度、环境条件和风险大小等。一般来说,劳动者是厌恶各类风险的,劳动者从事职业的劳动强度越大、危险程度越高、环境条件越恶劣、风险越大,这类职业的劳动供给就越少,市场工资率也就越高。例如,煤矿工人、长途汽车司机工作的危险程度较高,他们的工资就较高;脑力劳动的强度较大,因而脑力劳动者的工资较高;殡仪工人和勘探工人的工作环境较差,他们的工资也较高,等等。

三、人力资本

(一) 学历与工资

尽管存在分配不合理现象,但总的来说,高学历者的就业率高于低学历者,高学历者的收入多于低学历者。随着经济的发展,社会对脑力劳动者(包括体力劳动与脑力劳动兼具者)的需求越来越多,对体力劳动者的需求会越来越少,未来两者就业人数的比例将达到9:1,工资的差距也会越来越大。

(二) 学习与工作

每个家庭成员都面临着学习与工作的矛盾:多学几年还是早些工作?工作以后,业余时间是学习还是从事兼职?一般情况下,在短期内,早些工作、业余兼职可以增加收入,而多学几年、业余学习少些收入还必须支付学费;但从长期看,后者终身收入甚至持久收入将会高于前者。

在学习与工作的选择上,工资率起着重要作用。如果工资差别不大,将导致"读书无用论",人们会早日弃学经商。如果工资政策合理,保持必要的差距,就会刺激家庭从事教育投资。尽管短期内教育支出增加,减少消费,但从长期来看,收入将增加,消费增加,如图 11 - 4 所示。点 A 表示早日就业,现期收入和消费较高,但终身收入和消费较低;点 B 表示坚持求学,现期收入和消费较低,但终身收入和消费较高。消费可能性曲线与代表现期收入、终身收入水平的无异曲线 I 的切点 E 决定两者的最优选择。

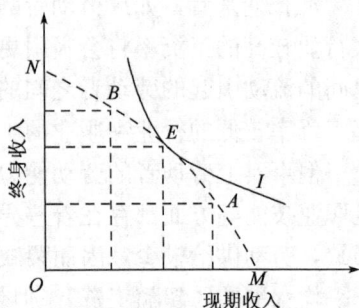

图 11 - 4　就业与就学的选择

(三) 工作与休闲

不管从事什么职业,不管采取计时工资或计件工资,一天只有 24 小时,人们不是工作就是休闲。工作有收入,休闲有乐趣,两者都能给家庭带来满足。因而可以运用消费选择的分析方法进行工作与休闲的最优决策。

(四) 人力资本投资

人力资本是与物质资本相对的一个概念,是指通过教育和培训等投资而形成的,存在于人体中并能为劳动者带来持久性收入的劳动能力。它一般表现为劳动者所具有和掌握的文化科学知识、专业技术知识、特定职业技能和健康状况等。

人力资本的观念早在政治经济学创立之时就已产生，亚当·斯密在《国民财富的性质和原因的研究》中曾对人力资本进行了概括。他指出，学习一种才能，需要受教育、进学校、做学徒，所费不少。这样费去的资本好像已经实现并固定在学习者的身上。这些才能对于他个人自然是财产的一部分，对于他所属的社会也是财产的一部分。劳动者增进的熟练程度可以和便利劳动、节省劳动的机器与工具一样看做是社会上的固定资本。学习时固然要花一笔费用，但这种费用可以得到偿还，赚取利润。

科学技术不仅是生产力体系中的直接因素，而且是生产力中的主导因素。科学技术是第一生产力。科学技术不仅体现为技术和工艺，而且体现为人力资本。人力资本的积累和增加，对经济增长与社会发展的贡献远比物质资本、自然形态的劳动力数量的增加重要得多。正因为如此，反映经济增长的国民生产总值的增长因素中人力资本所占的份额越来越大。

人力资本的形成来源于人力资本投资。人力资本投资是指能够形成和增强劳动者文化科学知识、专业技术知识、特定职业技能及生理、心理健康所花的费用以及有利于提高人力资本利用率支出的费用。劳动者的劳动能力或劳动者的知识技能和健康等是人力资本投资的对象。

1. 人力资本投资的方式

（1）各种形式的教育。这是人力资本投资的重要方式，在人力资本投资中具有十分重要的地位。无论投资主体是政府还是社会团体、劳动者个人及其家庭，用于各种形式的教育费用都属于人力资本投资。各种形式的教育侧重于人们对自然界、社会生产和社会发展认识能力的传授与发展，形成并增加人力资本的知识存量，表现为人力资本构成中的教育年限或学历。因此，通过人们受各种形式教育的年限、学历可以衡量和比较劳动者或劳动者集体、一个国家或地区在某一特定时期的人力资本存量。

（2）职业技术培训。这是与各种形式的教育具有同等意义的人力资本投资，无论谁花费或支出的各种职业技术培训费用，都属于人力资本投资。各种形式的职业技术培训侧重于对劳动者职业、专业知识和技能的培养与训练，形成并增加人力资本的技能存量，表现为人力资本构成中的专业技术等级。同样，通过劳动者的各类专业技术等级可以衡量和比较劳动者或劳动者集体、一个国家或地区在某一特定时期的人力资本规模。

（3）健康保健。劳动者自身是人力资本的载体，人们的生理、心理素质状况是人力资本得以发挥作用的自然基础。用于健康保健、增进体质的费用不论由谁来支出，都属于人力资本投资。各种形式的健康保健侧重于人们生理、心理素质的改善和提高，形成并增加人力资本的体能存量，表现为人力资本构成中的健康状况。通过各种健康指标可以衡量和比较个人或集体、一个国家或地区在某一特定时期的人力资本状况。

（4）劳动力流动。劳动力流动费用本身并不能直接形成或增加人力资本存量，但是通过劳动力流动实现人力资本的优化配置，调节人力资本分布的稀缺程度，是实现人力资本价值和增值的必要条件。因此，劳动力流动费用也属于人力资本投资。此外，劳动者获取劳动市场工资和职业信息的费用，企业雇用员工的考评费用等，也都被看做是人力资本投资。

2. 人力资本投资的特点

人力资本投资不同于物质资本投资和其他形式的投资，它具有如下特点：

（1）间接性。物质资本投资直接形成生产能力，投资收益也是直接的，即在什么领域投资，就在什么领域回收，如投资运输业、电站，企业购置资本设备等。人力资本投资并不直接形成生产能力，只有通过人力资本在生产过程中发挥作用，才能最终显示出投资的生产性。人力资本投资的收益带有社会性，因而不是直接的。无论是政府或其他组织为人力资本投资支付的社会成本，还是个人或家庭为人力资本投资支付的私人成本，其投资收益的回收都是间接的。

（2）迟效性。物质资本投资往往见效较快，如新的投资设备调试安装完毕，即可发挥生产性效能。人力资本投资是长期投资，需要经过较长时期才能见效，在其投资过程中不能立刻见效。只有通过一定时期的学习和培训过程，文化科学知识和专业技能不断积累与提高，达到一定的水平和程度，投资才能发挥生产性效能。

（3）长期性。物质资本经过一定时期的使用，会因磨损而丧失生产性效用。通过人力资本投资而形成和积累的人力资本在劳动者劳动的全过程中都在发挥作用，虽然某些具体知识和技能可能会因社会经济或文化的发展出现"老化"而失效，但通过继续教育和培训而增加的人力资本存量会长久地在劳动者的整个职业生涯和社会生活中发挥作用。这就是知识和技能的创造性。

（4）风险性。任何投资都是有风险的，人力资本投资也不例外。通过某种特定内容的教育和培训，使人力资本具有某种专门的性质。如这种专业性与劳动市场的需求失衡，使人力资本的供给大于需求，人力资本投资就不能获得预期的收益。特别是当教育和培训等人力资本投资不能预见到经济结构和劳动市场结构变动趋势时，人力资本投资的风险性就更大。

人力资本投资的特点决定了人们在作出人力资本投资决策时必须对投资的预期收益和预期成本进行比较。就个人或家庭来说，接受教育和培训不仅要支付学费等直接成本，还要支付教育和培训期间放弃收入的机会成本，直接成本和机会成本构成人力资本投资的总成本。预期收益包括货币收益和非货币收益。货币收益是指获得的就业机会和收入，一般以工资为其表现形式。非货币收益是指较高学历和技术等级给个人带来的社会评价和声誉，以及对个人消费行为和其他社会行为的有益影响等。仅就货币收益而言，如果较高层次的教育和培训所支付的成本得不到补偿，或者就业机会不如较低层次者，那么较高层次的教育和培训的需求就小，从而不能刺激较高层次的教育和培训方式的人力资本投资的增加，个人或家庭就会选择较低层次的教育和培训；反之，就会选择较高层次的教育和培训。

复习思考题

1. 怎样理解家庭需要与需求的关系？
2. 影响家庭需求主要包括哪些因素？
3. 简述主观效用与客观效用的区别。
4. 效用最大化原则包括哪些内容？
5. 家庭理财的主要内容有哪些？

参 考 文 献

[1] 王又庄. 现代企业经济分析 [M]. 上海：立信会计出版社，2007.

[2] 李林杰，顾六宝. 企业经济分析概论 [M]. 北京：中国市场出版社，2004.

[3] 王持位，马立平. 微观经济运行分析 [M]. 北京：对外经济贸易大学出版社，2004.

[4] 褚时健. 微观经济运行需求主体——居民经济行为分析 [M]. 北京：中国金融出版社，1992.

[5] 周扬明. 中国企业行为的经济分析 [M]. 北京：经济管理出版社，2002.

[6] 陈鹤亭，等. 现代经济分析新方法 [M]. 济南：山东省地图出版社，2000.

[7] 王祖祥. 微观经济分析 [M]. 武汉：武汉大学出版社，2001.

[8] 陈乐一. 居民经济行为实证分析 [J]. 商业经济研究，1998（05）.

[9] 商务部编写组编. 微观经济 [M]. 北京：中国商务出版社，2007.

[10] 颜家水，黄贵新. 经济学基础 [M]. 北京：中国传媒大学出版社，2009.

[11] 亚当·斯密. 国民财富的性质和原因的研究 [M]. 郭大力，王亚男，译. 北京：商务印书馆，1992.

[12] 逄锦聚，洪银兴，林岗，刘伟. 政治经济学 [M]. 北京：高等教育出版社，2009.

[13] （美）迈克尔·波特. 竞争战略 [M]. 陈小悦，译. 北京：华夏出版社，2005.

附录一　中央企业综合绩效评价管理暂行办法

《中央企业综合绩效评价管理暂行办法》公布通知

国务院国有资产监督管理委员会令

第 14 号

《中央企业综合绩效评价管理暂行办法》已经国务院国有资产监督管理委员会第 38 次主任办公会议审议通过，现予公布，自 2006 年 5 月 7 日起施行。

国务院国有资产监督管理委员会主任李荣融

二○○六年四月七日

中央企业综合绩效评价管理暂行办法

第一章　总　　则

第一条　为加强对国务院国有资产监督管理委员会（以下简称国资委）履行出资人职责企业（以下简称企业）的财务监督，规范企业综合绩效评价工作，综合反映企业资产运营质量，促进提高资本回报水平，正确引导企业经营行为，根据《企业国有资产监督管理暂行条例》和国家有关规定，制定本办法。

第二条　本办法所称综合绩效评价，是指以投入产出分析为基本方法，通过建立综合评价指标体系，对照相应行业评价标准，对企业特定经营期间的盈利能力、资产质量、债务风险、经营增长以及管理状况等进行的综合评判。

第三条　企业综合绩效评价根据经济责任审计及财务监督工作需要，分为任期绩效评价和年度绩效评价。

（一）任期绩效评价是指对企业负责人任职期间的经营成果及管理状况进行综合评判。

（二）年度绩效评价是指对企业一个会计年度的经营成果进行综合评判。

第四条　为确保综合绩效评价工作的客观、公正与公平，有效发挥对企业的全面评判、管理诊断和行为引导作用，开展综合绩效评价工作应当以经社会中介机构审计后的财务会计报告为基础。

按规定不进行社会中介机构审计的企业，其综合绩效评价工作以经企业内部审计机构审计后的财务会计报告为基础。

第五条　开展企业综合绩效评价工作应当遵循以下原则：

（一）全面性原则。企业综合绩效评价应当通过建立综合的指标体系，对影响企业绩效水平的各种因素进行多层次、多角度的分析和综合评判。

（二）客观性原则。企业综合绩效评价应当充分体现市场竞争环境特征，依据统一测算的、同一期间的国内行业标准或者国际行业标准，客观公正地评判企业经营成果及管理状况。

（三）效益性原则。企业综合绩效评价应当以考察投资回报水平为重点，运用投入产出分析基本方法，真实反映企业资产运营效率和资本保值增值水平。

（四）发展性原则。企业综合绩效评价应当在综合反映企业年度财务状况和经营成果的基础上，客观分析企业年度之间的增长状况及发展水平，科学预测企业的未来发展能力。

第六条 国资委依据本办法组织实施企业综合绩效评价工作，并对企业内部绩效评价工作进行指导和监督。

第二章　评价内容与评价指标

第七条 企业综合绩效评价由财务绩效定量评价和管理绩效定性评价两部分组成。

第八条 财务绩效定量评价是指对企业一定期间的盈利能力、资产质量、债务风险和经营增长四个方面进行定量对比分析和评判。

（一）企业盈利能力分析与评判主要通过资本及资产报酬水平、成本费用控制水平和经营现金流量状况等方面的财务指标，综合反映企业的投入产出水平以及盈利质量和现金保障状况。

（二）企业资产质量分析与评判主要通过资产周转速度、资产运行状态、资产结构以及资产有效性等方面的财务指标，综合反映企业所占用经济资源的利用效率、资产管理水平与资产的安全性。

（三）企业债务风险分析与评判主要通过债务负担水平、资产负债结构、或有负债情况、现金偿债能力等方面的财务指标，综合反映企业的债务水平、偿债能力及其面临的债务风险。

（四）企业经营增长分析与评判主要通过销售增长、资本积累、效益变化以及技术投入等方面的财务指标，综合反映企业的经营增长水平及发展后劲。

第九条 财务绩效定量评价指标依据各项指标的功能作用划分为基本指标和修正指标。

（一）基本指标反映企业一定期间财务绩效的主要方面，并得出企业财务绩效定量评价的基本结果。

（二）修正指标是根据财务指标的差异性和互补性，对基本指标的评价结果作进一步的补充和矫正。

第十条 管理绩效定性评价是指在企业财务绩效定量评价的基础上，通过采取专家评议的方式，对企业一定期间的经营管理水平进行定性分析与综合评判。

第十一条 管理绩效定性评价指标包括企业发展战略的确立与执行、经营决策、发展创新、风险控制、基础管理、人力资源、行业影响、社会贡献等方面。

第十二条 企业财务绩效定量评价指标和管理绩效定性评价指标构成企业综合绩效评价指标体系。各指标的权重，依据评价指标的重要性和各指标的引导功能，通过参照咨询专家意见和组织必要测试进行确定。

第三章　评价标准与评价方法

第十三条　企业综合绩效评价标准分为财务绩效定量评价标准和管理绩效定性评价标准。

第十四条　财务绩效定量评价标准包括国内行业标准和国际行业标准。

（一）国内行业标准根据国内企业年度财务和经营管理统计数据，运用数理统计方法，分年度、分行业、分规模统一测算并发布。

（二）国际行业标准根据居于行业国际领先地位的大型企业相关财务指标实际值，或者根据同类型企业组相关财务指标的先进值，在剔除会计核算差异后统一测算并发布。

第十五条　财务绩效定量评价标准的行业分类，按照国家统一颁布的国民经济行业分类标准结合企业实际情况进行划分。

第十六条　财务绩效定量评价标准按照不同行业、不同规模及指标类别，分别测算出优秀值、良好值、平均值、较低值和较差值五个档次。

第十七条　大型企业集团在采取国内标准进行评价的同时，应当积极采用国际标准进行评价，开展国际先进水平的对标活动。

第十八条　管理绩效定性评价标准根据评价内容，结合企业经营管理的实际水平和出资人监管要求，统一制定和发布，并划分为优、良、中、低、差五个档次。管理绩效定性评价标准不进行行业划分，仅提供给评议专家参考。

第十九条　企业财务绩效定量评价有关财务指标实际值应当以经审计的企业财务会计报告为依据，并按照规定对会计政策差异、企业并购重组等客观因素进行合理剔除，以保证评价结果的可比性。

第二十条　财务绩效定量评价计分以企业评价指标实际值对照企业所处行业、规模标准，运用规定的计分模型进行定量测算。

管理绩效定性评价计分由专家组根据评价期间企业管理绩效相关因素的实际情况，参考管理绩效定性评价标准，确定分值。

第二十一条　对企业任期财务绩效定量评价计分应当依据经济责任财务审计结果，运用各年度评价标准对任期各年度的财务绩效进行分别评价，并运用算术平均法计算出企业任期财务绩效定量评价分数。

第四章　评价工作组织

第二十二条　企业综合绩效评价工作按照"统一方法、统一标准、分类实施"的原则组织实施。

（一）任期绩效评价工作，是企业经济责任审计工作的重要组成部分，依据国资委经济责任审计工作程序和要求组织实施。

（二）年度绩效评价工作，是国资委开展企业年度财务监督工作的重要内容，依据国资委年度财务决算工作程序和财务监督工作要求组织实施。

第二十三条　国资委在企业综合绩效评价工作中承担以下职责：

（一）制定企业综合绩效评价制度与政策；

（二）建立和完善企业综合绩效评价指标体系与评价方法；

（三）制定和公布企业综合绩效评价标准；

（四）组织实施企业任期和年度综合绩效评价工作，通报评价结果；

（五）对企业内部绩效评价工作进行指导和监督。

第二十四条 任期绩效评价工作可以根据企业经济责任审计工作需要，聘请社会中介机构协助配合开展。受托配合的社会中介机构在企业综合绩效评价工作中承担以下职责：

（一）受托开展任期各年度财务基础审计工作；

（二）协助审核调整任期各年度评价基础数据；

（三）协助测算任期财务绩效定量评价结果；

（四）协助收集整理管理绩效定性评价资料；

（五）协助实施管理绩效定性评价工作。

第二十五条 管理绩效定性评价工作应当在财务绩效定量评价工作的基础上，聘请监管部门、行业协会、研究机构、社会中介等方面的资深专家组织实施。管理绩效评价专家承担以下工作职责：

（一）对企业财务绩效定量评价结果发表专家意见；

（二）对企业管理绩效实际状况进行分析和判断；

（三）对企业管理绩效状况进行评议，并发表咨询意见；

（四）确定企业管理绩效定性评价指标分值。

第二十六条 企业在综合绩效评价工作中承担以下职责：

（一）提供有关年度财务决算报表和审计报告；

（二）提供管理绩效定性评价所需的有关资料；

（三）组织开展子企业的综合绩效评价工作。

第五章　评价结果与评价报告

第二十七条 评价结果是指根据综合绩效评价分数及分析得出的评价结论。

第二十八条 综合绩效评价分数用百分制表示，并分为优、良、中、低、差五个等级。

第二十九条 企业综合绩效评价应当进行年度之间绩效变化的比较分析，客观评价企业经营成果与管理水平的提高程度。

（一）任期绩效评价运用任期最后年度评价结果与上一任期最后年度评价结果进行对比。

（二）年度绩效评价运用当年评价结果与上年评价结果进行对比。

第三十条 任期绩效评价结果是经济责任审计工作中评估企业负责人任期履行职责情况和认定任期经济责任的重要依据，并为企业负责人任期考核工作提供参考。

第三十一条 年度绩效评价结果是开展财务监督工作的重要依据，并为企业负责人年度考核工作提供参考。

第三十二条 企业综合绩效评价报告是根据评价结果编制、反映被评价企业绩效状况的文件，由报告正文和附件构成。

（一）企业综合绩效评价报告正文应当说明评价依据、评价过程、评价结果，以及需要说明的重大事项。

（二）企业综合绩效评价报告附件包括经营绩效分析报告、评价计分表、问卷调查结果分析、专家咨询意见等，其中：经营绩效分析报告应当对企业经营绩效状况、影响因素、存在的问题等进行分析和诊断，并提出相关管理建议。

第三十三条 对企业综合绩效评价揭示和反映的问题，应当及时反馈企业，并要求企业予以关注。

（一）对于任期绩效评价反映的问题，应当在下达企业的经济责任审计处理意见书中明确指出，并要求企业予以关注和整改。

（二）对于年度绩效评价结果反映的问题，应当在年度财务决算批复中明确指出，并要求企业予以关注和整改。

第六章 工 作 责 任

第三十四条 企业应当提供真实、全面的绩效评价基础数据资料，企业主要负责人、总会计师或主管财务会计工作的负责人应当对提供的年度财务会计报表和相关评价基础资料的真实性负责。

第三十五条 受托开展企业综合绩效评价业务的机构及其相关工作人员应严格执行企业综合绩效评价工作的规定，规范技术操作，确保评价过程独立、客观、公正，评价结论适当，并严守企业的商业秘密。对参与造假、违反程序和工作规定，导致评价结论失实以及泄露企业商业秘密的，国资委将不再委托其承担企业综合绩效评价业务，并将有关情况通报其行业主管机关，建议给予相应处罚。

第三十六条 国资委的相关工作人员组织开展企业综合绩效评价工作应当恪尽职守、规范程序、加强指导。对于在综合绩效评价过程中不尽职或者徇私舞弊，造成重大工作过失的，给予纪律处分。

第三十七条 所聘请的评议专家应当认真了解和分析企业的管理绩效状况，客观公正地进行评议打分，并提出合理的咨询意见。对于在管理绩效评价过程中不认真、不公正，出现评议结果或者咨询意见不符合企业实际情况，对评价工作造成不利影响的，国资委将不再继续聘请其为评议专家。

第七章 附   则

第三十八条 根据本办法制定的《中央企业综合绩效评价实施细则》和评价标准另行公布。

第三十九条 企业开展内部综合绩效评价工作，可依据本办法制定具体的工作规范。

第四十条 各地区国有资产监督管理机构开展综合绩效评价工作，可参照本办法执行。

第四十一条 本办法自 2006 年 5 月 7 日起施行。

附录二 中央企业综合绩效评价实施细则

国务院国有资产监督管理委员会

国资发评价〔2006〕157号

关于印发《中央企业综合绩效评价实施细则》的通知

各中央企业：

为做好中央企业综合绩效评价工作，根据《中央企业综合绩效评价管理暂行办法》（国资委令第14号），我们制定了《中央企业综合绩效评价实施细则》，现印发给你们，请结合本企业实际认真执行。

国务院国有资产监督管理委员会

二〇〇六年九月十二日

中央企业综合绩效评价实施细则

第一章 总 则

第一条 为规范开展中央企业（以下简称企业）综合绩效评价工作，有效发挥综合绩效评价工作的评判、引导和诊断作用，推动企业提高经营管理水平，根据《中央企业综合绩效评价管理暂行办法》（国资委令第14号），制定本实施细则。

第二条 开展企业综合绩效评价应当充分体现市场经济原则和资本运营特征，以投入产出分析为核心，运用定量分析与定性分析相结合、横向对比与纵向对比互为补充的方法，综合评价企业经营绩效和努力程度，促进企业提高市场竞争能力。

第三条 开展企业综合绩效评价应当制定既符合行业实际又具有标杆引导性质的评价标准，并运用科学的评价计分方法，计量企业经营绩效水平，以充分体现行业之间的差异性，客观反映企业所在行业的盈利水平和经营环境，准确评判企业的经营成果。

第四条 企业综合绩效评价工作按照产权管理关系进行组织，国资委负责其履行出资人职责企业的综合绩效评价工作，企业集团（总）公司负责其控股子企业的综合绩效评价工作。

第五条 企业年度综合绩效评价工作，一般结合对企业年度财务决算审核工作组织进行；企业任期综合绩效评价工作，一般结合对企业负责人任期经济责任审计组织实施。

第二章 评价指标与权重

第六条 企业综合绩效评价指标由二十二个财务绩效定量评价指标和八个管理绩效定性

评价指标组成。

第七条 财务绩效定量评价指标由反映企业盈利能力状况、资产质量状况、债务风险状况和经营增长状况等四个方面的八个基本指标和十四个修正指标构成，用于综合评价企业财务会计报表所反映的经营绩效状况（定量评价指标计算公式见附件1）。

第八条 企业盈利能力状况以净资产收益率、总资产报酬率两个基本指标和销售（营业）利润率、盈余现金保障倍数、成本费用利润率、资本收益率四个修正指标进行评价，主要反映企业一定经营期间的投入产出水平和盈利质量。

第九条 企业资产质量状况以总资产周转率、应收账款周转率两个基本指标和不良资产比率、流动资产周转率、资产现金回收率三个修正指标进行评价，主要反映企业所占用经济资源的利用效率、资产管理水平与资产的安全性。

第十条 企业债务风险状况以资产负债率、已获利息倍数两个基本指标和速动比率、现金流动负债比率、带息负债比率、或有负债比率四个修正指标进行评价，主要反映企业的债务负担水平、偿债能力及其面临的债务风险。

第十一条 企业经营增长状况以销售（营业）增长率、资本保值增值率两个基本指标和销售（营业）利润增长率、总资产增长率、技术投入比率三个修正指标进行评价，主要反映企业的经营增长水平、资本增值状况及发展后劲。

第十二条 企业管理绩效定性评价指标包括战略管理、发展创新、经营决策、风险控制、基础管理、人力资源、行业影响、社会贡献等八个方面的指标，主要反映企业在一定经营期间所采取的各项管理措施及其管理成效。

（一）战略管理评价主要反映企业所制定战略规划的科学性，战略规划是否符合企业实际，员工对战略规划的认知程度，战略规划的保障措施及其执行力，以及战略规划的实施效果等方面的情况。

（二）发展创新评价主要反映企业在经营管理创新、工艺革新、技术改造、新产品开发、品牌培育、市场拓展、专利申请及核心技术研发等方面的措施及成效。

（三）经营决策评价主要反映企业在决策管理、决策程序、决策方法、决策执行、决策监督、责任追究等方面采取的措施及实施效果，重点反映企业是否存在重大经营决策失误。

（四）风险控制评价主要反映企业在财务风险、市场风险、技术风险、管理风险、信用风险和道德风险等方面的管理与控制措施及效果，包括风险控制标准、风险评估程序、风险防范与化解措施等。

（五）基础管理评价主要反映企业在制度建设、内部控制、重大事项管理、信息化建设、标准化管理等方面的情况，包括财务管理、对外投资、采购与销售、存货管理、质量管理、安全管理、法律事务等。

（六）人力资源评价主要反映企业人才结构、人才培养、人才引进、人才储备、人事调配、员工绩效管理、分配与激励、企业文化建设、员工工作热情等方面的情况。

（七）行业影响评价主要反映企业主营业务的市场占有率、对国民经济及区域经济的影响与带动力、主要产品的市场认可程度、是否具有核心竞争能力以及产业引导能力等方面的情况。

（八）社会贡献评价主要反映企业在资源节约、环境保护、吸纳就业、工资福利、安全生产、上缴税收、商业诚信、和谐社会建设等方面的贡献程度和社会责任的履行情况。

第十三条 企业管理绩效定性评价指标应当根据评价工作需要作进一步细化，能够量化的应当采用量化指标进行反映。

第十四条　企业综合绩效评价指标权重实行百分制，指标权重依据评价指标的重要性和各指标的引导功能，通过征求咨询专家意见和组织必要的测试进行确定。

第十五条　财务绩效定量评价指标权重确定为70%，管理绩效定性评价指标权重确定为30%。在实际评价过程中，财务绩效定量评价指标和管理绩效定性评价指标的权数均按百分制设定，分别计算分项指标的分值，然后按70：30折算（各评价指标权重见附件2）。

第三章　评价标准选择

第十六条　财务绩效定量评价标准划分为优秀（A）、良好（B）、平均（C）、较低（D）、较差（E）五个档次，管理绩效定性评价标准分为优（A）、良（B）、中（C）、低（D）、差（E）五个档次。

第十七条　对应五档评价标准的标准系数分别为1.0、0.8、0.6、0.4、0.2，差（E）以下为0。标准系数是评价标准的水平参数，反映了评价指标对应评价标准所达到的水平档次。

第十八条　评价组织机构应当认真分析判断评价对象所属行业和规模，正确选用财务绩效定量评价标准值。

第十九条　企业财务绩效定量评价标准值的选用，一般根据企业的主营业务领域对照企业综合绩效评价行业基本分类，自下而上逐层遴选被评价企业适用的行业标准值。

第二十条　多业兼营的集团型企业财务绩效指标评价标准值的选用应当区分主业突出和不突出两种情况：

（一）存在多个主业板块但某个主业特别突出的集团型企业，应当采用该主业所在行业的标准值。

（二）存在多个主业板块但没有突出主业的集团型企业，可对照企业综合绩效评价行业基本分类，采用基本可以覆盖其多种经营业务的上一层次的评价标准值；或者根据其下属企业所属行业，分别选取相关行业标准值进行评价，然后按照各下属企业资产总额占被评价企业集团汇总资产总额的比重，加权形成集团评价得分；也可以根据集团的经营领域，选择有关行业标准值，以各领域的资产总额比例为权重进行加权平均，计算出用于集团评价的标准值。

第二十一条　如果被评价企业所在行业因样本原因没有统一的评价标准，或按第二十条规定方法仍无法确定被评价企业财务绩效定量评价标准值，则在征得评价组织机构同意后，直接选用国民经济十大门类标准或全国标准。

第二十二条　根据评价工作需要可以分别选择全行业和大、中、小型规模标准值实施评价。企业规模划分执行国家统计局《关于统计上大中小型企业划分办法（暂行）》（国统字〔2003〕17号）和国资委《关于在财务统计工作中执行新的企业规模划分标准的通知》（国资厅评价函〔2003〕327号）的规定。

第二十三条　管理绩效定性评价标准具有行业普遍性和一般性，在进行评价时，应当根据不同行业的经营特点，灵活把握个别指标的标准尺度。对于定性评价标准没有列示，但对被评价企业经营绩效产生重要影响的因素，在评价时也应予以考虑。

第四章　评 价 计 分

第二十四条　企业综合绩效评价计分方法采取功效系数法和综合分析判断法，其中：功效系数法用于财务绩效定量评价指标的计分，综合分析判断法用于管理绩效定性评价指标的计分。

第二十五条　财务绩效定量评价基本指标计分是按照功效系数法计分原理，将评价指标实际值对照行业评价标准值，按照规定的计分公式计算各项基本指标得分。计算公式为：

基本指标总得分＝∑单项基本指标得分

单项基本指标得分＝本档基础分＋调整分

本档基础分＝指标权数×本档标准系数

调整分＝功效系数×（上档基础分－本档基础分）

上档基础分＝指标权数×上档标准系数

功效系数＝（实际值－本档标准值）/（上档标准值－本档标准值）

本档标准值是指上下两档标准值居于较低等级一档。

第二十六条　财务绩效定量评价修正指标的计分是在基本指标计分结果的基础上，运用功效系数法原理，分别计算盈利能力、资产质量、债务风险和经营增长四个部分的综合修正系数，再据此计算出修正后的分数。计算公式为：

修正后总得分＝∑各部分修正后得分

各部分修正后得分＝各部分基本指标分数×该部分综合修正系数

某部分综合修正系数＝∑该部分各修正指标加权修正系数

某指标加权修正系数＝（修正指标权数/该部分权数）×该指标单项修正系数

某指标单项修正系数＝1.0＋（本档标准系数＋功效系数×0.2－该部分基

本指标分析系数），单项修正系数控制修正幅度为0.7～1.3

某部分基本指标分析系数＝该部分基本指标得分/该部分权数

第二十七条　在计算修正指标单项修正系数过程中，对于一些特殊情况作如下规定：

（一）如果修正指标实际值达到优秀值以上，其单项修正系数的计算公式如下：

单项修正系数＝1.2＋本档标准系数－该部分基本指标分析系数

（二）如果修正指标实际值处于较差值以下，其单项修正系数的计算公式如下：

单项修正系数＝1.0－该部分基本指标分析系数

（三）如果资产负债率≥100％，指标得0分；其他情况按照规定的公式计分。

（四）如果盈余现金保障倍数分子为正数，分母为负数，单项修正系数确定为1.1；如果分子为负数，分母为正数，单项修正系数确定为0.9；如果分子、分母同为负数，单项修正系数确定为0.8。

（五）如果不良资产比率≥100％或分母为负数，单项修正系数确定为0.8。

（六）对于销售（营业）利润增长率指标，如果上年主营业务利润为负数，本年为正数，单项修正系数为1.1；如果上年主营业务利润为零本年为正数，或者上年为负数本年为零，单项修正系数确定为1.0。

（七）如果个别指标难以确定行业标准，该指标单项修正系数确定为1.0。

第二十八条　管理绩效定性评价指标的计分一般通过专家评议打分形式完成，聘请的专家应不少于7名；评议专家应当在充分了解企业管理绩效状况的基础上，对照评价参考标准，采取综合分析判断法，对企业管理绩效指标做出分析评议，评判各项指标所处的水平档次，并直接给出评价分数。计分公式为：

管理绩效定性评价指标分数＝∑单项指标分数

单项指标分数＝（∑每位专家给定的单项指标分数）/专家人数

第二十九条 任期财务绩效定量评价指标计分，应当运用任期各年度评价标准分别对各年度财务绩效定量指标进行计分，再计算任期平均分数，作为任期财务绩效定量评价分数。计算公式为：

任期财务绩效定量评价分数＝（∑任期各年度财务绩效定量评价分数）/任期年份数

第三十条 在得出财务绩效定量评价分数和管理绩效定性评价分数后，应当按照规定的权重，耦合形成综合绩效评价分数。计算公式为：

企业综合绩效评价分数＝财务绩效定量评价分数×70％＋管理绩效定性评价分数×30％

第三十一条 在得出评价分数以后，应当计算年度之间的绩效改进度，以反映企业年度之间经营绩效的变化状况。计算公式为：

绩效改进度＝本期绩效评价分数/基期绩效评价分数

绩效改进度大于1，说明经营绩效上升；绩效改进度小于1，说明经营绩效下滑。

第三十二条 对企业经济效益上升幅度显著、经营规模较大，有重大科技创新的企业，应当给予适当加分，以充分反映不同企业努力程度和管理难度，激励企业加强科技创新。具体的加分办法如下：

（一）效益提升加分。企业年度净资产收益率增长率和利润增长率超过行业平均增长水平10％～40％加1～2分，超过40％～100％加3～4分，超过100％加5分。

（二）管理难度加分。企业年度平均资产总额超过全部监管企业年度平均资产总额的给予加分，其中：工业企业超过平均资产总额每100亿元加0.5分，非工业企业超过平均资产总额每60亿元加0.5分，最多加5分。

（三）重大科技创新加分。重大科技创新加分包括以下两个方面：企业承担国家重大科技攻关项目，并取得突破的，加3～5分；承担国家科技发展规划纲要目录内的重大科技专项主体研究，虽然尚未取得突破，但投入较大，加1～2分。

（四）国资委认定的其他事项。

以上加分因素合计不得超过15分，超过15分按15分计算。对加分前评价结果已经达到优秀水平的企业，以上加分因素按以下公式计算实际加分值：

实际加分值＝（1－X％）×6.6Y

其中：X 表示评价得分，Y 表示以上因素合计加分。

第三十三条 对被评价企业所评价期间（年度）发生以下不良重大事项，应当予以扣分：

（一）发生属于当期责任的重大资产损失事项，损失金额超过平均资产总额1％的，或者资产损失金额未超过平均资产总额1％，但性质严重并造成重大社会影响的，扣5分。正常的资产减值准备计提不在此列。

（二）发生重大安全生产与质量事故，根据事故等级，扣3～5分。

（三）存在巨额表外资产，且占合并范围资产总额20％以上的，扣3～5分。

（四）存在巨额逾期债务，逾期负债超过带息负债的10％，甚至发生严重的债务危机，扣2～5分。

（五）国资委认定的其他事项。

第三十四条 对存在加分和扣分事项的，应当与企业和有关部门进行核实，获得必要的外部证据，并在企业综合绩效评价报告中加以单独说明。

第五章 评价基础数据调整

第三十五条 企业综合绩效评价的基础数据资料主要包括企业提供的评价年度财务会计决算报表及审计报告、关于经营管理情况的说明等资料。

第三十六条 为确保评价基础数据的真实、完整、合理，在实施评价前应当对评价期间的基础数据进行核实，按照重要性和可比性原则进行适当调整。

第三十七条 在任期经济责任审计工作中开展任期财务绩效定量评价，其评价基础数据以财务审计调整后的数据为依据。

第三十八条 企业评价期间会计政策与会计估计发生重大变更的，需要判断变更事项对经营成果的影响，产生重大影响的，应当调整评价基础数据，以保持数据口径基本一致。

第三十九条 企业评价期间发生资产无偿划入划出的，应当按照重要性原则调整评价基础数据。原则上划入企业应纳入评价范围，无偿划出、关闭、破产（含进入破产程序）企业，不纳入评价范围。

第四十条 企业被出具非标准无保留意见审计报告的，应当根据审计报告披露的影响企业经营成果的重大事项，调整评价基础数据。

第四十一条 国资委在财务决算批复中要求企业纠正、整改，并影响企业财务会计报表、能够确认具体影响金额的，应当根据批复调整评价基础数据。

第四十二条 企业在评价期间损益中消化处理以前年度或上一任期资产损失的，承担国家某项特殊任务或落实国家专项政策对财务状况和经营成果产生重大影响的，经国资委认定后，可作为客观因素调整评价基础数据。

第六章 评价工作程序

第四十三条 企业综合绩效评价包括财务绩效定量评价和管理绩效定性评价两个方面内容。由于任期绩效评价和年度绩效评价的工作目标不同，评价工作内容应有所区别。

（一）任期绩效评价作为任期经济责任审计工作的重要组成部分，需要对企业负责人任职期间企业的绩效状况进行综合评价，工作程序包括财务绩效评价和管理绩效评价两方面内容。

（二）年度绩效评价除根据监管工作需要组织财务绩效与管理绩效的综合评价外，一般作为年度财务决算管理工作的组成部分，每个年度只进行财务绩效定量评价。

第四十四条 财务绩效定量评价工作具体包括提取评价基础数据、基础数据调整、评价计分、形成评价结果等内容。

（一）提取评价基础数据。以经社会中介机构或内部审计机构审计并经评价组织机构核实确认的企业年度财务会计报表为基础提取评价基础数据。

（二）基础数据调整。为客观、公正地评价企业经营绩效，根据本细则第五章的有关规定，对评价基础数据进行调整，其中：年度绩效评价基础数据以国资委审核确认的财务决算合并报表数据为准。

（三）评价计分。根据调整后的评价基础数据，对照相关年度的行业评价标准值，利用绩效评价软件或手工评价计分。

（四）形成评价结果。对任期财务绩效评价需要计算任期内平均财务绩效评价分数，并计算绩效改进度；对年度财务绩效评价除计算年度绩效改进度外，需要对定量评价得分深入分析，诊断企业经营管理存在的薄弱环节，并在财务决算批复中提示有关问题，同时进行所监管企业的分类排序分析，在一定范围内发布评价结果。

第四十五条 管理绩效定性评价工作具体包括收集整理管理绩效评价资料、聘请咨询专家、召开专家评议会、形成定性评价结论等内容。

（一）收集整理管理绩效评价资料。为了深入了解被评价企业的管理绩效状况，应当通过问卷调查、访谈等方式，充分收集并认真整理管理绩效评价的有关资料。

（二）聘请咨询专家。根据所评价企业的行业情况，聘请不少于 7 名的管理绩效评价咨询专家，组成专家咨询组，并将被评价企业的有关资料提前送达咨询专家。

（三）召开专家评议会。组织咨询专家对企业的管理绩效指标进行评议打分。

（四）形成定性评价结论。汇总管理绩效定性评价指标得分，形成定性评价结论。

第四十六条 管理绩效专家评议会一般按下列程序进行：

（一）阅读相关资料，了解企业管理绩效评价指标实际情况；

（二）听取评价实施机构关于财务绩效定量评价情况的介绍；

（三）参照管理绩效定性评价标准，分析企业管理绩效状况；

（四）对企业管理绩效定性评价指标实施独立评判打分；

（五）对企业管理绩效进行集体评议，并提出咨询意见，形成评议咨询报告；

（六）汇总评判打分结果。

第四十七条 根据财务绩效定量评价结果和管理绩效定性评价结果，按照规定的权重和计分方法，计算企业综合绩效评价总分，并根据规定的加分和扣分因素，得出企业综合绩效评价最后得分。

第七章 评价结果与评价报告

第四十八条 企业综合绩效评价结果以评价得分、评价类型和评价级别表示。

评价类型是根据评价分数对企业综合绩效所划分的水平档次，用文字和字母表示，分为优（A）、良（B）、中（C）、低（D）、差（E）五种类型。

评价级别是对每种类型再划分级次，以体现同一评价类型的不同差异，采用在字母后标注"＋、－"号的方式表示。

第四十九条 企业综合绩效评价结果以 85、70、50、40 分作为类型判定的分数线。

（一）评价得分达到 85 分以上（含 85 分）的评价类型为优（A），在此基础上划分为三个级别，分别为：A＋＋≥95 分；95 分＞A＋≥90 分；90 分＞A≥85 分。

（二）评价得分达到 70 分以上（含 70 分）不足 85 分的评价类型为良（B），在此基础上划分为三个级别，分别为：85 分＞B＋≥80 分；80 分＞B≥75 分；75 分＞B－≥70 分。

（三）评价得分达到 50 分以上（含 50 分）不足 70 分的评价类型为中（C），在此基础上划分为两个级别，分别为：70 分＞C≥60 分；60 分＞C－≥50 分。

（四）评价得分在 40 分以上（含 40 分）不足 50 分的评价类型为低（D）。

（五）评价得分在 40 分以下的评价类型为差（E）。

第五十条 企业综合绩效评价报告是根据评价结果编制、反映被评价企业综合绩效状况的文本文件，由报告正文和附件构成。

第五十一条 企业综合绩效评价报告正文应当包括：评价目的、评价依据与评价方法、评价过程、评价结果及评价结论、重要事项说明等内容。企业综合绩效评价报告的正文应当文字简洁、重点突出、层次清晰、易于理解。

第五十二条 企业综合绩效评价报告附件应当包括：企业经营绩效分析报告、评价结果计分表、问卷调查结果分析、专家咨询报告、评价基础数据及调整情况，其中：企业经营绩效分析报告是根据综合绩效评价结果对企业经营绩效状况进行深入分析的文件，应当包括评价对象概述、评价结果与主要绩效、存在的问题与不足、有关管理建议等。

第八章 附 则

第五十三条 企业集团内部开展所属子企业的综合绩效评价工作，可参照本细则制定符合集团内部监管需要的实施细则。

第五十四条 各地区国有资产监督管理机构开展所监管企业的综合绩效评价工作，可参照本细则执行。

第五十五条 本细则由国资委负责解释。

第五十六条 本细则自 2006 年 10 月 12 日起施行。

附件 1. 企业财务绩效定量评价指标计算公式

附件 2. 企业综合绩效评价指标及权重表

附件 1 企业财务绩效定量评价指标计算公式

一、盈利能力状况

（一）基本指标

1. 净资产收益率＝净利润/平均净资产×100％

平均净资产＝（年初所有者权益＋年末所有者权益）/2

2. 总资产报酬率＝（利润总额＋利息支出）/平均资产总额×100％

平均资产总额＝（年初资产总额＋年末资产总额）/2

（二）修正指标

1. 销售（营业）利润率＝主营业务利润/主营业务收入净额×100％

2. 盈余现金保障倍数＝经营现金净流量/（净利润＋少数股东损益）

3. 成本费用利润率＝利润总额/成本费用总额×100％

成本费用总额＝主营业务成本＋主营业务税金及附加＋经营费用（营业费用）＋管理费用＋财务费用

4. 资本收益率＝净利润/平均资本×100％

平均资本＝［（年初实收资本＋年初资本公积）＋（年末实收资本＋年末资本公积）］/2

二、资产质量状况

（一）基本指标

1. 总资产周转率（次）＝主营业务收入净额/平均资产总额

2. 应收账款周转率（次）＝主营业务收入净额/应收账款平均余额

应收账款平均余额＝（年初应收账款余额＋年末应收账款余额）/2

应收账款余额＝应收账款净额＋应收账款坏账准备

（二）修正指标

1. 不良资产比率＝（资产减值准备余额＋应提未提和应摊未摊的潜亏挂账＋未处理资产损失）/（资产总额＋资产减值准备余额）×100％

2. 资产现金回收率＝经营现金净流量/平均资产总额×100％

3. 流动资产周转率（次）＝主营业务收入净额/平均流动资产总额

平均流动资产总额＝（年初流动资产总额＋年末流动资产总额）/2

三、债务风险状况

（一）基本指标

1. 资产负债率＝负债总额/资产总额×100％

2. 已获利息倍数＝（利润总额＋利息支出）/利息支出

（二）修正指标

1. 速动比率＝速动资产/流动负债×100％

速动资产＝流动资产－存货

2. 现金流动负债比率＝经营现金净流量/流动负债×100％

3. 带息负债比率＝（短期借款＋一年内到期的长期负债＋长期借款＋应付债券＋应付利息）/负债总额×100％

4. 或有负债比率＝或有负债余额/（所有者权益＋少数股东权益）×100％

或有负债余额＝已贴现承兑汇票＋担保余额＋贴现与担保外的被诉事项金额＋其他或有负债

四、经营增长状况

（一）基本指标

1. 销售（营业）增长率＝（本年主营业务收入总额－上年主营业务收入总额）/上年主营业务收入总额×100％

2. 资本保值增值率＝扣除客观增减因素的年末国有资本及权益/年初国有资本及权益×100％

（二）修正指标

1. 销售（营业）利润增长率＝（本年主营业务利润总额－上年主营业务利润总额）/上年主营业务利润总额×100％

2. 总资产增长率＝（年末资产总额－年初资产总额）/年初资产总额×100％

3. 技术投入比率＝本年科技支出合计/主营业务收入净额×100％

附件2 企业综合绩效评价指标及权重表

评价内容与权数		财务绩效（70％）				管理绩效（30％）	
		基本指标	权数	修正指标	权数	评议指标	权数
盈利能力状况	34	总资产报酬率	20	销售（营业）利润率	10	战略管理	18
				盈余现金保障倍数	9	发展创新	15
		净资产收益率	14	成本费用利润率	8	经营决策	16
				资本收益率	7	风险控制	13
资产质量状况	22	总资产周转率	10	不良资产比率	9	基础管理	14
		应收账款周转率	12	流动资产周转率	7	人力资源	8
				资产现金回收率	6	行业影响	8
债务风险状况	22	资产负债率	12	速动比率	6	社会贡献	8
				现金流动负债比率	6		
		已获利息倍数	10	带息负债比率	5		
				或有负债比率	5		
经营增长状况	22	销售（营业）增长率	12	销售（营业）利润增长率	10		
		资本保值增值率	10	总资产增长率	7		
				技术投入比率	5		

目　　录

导　论 ·· 1

一、经济与经济学 ································· 1

二、微观经济循环过程 ·························· 3

三、微观经济运行分析的架构 ················ 4

四、微观经济运行分析的一般方法 ·········· 5

复习思考题 ····································· 8

第一章　企业经营环境分析 ······················ 9

第一节　企业环境概述 ························· 9

第二节　企业外部环境分析 ················ 12

第三节　企业内部条件分析 ················ 16

复习思考题 ·································· 36

第二章　企业经营战略分析 ····················· 37

第一节　企业经营战略概述 ················ 37

第二节　企业经营目标的分析 ············· 51

复习思考题 ·································· 59

第三章　企业素质分析 ··························· 60

第一节　企业职工素质分析 ················ 60

第二节　企业管理素质分析 ················ 70

第三节　企业物质技术素质分析 ·········· 74

复习思考题 ·································· 84

第四章　企业供应与生产活动分析 ············ 86

第一节　企业供应活动分析 ················ 86

第二节　企业生产活动分析 ················ 94

复习思考题 ································· 120

第五章　企业销售活动分析 ··················· 122

第一节　销售预测分析 ····················· 122

第二节　企业定价分析 ····················· 134

第三节　企业市场占有状况分析 ·········· 138

复习思考题 ································· 140

第六章　企业人力与物力资源利用分析……………………………… 142
　　第一节　人力资源利用分析…………………………………………… 142
　　第二节　物力资源利用分析…………………………………………… 155
　　复习思考题……………………………………………………………… 172

第七章　投融资活动分析……………………………………………… 175
　　第一节　企业投融资活动的总体分析………………………………… 175
　　第二节　企业融资分析………………………………………………… 186
　　第三节　流动资产投资活动分析……………………………………… 193
　　第四节　固定资产投资活动分析……………………………………… 203
　　第五节　证券投资活动分析…………………………………………… 210
　　复习思考题……………………………………………………………… 213

第八章　企业产品成本分析…………………………………………… 215
　　第一节　成本费用的概念及内容……………………………………… 215
　　第二节　成本计划完成情况分析……………………………………… 217
　　第三节　成本变动因素分析…………………………………………… 222
　　第四节　质量成本分析………………………………………………… 228
　　第五节　厂际成本分析………………………………………………… 231
　　第六节　成本预测分析………………………………………………… 234
　　复习思考题……………………………………………………………… 237

第九章　利润分析……………………………………………………… 239
　　第一节　利润及其影响因素…………………………………………… 239
　　第二节　利润的预测分析……………………………………………… 241
　　第三节　利润计划完成情况分析……………………………………… 252
　　第四节　企业利润指标的分析………………………………………… 259
　　复习思考题……………………………………………………………… 261

第十章　企业经济效益的综合分析和评价…………………………… 263
　　第一节　经济效益的内涵、分类和评价标准………………………… 263
　　第二节　现代企业经济效益指标体系………………………………… 265
　　第三节　企业经济效益综合分析的原则和评价方法………………… 269
　　第四节　现代企业资本运营增值效益的分析………………………… 272
　　复习思考题……………………………………………………………… 291

第十一章　家庭经济行为分析………………………………………… 293
　　第一节　家庭的收入行为……………………………………………… 293
　　第二节　家庭消费行为………………………………………………… 294